A SURPREENDENTE CIÊNCIA DO SUCESSO

A SURPREENDENTE CIÊNCIA DO SUCESSO

ERIC BARKER

SEXTANTE

Título original: *Barking Up the Wrong Tree*
Copyright © 2017 por Eric Barker
Copyright da tradução © 2020 por GMT Editores Ltda.

Todos os direitos reservados. Nenhuma parte deste livro pode ser utilizada ou reproduzida sob quaisquer meios existentes sem autorização por escrito dos editores. Publicado mediante acordo com a HarperCollins Publishers.

tradução: Paulo Afonso
copidesque: Mariana Elia
revisão: Luíza Côrtes e Rebeca Bolite
diagramação: DTPhoenix Editorial
capa: Filipa Pinto
impressão e acabamento: Lis Gráfica e Editora Ltda.

CIP-BRASIL. CATALOGAÇÃO NA PUBLICAÇÃO
SINDICATO NACIONAL DOS EDITORES DE LIVROS, RJ

B237s Barker, Eric
A surpreendente ciência do sucesso / Eric Barker; tradução de Paulo Afonso. Rio de Janeiro: Sextante, 2020.
320 p.; 16 x 23 cm.

Tradução de: Barking up the wrong tree
ISBN 978-85-431-0950-3

1. Sucesso – Aspectos psicológicos. 2. Sucesso – Aspectos sociais. 3. Autorrealização. I. Afonso, Paulo. II. Título.

CDD: 650.1
CDU: 005.336

20-62120

Todos os direitos reservados, no Brasil, por
GMT Editores Ltda.
Rua Voluntários da Pátria, 45 – Gr. 1.404 – Botafogo
22270-000 – Rio de Janeiro – RJ
Tel.: (21) 2538-4100 – Fax: (21) 2286-9244
E-mail: atendimento@sextante.com.br
www.sextante.com.br

Para meus pais,

*que bondosamente aguentaram um filho orquídea,
monstro esperançoso e líder não filtrado.*

Quer saber que diabo significa isso tudo?

Bem, vamos começar...

As coisas importantes não vêm com instruções.
— JAMES RICHARDSON

Sumário

INTRODUÇÃO • O que realmente leva ao sucesso? 11

Ao observar a ciência por trás do que diferencia os extremamente bem-sucedidos, aprendemos o que podemos fazer para sermos mais parecidos com eles – e descobrimos, em alguns casos, por que é bom não sermos parecidos

CAPÍTULO 1 • Devemos ir pelo caminho seguro e fazer o que nos dizem se quisermos ser bem-sucedidos? 17

Jogar segundo as regras compensa? Observações sobre melhores alunos da turma, pessoas que não sentem dor e pianistas prodígios

CAPÍTULO 2 • Os bonzinhos só se dão mal? 42

O que podemos aprender a respeito de confiança, cooperação e bondade com membros de gangues, piratas e serial killers

CAPÍTULO 3 • Desistentes nunca vencem e vencedores nunca desistem? 72

O que soldados de elite, videogames, casamentos arranjados e o Batman podem nos ensinar sobre persistir quando está difícil alcançar o sucesso

CAPÍTULO 4 • O importante não é o que você conhece, mas quem você conhece (a menos que seja realmente o que você conhece)   133

O que podemos aprender sobre o poder do networking com negociadores de reféns, grandes humoristas e o homem mais inteligente que já existiu

CAPÍTULO 5 • Acredite em si mesmo... às vezes   185

O que podemos aprender sobre andar na corda bamba entre a confiança e a ilusão com mestres do xadrez, unidades militares secretas, vigaristas do kung fu e pessoas que não sentem medo

CAPÍTULO 6 • Trabalho, trabalho, trabalho... Ou equilíbrio entre trabalho e vida pessoal?   214

Como encontrar harmonia entre o lar e o escritório – cortesia de monges budistas, Homem-Aranha, Albert Einstein, lutadores profissionais e Gêngis Khan

CONCLUSÃO • O que torna uma vida bem-sucedida?   268

Agradecimentos   276

Referências   278

INTRODUÇÃO

O que realmente leva ao sucesso?

Ao observar a ciência por trás do que diferencia os extremamente bem-sucedidos, aprendemos o que podemos fazer para sermos mais parecidos com eles – e descobrimos, em alguns casos, por que é bom não sermos parecidos

Dois homens morreram competindo.

A revista *Outside Magazine* classificou a Race Across America (RAAM) como a prova de resistência mais difícil que existe. Os ciclistas percorrem cerca de 5 mil quilômetros em menos de 12 dias, pedalando de San Diego até Atlantic City.

Alguns podem pensar: "Ah, é como o Tour de France." Mas estão enganados. O Tour tem estágios. Pausas. A RAAM não para. Cada minuto que os ciclistas tiram para dormir, para descansar, para fazer qualquer outra coisa que não seja pedalar é mais um minuto que os adversários podem usar para derrotá-los. Os ciclistas dormem, em média, três horas por noite – e ainda assim a contragosto.

Após quatro dias, os melhores competidores precisam refletir sobre quando vão descansar. Como ainda estarão extremamente próximos (a uma hora uns dos outros), a decisão tem um peso enorme, pois sabem que serão ultrapassados e precisarão recuperar a posição. E, à medida que os dias passam, ficam mais e mais fracos. Não há trégua: exaustão, dores e privação de sono apenas se acumulam enquanto eles atravessam os Estados Unidos de costa a costa.

Em 2009, porém, nada disso afetou o primeiro colocado. Ele se encontrava *meio dia* à frente do ciclista que estava em segundo lugar. Jure Robič parecia imbatível. Já havia vencido a RAAM cinco vezes, mais do que qualquer outro competidor na história da prova, muitas vezes cruzando a linha de chegada em menos de nove dias. Em 2004, ele venceu com uma diferença de 11 horas do segundo colocado. Dá para imaginar uma competição em que os espectadores precisam esperar metade de um dia para ver a chegada do vice-campeão?

É natural especularmos sobre o que tornou Robič tão superior e bem-sucedido numa atividade tão extenuante. Seria a genética? Não. Segundo seus exames, ele tinha o tipo físico característico dos atletas de elite das provas de ultrarresistência, mas sem se diferenciar dos adversários.

Teria ele o melhor treinador? Nada disso. Seu amigo Uroč Velepec descreveu Robič como "impossível de ser treinado".

Em um artigo para o *The New York Times*, Dan Coyle revelou a vantagem que Robič tinha na competição e que o tornou o maior ciclista de todos os tempos na Race Across America:

Insanidade.

Não seria um exagero afirmar que ele ia ao extremo. É um modo prosaico de dizer que, quando pedalava, Robič *perdia completamente o juízo*.

Tornou-se paranoico; sofria colapsos nervosos e via significados misteriosos nas rachaduras das ruas por onde passava. Às vezes derrubava a bicicleta e andava de punhos cerrados e olhar fulminante em direção ao carro com membros de sua equipe que o acompanhava (cujas portas, sensatamente, estavam trancadas). No meio de uma corrida, abandonava a bicicleta para trocar socos com... caixas de correio. Tinha alucinações; certa vez, avistou combatentes do Talibã no seu encalço, portando armas de fogo. De tão perturbada com o comportamento de Robič, sua esposa à época se trancava no trailer da equipe.

Coyle escreveu que Robič via a própria insanidade como "incômoda e embaraçosa", mas dizia ser "impossível viver sem ela". O mais fascinante é que essa característica de Robič não é uma vantagem atlética desconhecida. Já na década de 1800, cientistas como Philippe Tissié e August Bier identificaram que uma mente doentia pode ajudar o atleta a ignorar a dor e levar seu corpo além dos limites da autopreservação.

Não sei quanto a vocês, mas meu orientador vocacional no ensino médio nunca me disse que alucinações, ataques a caixas de correio e insanidade eram vitais para se obter sucesso mundial em *qualquer coisa*. Só me diziam para fazer o dever de casa, obedecer às regras e ser gentil.

Tudo isso suscita uma pergunta séria: o que realmente leva ao sucesso?

Este livro analisa o que traz sucesso no mundo real. E estou me referindo a sucesso na *vida*, não só a ganhar dinheiro. Que atitudes e comportamentos vão ajudar você a atingir seus objetivos em qualquer âmbito, profissional ou pessoal? Muitas obras cobrem apenas uma faceta do diamante do sucesso ou apresentam teorias sem qualquer utilidade prática. Veremos o que funciona e, em seguida, revelaremos o que você pode fazer para chegar aonde quer.

O que define o sucesso para *você* depende, bem, de você. Trata-se de saber do que você necessita para ser feliz no trabalho e em casa. Isso não significa que o sucesso seja arbitrário. Você já conhece estratégias para alcançá-lo que têm grandes chances de funcionar (esforço regular) e outras que não têm (acordar sempre meio-dia). O problema está no enorme abismo entre uma e outra. Você com certeza ouviu falar de qualidades e táticas úteis, que não foram provadas – e talvez tenha encontrado várias exceções. É disso que vamos tratar neste livro.

Há oito anos venho analisando no meu blog, *Barking up the Wrong Tree* (Batendo à porta errada), o que torna uma vida bem-sucedida e entrevistando conhecedores do assunto. Encontrei respostas, muitas delas surpreendentes. Algumas parecem contraditórias à primeira vista, mas todas proporcionam uma compreensão sobre o que precisamos fazer em nossa carreira e em nossa vida pessoal para obter uma vantagem.

Muitos conselhos que ouvimos a respeito das características que conduzem ao êxito são lógicos, legítimos... e completamente errados. Vamos destruir os mitos, observar a ciência que está por trás do que diferencia os extremamente bem-sucedidos, aprender o que pudermos para sermos mais parecidos com eles e descobrir, em alguns casos, por que é bom não sermos parecidos.

Às vezes o que leva ao sucesso é o puro talento, às vezes são as coisas bonitas que nossa mãe nos mandava fazer e, em outras ocasiões, é exatamente o oposto disso tudo. Quais velhos ditados são verdadeiros e quais são mitos? Será que os bonzinhos só se dão mal? Ou se saem melhor que os demais? Desistentes nunca vencem? Ou será a teimosia o real inimigo? A confiança dita as regras? Quando ela é somente uma ilusão?

Em cada capítulo, examinaremos *ambos* os lados da história. Veremos a solidez de cada perspectiva. Assim, se algo parecer tanto uma vantagem certa quanto uma contradição, continue a leitura. Os dois lados apresentarão seus argumentos, como em um julgamento. Escolheremos então a resposta que apresenta o máximo de elementos positivos com o mínimo de elementos negativos.

No capítulo 1, veremos se ir pelo caminho seguro e fazer o que nos mandam realmente leva ao sucesso. Saberemos o que Gautam Mukunda, professor de Harvard, chama de "intensificadores". Tal como a insanidade de Jure Robič, os intensificadores são, em geral, atributos negativos, mas que em determinados contextos produzem benefícios descomunais capazes de aniquilar os competidores. Saberemos por que os melhores alunos raramente se tornam milionários, por que os melhores (e os piores) presidentes americanos são aqueles que subvertem o sistema e como nossas maiores fraquezas podem ser, na realidade, nossas maiores forças.

No capítulo 2, descobriremos quando os bonzinhos se dão bem e como Maquiavel estava certo com respeito a dinheiro. Falaremos com um professor da Wharton School que acredita em altruísmo e compaixão nos negócios e com um professor de Stanford cujas pesquisas demonstram que o trabalho duro é supervalorizado e que as promoções são obtidas com puxa-saquismo. Observaremos piratas e gangues de presídios para descobrir que leis são seguidas mesmo por infratores e descobriremos como alcançar o equilíbrio entre avançar ambiciosamente e ser capaz de dormir à noite, com a consciência leve.

No capítulo 3, vamos investigar o treinamento das forças de operações especiais da Marinha americana para examinar a emergente ciência da determinação e da resiliência. Conversaremos com doutores em economia para saber quando devemos dobrar nossos esforços e quando devemos jogar a toalha. Mestres de kung fu vão nos ensinar que ser um frouxo às vezes é uma boa ideia. E aprenderemos uma palavra boba que pode nos ajudar a decidir quando é melhor aguentar firme e quando desistir é a opção mais acertada.

O capítulo 4 analisa se o mais importante é "o que você conhece" ou "quem você conhece". Veremos que os funcionários com mais contatos são muitas vezes os mais produtivos, mas que os maiores expoentes classificam a si mesmos, quase sempre, como introvertidos (inclusive espantosos 90% dos atletas de elite). Obteremos informações do cara mais conectado do Vale do Silício e aprenderemos como fazer networking sem se sentir hipócrita.

No capítulo 5, examinaremos o comportamento humano. Veremos como a autoconfiança pode nos levar além da capacidade que enxergamos em nós mesmos, mas como isso precisa ser equilibrado com uma visão fundamentada dos desafios à frente. Aprenderemos como a emergente ciência do "contraste mental" pode nos ajudar a determinar quando ir com tudo e quando pensar duas vezes. E o mais importante: investigaremos uma nova pesquisa que revela por que o paradigma da autoconfiança pode ser problemático em sua essência.

No capítulo 6, recuaremos um passo para examinar o quadro geral e ver como o sucesso na carreira se alinha com o sucesso na vida – e quando isso não ocorre. Há lugar para um equilíbrio entre profissional e pessoal em um mundo acelerado, que passa 24 horas por dia ligado? Clayton Christensen, da Harvard Business School, e Gêngis Khan nos oferecem exemplos de como encontrar paz em um escritório que não para nunca. Extrairemos lições de trágicas lendas que alcançaram o sucesso mas pagaram um preço alto demais por isso, sacrificando sua família e sua felicidade.

O sucesso não precisa existir só na TV. Não se trata tanto de ser perfeito, mas de saber em que você é melhor e estar alinhado de forma correta com o próprio contexto. Você não precisa ser louco, como Jure Robič, mas às vezes um patinho feio pode se tornar um cisne se encontrar a lagoa certa. O que distingue você – até mesmo hábitos que tentou abandonar ou características que lhe valiam zombarias na escola – talvez lhe proporcione, no fim das contas, uma vantagem imbatível.

Aliás, vamos começar por aí...

CAPÍTULO 1

Devemos ir pelo caminho seguro e fazer o que nos dizem se quisermos ser bem-sucedidos?

*Jogar segundo as regras compensa?
Observações sobre melhores alunos da turma,
pessoas que não sentem dor e pianistas prodígios*

Ashlyn Blocker não sente dor.

Nunca sentiu. Ela parece uma adolescente normal, mas tem uma má-formação no gene SCN9A. Sinais de dor jamais alcançam seu cérebro.

Parece uma dádiva de Deus? Não se precipite. O verbete "Insensibilidade congênita à dor" da Wikipédia explica em termos simples: "Essa condição é de alto risco." Segundo artigo de Dane Inouye, "As crianças, em sua maior parte, sonham ser super-heróis. Os pacientes de ICD podem ser considerados assim, já que não sentem dor física; por ironia, aquilo que lhes confere 'superpoderes' é também sua kriptonita".

Conforme relatado em uma matéria de Justin Heckert na *The New York Times Magazine*, os pais de Ashlyn notaram uma fratura em seu tornozelo antes dela – e isso dois dias após o ocorrido. Karen Cann, que também tem a doença, quebrou a pélvis ao dar à luz seu primeiro bebê, mas não percebeu o fato durante semanas, até que uma rigidez no quadril quase a impossibilitou de caminhar.

Pessoas com a doença tendem a viver menos, frequentemente morrendo ainda crianças. Cerca de 50% dos bebês com ICDA (Insensibilidade Congênita à Dor com Anidrose) não vivem além de três anos. Bem agasalhados por pais atenciosos, eles não choram quando ficam superaquecidos. Os que sobrevivem muitas vezes decepam a ponta da língua a mordidas ou provocam sérios danos nas córneas esfregando os olhos com violência. Adultos com a doença geralmente são cobertos de cicatrizes e já quebraram ossos repetidas vezes. Todos os dias precisam examinar o corpo para identificar sinais de danos. Notar um corte, contusão ou queimadura pode ser o único modo de perceber que algo aconteceu. Apendicite e outras lesões internas são particularmente preocupantes – pessoas com ICDA muitas vezes não sentem os sintomas e morrem em função do problema.

Mas quantos de nós, vez ou outra, não desejamos ser como Ashlyn?

É fácil, por ingenuidade, enxergar somente os benefícios de uma doença como essa. Nunca mais ferimentos irritantes, nunca mais medo do dentista. Uma vida livre dos pequenos desconfortos das doenças e dos machucados. O fim da enxaqueca e das limitações impostas por uma inoportuna dor nas costas.

Em termos de saúde pública e produtividade no trabalho, dores custam aos Estados Unidos entre 560 e 635 bilhões de dólares por ano. Quinze por cento dos americanos enfrentam dores crônicas todos os dias e muitos, sem dúvida, trocariam de lugar com Ashlyn alegremente.

Um dos vilões de *A menina que brincava com fogo*, best-seller de Stieg Larsson, tem ICDA, e seu transtorno é apresentado como um superpoder. Com o talento de um boxeador profissional e incapaz de sentir dor, ele é uma força aparentemente incontrolável e um adversário assustador.

Isso levanta questões mais amplas: Quando é que nossas fraquezas são, na verdade, nossas forças? É melhor ser uma aberração, com deficiências e superpoderes, ou vivemos melhor no meio da curva de Gauss, na normalidade? Somos, em geral, encorajados a ir pelo caminho seguro. Mas fazer a "coisa certa", sem os riscos dos altos e baixos dos extremos, seria o caminho do sucesso... ou da mediocridade?

Para solucionar esse enigma, vamos primeiro analisar as pessoas que seguem as regras e fazem tudo direito. O que acontece com os melhores alunos do ensino médio? Eles são tudo que os pais desejam para os filhos. Estude muito, diz a mãe, e você se sairá bem. Geralmente a mãe tem razão.

Mas nem sempre.

• • •

Karen Arnold, pesquisadora da Boston College, acompanhou os 81 melhores alunos do ensino médio – o primeiro ou segundo do ranking acadêmico – desde a formatura. Noventa e cinco por cento deles se graduaram, com média de 3,6 (numa escala de 1 a 4). Em 1994, 60% deles haviam concluído uma pós-graduação. Restaram poucas dúvidas de que o sucesso no ensino médio prognosticou o sucesso na graduação. Cerca de 90% estão empregados, sendo que 40% em cargos de alto nível. São indivíduos confiáveis, consistentes e corretos que, em sua maioria e sob qualquer avaliação, levam uma vida boa.

Mas quantos desses primeiros colocados acabam mudando, dominando ou impressionando o mundo? A resposta é nenhum.

Comentando as trajetórias de sucesso de seus voluntários, Karen Arnold declarou: "Muitos são bem-sucedidos em sua profissão, mas a grande maioria não parece destinada a grandes realizações." Em outra entrevista, Arnold disse: "Os melhores alunos provavelmente não serão os futuros visionários [...] Eles geralmente se adéquam ao sistema em vez de sacudi-lo."

O fato de que nenhum dos 81 voluntários alcançou a estratosfera poderia ser coincidência? Não. Pesquisas demonstram: o que faz os alunos serem notáveis em sala de aula é a mesma coisa que reduz suas chances de serem destaque fora dela.

Por que, afinal, os melhores alunos do ensino médio raramente se destacam na vida real? Por duas razões. Em primeiro lugar, as escolas recompensam os alunos que fazem o que lhes é exigido. Notas escolares têm pouca relação com a inteligência (testes padronizados são melhores para medir o QI). As notas são, no entanto, um excelente indicador de autodisciplina, diligência e capacidade de obedecer a regras.

Em uma entrevista, Arnold disse: "Basicamente, estamos recompensando conformidade e disposição para se submeter ao sistema." Muitos dos melhores alunos admitiram não serem os mais inteligentes da turma, apenas os mais esforçados. Outros afirmaram que se tratava mais de corresponder ao que os professores esperavam do que saber mais sobre o assunto. Muitos dos voluntários da pesquisa foram classificados como "carreiristas": seu objetivo era apenas a obtenção de boas notas, não o aprendizado.

A segunda razão é que as escolas recompensam os generalistas. Há pouco reconhecimento da paixão ou do talento. O mundo real, no entanto, faz o contrário. A respeito dos melhores alunos, Arnold declarou: "Eles são muito equilibrados e bem-sucedidos, tanto em termos pessoais quanto profissionais, mas nunca se dedicaram com paixão a nenhuma área, o que não costuma ser a receita para a proeminência."

Se alguém quer se sair bem na escola e é apaixonado por matemática, precisa parar de estudar matemática para tirar 10 também em história. Essa abordagem generalista não é o caminho para a excelência, pois quase todos acabam seguindo carreiras nas quais uma capacitação é extremamente bem recompensada enquanto outras não têm tanta importância.

Ironicamente, Arnold descobriu que alunos mais intelectuais, que gostam de aprender, sofrem no ensino médio. Eles desejam se dedicar a matérias que adoram, buscam dominá-las e acham sufocante a estrutura escolar. Os melhores alunos, entretanto, são totalmente pragmáticos. Seguem os regulamentos e valorizam mais as notas do que a capacitação e a compreensão profunda.

A escola tem regras claras. A vida frequentemente não. Quando não existe um caminho claro a ser seguido, os melhores alunos da escola sucumbem.

A pesquisa realizada por Shawn Achor em Harvard demonstra que notas predizem sucesso na vida futura tanto quanto um lance de dados. Um estudo com setecentos milionários americanos revelou que sua pontuação média nas faculdades era de 2,9 (numa escala de 1 a 4).

Seguir regras não leva ao sucesso, apenas elimina extremos – tanto bons quanto ruins. Embora costume ser uma coisa boa, já que praticamente exclui aspectos negativos, muitas vezes aborta feitos notáveis. É como instalar em seu carro um limitador de velocidade que o impeça de andar a mais de 90 quilômetros por hora: você terá muito menos risco de se envolver numa colisão fatal, mas também não estabelecerá nenhum recorde de velocidade.

Mas se aqueles que jogam conforme as regras não chegam ao topo, quem chega?

...

Winston Churchill não deveria ter sido primeiro-ministro da Grã-Bretanha. Não era alguém que "fazia tudo direito", e sua eleição foi um choque. Seus contemporâneos sabiam que ele era brilhante – mas também que era intratável e um paranoico imprevisível.

Churchill subiu rapidamente os degraus da política britânica (eleito para o parlamento aos 26 anos), mas foi considerado ineficiente e inapto para os altos escalões. Por volta da década de 1930, sua carreira estava encerrada. Sob muitos aspectos, ele era o extremo oposto de Neville Chamberlain, um líder que sempre fizera tudo certo, modelo perfeito de primeiro-ministro britânico.

A Grã-Bretanha não escolhe seus líderes de forma descuidada. Uma análise de seus primeiros-ministros revela que eles em geral são mais velhos e examinados com mais atenção do que os congêneres americanos. John Major chegou ao poder mais rápido do que qualquer outro líder britânico; em termos objetivos, porém, estava mais preparado para comandar um país do que a maioria dos presidentes americanos.

Churchill era muito pouco convencional. Não apenas amava seu país: demonstrava uma clara paranoia com relação a qualquer possível ameaça ao império. Até mesmo Gandhi ele via como um perigo. E não mediu palavras em sua oposição à rebelião pacifista na Índia. Ele era o Chicken Little, o alarmista da Grã-Bretanha, criticando com veemência qualquer oposição ao país, fosse ela grande, pequena... ou imaginária. Mas esse "defeito" é a chave para entender por que ele é um dos líderes mais reverenciados da história mundial.

Ele foi a única pessoa que viu Hitler como a ameaça que realmente era. Chamberlain, por sua vez, considerava Hitler "um homem em quem se pode confiar quando dá sua palavra". A liderança britânica estabelecida estava certa de que o apaziguamento era o único modo de abrandar os nazistas.

No momento de maior necessidade, a paranoia de Churchill foi profética. Ele não acreditou que o valentão da escola fosse deixá-los em paz se eles lhe entregassem o dinheiro da merenda. Sabia que seria preciso lhe dar um soco no nariz.

O fanatismo de Churchill – que no início quase arruinou sua carreira – era exatamente do que a Grã-Bretanha precisava naquele período. Por sorte, os britânicos perceberam isso antes que fosse tarde demais.

...

Para responder à pergunta sobre quem consegue chegar ao topo, vamos examiná-la por outro ângulo: o que faz um grande líder? Durante anos, pesquisas acadêmicas não foram capazes de decidir nem mesmo se os líderes eram importantes. Alguns estudos demonstraram que boas equipes tinham êxito com ou sem um representante para levar o crédito. Outros revelaram que um indivíduo carismático às vezes era o mais importante fator de sucesso ou fracasso em um grupo. Nada estava claro... até que um pesquisador teve um palpite.

Gautam Mukunda sugeriu que o motivo da inconsistência nas pesquisas era a existência de *dois* tipos de líderes fundamentalmente diferentes. Os do primeiro tipo progridem por meio de caminhos normais, sendo promovidos, jogando conforme as regras e correspondendo às expectativas. Tais líderes, como Neville Chamberlain, são "filtrados". Os do segundo tipo não progridem subindo os degraus, mas entram pela janela: empresários que não esperam que alguém os promova; vice-presidentes que inesperadamente se veem na presidência; líderes que se beneficiam de um perfeito alinhamento de eventos improváveis, do tipo que elegeu Abraham Lincoln. Este é o grupo dos "não filtrados".

Quando os candidatos filtrados competem pelo posto mais alto, já foram esquadrinhados com tanta minúcia que se pode ter certeza de que suas decisões estarão dentro dos parâmetros tradicionalmente aprovados. Na prática, são indistinguíveis – e isso explica por que grande parte das pesquisas sobre liderança apresenta poucos resultados.

Por sua vez, os candidatos não filtrados não foram esquadrinhados pelo sistema e não se pode esperar que tomem as decisões "aprovadas" – muitos nem saberão quais são elas. Eles vêm de contextos diferentes e são imprevisíveis. Porém promovem mudanças e fazem diferença. Frequentemente, essa diferença é negativa. Como não jogam conforme as regras, por vezes arruínam as instituições que comandam. Uma minoria dos líderes não filtrados, no entanto, é transformadora: livram as organizações de crenças equivocadas e teimosias insensatas e as conduzem para destinos melhores. São os líderes que, segundo as pesquisas, têm um enorme impacto positivo.

Na tese de doutorado, Mukunda aplicou sua teoria a todos os presidentes americanos, avaliando quais eram filtrados e quais não eram e se foram ou não grandes líderes. Os resultados foram impressionantes. Sua teoria previu o impacto causado pelos presidentes com uma precisão quase inédita de 99%.

Os líderes filtrados não provocavam rebuliço. Os não filtrados não conseguiam evitar provocar. Muitas vezes quebravam, rompiam, acabavam com as coisas, mas às vezes essas coisas deviam ser aniquiladas, como a escravidão, a exemplo de Abraham Lincoln.

Mukunda entendeu isso por experiência própria. Sua pouco convencional tese de doutorado fez dele um desajustado na vida acadêmica. Apesar de ter estudado na Universidade Harvard e no Instituto de Tecnologia de Massachusetts (MIT), ele foi chamado para apenas duas entrevistas, depois de mais de cinquenta candidaturas. Os institutos desejavam um professor convencional, capaz de ensinar os fundamentos da Ciência Política – ou seja, queriam um acadêmico *filtrado*. A abordagem de Mukunda, fora dos padrões, fazia dele um candidato pouco atraente para o magistério tradicional. Somente faculdades à procura de celebridades instáveis, com um corpo docente diverso e abrangente, se interessariam por ele. A Harvard Business School lhe fez uma oferta e ele aceitou.

Quando conversei com Mukunda, ele me disse: "A diferença entre bons líderes e grandes líderes não está em ser 'mais'. Estamos falando de pessoas fundamentalmente diferentes." Se, percebendo o fracasso da política de apaziguamento, os britânicos tivessem dito "Vamos arranjar um Neville Chamberlain melhor", estariam ferrados. Eles não precisavam de um líder mais filtrado; precisavam de alguém que o sistema jamais teria deixado entrar pela porta. As velhas práticas não estavam funcionando, então insistir nelas teria sido desastroso. Para enfrentar uma ameaça como Hitler, eles precisavam de um excêntrico como Churchill.

Quando perguntei o que tornava os líderes não filtrados tão mais impressionantes, Mukunda respondeu que há neles atributos únicos que os diferenciam. Não as lisonjeiras e previsíveis adjetivações, como "incrivelmente inteligente" ou "politicamente astuto", mas características quase sempre negativas – que eu e você consideraríamos "ruins" – e que, em função do contexto específico, acabam se tornando positivas. Assim como a defesa paranoica que Churchill fazia do Estado britânico, esses atributos são um veneno que, nas circunstâncias certas, transformam-se em uma droga que melhora o desempenho.

Mukunda os chama de "intensificadores". E neles reside o segredo de como a nossa maior fraqueza pode ser a nossa maior força.

...

Glenn Gould era tão hipocondríaco que, se estivesse ao telefone e a pessoa do outro lado espirrasse, ele desligava imediatamente.

Esse pianista clássico sempre usava luvas, e em geral carregava consigo vários pares. Sobre a farmacinha que levava aonde quer que fosse, Gould disse: "Um repórter escreveu que eu viajava carregando uma mala cheia de remédios. Na verdade, eles mal enchem uma bolsa." Ele cancelava cerca de 30% de seus concertos; em certas ocasiões, os agendava de novo e tornava a cancelá-los. Gould gracejava: "Eu não vou a concertos, às vezes nem aos meus."

Sim, ele era um cara estranho. E também, incontestavelmente, um dos maiores músicos do século XX. Ganhou quatro Grammys e vendeu milhões de discos. Conquistou até a maior prova da fama em nossa época: foi mencionado em um episódio dos *Simpsons*.

Gould não era apenas um hipocondríaco. Chegou a ser chamado de "Howard Hughes da música" pela revista *Newsweek*. Dormia às seis da manhã e acordava à tarde. Se considerasse um voo "sem sorte", recusava-se a entrar no avião. Detestava tanto sentir frio que usava roupas de inverno no verão. Frequentemente, carregava seus itens de uso diário em um saco de lixo, o que o levou a ser detido na Flórida, já que a polícia o confundiu com um morador de rua.

Evidentemente, as excentricidades afetaram seus relacionamentos. Temendo que a proximidade prejudicasse seu trabalho, ele mantinha os amigos a certa distância. A salvação era o telefone. Nos últimos nove meses de vida, sua conta de telefone chegou perto de 13 mil dólares. Ele dirigia de forma tão tresloucada que os amigos deram ao banco do carona de seu carro o apelido de "banco do suicídio". Ele certa vez comentou: "Pode-se dizer que sou um motorista distraído. É verdade que avancei o sinal vermelho em algumas ocasiões, mas também parei em muitos sinais verdes e nunca ninguém valorizou isso."

O mais estranho era seu famoso modo de tocar as músicas. Na maravilhosa biografia de Gould, Kevin Bazzana descreveu "a aparência desmazelada, a curvatura simiesca sobre o teclado, os braços estabanados, o tronco giratório e a cabeça balouçante". Vale lembrar que ele não era nem um pianista de jazz nem um Elton John. O cara tocava *Bach*. E detestava se apresentar. Sua natureza controladora não se adaptava às exigências das turnês, como trocar de hotéis e aviões sem parar e lidar com desconhecidos todos os dias. "Eu detesto plateias. Acho que são uma força do mal", rosnou certa vez.

E ainda havia "a cadeira". Por causa de seu estilo de tocar, Gould usava uma cadeira especial. O assento ficava a pouco mais de 30 centímetros do piso e era inclinado para a frente, de modo que ele pudesse se sentar confortavelmente na beirada. Tinha tantas especificidades que seu pai acabou mandando fazer uma cadeira para ele. Gould usou apenas essa durante toda a carreira, despachando-a para todos os lugares onde se apresentaria. A cadeira foi se desgastando bastante ao longo dos anos e, no final, era mantida em pé com arame e fita adesiva. Seus rangidos podem até ser ouvidos em alguns discos.

Apesar da extrema excentricidade, Gould era arrebatador. Como George Szell, da Orquestra de Cleveland, disse certa vez: "Esse maluco é um gênio."

No entanto, sua habilidade, sua fama e seu sucesso poderiam jamais ter existido. Sim, ele era um prodígio e atingiu o nível profissional aos 12 anos. Mas era tão sensível a tudo quando criança que, durante alguns anos, teve de estudar em casa, pois não conseguia lidar com as pressões de estar perto de outras crianças.

Gould poderia ter sido totalmente incapaz de funcionar no mundo real. Como, então, conseguiu crescer e se tornar um dos grandes? Por sorte, ele nasceu num ambiente perfeitamente adequado ao seu temperamento frágil. Seus pais o apoiavam – em um nível quase impossível. A mãe se dedicou a cultivar o talento de Glenn, e o pai gastava 3 mil dólares por ano em sua formação musical. (Três mil dólares parece pouco? Isso foi em 1940. Essa quantia correspondia, na época, a duas vezes o salário anual médio em Toronto, cidade natal de Gould.)

Com um apoio irrestrito e uma dinâmica de trabalho incessante, o talento de Gould floresceu. Ele ficaria conhecido por passar 16 horas por dia e cem horas por semana no estúdio de gravação. Não era de estranhar que ele ignorasse o calendário quando agendava as sessões e que precisava ser lembrado de que a maioria das pessoas não trabalhava no feriado de Ação de Graças ou no Natal. Quando lhe perguntaram que conselho daria a quem sonha ser artista, ele respondeu: "Você deve desistir de todas as outras coisas."

Sua obsessão alimentada a neuroses funcionou. Com apenas 25 anos, ele realizou uma turnê na Rússia. Nenhum artista da América do Norte havia conseguido tal feito desde a Segunda Guerra Mundial. Aos 28, ele se apresentou na televisão junto com Leonard Bernstein e a Orquestra Filarmônica de Nova York. Com 31, já era uma lenda da música.

De repente, decidiu desaparecer. "Quero ter a última metade da vida para mim mesmo", declarou. E, aos 32 anos, parou de se apresentar. No cômputo geral, realizou menos de trezentos concertos. Os músicos que excursionam, em sua maioria, chegam a esse número em menos de três anos. Ele continuou a trabalhar feito louco, mas não fazia mais apresentações. Queria ter o controle que somente um estúdio de gravação poderia lhe oferecer. Curiosamente, o afastamento do público não limitou sua influência no mundo da música – pelo contrário, fortaleceu. Kevin Bazzana observa que ele "continuou a marcar presença mediante uma notória ausência". Gould trabalhou até morrer, em 1982. No ano seguinte, lhe foi outorgada postumamente a honraria do Grammy Hall of Fame.

O que Gould tinha a dizer a respeito de seus hábitos extravagantes e estilo de vida desatinado? "Não acho que eu seja tão excêntrico." O biógrafo Kevin Bazzana comenta: "Essa é a marca registrada do verdadeiro excêntrico: achar que não é tão diferente assim, mesmo quando todos os seus pensamentos, palavras e atos parecem colocá-lo em uma categoria à parte do restante do mundo."

Gould com certeza não teria se tornado uma lenda da música sem o encorajamento precoce e o incrível apoio financeiro que seus pais lhe proporcionaram. Era frágil e singular demais para resistir às agruras do mundo. Sem os cuidados que recebeu, poderia realmente ter sido apenas um morador de rua muito agasalhado na Flórida.

∙ ∙ ∙

Vamos falar sobre orquídeas, dentes-de-leão e monstros esperançosos. (Eu sei, eu sei, você fala o tempo todo sobre essas coisas e não há nada de novo. Mas, por favor, tenha paciência comigo.)

Segundo um antigo ditado sueco, a maioria das crianças é como dentes-de--leão, mas algumas são orquídeas. Os dentes-de-leão são resilientes. Não são as flores mais lindas do mundo, mas vicejam mesmo sem receber muitos cuidados. Ninguém anda por aí plantando dentes-de-leão. Não é necessário; eles vivem bem sob quase qualquer condição. As orquídeas são diferentes: se não receberem cuidados adequados, elas murcham e morrem, mas, se lhes for dada atenção, transformam-se nas mais lindas flores que se pode imaginar.

Mas não falaremos somente de flores nem somente de crianças. Na verdade, vamos ter uma aula sobre genética avançada.

A imprensa está sempre divulgando que algum gene causa isto ou aquilo. Nosso primeiro impulso é classificar um gene como "ruim" ou "bom". Determinado gene provoca alcoolismo ou violência. *Ufa, que bom que eu não tenho esse gene.* Os psicólogos chamam esse processo de "modelo de diátese-estresse". Se você possui um gene ruim e tem problemas na vida, tem maior predisposição a sofrer um transtorno como depressão ou ansiedade. Portanto, reze para não ter aquele gene ruim que transforma você em um monstro. Só há um problema com essa perspectiva: ela está se revelando cada vez mais errada.

Recentes descobertas na genética estão virando ao avesso o modelo de gene ruim *versus* gene bom e apontando na direção de algo que se parece mais com o conceito de intensificadores. Os psicólogos chamam isso de "hipótese da suscetibilidade diferencial". O mesmo gene que pode causar coisas ruins tem potencial para causar coisas ótimas em outra situação. A mesma faca usada para esfaquear cruelmente alguém pode ajudar no preparo de alimentos para a família. Se a faca é boa ou ruim, depende do uso.

Vamos ser mais específicos. A maioria das pessoas tem o gene DRD4, mas algumas têm uma variante chamada DRD4-7R. Epa. A variação 7R tem sido associada a Transtorno do Déficit de Atenção com Hiperatividade

(TDAH), alcoolismo e violência. É um gene "ruim". Entretanto, o pesquisador Ariel Knafo realizou um estudo para verificar quais crianças repartiriam suas balas sem que lhes fosse pedido. As crianças de 3 anos, em sua maioria, não dividem guloseimas sem serem obrigadas; mas as que possuem o gene 7R têm maiores probabilidades de fazê-lo. Por que as crianças com esse gene "ruim" eram mais propensas a ajudar, mesmo sem orientação? Porque o gene 7R não é "ruim". Assim como aquela faca, depende do contexto. Crianças com o 7R criadas em ambientes problemáticos, que sofreram abusos ou foram negligenciadas, tinham mais probabilidades de se tornarem alcoólatras, mas crianças com o 7R que receberam cuidado de suas famílias eram mais *bondosas* do que aquelas com o gene-padrão DRD4. O contexto faz diferença.

Uma série de outros genes associados ao comportamento apresentou resultados semelhantes. O gene CHRM2 pode estar associado à delinquência juvenil ou ao desenvolvimento de habilidades de liderança, dependendo do ambiente em que se é criado – de falta de bens e serviços essenciais ou de amor e abundância. Crianças que têm uma variante chamada 5-HTTLPR com pais dominadores têm mais probabilidades de trapacear, enquanto crianças com o mesmo gene criadas por pais amorosos são as que têm mais probabilidade de obedecer a regras.

Tudo bem, vamos nos afastar do microscópio e dos acrônimos por um momento.

As pessoas, em sua maioria, são dentes-de-leão: saem-se bem em quase qualquer circunstância. Outras são orquídeas: não são só mais sensíveis a resultados negativos; são mais sensíveis a *tudo*. Jamais florescerão à beira de uma estrada, como um dente-de-leão, mas se forem cultivadas em uma estufa, recebendo cuidados, sua beleza superará em muito a dos dentes-de-leão. Como disse o escritor David Dobbs em um artigo para a revista *The Atlantic*, "os mesmos genes que nos causam os maiores problemas, enquanto espécie, como comportamentos autodestrutivos e antissociais, também estão por trás da fenomenal adaptabilidade humana e do sucesso evolutivo. Com ambiente negativo e pais negligentes, as crianças-orquídeas podem acabar deprimidas, viciadas em drogas ou presas. Em ambiente adequado e com pais atenciosos, no entanto, elas podem se tornar as pessoas mais criativas, bem-sucedidas e felizes da sociedade".

Isso nos leva aos monstros esperançosos. O que são eles? Os professores Wendy Johnson e Thomas J. Bouchard Jr. explicam: "Um monstro esperançoso é um indivíduo que se desvia radicalmente da norma de uma população, por conta de uma mutação genética que lhe confere uma vantagem potencialmente adaptativa." Embora Darwin tenha declarado que toda evolução é gradual, o geneticista Richard Goldschmidt defendeu a ideia de que a natureza por vezes efetua grandes mudanças. Foi ridicularizado e chamado de doido. Porém, no final do século XX, cientistas como Stephen Jay Gould perceberam que Goldschmidt talvez tivesse descoberto alguma coisa. Os pesquisadores começaram a ver exemplos de mutações que não eram tão graduais e que se enquadravam na teoria dos monstros esperançosos. A natureza, de vez em quando, tenta algo muito diferente; caso esse "monstro" encontre o ambiente adequado e vingue, pode acabar mudando a espécie para melhor. Voltamos à teoria dos intensificadores. Como disse o escritor Po Bronson: "Todos no Vale do Silício têm transtornos de personalidade que são recompensados somente naquele sistema."

E se eu dissesse a você que seu filho teria um tronco comprido demais, pernas curtas demais, pés e mãos grandes demais e braços compridos demais? Duvido que você pulasse de alegria. Nenhuma dessas características parece objetivamente "boa". Mas quando um treinador de natação ouve algo desse tipo, pensa imediatamente em ouro olímpico.

Michael Phelps deveria ser considerado um dos X-Men: um mutante com superpoderes. Seria Phelps fisicamente perfeito? Longe disso. Ele não dança bem. Nem mesmo corre bem. Na verdade, não parece ter sido projetado para se mover na terra. Mas Mark Levine e Michael Sokolove escreveram artigos para o *The New York Times* afirmando que as características estranhas de Phelps fazem dele um nadador fora de série. Sim, ele é forte e esguio, mas, para um homem de aproximadamente 1,95 metro de altura, não tem proporções normais. Suas pernas são curtas e seu tronco é longo – o que o torna parecido com uma canoa. Ele tem mãos e pés desproporcionalmente grandes – boas "nadadeiras". Se você abre os braços, a distância entre as pontas de seus dedos deve coincidir com sua altura. Não no caso de Phelps. Sua envergadura é de dois metros. Braços mais longos significam braçadas mais poderosas na piscina. Phelps ingressou na equipe olímpica dos Estados Unidos aos quinze anos. Desde 1932, nenhum jovem conseguira o feito. Seu maior desafio como nadador? Mergulhar na piscina. Ele é lento para saltar dos blocos de partida. Phelps tem características que dificultam sua locomoção fora da água. E esse monstro é mais do que esperançoso. Ele conseguiu mais medalhas olímpicas do que qualquer pessoa, em todos os tempos.

Qual é a relação disso com o sucesso fora do esporte? Os pesquisadores Wendy Johnson e Thomas J. Bouchard Jr. sugerem que os gênios também podem ser considerados monstros esperançosos. Michael Phelps pode ser desajeitado em terra firme e Glenn Gould era um completo desastre em sociedade. Mas ambos prosperaram, graças ao ambiente adequado.

Vimos que orquídeas murcham com uma criação precária e vicejam com bons cuidados. Por que outro motivo alguns monstros acabam se tornando sem esperança e outros, esperançosos? Por que algumas pessoas acabam se tornando loucos brilhantes e outros, loucos *loucos*? O pesquisador Dean Keith Simonton diz que, quando gênios criativos fazem testes de personalidade, "as pontuações na escala de patologias ficam dentro da média. Pessoas criativas exibem mais características de psicopatologia do que pessoas comuns, mas menos do que os verdadeiramente psicóticos. Essas pessoas parecem possuir a quantidade certa de esquisitice".

Com muita frequência, rotulamos as coisas como "boas" ou "ruins", quando a classificação deveria ser apenas "diferente". Os militares israelenses precisavam de pessoas que pudessem analisar imagens de satélite em busca de ameaças. Precisavam de soldados com capacidade visual extraordinária, que não ficassem entediados olhando para a mesma coisa o dia inteiro e que fossem capazes de notar mudanças sutis. Uma tarefa nada fácil. Mas a Divisão de Inteligência Visual das Forças de Defesa de Israel encontrou as pessoas perfeitas em um grupo bastante improvável. Começaram a recrutar pessoas com autismo. Embora os autistas possam ter dificuldades na interação pessoal, muitos se sobressaem em tarefas que exigem acuidade visual, como quebra-cabeças. E, de fato, eles se mostraram um grande trunfo na defesa do país.

• • •

O neuropsicólogo clínico David Weeks escreveu: "Os excêntricos são mutações da evolução social, proporcionando o material intelectual para a seleção natural." Eles podem ser orquídeas, como Glenn Gould, ou monstros esperançosos, como Michael Phelps. Perdemos muito tempo tentando ser "bons", quando o bom é apenas a média. Para sermos grandes, temos que ser diferentes. E isso não resulta da tentativa de seguirmos o que a sociedade considera melhor, pois a sociedade nem sempre sabe o que precisa. Com mais frequência, ser o melhor significa simplesmente ser a melhor versão de você mesmo. Como John Stuart Mill observou: "O fato de tão poucos ousarem ser excêntricos é o maior perigo de nossa época."

No ambiente adequado, o ruim pode ser bom e o estranho pode ser lindo.

...

Steve Jobs estava preocupado.

No ano 2000, ele e outros líderes do alto escalão da Pixar se fizeram a mesma pergunta: estaria a Pixar perdendo a liderança? Eles haviam feito enorme sucesso com *Toy Story*, *Toy Story 2* e *Vida de inseto*, mas temiam que, assim, o estúdio se acomodasse.

Numa tentativa de revigorar a equipe, contrataram Brad Bird, diretor da aclamada animação *O gigante de ferro*, para conduzir o próximo grande projeto da Pixar. Jobs, John Lasseter e Ed Catmull sentiam que ele tinha o perfil para manter a companhia vibrante.

Bird enfrentou a crise de criatividade baseando-se nos maiores sucessos da Pixar? Não. Ele recrutou talentos de fora para trazer sangue novo? Nada disso. Não era hora de ir pelo caminho seguro e procurar talentos "filtrados". Isso lhes garantira sucesso, mas também os deixara empacados.

Enquanto montava seu primeiro projeto na Pixar, Bird revelou o plano para enfrentar a crise de criatividade: "Tragam as ovelhas negras. Quero artistas frustrados. Quero aqueles que conhecem outra forma de fazer as coisas e que não estão sendo ouvidos. Tragam todos os caras que estão prestes a ser demitidos." Tradução: *Tragam seus artistas "não filtrados". Sei que eles são malucos. É exatamente disso que preciso.*

Os rejeitados da animação reunidos por Bird não se limitaram a fazer um filme diferente. Eles mudaram a forma de trabalhar do estúdio:

> Demos uma chance às ovelhas negras de provarem suas teorias e mudamos a forma como várias coisas eram feitas aqui. Por menos dinheiro por minuto do que foi gasto no filme anterior, *Procurando Nemo*, fizemos um filme que tinha três vezes o número de cenários e incluía tudo o que era

difícil de fazer. Tudo isso porque os chefes da Pixar nos deram espaço para tentar ideias malucas.

O projeto foi *Os Incríveis*, que faturou 600 milhões de dólares e ganhou o Oscar de Melhor Filme de Animação.

...

As mesmas características que transformam pessoas em um pesadelo podem fazer delas capazes de mudar o mundo.

Pesquisas demonstram que indivíduos muito criativos são mais arrogantes, desonestos e desorganizados. Também obtêm notas mais baixas na escola. Os professores podem até dizer o contrário, mas eles não gostam de alunos criativos, pois não são obedientes. Parecem bons funcionários para você? Provavelmente não. Portanto, não é surpresa que a criatividade esteja inversamente relacionada a avaliações de desempenho de funcionários. Indivíduos criativos têm menos chances de serem promovidos a cargos de direção.

H. R. Giger, o responsável pela brilhante, ainda que absolutamente sinistra, aparência da criatura da franquia *Alien*, explicou: "Em Chur, na Suíça, o termo 'artista' é uma ofensa que combina beberrão, tarado, vagabundo e idiota, tudo em uma só palavra."

Porém, como sabe qualquer matemático, as médias podem ser enganadoras. Andrew Robinson, CEO da famosa agência de publicidade BBDO, disse certa vez: "Se sua cabeça está num refrigerador e seus pés em um forno, a temperatura média do corpo está ok. Tenho sempre muito cuidado com as médias."

Como regra geral, tudo o que está alinhado para se ajustar a um cenário único será, em média, problemático. E qualidades "geralmente boas" podem ser ruins nos extremos. O casaco que funciona bem durante oito meses do ano será uma péssima escolha para o auge do inverno. Com os intensificadores, similarmente, características que parecem horríveis têm seus usos em contextos específicos. São como carros de Fórmula 1: impossíveis de se dirigir nas cidades, mas quebram recordes nas pistas.

É uma questão de estatística. Quando se trata de desempenhos extremos, médias não importam; o que importa são variâncias, os desvios da norma. Quase universalmente, nós, humanos, tentamos filtrar o pior de modo a melhorar a média; mas ao fazermos isso também reduzimos a variância. Cortar o lado esquerdo da curva de Gauss melhora a média, mas qualidades que estão no lado esquerdo costumam estar no lado direito também.

Um bom exemplo disso é a sempre debatida conexão entre criatividade e doença mental. Em seu estudo "O paradoxo do gênio-louco", Dean Keith Simonton descobriu que pessoas levemente criativas têm mentes mais saudáveis do que a média – mas pessoas *extremamente* criativas têm uma incidência muito maior de transtornos mentais. Assim como acontece na Teoria da Filtragem de Liderança, alcançar o ápice do sucesso requer um mergulho em qualidades que são, em outros contextos, problemáticas.

Isso se observa com regularidade em uma ampla variedade de transtornos – e de talentos. Estudos demonstram que pessoas com Transtorno do Déficit de Atenção (TDA) são mais criativas. O psicólogo Paul Pearson descobriu uma conexão entre humor, neuroticismo e psicopatia. Impulsividade é um traço negativo muitas vezes mencionado em frases onde aparecem a palavra "violento", mas também possui um vínculo claro com a criatividade.

Você contrataria um psicopata? Não. E as pesquisas mostram que os psicopatas não se saem bem, em média. A maioria das pessoas pararia por aí, mas um estudo intitulado "Características da personalidade de artistas famosos" revelou que os grandes realizadores nas áreas criativas apresentam índices acentuadamente maiores nas medições de psicoticismo que artistas menores. Outro estudo, publicado no *Journal of Personality and Social Psychology*, mostrou que presidentes dos Estados Unidos bem-sucedidos apresentam índices maiores de características psicopáticas.

Os intensificadores frequentemente parecem positivos porque damos às pessoas bem-sucedidas o benefício da dúvida. É aquela velha piada que diz que pessoas pobres são loucas e pessoas ricas são "excêntricas". Traços como a obsessão são classificados como positivos para os bem-sucedidos e negativos para os demais. Todos conhecemos alguém que é chamado elogiosamente de perfeccionista enquanto outros com a mesma característica são apenas "malucos".

Malcolm Gladwell popularizou a pesquisa de K. Anders Ericsson, que demonstra que são necessárias em torno de 10 mil horas de esforço para alguém se tornar perito em alguma coisa. Há uma reação natural a um número tão grande. *Por que raios uma pessoa faria isso?*

Costumamos associar o termo "perícia" a noções positivas, como "dedicação" e "paixão", mas restam poucas dúvidas de que há algum nível de obsessão relacionado a passar tanto tempo trabalhando arduamente em qualquer coisa que seja secundária. Enquanto o melhor aluno da turma trata a escola como um emprego, estudando com afinco para tirar notas altas e obedecendo às regras, o indivíduo criativo e obcecado obtém sucesso mergulhando nos projetos que ama com zelo religioso.

Em seu estudo de título inesquecível "A mundanidade da excelência", Daniel Chambliss examinou a extrema dedicação e as invariáveis e monótonas rotinas dos nadadores de elite. Considerando que eles fazem isso dia após dia durante anos, a ideia de uma simples dedicação soa falsa. A palavra "obsessão" nos parece bem mais condizente.

Você pode achar que os intensificadores são relevantes apenas para artistas e esportistas e que não têm importância no mundo normal, mas você está errado. Pense em alguns dos indivíduos mais ricos do mundo. Você os vê como conscienciosos seguidores de regras, livres de traços negativos? Não. Como Chambliss escreveu:

> Cinquenta e oito integrantes da Forbes 400 não cursaram faculdade ou a abandonaram. Esses 58 – que constituem quase 15% do total – possuem um patrimônio líquido médio de 4,8 bilhões de dólares. Isso é 167% maior do que o patrimônio líquido médio de todos os quatrocentos, que é de 1,8 bilhão de dólares, e mais do que o dobro do patrimônio líquido médio dos integrantes da lista que cursaram as mais prestigiosas universidades americanas.

O agressivo empresário do Vale do Silício se tornou um respeitado e admirado ícone da era moderna. As descrições a seguir combinariam com o estereótipo? Energia hiperconcentrada. Pouca necessidade de dormir. Gosta de correr riscos. Dificuldade em aturar idiotas. Confiante e carismático até quase a insolência. Infinitamente ambicioso. Dinâmico e irrequieto.

Combinam muito. Mas também são as características associadas a um estado clínico chamado hipomania. John Gartner, psicólogo da Universidade Johns Hopkins, realizou um trabalho demonstrando que não se trata de coincidência. A mania, em seu estado mais desenvolvido, impede as pessoas de funcionarem em uma sociedade normal. Mas a hipomania produz uma máquina implacável, eufórica e impulsiva, que explode em direção a suas metas, embora permaneça conectada (mesmo que frouxamente) com a realidade.

Com os intensificadores, é preciso aceitar o bom junto com o ruim. No ensaio "O valor econômico da indisciplina: mau comportamento, escolaridade e mercado de trabalho", podemos ver que esforços para reduzir a agressividade e o mau comportamento em garotos de fato aumentava suas notas, mas também lhes reduzia as remunerações ao longo da vida. Ao se tornarem adultos, os malcomportados trabalhavam mais horas, eram mais produtivos e ganhavam 3% a mais que os bem-comportados.

Isso corresponde ao que ocorre na indústria de capital de risco. Em uma palestra na Universidade Stanford, o eminente investidor de risco Marc Andreesen disse:

> O mercado de capital de risco é um jogo de valores aberrantes [...] Nosso objetivo é investir em potencial *versus* falta de pontos fracos. À primeira vista, parece óbvio, mas na verdade é bem sutil. Para arriscar capital, é preciso checar itens. Por exemplo: "Fundador muito bom, ideia muito boa, produtos muito bons, clientes iniciais muitos bons. Checado, checado, checado, checado. Tudo bem, o negócio é razoável, vou pôr dinheiro nisso." O que você descobre nesses negócios cujos itens foram checados é que as empresas muitas vezes não têm aquele algo a mais que de fato as torna verdadeiramente notáveis e especiais. Não têm um potencial extremo que faça delas um ponto fora da curva. Por sua vez, as empresas que têm potencial realmente alto muitas vezes têm falhas graves. Assim, uma das lições preventivas do capital de risco é: se você não investir por conta das falhas graves, não investirá na maioria das grandes vencedoras. Poderíamos citar inúmeros exemplos de casos assim. Essa compreensão deve ter guiado quase todos os grandes vencedores. Portanto, o que sugerimos é investir em start-ups que tenham realmente um extremo potencial. E tenha em mente que devemos estar dispostos a tolerar alguns pontos fracos.

Em alguns casos, as maiores tragédias produzem os maiores intensificadores. O que todas as pessoas a seguir têm em comum?

- Abraham Lincoln
- Gandhi
- Michelangelo
- Mark Twain

Todos perderam pai ou mãe antes de completarem 16 anos. A lista de órfãos que conquistaram um sucesso espetacular – ou pelo menos se tornaram notavelmente influentes – é muito maior e inclui nada menos que 15 primeiros-ministros britânicos.

Não há dúvida de que perder cedo um dos pais é horrível e tem profundos efeitos negativos. Mas, como destaca Daniel Coyle em *O código do talento*, certos pesquisadores acreditam que uma tragédia assim instila em algumas crianças a sensação de que o mundo não é um lugar seguro e que, para sobreviver, será necessária uma enorme quantidade de energia e esforço. Em função de sua personalidade e de circunstâncias únicas, esses órfãos fazem um enorme esforço de compensação e transformam a tragédia em combustível para a grandeza.

Assim, dependendo das circunstâncias, pode haver lados positivos em qualidades "negativas". Seus traços "ruins" podem funcionar como intensificadores. Mas como transformá-los em superpoderes?

...

Em 1984, o cantor e compositor canadense Neil Young foi processado por não ser ele mesmo.

O magnata da música David Geffen havia fechado um grande contrato com a lenda do rock, mas não gostou do primeiro álbum que Young fez para a gravadora. Na ação, constaria que o disco não era "representativo". Pura e simplesmente, Geffen desejava que Neil Young fosse o que sempre fora, que fizesse o que sempre fizera e que assim, falando com bastante franqueza, vendesse muito. Na opinião de Geffen, o álbum *Trans* era country demais. Neil Young não fizera um disco de Neil Young.

À primeira vista, o argumento parecia verdadeiro. Mas no fundo era totalmente falso.

Neil Young sempre foi inovador. Como artista, sempre tentava coisas diferentes. Não criava um produto único, de qualidade controlada, como

Coca-Cola. Seu som havia evoluído e continuaria a evoluir. Neil Young estava sendo ele mesmo.

• • •

Depois de conversar com Gautam Mukunda sobre a Teoria da Filtragem de Liderança, fiz a pergunta óbvia cuja resposta todos queremos saber: "Como posso usar a teoria para ser mais bem-sucedido na vida?" Ele me respondeu que há duas etapas.

A primeira é *conhece-te a ti mesmo*. Essa frase foi pronunciada muitas vezes no decorrer da história. Está gravada em pedra no Oráculo de Delfos. O apócrifo Evangelho de Tomé diz: "Se você doar o que está dentro de si, o que você doar o salvará. Se você não doar o que está dentro de si, o que você não doar o destruirá."

Caso você seja bom em jogar conforme as regras, caso se identifique com os referidos melhores alunos, caso seja um líder filtrado, dobre a aposta nessas características. Encontre um caminho que funcione para você. Indivíduos com alto nível de autoconhecimento saem-se maravilhosamente bem na escola e em âmbitos da vida que apresentem respostas claras e caminhos definidos. Quando não encontram esse caminho, a vida fica difícil para eles. Pesquisas revelam que, quando estão desempregados, o índice de felicidade cai 120% mais do que para aqueles que não têm esse nível de autoconhecimento. Sem um caminho a seguir, ficam perdidos.

Já um líder não filtrado enfrentará um caminho árduo se tiver que seguir uma estrutura rígida e formal. Ao impedir seus intensificadores, não apenas irá de encontro ao que realmente é, como também negará as próprias vantagens-chave.

Embora o aprimoramento pessoal seja algo nobre e necessário, pesquisas apontam que muitos aspectos fundamentais da personalidade não mudam. Traços como fluência verbal, adaptabilidade, impulsividade e humildade permanecem estáveis da infância à vida adulta.

Em *Desafios gerenciais para o século XXI*, Peter Drucker, provavelmente o pensador de maior influência na área gerencial, diz que para alguém ter êxito durante toda a vida profissional – o que poderá abranger diversos tipos de emprego, inúmeras atividades e carreiras muito diferentes – basta seguir o que Mukunda já disse: conhecer a si mesmo. E conhecer a si mesmo no que diz respeito a alcançar seus objetivos na vida significa ter consciência de seus pontos fortes.

Pense nas pessoas que todos invejamos, aquelas que escolhem algo com segurança, dizem que vão fazer um trabalho incrível e então, tranquilamente, fazem *mesmo* um trabalho incrível. Este é o segredo delas: não são boas em tudo, mas conhecem seus pontos fortes e escolhem atividades em que são competentes. A respeito de conhecer os pontos fortes, diz Drucker:

> [Isso] permite que as pessoas, diante de uma oportunidade, uma oferta de trabalho, um cargo, respondam: "Sim, farei isso. Mas é assim que vou trabalhar. É assim que o trabalho deve ser estruturado. É assim que vou interagir. Assim serão os resultados que você poderá esperar de mim neste intervalo de tempo, pois eu sou assim."

Muitas pessoas se enrolam com isso. Não sabem ao certo quais são seus pontos fortes. Drucker oferece uma definição útil: "Quais são as coisas em que você se considera bom e que produzem, de forma consistente, os resultados almejados?"

Para descobrir quais são essas coisas, ele recomenda um sistema que chama de "análise de feedback". É bem simples: quando estiver desenvolvendo um projeto, escreva o que espera que aconteça e depois anote o resultado. Com o tempo, saberá o que você faz e o que não faz bem.

Ao descobrir se você está no grupo dos filtrados ou dos não filtrados e sabendo quais são seus pontos fortes, você está quilômetros à frente das pessoas medianas, no tocante a alcançar o sucesso *e* a felicidade. Pesquisas modernas no campo da psicologia positiva têm demonstrado que uma das chaves para a felicidade é enfatizar o que muitos chamam de "pontos fortes significativos". Pesquisas realizadas pela empresa Gallup revelam que, quanto mais horas por dia você passa fazendo aquilo em que é bom, menos estressado se sente; assim sendo, você ri mais, sorri mais e tem a sensação de que está sendo tratado com respeito.

Se você já sabe que tipo de pessoa é e seus pontos fortes significativos, como prosperar? É o que nos leva ao segundo conselho de Mukunda: *escolha a lagoa certa.*

Você tem de escolher os ambientes que funcionam para você [...] Contexto é muito importante. O líder não filtrado que é um sucesso estrondoso numa determinada situação será um fracasso catastrófico na outra, em quase todos os casos. É fácil demais pensar: "Eu sempre fui bem-sucedido, sou um sucesso, sou bem-sucedido porque sou um sucesso, eu sou assim e, portanto, serei bem-sucedido nesse novo ambiente." Errado. Você foi bem-sucedido porque estava em um ambiente onde todas as suas tendências, predisposições, aptidões e capacidades se alinharam perfeitamente com o que era necessário para produzir sucesso naquele ambiente.

Pergunte a si mesmo: *que empresas, instituições e situações valorizam o que eu faço?*

O contexto afeta todo mundo. De fato, os melhores alunos conscientes, tão bons em seguir regras, muitas vezes tropeçam aqui. Sem uma paixão determinada e com tanta ânsia para agradar, eles muitas vezes tomam a direção errada quando se veem livres para fazer escolhas. Referindo-se aos melhores alunos de seu estudo, Karen Arnold disse: "As pessoas acham que eles sabem cuidar de si mesmos, mas o fato de conseguirem nota A não significa que podem transformar êxito na escola em êxito na carreira."

Seja você um médico filtrado ou um exuberante artista não filtrado, as pesquisas apontam que a lagoa que você escolhe tem enorme importância. Quando Boris Groysberg, professor da Harvard Business School, observou conceituados analistas de Wall Street que foram trabalhar para uma empresa rival notou algo interessante: eles deixaram de ser analistas conceituados. Por quê? Costumamos pensar que especialistas são especialistas apenas por seus talentos únicos e esquecemos o poder do contexto, de conhecer os caminhos, das equipes que lhes prestam apoio, dos atalhos que desenvolvem ao longo do tempo. Mais uma descoberta de Groysberg: quando os analistas trocaram de empresa, mas levaram suas equipes, continuaram excelentes.

Quando você escolhe sua lagoa judiciosamente, pode otimizar seu perfil, seus pontos fortes significativos e seu contexto, de modo a gerar um enorme valor. É isso que vai resultar em uma grande carreira. Mas esse autoconhecimento pode gerar valor onde quer que você decida aplicá-lo.

A história de como a Toyota ajudou uma instituição de caridade ilustra bem essa ideia. O Banco de Alimentos da Cidade de Nova York depende de doações corporativas para funcionar. A Toyota doou dinheiro até 2011, quando teve uma ideia muito melhor. Tendo dedicado inúmeras horas para aprimorar processos, os engenheiros da Toyota perceberam que, enquanto qualquer empresa podia doar dinheiro, eles tinham algo único para oferecer: sua expertise. Decidiram então doar *eficiência*.

A jornalista Mona El-Naggar descreveu os resultados:

Em uma cozinha de distribuição de sopa, no Harlem, os engenheiros da Toyota reduziram o tempo de espera para o jantar de 90 para 18 minutos. Num estoque em Staten Island, diminuíram o tempo que as pessoas passavam enchendo suas sacolas de 11 para 6 minutos. E em um depósito em Bushwick, no Brooklyn, onde voluntários preparavam caixas de mantimentos para as vítimas do furacão Sandy, um pouco de *kaizen* [práticas de melhoria dos procedimentos] fez com que os 3 minutos da preparação de cada caixa se transformassem em 11 segundos.

Você também pode fazer isso: conhecer a si mesmo e escolher a lagoa certa. Identifique seus pontos fortes e defina o lugar ideal para aplicá-los.

Se gosta de cumprir as regras, encontre uma organização alinhada com seus pontos fortes significativos e vá em frente a todo vapor. A sociedade claramente recompensa os que sabem obedecer, e essas pessoas fazem com que o mundo mantenha a ordem.

Se você está mais para o tipo não filtrado, esteja preparado para criar o próprio caminho. É arriscado, mas você foi feito para isso. Potencialize os intensificadores que o tornam único. Você terá uma chance maior de alcançar o auge do sucesso – e da felicidade – se aceitar suas "falhas".

É como o teste de Turing. Por anos, cientistas da computação têm colocado pessoas diante de computadores para conversar com "alguém". Após algum tempo, perguntam: "Você estava conversando com um ser humano ou com um software?" O programa que engana mais recebe o Prêmio Loebner. Mas também há outro prêmio concedido na competição: ao *ser humano mais convincentemente humano*. Quando os juízes examinam o que as pessoas escreveram, qual delas tem menos probabilidades de ser confundida com um engenhoso computador? Em 1994, o vencedor foi Charles Platt. Teria ele dado a impressão de ser tão humano porque suas respostas eram emocionalmente realistas ou porque seu uso do inglês era mais rico e nuançado? Nada disso. Ele foi apenas "instável, irritadiço e odiento". Talvez sejam nossas falhas que nos tornem mais humanos. Charles Platt foi bem-sucedido por causa de suas falhas humanas. Às vezes, podemos fazer o mesmo.

...

Você tem, agora, uma noção melhor de quem você é e a que lugar pertence. Mas a vida não é só você, você, você. É preciso lidar com outros indivíduos. Qual seria a melhor maneira de fazer isso? "Os bonzinhos só se dão mal?" Ou é preciso recorrer a expedientes não muito corretos (e talvez passar por cima de algumas pessoas) para ter sucesso?

Examinaremos isso a seguir.

CAPÍTULO 2

Os bonzinhos só se dão mal?

O que podemos aprender a respeito de confiança, cooperação e bondade com membros de gangues, piratas e serial killers

Não é incomum que pessoas morram sob os cuidados de um médico. Incomum é que um médico, de forma deliberada, mate seus pacientes.

Michael Swango não era um médico muito bem-sucedido. Porém, como explica James B. Stewart em seu livro *Blind Eye* (Vista grossa), Swango foi um dos serial killers mais exitosos de todos os tempos.

Em seu terceiro ano na faculdade de medicina, pacientes que passavam por suas mãos começaram a morrer tão rapidamente que colegas de Swango notaram. Até brincavam que o melhor modo de se livrar de pacientes era colocá-los aos cuidados de Swango. Chegaram a lhe dar um apelido irônico: "00Swango". Assim como James Bond, ele parecia ter licença para matar.

Mas aquilo era um hospital. Pessoas morrem em hospitais. Acontece. Portanto, foi fácil considerar as mortes como um acaso. Entretanto, um número desproporcional de óbitos acompanhou Swango depois que ele iniciou sua residência em neurocirurgia no Hospital da Universidade de Ohio. E quando ele passou a fazer ronda médica no nono andar, o número de pacientes precisando de ressuscitação foi maior que ao longo do ano anterior.

Como Swango conseguiu permanecer impune? Teria ele uma mente genial como Hannibal Lecter? Dificilmente. Embora fosse sem dúvida muito inteligente (foi finalista do Programa Nacional de Mérito Escolar e se formou *summa cum laude* na faculdade), seria um enorme eufemismo dizer que ele não se esforçou muito para afastar suspeitas.

Quando um assassinato em massa ocorrido em um McDonald's ocupou as manchetes, ele disse a um colega: "Todas as vezes que eu tenho uma boa ideia, alguém chega primeiro." Mantinha, com todo o zelo, um caderno de recortes com matérias de jornais sobre ocorrências violentas. Quando lhe perguntaram o motivo, respondeu: "Se um dia eu for acusado de assassinato, esses recortes vão provar que eu não sou mentalmente são. Vai ser minha defesa."

Por fim, houve um fato que ninguém pôde ignorar. Uma enfermeira o viu injetar algo no tubo intravenoso de uma paciente, Rena Cooper. E Swango não era o médico responsável por Cooper. A equipe conseguiu salvar sua vida, a mulher quase morreu. Assim que melhorou, ela confirmou a interferência de Swango e uma investigação foi instaurada.

Este é o momento em que se espera que eu diga que ele foi preso. Que todo mundo fez a coisa certa. Que o sistema funcionou. Que o bem triunfou sobre o mal.

Mas não foi o que aconteceu.

Mais preocupados com a reputação do hospital do que em deter um assassino, os diretores do hospital se uniram para abafar o caso. *E se a população descobrisse que havia um homicida trabalhando aqui? O que seria de nossos empregos? E se Swango nos processasse? E se os pacientes e suas famílias nos processassem?* Assim, eles obstruíram a investigação policial. Enquanto isso, Swango obteve permissão para continuar trabalhando. De uma forma ou de outra, seu reinado de terror continuou... por 15 anos.

Estima-se que Swango tenha matado sessenta pessoas, o que o situa entre os primeiros na lista de serial killers americanos "bem-sucedidos", embora ninguém saiba ao certo quantas pessoas ele tenha assassinado. É provável que o número seja bem maior.

Muitas pessoas inteligentes e educadas sabiam o que ele estava fazendo e tiveram oportunidade de detê-lo. Mas não o fizeram.

Bem, este não é um livro sobre serial killers bem-sucedidos, mas o caso de Swango levanta sérias questões que nos fazem pensar: pessoas que trapaceiam e desobedecem as regras obtêm sucesso com mais frequência? O mundo é justo? Pessoas boas podem progredir ou estão condenadas a serem otárias? Será que a famosa máxima do treinador de beisebol Leo Durocher está correta? *Os bonzinhos realmente só se dão mal?*

As respostas não são fáceis, mas isso não significa que não haja boas notícias para nos dar esperanças.

Embora talvez seja melhor decifrar esse enigma a partir das más notícias.

・・・

A curto prazo, às vezes ser mau pode ser muito bom.

"Empenhe-se, jogue limpo e você vai longe", dizem. Bem, sinto muito, mas os fatos demonstram que *não é* o caso. Respondendo a pesquisas, as pessoas dizem que o esforço é o maior prenúncio do sucesso; mas estudos indicam que, na verdade, é um dos piores.

Nos escritórios, as aparências sobrepujam a verdade. Segundo Jeffrey Pfeffer, professor da Stanford Graduate School of Business, administrar o que seu chefe pensa de você é muito mais importante do que de fato trabalhar muito. Um estudo demonstra que os que causam boa impressão obtêm melhores avaliações de desempenho do que aqueles que trabalham com mais afinco, mas não administram tão bem a impressão que causam.

Frequentemente, essa concepção se reduz a algo que conhecemos muito bem: o bom e velho puxa-saquismo. Bajular o chefe é eficiente? Pesquisas apontam que a bajulação é tão poderosa que funciona *mesmo quando o chefe sabe que não é sincera*. Jennifer Chatman, professora da Universidade da Califórnia, em Berkeley, realizou um estudo para verificar em que ponto a bajulação é contraproducente... mas não conseguiu encontrar nenhum.

Pfeffer diz que precisamos parar de pensar que o mundo é justo. E explica isso sem rodeios:

> A lição extraída de casos de pessoas que permanecem empregadas e das que perdem seus empregos é que, enquanto você mantém seus chefes feli-

zes, o desempenho realmente não importa muito; em contraposição, se você os desagradar, o desempenho não o salvará.

Para aqueles que esperam ser recompensados por longas horas de trabalho honesto, essa informação pode ser difícil de engolir. Mas espere: as coisas podem piorar. Os puxa-sacos não são os únicos que prosperam. Os arrogantes também.

Você trata as negociações salariais acreditando em benefício mútuo, em que os dois lados ganham? Infelizmente, pessoas que insistem em mais dinheiro por interesse próprio se saem melhor. A revista *Harvard Business Review* relata que homens com baixo índice de "afabilidade" ganham até 10 mil dólares a mais (por ano) do que homens com alto índice de afabilidade. Os rudes também têm melhores resultados.

Por mais triste que pareça, tudo indica que tendemos a confundir bondade com fraqueza.

Oitenta por cento das nossas avaliações sobre outras pessoas se resumem a duas características: simpatia e competência. Um estudo feito por Teresa Amabile em Harvard, intitulado "Brilhante mas cruel", revela que as duas são inversamente relacionadas: quando as pessoas são muito gentis, presumimos que sejam menos competentes. Se um sujeito é arrogante, as pessoas tendem a achá-lo poderoso. Aqueles que quebram regras são vistos como indivíduos com mais poder do que aqueles que as obedecem.

Não é só uma questão de percepção; às vezes os arrogantes *são* de fato melhores do que os bonzinhos. Pesquisas demonstram que alguns traços negativos aumentam suas probabilidades de se tornar líder. Gerentes que sobem na hierarquia mais rápido – e eram melhores em seu trabalho – não são os indivíduos que tentaram trabalhar em equipe ou se concentraram mais em cumprir tarefas. São aqueles que se concentraram mais em ganhar poder.

Para piorar, o problema não é só que os arrogantes se saem bem; ser o cara bonzinho e espezinhado pode matar você. Não ter poder no escritório (pouco controle ou pouca autonomia) deixa a pessoa com mais predisposição para desenvolver doenças arteriais coronarianas do que obesidade ou pressão alta. Acha que é mal pago? Isso também aumenta o risco de ataque cardíaco. Enquanto isso, puxar saco acarreta uma redução de estresse no local de trabalho, aumentando o nível de felicidade e melhorando a saúde física.

E você, é um cara bonzinho, ou uma garota boazinha, que está tendo problemas para processar todas essas más notícias? Talvez seja porque não ter uma posição elevada no escritório contribui para uma redução da capacidade executiva. Vamos colocar em termos mais simples? Sentir-se sem poder no escritório deixa a pessoa mais *idiota*.

Aprendemos que o bem conquista tudo, como no final de qualquer filme da Disney. Porém, infelizmente, esse não é o caso em muitos dos cenários estudados por pesquisadores. "O mal é mais forte que o bem" é um estudo franco que aponta que, em um espantoso número de áreas, as coisas ruins têm mais impacto e são mais duradouras do que as boas: "Emoções ruins, pais ruins e feedback ruim causam mais impacto; e a informação ruim é processada de forma mais completa do que a boa... Exceções (indicando maior poder do bem) raramente são encontradas. Em seu conjunto, tais descobertas sugerem que o mal é mais forte que o bem, sendo um princípio geral em uma variedade de fenômenos psicológicos." E não posso deixar de mencionar que um estudo informal revelou que livros sobre ética têm 25% mais chances de serem roubados de uma biblioteca do que livros com outros temas.

Vou parar por aqui porque meu editor não vai permitir que este livro seja vendido junto com uma caixa de antidepressivos.

Por que os arrogantes têm sucesso? Sem dúvida em parte por conta de hipocrisia e maldade, mas há algo que podemos aprender com eles sem crise de consciência: pessoas arrogantes são assertivas com relação ao que querem e não têm medo de permitir que os outros saibam de suas conquistas.

Acha que estou encorajando você a ser arrogante? Segure as pontas. Estamos apenas começando. Eles realmente se saem bem a curto prazo. Agora vamos ver o outro lado.

Tudo começa com o que sua mãe diria se você informasse a ela que iria mentir, trapacear, intimidar e puxar o saco para chegar ao topo: "E se todo mundo agisse assim?"

Então, o que aconteceria se todos nós nos tornássemos egoístas e parássemos de confiar uns nos outros? A resposta a essa pergunta é "Moldávia".

...

Tenho certeza de que muitas vezes você já achou que estava no pior lugar da Terra. No ensino fundamental, quando criança, em um emprego ruim ou apenas em um dia ruim, você teve a impressão de que estava no lugar mais infeliz possível. Porém, a menos que estivesse na Moldávia, você não estaria cientificamente certo.

Ruut Veenhoven, o sociólogo holandês conhecido como o "padrinho das pesquisas sobre felicidade", mantém um Banco de Dados Mundial da Felicidade. E quando analisou todos os países do mundo em termos de felicidade, a Moldávia ficou em último lugar.

O que garantiu a essa pouco conhecida ex-república soviética tão questionável distinção? Os moldávios simplesmente não confiam uns nos outros. O fenômeno atingiu proporções épicas, a ponto de inviabilizar a cooperação em quase todo aspecto da vida no país. O escritor Eric Weiner observa que são tantos os estudantes que subornam professores para obter boas notas que os moldávios não vão mais a médicos com menos de 35 anos de idade, pois supõem que compraram o diploma.

Weiner resume o comportamento dos moldávios em uma única frase: *"Não é problema meu."* Levar pessoas a agirem coletivamente em benefício de todos parece uma tarefa impossível. Ninguém quer fazer nada que beneficie os outros. A falta de confiança transformou a Moldávia em um buraco negro de egoísmo.

Todos conhecemos uma empresa ou um departamento que rolou ladeira abaixo por conta do egoísmo. As pesquisas corroboram: o mau comportamento é contagioso. Alastra-se. Você logo não será o único a conspirar.

Uma pesquisa feita por Dan Ariely, da Universidade Duke, revela que ver outras pessoas trapaceando e se dando bem aumenta as trapaças entre o grupo. Começamos a encarar a trapaça como norma socialmente aceitável. É um conceito com o qual podemos nos identificar. Você dirige sempre abaixo do limite de velocidade? Por que não? Bem, como diz uma velha piada, existem três categorias da ética: "certo", "errado" e "todo mundo faz". Quando vemos alguém se safar de alguma coisa, presumimos que está tudo bem. Ninguém quer ser o otário que joga conforme as regras quando ninguém mais o faz.

Segundo alguns estudos, esperar que as pessoas sejam indignas de confiança cria uma profecia autorrealizável. Presumindo que os outros se comportarão mal, você deixa de confiar e refreia seus esforços, criando uma espiral descendente. Não é de surpreender que equipes com apenas uma maçã podre apresentem quedas de desempenho na ordem de 30% a 40%.

Portanto, sim, artimanhas individuais podem valer a pena, mas é só uma questão de tempo até que outros indivíduos comecem a fazer o mesmo. Então todo mundo sofre, porque terminamos com uma cultura moldávia, na qual as pessoas nada criam em prol do bem comum. Ruut Veenhoven diz: "A qualidade de uma sociedade é mais importante do que nosso lugar nessa sociedade." Por que isso?

Robert Axelrod, professor de ciência política na Universidade de Michigan, explica: "Não ser legal talvez pareça um comportamento promissor no início, mas a longo prazo pode destruir o ambiente necessário para se ter sucesso."

Colocando em termos simples: quando você começa a ser egoísta, os demais acabarão por notar. Se retaliarem antes que alcance o poder, você ficará em maus lençóis. Mas, mesmo que atinja o objetivo, ainda terá um problema. Como você já mostrou aos outros que o caminho do sucesso é quebrar as regras, eles as quebrarão também, pois o mau comportamento é contagioso e as pessoas fazem o que funciona. Você terá criado predadores como você e as pessoas boas irão embora. Trata-se de um efeito cascata: você criou um ambiente onde não deseja mais trabalhar. Foi o que ocorreu na Moldávia. Quando a confiança desaparece, tudo desaparece. Qual é a qualidade que as pessoas, quando questionadas em diversas situações – no trabalho, na equipe, entre os familiares –, dizem que mais prezam nos outros? Confiabilidade.

Multiplicar esforços e obter sucesso significa ir além do egoísmo, criando confiança e obtendo cooperação. Ironicamente, mesmo quando você deseja ser bem-sucedido no *mal*, precisará fazer isso. Assim, para sabermos por que o egoísmo não funciona a longo prazo em organizações e vermos como a confiança e a cooperação são importantes, precisamos observar os criminosos.

•••

É seu primeiro dia na prisão e você está examinando as guloseimas em sua cesta de presentes. Sério. Não estou brincando.

Como explica David Skarbek, do King's College, em Londres, gangues muitas vezes agem como comitês de boas-vindas para recém-chegados; é comum que prisioneiros procedentes do mesmo bairro ofereçam presentes aos novos reclusos para ajudá-los a se estabelecer. Tem algo mais gentil do que isso?

Pensamos em membros de gangues e quadrilhas como psicopatas impulsivos e desregrados. Com certeza, muitos deles se enquadram nessa descrição, mas eles sabem muito mais sobre confiança e cooperação do que imaginamos.

As quadrilhas não são grupos organizados para o caos, liderados por um vilão perverso como os dos filmes de James Bond. Na verdade, os números mostram que as gangues de rua não geram a criminalidade. Trata-se exatamente do oposto: *a criminalidade gera as gangues de rua*. Da mesma forma, as gangues nos presídios, em sua maioria, não foram estabelecidas para praticar o mal, mas para oferecer proteção a seus integrantes no período de encarceramento. Um estudo realizado com membros da Irmandade Ariana na prisão revela que, longe de serem "os piores dos piores", eles têm histórico de violência praticamente idêntico ao dos prisioneiros que não fazem parte de gangues.

Sob muitos aspectos, os criminosos têm mais consciência do valor da confiança e da cooperação do que você e eu. No mundo em que vivem, a confiança não é uma garantia. Você não vai para o trabalho todos os dias considerando que alguém pode lhe dar uma facada no pescoço. Assim sendo, o valor da confiabilidade é muito maior para os criminosos; até porque eles não podem chamar a polícia quando alguém rouba algo deles.

Algumas pessoas podem discordar, considerando que, embora haja de fato uma escassez de confiança entre os criminosos, isso é compensado pelas maiores opções que têm: se alguém os sacaneia, eles podem matar o sujeito. E assim os caras se mantêm na linha. Mas pesquisas com membros do crime organizado demonstram que o apelo à violência é, na verdade, superestimado. O que aconteceria se você agisse como o personagem Tony Soprano e começasse a espancar todos os que lhe causam problemas? Todos o respeitariam, mas ninguém iria querer trabalhar com você. Ser um chefão da máfia extremamente violento carrega uma ironia inerente. Você gostaria de trabalhar para alguém cuja resposta a um atraso no relatório de despesas são duas balas na cabeça? Eu diria que não.

Assim sendo, os criminosos inteligentes precisam encontrar alternativas à coação violenta. Precisam de *mais* ordem, não menos, para reduzir as crescentes opções à sua frente. Um detento na Prisão Estadual de Corcoran declarou: "Sem ordem, temos anarquia, e quando temos anarquia aqui, pessoas morrem."

Qual o valor da estabilidade e das regras? É tão alto que, na prisão, onde grande parte da interação diária é dividida por fronteiras raciais, os brancos *encorajam* os negros a se unir a gangues de negros. Com anonimato e separação, a violência aumenta atrás das grades. Mas quando todos fazem parte do sistema – mesmo que isso signifique se unir a uma gangue rival –, a vida se torna mais estável.

Quer trapacear um pouco? Ótimo, mas se quiser fazer isso todos os dias durante anos, você precisa de um sistema. A preocupação de ser enganado ou morto torna as transações muito caras, impedindo negócios eficientes, esteja você vendendo Pepsi ou drogas ilegais. Você precisa de regras e cooperação, e isso significa confiança.

Economistas chamam isso de "disciplina das relações permanentes". Quando você conhece e confia em alguém, a transação torna-se mais fácil e rápida. Assim, mais transações acontecem, criando um mercado melhor e gerando mais valores para todos os envolvidos. Não é diferente para as gangues nas prisões. Pense em uma avaliação para um bom vendedor de heroína no site de compras: "ÓTIMO VENDEDOR A++++++. Compraria novamente."

Essa valorização da ordem, da confiança e das regras torna uma gangue prisional muito parecida com uma corporação. Líderes de gangues ("chefões") muitas vezes enviam questionários a membros novatos. É bom saber o que funcionários novos têm a oferecer. Por mais que pareça estapafúrdio, tudo funciona. Países corruptos, com grupos ao estilo da máfia, são mais bem-sucedidos economicamente e apresentam maiores índices de crescimento do que países onde o crime é descentralizado. Tais grupos justificam a palavra "organizado" na expressão "crime organizado". E embora produzam abomináveis impactos negativos na sociedade, a ordem que impõem também tem efeitos positivos. A presença da Yakuza em cidades japonesas está correlacionada à diminuição dos processos civis. Pesquisas revelam que as prisões nos Estados Unidos funcionam melhor com as gangues do que sem elas.

Não me entenda mal. Estamos falando de criminosos. Eles fazem coisas ruins. Mas, para qualquer organização criminal ser bem-sucedida, é necessário algum nível de confiança e cooperação interna, mesmo que seus integrantes estejam cometendo atrocidades fora do âmbito da gangue. Criminosos bem-sucedidos sabem que o egoísmo, internamente, não compensa. No fim das contas, isso pode até fazer criminosos tratarem as pessoas – pelo menos as que pertencem à gangue – muito bem. (Qual foi a última vez que seu chefe enviou para *você* uma cesta de presentes?)

Não se trata de nenhuma novidade – centenas de anos atrás, grupos criminosos prosperavam cuidando uns dos outros. E qual o melhor exemplo histórico de cooperação criminosa? Os rebeldes de alto-mar com papagaios nos ombros. Os piratas conquistaram tanto porque se tratavam bem. Eram democráticos. Confiavam uns nos outros. E estabeleceram um sistema econômico confiável para garantir que tudo funcionasse.

Esses espertos empresários dos oceanos não eram psicopatas enlouquecidos, com tapa-olho. De acordo com Angus Konstam, que estudou a vida de Barba Negra, o famoso pirata, ele nunca matou ninguém ao longo de sua carreira. E não há casos registrados de que alguém tenha sido obrigado a andar na prancha.

Então por que temos a impressão de que os piratas eram selvagens sanguinários? Marketing. É muito mais fácil, barato e seguro aterrorizar as pessoas e fazer com que se rendam logo do que travar uma batalha. Assim sendo, os piratas eram espertos o suficiente para cultivar a imagem de bárbaros.

É claro que não eram bonzinhos, e Barba Negra não era nenhum Robin Hood. E se cooperavam tão bem entre si não era por altruísmo, mas porque fazia sentido economicamente. Eles sabiam que precisavam de regras e confiança para serem bem-sucedidos; e acabaram estabelecendo um sistema mais justo e atraente do que o visto nos navios da tirânica Marinha Real britânica ou em embarcações mercantis, onde os trabalhadores eram explorados de modo a maximizar os lucros. Como Peter Leeson escreve em seu livro *The Invisible Hook: The Hidden Economics of Pirates* (O gancho invisível: a economia oculta dos piratas): "Ao contrário do entendimento convencional, a vida dos piratas era ordeira e honesta."

Você mesmo, no fundo, pode ser um pirata. Cansado do patrão intimidador e pensando em tomar iniciativa? Acha que todo mundo deveria ter direito a opinar sobre como a empresa está sendo dirigida? Acha que a corporação é obrigada a cuidar de seus funcionários? E que o racismo não tem lugar nos negócios? Parabéns! Você é um pirata.

Assim como as gangues de presídios, os piratas não se uniram originalmente para praticar o mal. Na verdade, pode-se argumentar que foram uma *resposta* ao mal. Proprietários de navios mercantes, à época, eram despóticos. Os capitães abusavam da autoridade de forma rotineira. Podiam mandar executar qualquer tripulante ou confiscar a parte do butim que lhes cabia. Os piratas surgiram como uma resposta a esse comportamento predatório e pelo desejo de navegar pelos mares sem se preocupar com abusos praticados pela "gerência".

Navios piratas eram muito democráticos. Todas as regras tinham que ser aprovadas por unanimidade. Os capitães podiam ser depostos por qualquer motivo, o que os transformou de tiranos em algo mais parecido com servos. O único caso em que um capitão desfrutava de autoridade total era em meio a uma batalha, quando decisões rápidas eram questão de vida ou morte.

Muitos piratas formavam "empresas" em que você teria orgulho de trabalhar. Como o chefe podia ser demitido a qualquer momento, ele cuidava bem dos empregados. O salário dos capitães não era significativamente maior do que os outros. Como Leeson explica: "A diferença entre os mais bem pagos e os menos bem pagos numa tripulação pirata era apenas de uma cota." E os capitães não usufruíam de privilégios, não tinham uma cama maior nem recebiam mais comida.

A Piratas S.A. também concedia grandes benefícios. O pirata que lutasse com bravura ou avistasse alvos era generosamente recompensado com bônus. Foi ferido? Era só fazer um requerimento, pois os piratas tinham planos de saúde que cobriam ferimentos de batalha. E até planos de invalidez. Todas essas fantásticas iniciativas de RH funcionavam. Os registros históricos revelam que os piratas não tinham problemas em recrutar pessoas, enquanto na Marinha Real o alistamento era obrigatório.

A Piratas S.A. dispunha até de um programa de diversidade anos antes de isso se tornar popular ou obrigatório por lei. Por quê? Não porque fossem moralmente esclarecidos, apenas porque o racismo não era bom negócio, e tratar bem as pessoas era. Isso lhes proporcionou uma vantagem no recrutamento e na retenção de talentos. Estima-se que, em média, 25% de um navio pirata fosse composto de negros. Cada membro da tripulação, independentemente da raça, tinha direito a votar em questões referentes ao navio e recebia uma cota igual. Era o início do século XVIII. Os Estados Unidos só aboliram a escravatura mais de 150 anos depois.

E funcionava? Os economistas reconhecem nos piratas a sabedoria nos negócios. No artigo "An-argh-quia: Leis e economia na organização dos piratas", Leeson diz: "A governança dos piratas criou ordem e cooperação suficientes para tornar a pirataria uma das atividades criminosas mais sofisticadas e bem-sucedidas da história."

Ou seja, tratar bem as pessoas pode ter um resultado muito melhor do que o obtido pelo egoísmo – mesmo quando os objetivos são cometer crimes.

Alguns talvez digam que estou exagerando. Falar sobre gangues prisionais ou piratas mortos há muito tempo pode ser interessante, mas que relevância tem isso em relação à vida moderna?

Analisamos os caras maus e analisamos os caras maus que são espertos o suficiente para não serem egoístas. E quanto aos verdadeiramente bons? Que dizer daqueles que de fato desejam fazer o que é certo? São bem-sucedidos? Os bonzinhos podem chegar em primeiro? Quando se faz a coisa certa – quando você se arrisca para salvar a vida de outra pessoa –, há recompensa?

...

O jovem ao seu lado na plataforma do metrô tropeça e cai nos trilhos. Parece não ter condições de se levantar. Você ouve o ronco da composição se aproximando. Você desce da plataforma para ajudá-lo?

Alguns podem dizer que isso é mais um ato de suicídio que de altruísmo. Suas duas filhas pequenas estão ao seu lado. Como ficarão se você morrer? Deixar um jovem morrer é uma tragédia, mas duas mortes e duas órfãs não seriam uma tragédia ainda maior? Trata-se de uma pergunta difícil de responder.

Felizmente, em 2 de janeiro de 2007, Wesley Autrey não se fez essa pergunta.

Quando os faróis do trem iluminaram o túnel, ele pulou nos trilhos em que Cameron Hollopeter estava caído, indefeso.

No entanto, Autrey avaliou mal a velocidade do trem, que estava se aproximando muito mais rápido do que ele previra. Simplesmente não havia tempo para tirar Hollopeter dali. Mas ele não podia deixar o homem morrer. O rangido dos freios do trem rasgou o ar, porém o motorista não conseguiu parar a tempo.

Quando o som do trem que chegava se transformou em um rugido ensurdecedor, Autrey empurrou Hollopeter para uma vala de drenagem, deitou-se por cima dele e o protegeu, enquanto o trem passava por cima de ambos.

Nenhum dos dois se machucou, embora o trem tenha chegado tão perto de matá-los que deixou graxa no chapéu de Autrey. Mais tarde, ele disse: "Não acho que tenha feito nada de espetacular. Apenas vi alguém precisando de ajuda. Fiz o que era certo."

Wesley Autrey teve uma atitude altruísta naquele dia. Tinha tudo a perder e nada a ganhar. Foi o tipo de herói que pensamos só existir na ficção.

Esse cara bonzinho se deu mal?

Não. Autrey recebeu o Medalhão de Bronze, a mais alta condecoração que a cidade de Nova York concede a civis. (Agraciados precedentes incluem o general Douglas MacArthur, Muhammad Ali e Martin Luther King Jr.) Suas filhas receberam bolsas de estudos e computadores. Ele ganhou passes para o camarim de um show de Beyoncé e um jipe novo. Participou do programa televisivo *The Ellen Degeneres Show* e obteve ingressos para todos os jogos da temporada do time de basquete New Jersey Nets. Em 23 de janeiro, Autrey e as filhas foram convidados a assistir à mensagem do presidente americano proferida no início de cada ano. George W. Bush elogiou o ato altruísta de Autrey em rede nacional.

É uma história incrível. Exatamente do tipo que leva os céticos a dizer: só nos lembramos de histórias como essa porque são muito raras.

Quando nos afastamos tanto das histórias espetaculares quanto do revirar de olhos dos cínicos, o que as estatísticas nos dizem? Os bonzinhos só se dão mal?

Sim. Mas também terminam *em primeiro*.

Está confuso? Na verdade, faz sentido. Acompanhem meu raciocínio.

Quando Adam Grant, professor da Wharton School, observou os últimos lugares dos indicadores de sucesso, encontrou um número imenso de bonzinhos – "Doadores". Nas análises feitas com engenheiros, estudantes de medicina e vendedores, os mais altruístas decepcionaram. Perdiam mais prazos, tinham notas mais baixas e fechavam menos vendas.

Para alguém como Adam, que dedica grande parte de suas pesquisas a estudar a ética nos negócios e como o comportamento altruísta pode conduzir ao sucesso, esse resultado foi bem angustiante. Se tivesse parado por aí, ele de fato poderia ter tido um dia bem triste. Mas ele não parou. Quando conversei com Adam, ele disse:

> Então olhei para o outro lado do espectro, pensando: "Se os Doadores estão na base, quem está no topo?" Fiquei surpreso ao descobrir que eram os Doadores de novo. As pessoas que procuram modos consistentes de ajudar os outros estão abundantemente representadas, não só na base como também no topo dos indicadores de sucesso.

Os "Compensadores" (pessoas que tentam manter um equilíbrio entre doar e tomar) e os "Tomadores" (pessoas que, egoisticamente, sempre tentam obter mais e doar menos) estão no meio da escala. Os Doadores ocupam as posições mais próximas ao topo e as mais próximas à base. Os mesmos estudos revelaram que, em sua maioria, os engenheiros mais produtivos, os estudantes com as maiores notas e os vendedores que fechavam mais vendas eram Doadores.

Isso intuitivamente faz sentido. Todos conhecemos algum mártir que faz de tudo para ajudar os outros, mas não consegue atender às próprias necessidades e acaba sendo explorado pelos Tomadores. E todos conhecemos alguém que é adorado por ser muito prestativo e que acaba obtendo sucesso, pois é amado e as pessoas se sentem em dívida com ele.

Doadores se distinguem não apenas na alta produtividade e nas notas boas. O altruísmo também parece deixá-los ricos. Quando Arthur Brooks analisou a conexão existente entre doações a instituições de caridade e nível de renda, descobriu que, para cada dólar doado, a renda do indivíduo subia

3,75 dólares. Havia uma clara relação entre quanto era doado e quanto era auferido.

Alguns de vocês podem estar coçando a cabeça. Isso parece contrariar muito do que vimos no início do capítulo, de que os arrogantes se saem melhor. Sim, em média os arrogantes se saem melhor, mas quem está no topo da escala são os Doadores.

O nível de renda atinge o máximo entre as pessoas que confiam mais nos outros, não menos. Em um estudo intitulado "A quantidade certa de confiança", foi perguntado a algumas pessoas quanto elas confiavam nos outros, numa escala de 1 a 10. O nível de renda foi mais alto entre as pessoas que responderam com o número 8. O resultado bate com a conclusão de Adam Grant, de que os Doadores estão no topo da escala de sucesso.

Outra constatação bate com a conclusão dele: aqueles que responderam com um número maior que 8 tinham rendimentos 7% menores do que aqueles que responderam 8. Assim como os Doadores na base dos estudos sobre o sucesso, essas pessoas tinham mais probabilidades de serem exploradas.

Quem perdeu mais? Aqueles com os menores índices de confiança tinham uma renda 14,5% menor do que os que responderam 8. Essas pessoas não cursaram faculdade.

Mas os Doadores no topo da lista não devem fazer muito sucesso como líderes, certo? Afinal, supõe-se que líderes sejam durões. Já vimos que alguns traços negativos de fato ajudam as pessoas que estão no comando. No entanto, quando analisamos os líderes mais bem posicionados nas Forças Armadas, em que seria de esperar que a rigidez fosse valorizada, acontece exatamente o oposto: os que se saem melhor são solidários, não severos.

Embora, segundo alguns estudos, o estresse social sobre um cara bonzinho e indefeso possa provocar um ataque cardíaco, de modo geral vê-se que o velho ditado "os bons morrem cedo" não é verdadeiro. O Estudo Terman, que acompanhou diversos voluntários ao longo da vida, revelou que as pessoas boas, na verdade, vivem mais, não menos. Pode ser mais fácil pensar que obter a ajuda de outras pessoas prolonga a vida, mas o estudo demonstrou o contrário: aqueles que *doavam* mais viveram mais tempo.

Por fim, há a questão da felicidade. Embora alguns dados indiquem que os arrogantes são promovidos ou recompensados financeiramente, eles não são necessariamente mais satisfeitos com a própria vida. Por sua vez, pesquisas demonstraram que as pessoas éticas são mais felizes. Pessoas menos tolerantes com comportamentos antiéticos têm um nível de bem-estar maior do que aqueles que são complacentes com trapaças. Esse incremento é equivalente à felicidade que uma pessoa sente ao receber um pequeno aumento de salário, ao casar ou ao frequentar regularmente a igreja.

É nesse ponto que os moldávios fazem tudo errado. Ao não confiarem nos outros, ao não se ajudarem, eles perdem muito do que torna nossa vida feliz. Estudos revelam que gastar dinheiro com os outros nos deixa mais felizes do que gastá-lo com nós mesmos. Um trabalho voluntário, mesmo que seja de duas horas por semana, pode proporcionar mais satisfação com a vida. Ainda mais surpreendente: aqueles que doam seu tempo para ajudar os outros se sentem menos ocupados e têm a impressão de que desfrutam de mais tempo livre.

Em diversos cenários de curto prazo, um pouco de trapaça e intimidação pode funcionar, mas, com o tempo, polui o ambiente social; logo todos estão criticando uns aos outros e ninguém deseja fazer nada em prol do bem comum. Ser um Tomador traz benefícios de curto prazo, mas é inerentemente limitado. No fim das contas, ninguém quer ajudar você porque todos sabem como você é. Quem são os piores inimigos de um Tomador? *Outros Tomadores*, diz a pesquisa de Adam Grant. Os Doadores obtêm ajuda infinita de outros Doadores, são protegidos pelos Compensadores – que acreditam que atos de bondade e justiça devem ser recompensados – e só precisam se preocupar com os Tomadores. Estes, por sua vez, acabam se indispondo com todo mundo, inclusive com outros Tomadores.

A menos que aprendam a cooperar e a confiar nos outros, os Tomadores jamais conseguirão multiplicar seus esforços como um grupo de Doadores. Até os Compensadores, que se beneficiam da confiança e da reciprocidade, são inerentemente limitados, pois muitas vezes ficam esperando que outras pessoas iniciem um ato de bondade, o que impede trocas que poderiam ser benéficas para ambas as partes.

Você talvez pense que estou minimizando o fato de que muitos Doadores se dão mal. A diferença entre os Doadores bem-sucedidos e os Doadores do final da lista não é casual. Adam Grant observa que Doadores totalmente abnegados se consomem ajudando os outros e são explorados pelos Tomadores, o que lhes acarreta um desempenho baixo nos indicadores de sucesso. Há certo número de Doadores que estabelecem limites para si mesmos de modo a não extrapolar. Sabe aquelas duas horas de trabalho voluntário? Não faça mais do que isso. Uma pesquisa realizada por Sonja Lyubomirsky demonstra que as pessoas são mais felizes e menos estressadas se dividem em grandes blocos seus esforços para ajudar os demais, em vez de ministrá-los a conta-gotas. Portanto, ao fazer boas ações uma vez por semana, os Doadores garantem que a assistência aos demais não atrapalhará as próprias conquistas. Cem horas por ano parece ser o número mágico.

Grant também destaca outro ás na manga que os Doadores possuem: os Compensadores. Como desejam ver o bem recompensado e o mal punido, os Compensadores fazem de tudo para punir os Tomadores e proteger os Doadores. Quando se veem cercados por um grupo de Compensadores, os Doadores não precisam ter medo de ser explorados.

Isso pode parecer um pouco confuso. A curto prazo, ser arrogante traz benefícios, mas acaba envenenando o espaço, pois outros se tornam arrogantes ao seu redor. A longo prazo, ser um Doador compensa muito, embora você corra o risco de se exaurir ajudando os outros. Na guerra entre o bem e o mal existiria um vencedor? Existiria uma forma de comportamento definida, que o leve à frente e lhe permita dormir à noite, sentindo-se uma pessoa decente?

Pior que existe.

• • •

Don Johnson ganhou 6 milhões de dólares em uma noite. Não, não estou falando do ator de *Miami Vice*. O Don a que me refiro é um jogador. E ele conseguiu tudo isso no Tropicana. Mas sua maré de sorte não terminou aí. Ele acabou conseguindo muito mais em outros cassinos de Atlantic City.

Diz um velho ditado na indústria do jogo: a casa sempre vence. Por alguns meses, em 2011, Don Johnson foi a casa.

Trata-se de uma das mais sensacionais histórias de sucesso em jogos de azar. Johnson não trapaceou nem contou cartas; mas ninguém ganha tanto dinheiro apenas com a pura sorte. Johnson conhecia os jogos de cartas. E mais importante: sabia matemática. Trabalhava como diretor de uma empresa que calculava probabilidades em corridas de cavalos.

Veja bem, jogadores de blackjack sabem quais são as probabilidades e não jogam abertamente. Na verdade, eles negociam as regras com a casa: "Se eu perder a quantia X, você me devolve um percentual." Ou: "O *dealer* tem que atingir X, em vez de Y." Após a recessão de 2008, os cassinos ficaram em má situação nos Estados Unidos. Como uma quantidade desproporcional dos rendimentos dos cassinos provém de grandes apostadores, as casas estavam lhes oferecendo abatimentos de até 20%. Quando Johnson terminou de negociar, o cassino havia deixado de contar com vantagens percentuais na mesa e ele reduzira suas perdas para apenas oitenta centavos por dólar. Caso não cometesse erros estratégicos nas partidas, estaria em *vantagem*. Tornara-se a casa. Nas cartas, é impossível saber se você vai vencer uma mão especificamente, mas, se as probabilidades estiverem a seu favor, os deuses da matemática dizem que quanto mais você jogar, melhor se sairá.

Dessa forma, Don pôs a mão na massa. Jogando quase uma mão de blackjack por minuto e apostando 100 mil dólares a cada vez, ele começou a devastar o Tropicana. A certa altura, ganhou 800 mil dólares em uma única mão. Fechando acordos semelhantes com outros cassinos, ele ganhou 5 milhões no Borgata e 4 milhões no Caesars. No espaço de seis meses, arrebatou 15 milhões de dólares dos cassinos de Atlantic City.

Não houve mágica, nem sorte nem trapaça. E ele não venceu todas as partidas que jogou. Mas, colocando as probabilidades a seu favor e jogando bem, no fim das contas se saiu muito bem.

Vamos tratar a questão da ética do mesmo modo que Don Johnson tão maravilhosamente lidou com o jogo de blackjack. Vamos trazer a vantagem da casa para nosso lado. Não se preocupe: você não terá que fazer nenhum cálculo matemático complicado. Você já está familiarizado com o próprio sistema desde criança. E funciona.

•••

A essa altura, você já sabe que a cooperação é vital, mas tem medo de ser enganado? Será que deve ter confiança nas pessoas? Se não tiver, correrá o risco de se transformar em um moldávio. Se tiver, poderá ser feito de otário. Como lidar com o dilema de saber se deve ou não confiar nas pessoas?

Quando cientistas analisam a questão da confiança, chegam a um jogo chamado o Dilema do Prisioneiro. Funciona assim: digamos que você e um amigo roubem um banco. Como vocês não são muito bons em roubar bancos, foram pegos. A polícia coloca cada um em uma sala separada para interrogá-los. Você não tem como se comunicar com seu amigo. Os policiais lhe propõem um acordo: se você testemunhar, dizendo que seu amigo foi o mentor do crime e ele não testemunhar contra você, ele pega cinco anos de prisão e você fica livre. Se você não testemunhar contra seu amigo, mas ele testemunhar contra você, ele sai e você pega cinco anos. Se ambos testemunharem um contra o outro, os dois pegam três anos. Se ambos se recusarem a testemunhar, ambos pegam um ano de prisão. Se vocês confiassem um no outro, a resposta seria simples: ambos mantêm a boca fechada e pegam um ano. Mas você pode confiar no seu amigo? E se a polícia o estiver ameaçando? Ele testemunhará enquanto você permanece em silêncio? Nesse caso significa que ele fica livre e você pega cinco anos de prisão. Em um jogo isolado, testemunhar parece ser a melhor decisão, mas e se você jogar o jogo vinte vezes? Assim fica mais parecido com a vida, certo? Nosso destino raramente depende de uma só decisão.

Foi neste ponto que Robert Axelrod começou. Com os ânimos se acirrando entre os Estados Unidos e a União Soviética, ele desejava analisar o que é necessário para que as pessoas confiem e cooperem, qual é a estratégia mais eficiente. Decidiu, então, criar um torneio em que diferentes programas de computador, com diferentes estratégias, jogassem o Dilema do Prisioneiro ao mesmo tempo. A ideia era descobrir qual deles ganhava mais pontos.

Pesquisadores em psicologia, economia, matemática, sociologia e outras disciplinas montaram um total de 14 algoritmos e mais um programa que se comportaria aleatoriamente. Um dos programas era insanamente amigável: sempre confiava no oponente, mesmo depois de se ferrar. Outro – chamado ALL D – era o oposto: sempre traía o oponente. Outros programas se situavam em algum ponto entre os extremos. Alguns dos programas mais complexos jogavam limpo na maior parte do tempo, embora às vezes trapaceassem para obter alguma vantagem. Um programa chamado Tester monitorava os movimentos dos demais jogadores tentando determinar quanta vantagem poderia obter e voltava atrás quando era surpreendido tentando trair o oponente.

Qual dos sistemas éticos se deu melhor no final? Surpreendentemente, o programa mais simples venceu o torneio. Tinha apenas duas linhas de código, que traziam uma informação com a qual todos estamos familiarizados: na mesma moeda (NMM).

A única decisão primária do NMM foi cooperar na primeira rodada do Dilema do Prisioneiro. A partir daí, em todas as rodadas subsequentes, imitou o comportamento do oponente – ou seja, se na rodada anterior o oponente havia cooperado, o NMM cooperava na rodada seguinte; se o oponente o traísse, ele recorria à traição na rodada seguinte.

Essa estrutura simples dizimou os competidores. Assim, Axelrod decidiu repetir o torneio. Desta vez, recorreu a mais estudiosos e reuniu 62 programas. Alguns algoritmos eram mais complexos e outros, variantes do NMM.

Quem ganhou? O velho e simples Na Mesma Moeda. Mais uma vez.

Que poderes mágicos teria essa humilde estratégia? Axelrod concluiu que tudo se resumia a alguns elementos-chave que tornavam aquelas duas linhas de código especiais. Ele viu a mesma coisa que notamos ao observar métodos altruístas, como ser um Doador: no início, os bonzinhos se dão mal. Assim como no estudo "O mal é mais forte que o bem", os caras maus logo ganharam terreno nas primeiras interações. Mesmo o NMM, vencedor final, sempre levava a pior, pois cooperava no primeiro momento. Mas, à medida que o tempo passava, os maus não conseguiam alcançar os grandes ganhos dos que cooperavam. Quando o vencedor interagia com um programa que cooperava com todos os movimentos, os ganhos eram enormes. Até programas como o Tester (que voltava atrás) aprendeu que cooperar trazia mais benefícios do que os ganhos marginais obtidos pela deserção.

O NMM tinha algumas coisas a seu favor. Ao cooperar inicialmente, demonstrava boa vontade. Junto com outros programas "gentis", ele logo começava a cooperar e agregar valor. Conseguia então transformar programas punitivos em gentis. Com programas como o Tester, o NMM demonstrava sua intenção de ferrar com eles se cometessem uma traição. O NMM não era nenhum frouxo. E os referidos programas entravam na linha.

O NMM também possuía algo vital: o perdão. Sem ser muito complexo, lembrando-se apenas do que o outro jogador fizera mais recentemente, foi capaz de tirar o melhor de quase qualquer programa que não fosse totalmente mau ou totalmente aleatório. Assim não era apenas cooperativo ou vingativo, era também um professor. Mostrava aos outros jogadores como jogar melhor. Axelrod diz que uma das razões pelas quais os programas malvados tiveram um desempenho tão desfavorável foi a incapacidade de perdoar, o que os enredava em uma espiral mortal.

Axelrod não parou aí. Ele e outros pesquisadores começaram a desenvolver um programa ainda melhor. É verdade que o NMM já vencera dois torneios grandes, mas talvez não fosse capaz de derrotar um predador alfa. Será que adicionando mais maldade eles criariam um superprograma? Tudo indicava que não. Eles precisavam de mais bondade – especificamente, de mais indulgência.

Axelrod e os demais perceberam que mudando o simples código "elas por elas" para o "generoso elas por elas" tornavam o programa ainda mais bem-sucedido. Em vez de sempre repetir o último movimento do oponente, o programa, de vez em quando, perdoava e cooperava após ter sido traído. Embora acarretasse a perda de alguns pontos para programas malvados como o ALL D, esses pontos eram mais que compensados pelos generosos ganhos obtidos pelo NMM ao resgatar de espirais mortais programas potencialmente bons.

O NMM obteve sucesso por ser amigável, indulgente, fácil de lidar e capaz de retaliar quando necessário.

Tenho certeza de que você está relacionando com coisas que já falamos. Mas vamos ver como os princípios de um simples jogo podem trazer grandes recompensas na vida.

A Moldávia é como o ALL D. Se os bonzinhos da Moldávia pudessem se encontrar e trabalhar juntos, não demorariam a encontrar um ponto de apoio, mas isso nunca acontece. Se chamassem atenção para sua bondade no intuito de encontrar outros caras bons, seria como filhotes de passarinho piando em um ninho: chamariam a mamãe passarinho para alimentá-los, mas também denunciariam sua localização para gatos famintos. E, em quantidade, os gatos superam amplamente as mamães passarinho na pobre e triste Moldávia.

Os piratas, por seu turno, não tolerariam um ALL D. Com um sistema democrático e regulamentos para assegurar que os ganhos são repartidos quase igualmente, chutariam esse arrogante para fora do navio. Mesmo se o ALL D fosse o chefe, ele não duraria muito, pois os capitães piratas estavam sujeitos às mesmas regras que todo mundo, e as regras eram acordadas por unanimidade. Seria realmente difícil, para um arrogante, permanecer no barco.

E se nós injetássemos mais algumas tendências de Doadores – no estilo Adam Grant – entre os piratas? E se em vez de roubar todos que não fossem piratas eles começassem a cooperar, minimamente no início, convencendo os não piratas a trabalharem com eles? E se, em vez de uma única nau pirata, ou um pequeno grupo de navios, eles criassem uma rede maior? A Marinha Real não teria nem chance.

Existiam duas suposições equivocadas inerentes às estratégias dos caras malvados no torneio. A primeira foi a de que as rodadas finais seriam como as iniciais. Muitos programas, inclusive o vencedor, prestavam atenção aos movimentos anteriores e respondiam de acordo, punindo finalmente o mau comportamento. Isso acontece na vida real. Temos uma reputação. Nossas negociações, de modo geral, não são anônimas. A maioria de nós negocia sempre com as mesmas pessoas, diversas vezes. Se você as trair, elas se lembrarão. Uma vantagem inicial conquistada por traição não vale muito, pois envenena o que poderia ser um proveitoso relacionamento a longo prazo.

A segunda suposição equivocada foi a de que os jogos constituíam uma soma zero. Na vida real, a cooperação pode ser muito mais benéfica e muito menos dispendiosa. Como? Bem, a resposta envolve cascas de laranja.

As escolas de negócios fazem uma experiência de negociação em que se pede a dois grupos que decidam como uma pilha de laranjas, da qual os dois grupos necessitam, deve ser dividida. Ambos os grupos recebem detalhes específicos que o outro grupo desconhece. Assim como no Dilema do Prisioneiro, os caras maus se saem pessimamente. Eles presumem que o jogo é uma soma zero: ou seja, cada laranja que conseguem é uma que o outro grupo não obtém. Mas os cooperadores, as pessoas que compartilham e se comunicam rapidamente, descobrem que as instruções especiais de cada grupo incluem um detalhe: um grupo só precisa das partes suculentas da laranja; o outro, só das cascas. Se os grupos conversarem, vão facilmente obter *tudo* do que ambos necessitam. Mas, se partirem logo para a briga, ambos se dão mal.

A questão de longo prazo *versus* curto prazo é importantíssima. Vendedores de carros usados acham que só verão o cliente uma vez, por isso têm péssima reputação. Já sua mãe ficará (tomara!) a seu lado até o fim. É por isso que as mães têm ótima reputação. Se o indivíduo presumir que você voltará a negociar com ele, podemos esperar dele o melhor comportamento.

As pesquisas de Adam Grant comprovam essa distinção muito bem. Os Doadores frequentemente apanham, mas a longo prazo – depois que conhecem outros Doadores e ganham a proteção dos Compensadores – sua boa reputação se espalha. Eles passam da base para o topo dos índices de sucesso.

Mas o NMM não se parece muito com os Compensadores de Adam Grant? Existem duas diferenças importantes. O NMM começa o jogo cooperando. Os Compensadores não cooperam necessariamente. Costumam esperar até que os outros façam algo gentil antes de responderem na mesma moeda. Essa atitude passiva reduz de forma drástica o número de interações que têm. Enquanto isso, os Doadores circulam distribuindo favores, perdendo um pouco para os Tomadores, recebendo uma retribuição justa por parte dos Compensadores e ganhando na loteria ao encontrarem outros Doadores. Podem ser grandes *networkers*, basta apenas serem eles mesmos, enquanto os hesitantes Compensadores esperam por um convite em alto-relevo para se juntarem à festa.

Axelrod cita quatro lições que podemos aprender com o sucesso alcançado pelo NMM:

Não seja invejoso

Vale dizer uma vez mais: a maior parte da vida não é um jogo de soma zero. Só porque alguém ganha, não quer dizer que você vai perder. O outro pode precisar da parte suculenta da fruta e você, da casca. Às vezes a estratégia que o faz perder um pouco em determinada rodada faz você ganhar muito na seguinte. Veja que coisa mais louca: o NMM jamais obteve um resultado maior que o de seu oponente em uma única partida. Nunca venceu. Mas seus ganhos acumulados foram maiores do que os dos "vencedores", que amealharam magros lucros em muitas partidas. Axelrod explica isso: "O Na Mesma Moeda não venceu o torneio por derrotar o outro jogador, mas por provocar no outro um comportamento que permitiu que ambos se saíssem bem." Não se preocupe com o resultado do outro; preocupe-se com o seu resultado.

Não seja o primeiro a trair

O professor Robert Cialdini, guru da persuasão, diz que a reciprocidade é uma das chaves para ser influente e obter favores dos outros – mas é fundamental que você seja o primeiro. Os Compensadores esperam demais e perdem muitas oportunidades. Já os Tomadores desperdiçam ganhos a longo prazo em troca de ganhos a curto. Lembre-se: todos os grandes vencedores foram gentis e todos os grandes perdedores começaram as carreiras traindo alguém.

Retribua tanto a cooperação quanto a traição

Nunca traia ninguém no início. Por que fazer alguém questionar seus motivos? Mas se uma pessoa trapacear, não banque o mártir. No torneio, provocar brigas resultava em notas baixas, mas retaliar aumentava as notas.

Não seja esperto demais

A estratégia do Tester parece racional: veja como você consegue se safar e não vá além. Mas falta a ele a clareza do NMM. E no fim os ganhos obtidos aqui e ali custaram ao Tester a boa reputação que poderia ter. Nenhum dos outros sistemas complexos saiu-se muito bem. O NMM era o mais simples de todos; acrescentar alguma complacência ocasional foi o único modo de aperfeiçoá-lo. Se você deseja que o relacionamento continue, é preciso ensinar isso às pessoas com as quais lida. *Se você coopera comigo, eu coopero com você. Se você me trai, eu traio você.* É simples. Ser esperto demais complica a situação, e as outras pessoas podem começar a desconfiar de você. Tão logo o outro note uma clara relação de causa e efeito, é mais provável que dê as mãos e perceba que todos se beneficiarão juntos. Em jogos de soma zero, como o xadrez, seu objetivo é disfarçar suas intenções, mas no iterativo Dilema do Prisioneiro acontece exatamente o oposto. Seu objetivo é que o outro jogador perceba o que você está fazendo para que ele se junte a você. A vida é mais parecida com esse segundo jogo.

...

Analisamos exemplos de arrogantes, boas-praças, gangues prisionais, piratas e simulações de computador. Você aprendeu muito e está tudo ótimo. Mas que regras úteis podem ser extraídas desses exemplos? Vamos compilar o que temos até aqui para sabermos como ser éticos e bem-sucedidos... sem sermos burros.

REGRA 1: ESCOLHA A LAGOA CERTA

Não se mude para a Moldávia – nem literal nem figurativamente. Quando perguntei a Bob Sutton, professor da Stanford Graduate School of Business, qual o conselho mais importante que dá a seus alunos, ele disse o seguinte:

> Quando começar em um emprego, observe os indivíduos com quem trabalhará, pois é bem provável que você logo será como eles. Eles não serão como você. Não é possível mudá-los. Se o ambiente não combinar com quem você é, não vai funcionar.

Como já constatamos, ambientes de trabalho ruins podem torná-lo uma pessoa má e infeliz. A desonestidade é contagiosa, como demonstra um estudo de Dan Ariely intitulado "Contágio e diferenciação no comportamento antiético: o efeito de uma maçã podre no cesto". Ao ver seus colegas trapaceando, a probabilidade de você trapacear aumenta. E quando seus colegas percebem que muitos trapaceiam, as chances de todos ignorarem as regras é maior. Isso representa mais um passo em direção à Moldávia.

Felizmente, a influência do ambiente funciona nos dois sentidos. O Estudo Terman, que acompanhou cerca de mil pessoas desde a juventude até a morte, chegou à conclusão de que as pessoas que nos cercam determinam quem nos tornaremos. Quando vemos as pessoas ao nosso redor realizarem ações altruístas, temos mais probabilidades de as realizarmos também.

Isso nos dá mais garantias para sermos Doadores, alcançando o sucesso e desfrutando dos benefícios que os Doadores no topo da lista obtêm, sem o temor de nos transformarmos em mártires. A conexão com outros Doadores foi a razão do sucesso dos programas "gentis" nos torneios de Axelrod. Caso você já esteja em um ambiente ruim, junte-se a pessoas boas e proteja-se. Foram necessárias apenas 5% de interações entre programas "gentis" para que os bons superassem os maus. Talvez isso não funcione com perfeição na vida cotidiana, mas certamente servirá como um momento de virada.

Escolher a lagoa certa pode até ajudar você a obter os benefícios de que os arrogantes desfrutam. Puxar o saco do chefe não é imoral ou repugnante se o chefe é alguém que você de fato respeita. Na próxima entrevista de emprego, descubra a quem estará subordinado. Peça para falar com essa pessoa e pesquise a respeito dela. Estudos demonstram que seu chefe tem um efeito muito maior sobre sua felicidade e sucesso do que a empresa como um todo.

REGRA 2: SEJA O PRIMEIRO A COOPERAR

Todos os programas que se saíram bem na competição promovida por Axelrod tomaram a iniciativa de cooperar. Os Doadores superam os Compensadores porque oferecem ajuda sem esperar para ver o que a outra parte vai fazer. Muitas outras pesquisas corroboram essa conclusão. Robert Cialdini diz que ser o primeiro a oferecer ajuda é a chave para engendrar um sentimento de reciprocidade, uma das pedras angulares da persuasão e do agrado.

Quando Deepak Malhotra, da Harvard Business School, ensina negociação, a primeira coisa que ele diz não é "Seja durão" ou "Mostre que você não está para brincadeiras". Sua recomendação para os alunos é "*Os outros precisam gostar de você*".

Isso não significa que você deve distribuir dinheiro às pessoas que encontrar. Os favores podem ser bem pequenos. Muitas vezes esquecemos que uma coisa muito fácil para nós (um e-mail de recomendação que levaríamos meros trinta segundos para escrever) pode trazer enormes benefícios para outros (um novo emprego). Fazer favores para novos conhecidos comunica aos Doadores que você também é um Doador e pode lhe garantir a proteção dos Compensadores. Vá em frente e envie ao novo funcionário um presente. Quando as facas forem sacadas no pátio da prisão, você terá um monte de gente para defender você.

REGRA 3: SER ABNEGADO NÃO É SER VIRTUOSO, É SER TOLO

Confiar nos outros funciona bem, de modo geral, mas, como Don Johnson na mesa de blackjack, ter uma vantagem não significa que você vencerá todas as partidas. É impossível prever quanto a cooperação dará certo em cada interação, mas você vencerá mais do que perderá. Lembre-se de que as pessoas mais bem-sucedidas no estudo sobre o poder da confiança escolheram oito – não dez – na avaliação sobre o quanto confiavam nos outros.

Na verdade, há uma nova variante do Na Mesma Moeda que, segundo um pesquisador, supera tanto o NMM quanto o GNMM (Generoso Na Mesma Moeda). Qual foi o ajuste feito? Se o oponente sempre coopera, não importa como, o programa o explora. É meio triste que dê certo dessa forma, mas a gente entende. Quando as pessoas doam demais e nunca recuam, acabam sendo desvalorizadas. Faz parte da natureza humana. Portanto, se você não é um santo, tudo bem: na verdade, ser um santo é uma estratégia muito ruim se você quer progredir. (Está se sentindo melhor agora?)

Axelrod percebeu que a retaliação era necessária para que os programas tivessem êxito no torneio. Mas o que isso significa no mundo real? Que a melhor maneira de punir os Tomadores em um local de trabalho é a boa e velha *fofoca*. Alertar os outros a respeito dos Tomadores fará você se sentir melhor e ajudará a reprimir o mau comportamento.

Além disso, como Adam Grant reconheceu, doar demais pode resultar em *burnout*. Apenas duas horas por semana ajudando os outros é o suficiente para conseguir o máximo de benefícios. Assim, você não precisa se culpar nem se martirizar – e não haverá nenhum pretexto para alguém dizer que você não tem tempo para ajudar os outros.

REGRA 4: SE ESFORCE, MAS ASSEGURE-SE DE QUE ISSO SEJA NOTADO

Que lições você pode aprender com os arrogantes sem se tornar arrogante? Uma tendência comum observada na pesquisa foi a de que os arrogantes não têm medo de forçar um pouco a barra. Eles se autopromovem. Eles se fazem notar. Você pode fazer isso sem ser arrogante. Talvez não obtenha tanto quanto os arrogantes, mas pode atrair mais atenção – sem vender sua alma.

Você precisa estar visível. Seu chefe precisa gostar de você. Isso não quer dizer que o mundo é horrível; é apenas a natureza humana. Trabalho duro não compensa se seu chefe não souber quem deve ser recompensado.

Você acha que um grande produto pode vender bem sem nenhum marketing? Provavelmente não.

Então, o que seria um bom equilíbrio? De vez em quando envie um e-mail a seu chefe com um resumo dos seus resultados – nada sofisticado, apenas relate o bom trabalho que está fazendo. Você pode achar que ele sabe o que está acontecendo, mas chefes são indivíduos ocupados. Têm os próprios problemas. Eles vão apreciar sua iniciativa e começarão a associá-la com as coisas boas que ouvem (de você, é claro). E quando chegar a hora de negociar aquele aumento (ou de atualizar seu currículo), bastará você rever os e-mails para saber exatamente por que é um funcionário tão bom.

REGRA 5: PENSE A LONGO PRAZO E FAÇA OS OUTROS PENSAREM A LONGO PRAZO

Lembre-se: o mau comportamento é poderoso a curto prazo, mas o bom comportamento o supera com o tempo. Assim, trabalhe o máximo que puder pensando no longo prazo. Ponha mais etapas no contrato. Motive os outros mostrando como poderá ajudá-los no processo. Quanto mais as coisas parecerem isoladas, mais incentivo os outros terão para lhe aprontar alguma. Quanto mais interações ou amigos você tiver em comum com outras pessoas e quanto maior a probabilidade de encontrá-las de novo, mais sentido fará tratar você bem. É por esse motivo que os reis medievais casavam seus filhos com as filhas de outros reis. *Agora somos parentes. Teremos os mesmos netos. Temos que jogar limpo.*

Axelrod chama isso de "aumentar a sombra do futuro". David DeSteno, diretor do Grupo de Emoções Sociais, da Northeastern University, diz: "As pessoas estão sempre tentando descobrir duas coisas: se um parceiro em potencial é confiável e se existem chances de se encontrarem de novo. As respostas a essas perguntas, mais que qualquer coisa, determinarão o que qualquer um de nós será motivado a fazer no momento."

REGRA 6: PERDOE

Você lembra o que tornou o Na Mesma Moeda ainda melhor? Perdoar ocasionalmente. Esse tipo de interação evitou espirais mortais.

Embora os torneios de Axelrod sejam uma abstração e possam parecer muito simplificados em comparação com a vida real, o perdão é mais importante no comportamento cotidiano do que no jogo. A vida é ruidosa e complexa, e nós não temos informações precisas a respeito dos outros e de suas motivações. Descartar pessoas pode ser consequência de uma falta de clareza. Admita: nem sempre você pode confiar em si mesmo. Diz que está de dieta e, se alguém traz rosquinhas para o trabalho, você esquece a dieta. Isso significa que é uma pessoa ruim e não deve confiar em si mesmo novamente? Claro que não. O NMM nunca terminou na frente em nenhum jogo, mas obteve a vitória no grande conjunto. Uma das razões foi ser capaz de ensinar o oponente a se comportar, o que significa dar segundas chances. Você não é perfeito e os outros não são perfeitos; às vezes as pessoas ficam confusas.

...

Uma última coisa antes de seguirmos em frente. Lembra-se de Michael Swango? O médico assassino? Pois bem, ele foi pego.

Alguém acabou fazendo a coisa certa. Jordan Cohen enviou um fax a respeito dele para todas as faculdades de medicina dos Estados Unidos. Essa atitude acabou chamando a atenção do FBI. Swango fugiu do país, mas quando por fim retornou, em 1997, foi detido no aeroporto de O'Hare, em Chicago.

No dia 6 de setembro de 2000, ele confessou ser culpado de assassinatos e fraudes, no intuito de evitar a pena de morte. Condenado à prisão perpétua, ele agora reside num presídio de segurança máxima em Florence, no Colorado.

Swango era descuidado, mas as pessoas à sua volta foram egoístas. A curto prazo, deu certo para elas, mas passado um tempo ele foi preso e muitas reputações ficaram manchadas. Mesmo quando os outros são egoístas, ser um serial killer não é uma boa estratégia de longo prazo para o sucesso.

Assim, ser uma boa pessoa pode até ser uma estratégia eficiente. Mas levanta outra questão: como saber quanto tempo segurar a onda? Muita gente diz que "desistentes nunca vencem e vencedores nunca desistem". Será?

Todos conhecemos alguém que desperdiçou anos em algo que jamais iria acontecer. (*Ela achou mesmo que largar o emprego para se tornar instrutora de ioga iria funcionar?*) E todos nós já abandonamos algum projeto cedo demais e mais tarde lamentamos não ter segurado as pontas nas fases ruins. (*Por que abandonei a faculdade? Estaria muito melhor agora.*)

Assim, o que faz mais sentido: persistir ou desistir? Como saber quando entregar os pontos e quando aguentar firme? É o que veremos a seguir.

CAPÍTULO 3

Desistentes nunca vencem e vencedores nunca desistem?

O que soldados de elite, videogames, casamentos arranjados e o Batman podem nos ensinar sobre persistir quando está difícil alcançar o sucesso

Tudo começou com uma história em quadrinhos.

A história de Kalimán foi uma inspiração para Alfredo Quiñones-Hinojosa, garoto pobre que morava no pequeno vilarejo de Palaco, no México. Kalimán lutava por justiça e seus superpoderes foram adquiridos com muito trabalho e disciplina. Alfredo passou mais de uma tarde tentando imitar os incríveis – e impossíveis – chutes da exótica arte marcial praticada por Kalimán, no intuito de ser como seu herói.

Kalimán é o tipo de personagem de que um jovem necessita quando uma recessão atinge seu país. Quando sua família perde o posto de gasolina que era o sustento da casa. Quando sua mãe acaba fazendo roupas para as prostitutas do bordel local porque precisa alimentar a família. Quando sua irmã mais nova morre de uma doença que poderia ter sido facilmente tratada caso eles não morassem a uma hora de um posto médico. Alfredo desejava uma vida melhor. Então, certo dia, surgiu uma oportunidade.

Seu tio trabalhava na Califórnia e ganhava um bom dinheiro. Vislumbrando uma oportunidade, Alfredo, aos 15 anos, se juntou a ele no verão e trabalhou tanto que perdeu peso. Entretanto, dois meses depois, retornou ao México com dinheiro suficiente para sustentar sua família durante o resto do ano.

A resposta era óbvia. Se ele quisesse uma vida melhor, se quisesse ajudar a família, teria que cruzar a fronteira novamente. Ele fez planos. Esperou. Correu... E então foi pego pela polícia de fronteira. Ele foi enviado de volta para o México. Mas ainda tinha que ajudar os parentes. E por acaso Kalimán permitiria que a polícia o detivesse? Não. Logo, também não deteria Alfredo.

Então, após longos preparativos, ele executou um plano no estilo *Missão impossível* e entrou nos Estados Unidos. Foi parar em Stockton, Califórnia, onde conseguiu trabalho e pôde enviar dinheiro para a família.

Alfredo não falava inglês. E tinha consciência de que isso sempre o impediria de chegar a algum lugar. Portanto, apesar de trabalhar doze horas por dia, sete dias por semana e de morar no próprio carro, ele conseguiu poupar dinheiro suficiente para pagar aulas de inglês. Posteriormente foi admitido na faculdade comunitária local. Chegava às aulas, que aconteciam no turno da noite, cheirando a ovo podre, pois passava o dia carregando caminhões com enxofre. Mas figurava regularmente na lista dos melhores da faculdade e não demorou a obter o diploma.

Com ótimas médias e o encorajamento dos professores, ele pediu transferência para a Universidade da Califórnia em Berkeley – uma das melhores instituições de ensino do país –, onde foi alvo de discriminação. Ali, em vez de ovos podres, ele chegava às aulas cheirando aos peixes que limpava no porto o dia inteiro. Mas concluiu com honras seu bacharelado em psicologia.

Depois de toda uma vida no calor de seu vilarejo no México e na Califórnia, passar os invernos em Cambridge era horrível, mas Alfredo acabou se acostumando depois que ingressou na Harvard Medical School. Um feito notável, considerando que aprendera inglês apenas alguns anos antes. Casou-se com a mulher de seus sonhos e se tornou cidadão americano. Quando foi receber seu diploma, trazia no colo a filha de 6 meses, Gabbie.

O Dr. Q, como o chamam, é hoje um dos maiores neurocirurgiões dos Estados Unidos e provavelmente do mundo. Realiza centenas de cirurgias por ano no Johns Hopkins, considerado um dos melhores hospitais do país. Tem o próprio laboratório e ensina oncologia e neurocirurgia na faculdade de medicina. Talvez não salve vidas com chutes e socos, mas Kalimán teria orgulho dele.

Essa história levanta questões muito importantes: como é que um imigrante ilegal vindo de um lugar bem pobre, no meio do nada, para trabalhar na lavoura se torna um dos maiores neurocirurgiões do mundo? Como conseguiu aguentar tanto trabalho, sofrimento, discriminação e reveses – sem nem mesmo falar a língua do país? Como ele foi capaz de algo dessa magnitude enquanto a maioria das pessoas não consegue nem manter uma dieta por mais de quatro dias ou ir à academia mais que uma vez por ano?

...

Nossa cultura enfia na nossa cabeça que a determinação – aferrar-se a alguma coisa, trabalhar duro e não desistir – é o segredo do sucesso. Muitas vezes é verdade. Determinação é uma das razões primordiais para a existência de pessoas com os mesmos níveis de inteligência e talento, mas diferentes graus de sucesso. Lembra-se da média de notas dos milionários – 2,9 numa escala de 1 a 4 – que mencionamos no primeiro capítulo? O mais interessante é que, apesar de não terem se destacado na escola, os milionários entrevistados disseram que seus professores os cumprimentavam por serem os "mais confiáveis". Tinham determinação.

Mas o que dizer daquelas pessoas notadamente suspeitas conhecidas como artistas? Ao estudar artistas muito bem-sucedidos para seu livro *Mentes que criam*, Howard Gardner descobriu:

> Pessoas criativas adaptam suas experiências. Embora sejam extremamente ambiciosas, nem sempre são bem-sucedidas. Mas, quando fracassam, não perdem muito tempo se lamentando, culpando alguém ou, na pior das hipóteses, desistindo. Veem o fracasso como uma experiência instrutiva e, nos futuros empreendimentos, tentam construir algo a partir de suas lições.

Novamente: soa como determinação.

E não estamos falando apenas de dólares e centavos. A pesquisa de Angela Duckworth na Universidade da Pensilvânia revela que jovens determinados são mais felizes, mais saudáveis e mais populares entre os colegas. "A capacidade de continuar tentando apesar de repetidos fracassos foi associada a uma visão mais otimista da vida em 31% das pessoas estudadas e a uma satisfação maior com a vida em 42% delas."

Parece o bastante para concluirmos: sejamos determinados e seremos bem-sucedidos. E isso nos leva a uma pergunta simples: por que não fazemos isso?

Um dos motivos é que todos nós achamos que sabemos de onde surge a determinação, mas – como veremos neste capítulo – estamos errados. O segundo motivo é que, embora a determinação *possa* levar ao sucesso, há um outro lado da história que nenhum pai conta aos filhos e nenhum professor conta aos alunos: às vezes desistir é a melhor opção. E desistir, de forma correta, pode acarretar um enorme sucesso também.

Vamos começar pelo motivo número um: de onde realmente vem a determinação? A resposta sempre é acompanhada de uma *história*. Você não precisa crescer em uma cidade pobre do México... mas talvez precise de uma revista do Kalimán. Parece loucura? Para descobrir, vamos dar uma olhada nas pessoas que entendem mais que qualquer um a respeito de ser durão e de nunca desistir: os SEALs, soldados de elite da Marinha americana.

•••

James Waters sempre sonhou integrar a seleção de seu país, mas nunca passou de um nadador medíocre. Sem perder o otimismo em relação à sua capacidade de melhorar, ele persistiu. Um dia, sua capacidade pareceu vir ao encontro de seus sonhos.

Como veterano na equipe de natação de sua faculdade, ele estava indo maravilhosamente bem em uma competição contra a Universidade Brown. Pela primeira vez, seu glorioso sonho de se tornar um atleta destacado parecia estar ao seu alcance. No entanto, ao terminar uma volta, bateu com a mão na lateral da piscina e sentiu uma dor aguda. Horas depois, os raios X confirmaram que a mão estava quebrada. Ele ficou impossibilitado de nadar por duas semanas. Ao voltar à piscina, precisou treinar com uma prótese ortopédica que atrapalhava suas braçadas. Ele ficou para trás nos treinamentos. E assim perdeu a chance de integrar a confederação de atletas universitários.

Isso não foi o pior. Embora tivesse perdido aquela oportunidade, James continuou a sonhar. Eis o que me contou: "Tive pesadelos por dois anos depois do incidente. Sonhava que, sempre que eu tocava alguma coisa, aquela parte de mim quebrava. Eu não conseguia tirar isso da cabeça."

James tinha uma questão não resolvida. As histórias otimistas que contara a si mesmo já não combinavam com a realidade, e ele precisava que voltassem a combinar. Talvez ele nunca chegasse à seleção, mas o assunto teria que ser resolvido.

Foi assim que, seis anos depois e a 5 mil quilômetros de distância, ele se viu nadando de novo, mas em um contexto muito diferente: a extenuante "Semana do Inferno" do treinamento de BUD/S (sigla em inglês para Demolição Submarina Básica/SEAL).

Passar 110 horas sem dormir. Carregar um tronco acima da cabeça por horas. Correr e nadar sem parar. Com quase 1,90 metro, 100 quilos e ombros largos, James parece uma visão hollywoodiana de um soldado de elite. Ironicamente, a maioria desses soldados não é assim, e essa estrutura corporal apenas tornou sua vida mais difícil. Quando a equipe tinha que correr com um bote acima da cabeça, por exemplo, a altura de James o fazia carregar mais peso. E ainda havia a temida "competência na piscina"...

Você está sob a água com um equipamento de mergulho. Um instrutor arranca o regulador de sua boca. Dá nós na mangueira de ar. Opõe-se a você implacavelmente enquanto você luta para respirar. Seu cérebro grita: *Você vai morrer*. Você precisa seguir os procedimentos corretos para recompor o equipamento enquanto o instrutor continua a perturbá-lo, simulando o turbilhão que poderá enfrentar em meio a uma contracorrente oceânica. Seu cérebro se agita, em pânico. Os candidatos ao treinamento de BUD/S têm quatro tentativas para passar no teste de competência na piscina – porque *precisam* de quatro tentativas. Menos de 20% passam de primeira no teste.

No dia seguinte, longas corridas na areia. Mais privação de sono. Ah, e talvez pular de um avião. Muitos – estatisticamente, a *maioria* – não aguentam e desistem.

James estava sendo levado a seus limites. Mas pensava sempre nos pesadelos, nos sonhos e na crença otimista de que conseguiria melhorar. E voltava para a água.

A turma 264 dos SEALs teve 94% de desistências. Dos 258 homens que iniciaram o curso, somente 16 se formaram e ostentaram o tridente dos SEALs no uniforme.

James Waters foi um deles. Os pesadelos cessaram.

• • •

O que faz alguns indivíduos serem aprovados no treinamento de BUD/S e outros desistirem? Surpreendentemente, a Marinha não sabia. Tratava-se de um grande problema. Após a tragédia do 11 de Setembro, os militares precisavam de mais SEALs, mas baixar os padrões frustraria o propósito. Eles precisavam de respostas. Quem deveriam recrutar? E o que poderiam ensinar para ajudar esses recrutas a superar a torturante provação?

O que acabaram descobrindo foi espantosamente contrário à intuição. A Marinha não precisava de caras fortes. Seria mais inteligente recrutar vendedores de seguros. Sim, vendedores de seguros. Assimile essa ideia por um momento.

Um estudo da Marinha revelou o que indivíduos determinados fazem – muitas vezes involuntariamente – para se manterem ativos quando a situação fica difícil. Uma dessas atitudes aparece sempre nas pesquisas de psicologia: o "solilóquio positivo". Sim, os SEALs precisam ser durões, mas uma das chaves para isso é acreditar no próprio taco.

Em sua mente, você diz entre trezentas e mil palavras por minuto para si mesmo. Essas palavras podem ser positivas (*Eu consigo*) ou negativas (*Ah, meu Deus, não aguento mais*). Acontece que, quando as palavras são positivas, produzem um grande efeito sobre sua resistência mental, sua capacidade para seguir em frente. Estudos subsequentes com militares corroboram a conclusão.

Quando a Marinha ensinou os candidatos ao treinamento de BUD/S a falar de modo positivo consigo mesmo, além de outras ferramentas mentais, o índice de aprovação no treinamento aumentou em quase 10%.

As dificuldades da BUD/S causam muito sofrimento físico, mas a desistência é mental. O que isso tem a ver com vendedores de seguros? O que as pessoas geralmente pensam de vendedores de seguros? "Eca." Não são só os SEALs que vivem apanhando; os vendedores de seguros também enfrentam uma rejeição constante.

Embora você possa achar que a chave para ser um bom vendedor é a sociabilidade ou a extroversão, pesquisas revelam que vendedores podem ser contratados com base *apenas* no otimismo. Pesquisadores descobriram que "vendedores que figuravam entre os 10% mais otimistas vendiam 88% mais que os que estavam entre os 10% mais pessimistas".

Faz sentido pensar que o otimismo nos mantém atuantes, mas é difícil acreditar que tenha efeitos tão poderosos. Para isso, precisamos olhar para o melhor amigo do homem.

...

Os cães não queriam se mexer. E os pesquisadores não poderiam concluir o estudo com os cachorros sentados.

Martin Seligman e outros acadêmicos da Universidade da Pensilvânia estavam realizando um estudo sobre o condicionamento pavloviano. Os cães estavam dentro de uma grande caixa onde uma divisória baixa os separava da outra metade da caixa. Quando se ouvia um som, o piso da caixa emitia uma moderada descarga elétrica. Se os cachorros pulassem para o outro lado da caixa, poderiam evitar o choque. Os pesquisadores tentavam fazê-los perceber que o som sempre precedia o choque; e que, se eles pulassem a divisória depois de ouvi-lo, poderiam evitar totalmente a dor. Deveria ser fácil. Os cães costumam entender isso rápido.

Mas eles não se mexiam. Permaneciam sentados, ganindo. O som ressoava, o choque era emitido, e eles não faziam nada. (Esses são os momentos em que os pesquisadores põem a mão na testa e se questionam sobre a carreira que escolheram.)

De repente, uma lâmpada se acendeu na cabeça de Seligman. Ele percebeu que, nas primeiras fases do treinamento, os pesquisadores não tornaram a conexão entre o som e o choque suficientemente clara. Os choques pareceram *aleatórios* para os cachorros. Assim, em vez de interpretar o som como um aviso, eles entenderam que não poderiam fazer nada. Ficaram sem ação. Talvez não estivessem pensando entre trezentas e mil palavras por minuto como você e eu, mas também não eram bobos. *Esses choques vão acontecer de qualquer forma. Para que tentar alguma coisa?*

Os cães haviam aprendido o conceito da inutilidade e se tornado pessimistas. Tinham desistido. Assim, naquele dia, não houve grandes avanços no que diz respeito a condicionamento pavloviano; mas havia muito o que se pensar sobre determinação. Estudos semelhantes haviam sido feitos com seres humanos, que frequentemente reagiam do mesmo modo que os cães.

É perfeitamente racional. Se você tentar voar como o Super-Homem correndo num gramado e cair de cara num canteiro de flores, não demorará muito a concluir que você e o Homem de Aço têm uma coisa a menos em comum. Logo concluirá: *Não consigo fazer isso.*

Esse pensamento é mais insidioso e menos evidente na vida cotidiana. Nós desistimos, racionalizamos, aceitamos nosso destino... mas ocasionalmente nos perguntamos por que não fizemos mais nem melhor. Nem sempre estamos certos ao pensar "não consigo fazer isso". Às vezes existe um caminho que não notamos só porque desistimos.

O interessante é que, em estudos similares feitos com pessoas, uma em cada três *não* ficou sem ação. Elas tentavam descobrir por que os choques estavam acontecendo e o que poderiam fazer. Achavam que cada ação fracassada era uma exceção e continuavam insistindo. É razoável pensar que pessoas assim acabam (1) totalmente delirantes ou (2) muito mais bem-sucedidas do que eu e você.

Tudo se resume às histórias que você conta a si mesmo. Alguns podem dizer "Não fui feito para isso" ou "Nunca fui bom nessas coisas". Outros dizem "Só preciso trabalhar mais nisso aí" ou "Só preciso de mais dicas". Em quase todos os casos (excluindo voar como o Super-Homem), cada uma dessas quatro frases pode ser aplicada. Qual frase será escolhida, qual será o padrão de comportamento, é uma decisão individual, bem como quantas vezes você se desviará de seu padrão preferido.

Seligman concluiu que o que estava no centro da questão eram o otimismo e o pessimismo: sentir que você é capaz de mudar as coisas e sentir que não é capaz. Ficar sem ação era o resultado de uma atitude pessimista. Quando se acredita que as coisas não vão melhorar, é irracional continuar tentando. Você simplesmente dá de ombros e vai para casa. Em situações em que realmente não se pode ganhar, essa é a melhor escolha. Porém em casos difíceis mas não impossíveis, que exigem persistência, o pessimismo vence a determinação dizendo "Desista e vá para casa", em vez de "Tente mais uma vez, você consegue".

Seligman percebeu que, na verdade, não estava estudando a falta de ação. Estudava o pessimismo. Percebeu outra coisa também: "A depressão é o pessimismo em grande escala." Ao se sentir inerte repetidas vezes, você acaba clinicamente deprimido. Sente-se desamparado. Desiste de um modo amplo e para de fazer qualquer coisa.

O mais espantoso é que pessoas pessimistas fazem previsões mais precisas do que as otimistas. Isto se chama "realismo depressivo". O mundo pode ser um lugar hostil. Otimistas mentem para si mesmos. Mas, se todos pararmos de acreditar na mudança, nada nunca mudará. Precisamos de um pouco de fantasia para nos manter ativos.

Quando somos otimistas, as pesquisas revelam que vivenciamos uma série de benefícios:

- O otimismo está associado a saúde melhor e vida mais longa. Os níveis de otimismo podem até predizer a probabilidade de pessoas que já tiveram um ataque cardíaco sofrerem um segundo ataque.
- A expectativa de negociações favoráveis torna mais provável que as partes fechem acordo e fiquem satisfeitas com a decisão.
- Os otimistas têm mais sorte. Estudos demonstram que, ao pensar positivamente, eles perseveram e acabam criando mais possibilidades para si mesmos.

Para os otimistas, isso é muito tranquilizador. Mas e se você for um pessimista? E se você sempre foi pessimista e acredita que foi programado dessa forma? Então escute, pois a pesquisa de Seligman revelou que essa postura não tem origem genética. Tudo advém das histórias que você conta a si mesmo sobre o mundo. E isso você pode mudar.

Os otimistas e os pessimistas criam e moldam suas histórias a respeito do mundo de maneiras muito diferentes. Seligman chamava isso de "estilo explanatório" e resumiu o conceito a três Ps: permanência, propagação e personalização.

Os pessimistas dizem a si mesmos que os acontecimentos ruins

- durarão muito ou para sempre (*Nunca conseguirei fazer isso*);
- são universais (*Não posso confiar em nenhuma dessas pessoas*);
- ocorrem por culpa deles (*Sou horrível nisso*).

Otimistas dizem a si mesmos que os acontecimentos ruins

- são temporários (*Isso acontece às vezes, mas não é grande coisa*);
- têm uma causa específica e não são universais (*Quando o clima melhorar, isso não vai ser problema*);
- não ocorrem por culpa deles (*Sou bom nisso, mas hoje não tive sorte*).

Seligman descobriu que, quando você muda seu estilo explanatório de pessimista para otimista, você se sente melhor e se torna mais determinado.

Esse comportamento não se aplica apenas a indivíduos. Também funciona com grupos. Seligman analisou citações de jogadores dos principais times americanos de beisebol publicadas em jornais. A postura demonstrada em um ano poderia prever o desempenho no ano seguinte?

Usando essas citações, computamos em 1985 o estilo explanatório dos 12 times da Liga Nacional. Em 1986, estatisticamente, os times otimistas melhoraram sua proporção de vitórias e derrotas, enquanto os times pessimistas pioraram seu desempenho com relação ao ano anterior. Times otimistas em 1985 rebateram bem quando estavam sob pressão em 1986, ao passo que o índice de rebatidas dos times pessimistas em 1985 desmoronou quando estavam sob pressão em 1986 – em comparação com o modo como ambos os tipos de times normalmente rebatiam.

Parece bom demais para ser verdade? Seligman repetiu o estudo utilizando citações de jogadores de beisebol em 1986 e previu o desempenho dos times em 1987. Depois fez o mesmo com jogadores de basquete. Os resultados não se mostraram casuais. O estilo explanatório otimista antecedia o sucesso (apostadores de Las Vegas, agora é com vocês).

• • •

O otimismo de James Waters não o deixava desistir. As histórias que havia contado a si mesmo eram mais fortes que seu corpo e o fizeram atravessar o treinamento. Essa garra o levou a se tornar comandante de pelotão dos SEALs. E a terminar um mestrado na Universidade Harvard. E a se tornar diretor-adjunto de agendamento na Casa Branca.

Então poderíamos concluir que a determinação vem apenas das histórias positivas que você conta a si mesmo sobre o futuro? Não, às vezes as histórias são muito mais profundas. Vão além de ajudar você a ser bem-sucedido: podem mantê-lo vivo quando você estiver no lugar mais infernal da Terra...

...

Mais uma vez, começamos com um pesadelo.

O homem estava se revirando em seu sono. Viktor estendeu a mão para acordá-lo... mas pensou melhor. O que quer que o homem estivesse enfrentando no sonho não poderia ser pior do que a realidade que o esperava quando acordasse. O ano era 1944. E eles estavam em Auschwitz.

Quinze mil pessoas em uma construção destinada a duzentas. Pelas janelas, via-se arame farpado. Torres de vigilância. Cada prisioneiro tinha que sobreviver com duas fatias de pão por semana. Não foi surpresa quando um pedaço de carne humana foi encontrado em uma panela. Os desesperados estavam recorrendo ao canibalismo.

Os horrores eram infindáveis.

Muitos "corriam para o arame" – a cerca eletrificada. Suicídio. Tornou-se fácil saber quem seria o próximo: os que fumavam. Cigarros eram dinheiro. Podiam ser trocados por alimentos, por ajuda, por quase qualquer coisa. A última coisa que alguém fazia com eles era fumar. Aquelas pessoas queriam apenas sentir algum prazer, de modo a esquecer o inferno onde estavam. E elas não duravam muito.

Ao contrário do treinamento dos SEALs, aquilo não era simulação. Algumas pessoas morriam e algumas viviam. Quem sobrevivia? Os fisicamente fortes não viviam mais. Os jovens não viviam mais. Os corajosos não viviam mais. Os submissos não viviam mais. O que Viktor Frankl constatou foi que, no lugar mais horrível do mundo, as pessoas que sobreviviam eram aquelas para quem a vida tinha um sentido:

Um homem que se torna consciente da responsabilidade que tem para com outro ser humano que o aguarda com sentimento, ou com um trabalho inacabado, jamais seria capaz de jogar sua vida fora. Conhece o "porquê" de sua existência e será capaz de suportar quase qualquer "como".

Aqueles que viam uma razão para viver, uma razão maior que eles próprios, persistiam, enquanto outros fumavam seus cigarros e iniciavam a corrida final em direção à cerca.

Viktor pensava sempre na esposa. Não sabia se ela estava viva, mas isso não importava. Mantinha conversas mentais com ela, enquanto trabalhava encaixando trilhos de trem. Suas histórias eram mais poderosas do que seu sofrimento. E, segundo ele, foi por isso que seguiu em frente.

Todos nós já trabalhamos com um afinco maior por outra pessoa ou por alguma coisa não pessoal do que por um projeto pessoal. Mães fazem coisas pelos filhos que seriam impagáveis. Soldados morrem por seu país.

Se a vida fosse só prazer, assim que deixasse de ser divertida ou imediatamente benéfica, desistiríamos dela. Quando deixamos de lado o desejo de conforto, quando vivemos por algo maior que nós mesmos, não precisamos mais lutar contra a dor; aceitamos a dor como parte do jogo. Como disse Frankl: "O que é feito para dar luz deve suportar o fogo."

E assim não desistimos.

São as histórias que contamos a nós mesmos que nos fazem seguir adiante. Podem ser grandes verdades. Ou, em muitos casos, podem nem ser verdadeiras.

• • •

Indivíduos com a síndrome de Cotard acreditam que estão mortos. São capazes de sentar à sua frente, olhar nos seus olhos e dizer que faleceram. É uma doença mental muito rara. E não adianta tentar dissuadi-los. Eles sempre apresentarão uma razão para você estar errado e eles, certos. Mesmo que a carne em seus braços não esteja apodrecendo e eles não estejam percorrendo as ruas como mortos-vivos, dirão que já bateram as botas.

Suas respostas são o que os psicólogos chamam de "confabulação". Os portadores da síndrome não estão tentando enganar você; eles nem ao menos têm noção de que estão errados. E suas respostas não raro são ridículas.

Pessoas com Alzheimer muitas vezes inventam quando não conseguem se lembrar das coisas. Reconstroem a realidade para preencher as lacunas. A mente delas fabrica elementos, de modo a criar uma lógica retroativamente.

O que eles quase nunca dizem é: "Realmente não sei por que acredito nisso." E aposto que você conhece um monte de pessoas sem quaisquer condições raras, pelo menos em outros aspectos, que não gostam muito de dizer "não sei".

Daniel Kahneman ganhou o Prêmio Nobel por seu trabalho sobre tendências cognitivas. Trata-se de pequenos atalhos em nosso cérebro que nos ajudam a acelerar o processo decisório. De modo geral são úteis, mas nem sempre racionais. Um exemplo é a aversão a perdas. Em termos racionais, ganhar um dólar deveria ser tão agradável quanto perder um dólar é desagradável. Mas não é assim que nossa mente funciona. O incômodo pela perda de um dólar é muito maior do que o prazer de ganhar de um dólar. Faz sentido: perder muito pode significar a morte, mas ganhar muito... sim, é bom, mas logo resulta em retornos reduzidos. Assim sendo, a evolução nos programou para temer mais as perdas do que adorar os ganhos.

O mais engraçado é que quando Dan Ariely, professor da Universidade Duke inspirado por Kahneman, faz palestras sobre as tendências, frequentemente obtém a mesma resposta: "Sim, conheço um monte de gente que faz isso... mas eu não faço." Ah, que ironia. As tendências cognitivas nos impedem de entender as tendências cognitivas. Assim, Ariely ajustou um pouco as palestras. Antes de falar qualquer coisa sobre nossas tendências inerentes, ele mostrava exemplos de ilusão de ótica para a plateia. Você já deve conhecer alguns, como: duas linhas que parecem ter comprimentos diferentes quando o comprimento é o mesmo. Ariely queria que as pessoas, além de ouvirem a respeito do assunto, *vivenciassem* o fato de que nem sempre podem confiar em seu cérebro. Quando elas constatam que podem cometer erros, aceitam a ideia de que as tendências também se aplicam a elas.

Nosso cérebro está programado para tentar entender as coisas. O significado é parte de nosso sistema operacional. Precisamos pensar que o mundo faz sentido e que estamos no controle. O cérebro não gosta de aleatoriedade.

Mas o que é significado? Significado, para a mente humana, vem na forma de histórias que contamos a nós mesmos a respeito do mundo. Esse é o motivo pelo qual tantas pessoas acreditam em destino ou dizem que determinadas coisas "tinham de acontecer". Dispor de uma história sobre o significado da vida nos ajuda a enfrentar os momentos difíceis. Não só vemos o mundo assim como também, francamente, não conseguimos *não* contar histórias. Se eu lhe perguntasse como foi seu dia ou como você conheceu seu cônjuge, o que você faria? Você me contaria uma história. Qual é o seu currículo? Uma história. Contamos histórias até quando dormimos: os sonhos. E pesquisas apontam que sonhamos acordados cerca de 2 mil sonhos todos os dias, contando a nós mesmos pequenas histórias sobre isso ou aquilo.

Para quase todas as áreas de sua vida, como a carreira ou os relacionamentos, você tem uma história para contar a si mesmo. Raramente, porém, essas histórias são conscientes ou deliberadamente construídas.

Isso pode parecer uma conversa muito abstrata e maluca, mas é exatamente o oposto. As histórias constituem a subcorrente invisível que promove o sucesso em um espantoso número de aspectos importantes da vida.

O que melhor indica se um relacionamento amoroso vai dar certo? Não é sexo, dinheiro ou o fato de ambos terem os mesmos objetivos de vida. O pesquisador John Gottman descobriu que só de ouvir um casal contar sua história predizia, com 94% de precisão, se o relacionamento iria ou não terminar em divórcio.

Qual é o melhor indicador do bem-estar emocional de seu filho? Não são ótimas escolas, abraços ou filmes da Pixar. Pesquisadores da Universidade Emory descobriram que era o fato de a criança conhecer a história de sua família.

Quem considera sua carreira significativa e gratificante? Faxineiros de hospitais que viam seus empregos como "apenas um emprego" não obtinham nenhuma satisfação profunda com suas carreiras. Mas faxineiros que contavam a si mesmos a história de que aquela era sua "vocação" – e que seu trabalho ajudava pessoas doentes a melhorar – viam seus empregos como significativos.

Judeus e cristãos têm parábolas. Hinduístas e budistas têm sutras. Quase todos os líderes religiosos proferem sermões. Histórias, histórias, histórias. Elas nos orientam sobre como nos comportar e nos ajudam a persistir. Mesmo para quem não é religioso, a cultura popular preenche as lacunas. Howard Suber, professor de cinema da Universidade da Califórnia em Los

Angeles, descreve filmes como "dramas sagrados para uma sociedade secular". Assim como nas parábolas religiosas, agimos como heróis das histórias que contamos. Estudos apontam que quando nos identificamos com personagens de histórias fictícias temos mais chances de superar obstáculos e alcançar nossos objetivos.

E há a felicidade. Estudos revelam que muitas pessoas não estão satisfeitas com a vida porque não acham que os bons momentos estejam alinhados com a visão que têm de si mesmos. Querem que a vida se encaixe em suas histórias; assim, eles veem as coisas ruins que acontecem como correspondentes com o que eles são. Os momentos felizes são exceções a serem ignoradas.

Isso é verdadeiro mesmo nos mais profundos e dolorosos exemplos de tristeza: os suicídios. Roy Baumeister, professor da Universidade do Estado da Flórida, descobriu que muitos suicidas não se encontravam nas piores situações, mas estavam aquém das expectativas que tinham para si mesmos. A vida não se enquadrava nas histórias que tinham em mente. É como Frankl observou em Auschwitz, as histórias determinavam quem seguia em frente e quem corria para o arame.

Portanto, não faltam provas de que as histórias governam nossos pensamentos e predizem o sucesso em muitos contextos. Mas como funcionam?

• • •

Pesquisas revelam que a ficção nos torna mais altruístas – ou seja, bons e caridosos. Isso acontece porque deixa nossa visão do mundo menos precisa. Assim como a religião e narrativas de significado pessoal nos ajudam a enfrentar as dificuldades, o mesmo ocorre com os filmes e outras histórias. Não só ocupam nossa mente como também põem furtivamente diante de nossos olhos um par de óculos cor-de-rosa.

Tyler Cowen, escritor best-seller e professor da Universidade George Mason, concorda. E cita uma pesquisa na qual, quando solicitadas a descrever sua vida em uma palavra, muitas pessoas disseram "jornada" ou "batalha", mas poucas responderam "bagunça". E a vida pode ser uma bagunça. Segundo ele, as histórias são filtros que impõem ordem em um mundo não raro caótico. Histórias removem informações. Tornam as lembranças *menos* exatas. E são construídas deliberadamente, como a vida quase sempre não é.

Ele tem razão. Há um trilhão de coisas ocorrendo a cada segundo. Nós selecionamos alguns elementos ("Naquele dia eu dei dinheiro a um sem-teto") e ignoramos outros ("Aquela vez em que eu empurrei meu primo escada abaixo") para chegar a uma história sobre nossa vida ("Eu sou uma boa pessoa").

Em economia, o termo "racionalidade limitada" significa, em essência, que os seres humanos não são perfeitamente racionais, pois têm limitações, como a quantidade de informações disponíveis ou a quantidade de tempo necessária para uma reflexão. Há muitas coisas acontecendo no mundo para nosso pequeno cérebro processar; temos que filtrá-las.

Segundo um estudo, sentimos que a vida tem significado quando pensamos que nos conhecemos bem. A palavra-chave aqui é "pensamos". O verdadeiro autoconhecimento não produz significado, mas a *sensação* de que gera resultado. A história não precisa ser exata para ser eficaz. Esse ponto é um pouco enervante e talvez deprimente, não acha?

Mas, com relação à determinação, isso pode ser bom. Se tomássemos todas as decisões com base nas probabilidades, jamais faríamos algo arriscado. Nem tentaríamos. Mas para sobreviver como Viktor Frankl, diante de tantos horrores, as histórias podem nos fazer seguir pela *força* de sua imprecisão.

Isso se relaciona com o que já vimos na pesquisa sobre o otimismo. Os otimistas contaram a si mesmos histórias que podem não ser verdadeiras, mas que os fizeram persistir, muitas vezes permitindo que superassem as expectativas. A psicóloga Shelley Taylor diz que "uma mente saudável conta a si mesma lisonjeiras mentiras". Os pessimistas, mais precisos e realistas, acabaram deprimidos. A verdade pode machucar.

É por isso que os advogados têm 3,6 vezes mais chances de entrarem em depressão do que indivíduos de outras profissões. Para proteger seus clientes, os advogados precisam considerar toda e qualquer possibilidade de algo dar errado. Não podem contar a si mesmos histórias felizes e imprecisas sobre como um caso vai se desenrolar. Nas faculdades de direito, o desempenho dos pessimistas é melhor do que o dos otimistas. E é exatamente essa qualidade que os torna muito infelizes. O direito é a profissão mais bem paga dos Estados Unidos e, mesmo assim, ao serem pesquisados, 52% dos advogados descreveram a si mesmos como insatisfeitos com seu trabalho. Pode-se imaginar o efeito disso sobre a determinação: o direito impõe um alto índice de desgaste. Citando Liz Brown: "O direito é a única profissão que conheço que tem uma profissão-satélite dedicada a ajudar pessoas a saírem dela."

Histórias não são imagens perfeitas do mundo, mas justamente por essa razão nos permitem alcançar o sucesso. Podem nos manter ativos e se tornarem proféticas. Você não "nasceu" para fazer nada em especial, mas quando sua história diz que você "nasceu" para fazer determinada coisa, você trabalha melhor e persiste. Afinal, é o seu *destino*.

É assim que as histórias se conectam com as carreiras. Em seu livro *O princípio do progresso*, Teresa Amabile, professora da Universidade Harvard, diz que um trabalho significativo é o que as pessoas mais desejam em seus empregos. Sim, isso mesmo: à frente dos salários e das promoções. Como foi que Steve Jobs tirou John Sculley de seu importante cargo de CEO da Pepsi? Perguntou a ele: "Você quer passar o resto de sua vida vendendo água com açúcar ou quer uma chance de mudar o mundo?" Significativo não quer dizer salvar órfãos ou curar doentes. Enquanto sua história for significativa para *você*, ela terá poder.

Mas como encontrar sua história?

Há um modo realmente simples de fazê-lo: pense na sua morte.

...

Nos Estados Unidos de hoje, parece que ninguém deseja perder tempo pensando na morte. Não é divertido. Gostamos de pensar que viveremos para sempre. Mas para muitas culturas a morte faz parte da vida, ocupa um lugar de respeito e tem até seu dia. O México tem o *Día de Muertos*. A cristandade tem o Dia de Todos os Santos e de Finados. O Japão tem o *Sorei*. Os indianos, o *Shraaddha*. E assim por diante.

Pensar na morte nos lembra o que é de fato importante na vida. David Brooks faz a distinção entre "valores de currículo" e "valores de necrológio". Valores de currículo são os aspectos que mostram sucesso externo, como dinheiro e promoções. Valores de necrológio tratam de caráter: *Sou bondoso, confiável ou corajoso?* Com respeito aos valores de currículo, costumamos pensar muito em termos de futuro. Passamos quatro anos numa faculdade para obter um emprego; aprendemos a usar o Excel ou o PowerPoint e lemos livros para crescer intelectualmente. Mas só refletimos sobre os valores de necrológio retroativamente, racionalizando após o fato: *Sim, sou uma boa pessoa.* Se você for ambicioso (e como está lendo um livro sobre sucesso, provavelmente é), não precisa se preocupar muito ou prestar muita atenção aos valores de currículo. Você está *sempre* pensando neles. Mas, para favorecer sua vida e sua carreira no longo prazo, você precisará pensar nos valores de necrológio em termos de futuro também. É nesse ponto que pensar um pouco na morte entra em cena.

Imagine seu funeral. As pessoas que o amavam se reúnem para lhe prestar a última homenagem. Elas vão enaltecer as qualidades que o tornaram tão especial, as que mais farão falta no dia a dia delas. O que gostaria que dissessem?

Pensar nisso por um tempo pode ajudá-lo a encontrar seus valores de necrológio, que orientarão suas decisões. No famoso discurso que fez na cerimônia de formatura da Universidade Stanford, em 2005, Steve Jobs disse: "Lembrar que logo estarei morto é a ferramenta mais importante para me ajudar a fazer as grandes escolhas da vida."

Embora as pesquisas nessa área sejam formalmente conhecidas pelo intimidante nome de "teoria da gestão do terror", um estudo com o título mais suave de "O efeito Scrooge" (em referência a *Um conto de Natal*, de Dickens) demonstra que, quando para um pouco para pensar sobre a morte, você se torna mais benévolo e generoso com os outros. Deixa de lado por um instante objetivos a curto prazo e reflete sobre quem de fato você deseja ser. Parece algo mórbido, mas as pessoas que contemplam o próprio fim na verdade se comportam de modos mais saudáveis – e podem, portanto, viver mais tempo. Sua autoestima também melhora, conforme tem sido demonstrado. Quer falar sobre "pensar grande?" Não dá para ficar maior. Estamos falando sobre coisas como sina e destino.

Muitas vezes confundimos essas duas palavras, achando que significam a mesma coisa. Mas Howard Suber, professor da UCLA, esclarece a distinção. Sina é o que não podemos evitar. Acontece conosco, por mais que tentemos fugir. Destino, por sua vez, é aquilo que *nós* devemos perseguir, levar a bom termo. É o que nos esforçamos para alcançar e tornar realidade. Quando coisas ruins acontecem, a ideia de sina nos faz sentir melhor, enquanto refletir sobre os valores de um necrológio nos ajuda a pensar mais sobre o destino. O sucesso não advém de considerarmos o que é ruim como imutável e dizer "tinha que ser"; é o resultado de procurarmos o que é bom e escrevermos nosso próprio futuro. Menos sina, mais destino.

E se você tiver uma história que não esteja funcionando? Você acredita que sabe quem é e o que é importante, mas não está feliz nem chegando aonde deseja. Pode ser a hora de reescrever o roteiro de sua vida. Terapeutas ajudam seus pacientes a fazer isso em um processo adequadamente chamado de "revisar a história". Timothy Wilson, professor da Universidade da Virgínia, realizou um estudo em que terapeutas ajudavam estudantes com baixo rendimento a reinterpretar seus desafios escolares, mudando de "não consigo fazer isso" para "só preciso saber o caminho". Esse processo contribuiu para que eles obtivessem notas maiores no ano seguinte e reduziu os índices de evasão escolar. Estudos demonstram que o recurso funciona tão bem quanto antidepressivos e, em muitos casos, até melhor.

Mas o que fazer com a história revisada? Represente o papel destinado a você. Diversas pesquisas revelam que, em vez de nosso comportamento acompanhar nossas crenças, frequentemente nossas crenças é que acompanham nosso comportamento. É como costumamos dizer, "atitudes valem mais do que palavras". Wilson chama esse método de "faça o bem, seja bom". Quando as pessoas fazem trabalho voluntário, a percepção de si mesmas muda. Elas começam a se ver como o tipo de pessoa que faz coisas boas para os outros.

No clássico romance de Kurt Vonnegut *O espião americano*, Howard W. Campbell Jr. é o personagem-título, que posa de propagandista do nazismo durante a Segunda Guerra Mundial. Ele se torna a "voz" da Alemanha Nazista em programas de rádio, ostensivamente louvando o Reich, enquanto na verdade transmite mensagens codificadas para os Estados Unidos. Embora suas intenções sejam boas, ele acaba percebendo que suas "falsas" mensagens nazistas motivam mais os inimigos do que suas informações secretas ajudam os aliados. A moral do livro de Vonnegut é que "somos o que pretendemos ser, portanto devemos ter cuidado com o que pretendemos ser".

Assim, em vez de priorizar apenas as intenções, certifique-se de ser no dia a dia o personagem principal de sua história perfeita. Dessa forma, em vez de terminar como o protagonista de Vonnegut, você poderá seguir o caminho de outro personagem de ficção: Dom Quixote. A moral da história de Cervantes é "se você quer ser um cavaleiro andante, aja como um cavaleiro andante".

...

O significado nos faz seguir adiante quando a dura realidade nos diz "desista". Muitas vezes nossas histórias são mais fortes do que nós e, se forem significativas, podem nos manter inteiros durante os tempos difíceis.

Viktor Frankl sobreviveu a Auschwitz. Não fumou seus cigarros nem correu para o arame. Viveu até os 92 anos. Criou uma psicologia que se disseminou pelo mundo. E, divulgando a história que o manteve vivo, ajudou outras pessoas a seguirem em frente também.

Não podemos deixar de contar histórias. Mas que história você está contando a si mesmo? Ela o levará aonde quer ir?

A determinação nem sempre é tão rígida e séria. Na verdade, mesmo nas mais terríveis situações, a determinação não é mais do que um jogo.

...

Apesar das roupas de montanhista, Joe Simpson tremia. Caíra em uma fenda com trinta metros de profundidade. Estava tudo muito escuro, como se o mundo estivesse mergulhado em tinta. Ele sentia frio, mas suas mãos tremiam mais por conta do medo.

"*Simon!*", gritou, desesperado. Não houve resposta.

Ele mal conseguia se mover sem sentir dores lancinantes. Uma de suas pernas estava mais curta que a outra e posicionada em um ângulo pavorosamente anormal. O osso de sua canela fora empurrado para cima, atravessara a articulação do joelho e penetrara no fêmur.

Joe gritou mais algumas vezes, até que ficou evidente que se encontrava sozinho e que nenhuma ajuda viria.

Dois dias antes, ele e Simon haviam iniciado a escalada do Siula Grande, nos Andes Peruanos. Com 6.344 metros de altura, essa é a montanha mais alta do hemisfério Sul. Sua face oeste tem 1.372 metros e jamais havia sido escalada. Eles foram os precursores.

Exultantes, mas exaustos, tudo o que precisavam fazer era descer. Porém, no montanhismo, é na descida que 80% dos acidentes ocorrem... Na manhã de 8 de junho de 1985, Joe tropeçou e caiu, fraturando uma perna. Ainda havia muito a percorrer. Quebrar uma perna num ponto tão elevado da montanha, sem equipe de resgate, significava que a morte era só questão de tempo. Joe iria morrer. Mas ambos agiam como se ainda houvesse uma chance. Ligados por uma corda, Simon servia de âncora para baixar Joe. Então, quase imóvel, Joe esperava que Simon descesse. O ritmo deles era excruciantemente lento. Caíra tanta neve que Simon mal podia ver onde Joe estava quando era baixado.

Esse procedimento continuou por horas, até que, subitamente, Joe deslizou pela beirada de um penhasco. Ainda preso pela corda, Simon quase foi puxado também. Mas firmou os pés, freando a descida.

Joe ficou pendurado, preso à corda. Não conseguia nem tocar na parede da montanha. Olhou para cima, mas o vento estava tão carregado de neve que ele não conseguiu avistar Simon. Dezenas de metros abaixo, as mandíbulas abertas de uma fenda o observavam. Ele estava impotente, pendurado sobre um abismo e com dores horríveis. A todo momento, a corda dava um solavanco. Era Simon, tentando impedir que ambos mergulhassem para a morte.

De repente, Joe caiu. Imagine um prédio de 15 andares – a altura era essa. Mas ele não parou na base do penhasco. Continuou caindo... para dentro da fenda escura.

Incrivelmente, não morreu. Aterrissou sobre neve acumulada dentro da fenda. Olhando para baixo com ajuda de uma lanterna, viu que estava sobre um ressalto de gelo. Acima, a fenda se elevava por cerca de 150 metros; abaixo, desaparecia nas trevas. Se tivesse aterrissado apenas 60 centímetros à direita, bem, ele não teria aterrissado. Teria caído no abismo, sabe-se lá quantos metros.

Ainda preso à corda, ele a puxou febrilmente, imaginando que ela ainda estivesse atada a Simon... ou ao corpo de Simon. Mas estava muito fácil puxar. Quando a outra extremidade lhe chegou às mãos, pôde ver que claramente fora cortada. Presumindo que Simon estivesse morto, entendeu que ele não viria em seu socorro.

Joe não podia recriminá-lo. Estava espantado de ainda estar vivo. Várias vezes tentou escalar a parede, mas a dor da perna quebrada acabava com as suas forças. Não havia como subir... o que significava que o único caminho era para baixo.

Com os dedos enegrecidos pelo enregelamento, ele mal conseguiu atar a corda para preparar a descida. Não conseguia olhar para baixo. Não sabia a altura da fenda, apenas tinha noção de que a corda não era muito longa.

Normalmente, os montanhistas dão um nó na extremidade da corda para que funcione como um freio e suas mãos não escorreguem se chegarem ao final. Joe não fez isso. Assim, se faltasse corda, sua morte seria rápida. Então desceu lentamente pela escuridão. Depois de algum tempo, o que encontrou foi surpreendente.

Luz do sol. Uma encosta à sua direita era o caminho para fora da fenda. Ele não estava em um poço. Foi o primeiro lampejo de esperança que teve. Se escalasse a encosta, provavelmente conseguiria sair dali. Mas eram cerca de 40 metros de subida a um ângulo de 45 graus. Com a neve e a perna quebrada, seria como rastejar na areia. Mas o fato de haver uma saída o encorajou.

Passou horas engatinhando, mas finalmente saiu da fenda. Banhado pelo sol, entrou em êxtase, mas só por um momento. Olhando ao redor, percebeu que ainda estava a 9 quilômetros do acampamento. Não viu Simon. A perna quebrada ainda latejava de dor. Tudo o que fizera até aquele ponto fora apenas um aquecimento.

Tal como os cães de Seligman, Joe Simpson não tinha nenhuma razão no mundo para pensar que deveria ou poderia continuar tentando. Mas continuou. Como? Na situação mais perigosa e complicada que se poderia imaginar, ele fez algo bem louco: transformou tudo em um jogo. Começou por estabelecer metas: *Consigo alcançar aquela geleira em vinte minutos?* Quando conseguia, ficava eufórico. Quando não, sentia-se frustrado, mas isso apenas o deixava mais obcecado. "Um formigamento de empolgação percorria minha espinha. Eu me sentia comprometido. O jogo me arrebatara e eu já não podia desistir dele."

Erguendo o corpo destroçado, ele pelejava para avançar. Cada movimento errado era um choque de dor paralisante... Mas ele precisava alcançar aquele banco de neve em dez minutos. Tinha que vencer seu joguinho particular.

Ele lutou para descobrir a melhor forma de rastejar. Suas pegadas da subida ainda eram visíveis na neve. Sorrindo, ele as seguiu como se fossem migalhas de pão. Mas o vento soprou neve por cima delas, ocultando-as mais rápido do que ele conseguia mover o corpo torturado. O desespero o dominou de novo. Mas ele retornou ao jogo: *Estabeleça a meta. Confira o relógio. Continue jogando. Chegue ao ponto seguinte a tempo.* Seu ritmo era lento demais, embora ele mal se desse conta disso. E foi assim até que a neve em que rastejava deu lugar a rocha. Ele estava chegando perto. A neve, porém, tinha sido generosa. A terra e as pedras não seriam tão complacentes quando sua perna encostasse nelas. A dor era implacável.

Continue jogando. Etapa seguinte à frente: o lago. Eles haviam montado acampamento próximo ao lago. Seu cérebro estava inundado de esperança. *Sou capaz de chegar!* Mas alguém ainda estaria lá? Quatro dias haviam se passado. Simon cortara a corda com certeza pensando que ele estava morto. Já não teria ido embora? Logo anoiteceria e Joe mal havia dormido. Mas voltou ao jogo. Era tudo o que podia fazer. A essa altura, seu único objetivo era não morrer sozinho. *Chegue ao lago em vinte minutos. Jogue o jogo.*

A noite caiu e ele desmoronou no chão, totalmente delirante. Talvez tivesse adormecido. Era quase impossível saber a diferença entre estar desperto e dormindo. De repente, foi acordado por um cheiro horrível. Era... cocô. Ele olhou ao redor. Estava próximo à latrina do acampamento. Num instante despertou totalmente e gritou: "Simon!"

Nada. Mas de repente...

Luzes se agitaram a distância, vindo em sua direção. E vozes. Joe gritou. As luzes se aproximaram e o ofuscaram. Simon agarrou Joe pelos ombros e o abraçou.

Joe Simpson vencera o jogo.

• • •

Parece bobagem dizer que transformar o martírio em um jogo salvou a vida de Joe Simpson no Siula Grande. Mas depois de analisar pesquisas e fazer algumas entrevistas, soube de diversos casos similares. Lembra-se de James Waters, o SEAL da Marinha americana? Quando conversamos sobre o treinamento, ele disse o seguinte: "Muitos não percebem que o que se faz no BUD/S é avaliar a capacidade de cada um para enfrentar uma circunstância difícil e seguir em frente. É um jogo. Você tem que se divertir e ficar focado no objetivo maior."

Quando as aulas e as notas são estruturadas como um jogo, o desempenho dos estudantes é melhor. Quando um professor do Instituto Politécnico Rensselaer reprogramou as aulas para se parecerem com o jogo *World of Warcraft*, os alunos passaram a estudar mais, tornaram-se mais comprometidos e até colaram menos.

Isso nos leva a fazer algumas perguntas: por que os jogos, que podem ser tão cansativos, frustrantes e muito parecidos com trabalho são tão divertidos, mas nossos empregos são tão... maçantes? Por que crianças detestam dever de casa, repetitivos e incrivelmente difíceis, e fogem dele felizes da vida para jogar... jogos que são repetitivos e incrivelmente difíceis? Por que os quebra-cabeças são divertidos e fazer a declaração do imposto de renda é horrível? O que torna alguma coisa um jogo, não uma chatice frustrante?

Todos já tivemos que lidar com uma coisa que funciona mal. Ficamos frustrados e irritados. Mas de vez em quando um problema nos deixa curiosos, tentamos resolvê-lo e a "inconveniência" se torna divertida. Sentimo-nos como um detetive tentando solucionar um mistério.

Assim como a ideia de Tyler Cowen – de que as histórias pessoais filtram a bagunça da vida –, os jogos são como uma moldura que enquadra um conjunto de atividades. Com essa estrutura, coisas que parecem extremamente tediosas talvez se tornem incrivelmente divertidas, gratificantes e até viciantes.

Existem alguns elementos que podem tornar sua declaração de imposto de renda uma experiência divertida. Um deles é a "reavaliação cognitiva", um termo sofisticado para "contar para si mesmo uma história diferente sobre o que está acontecendo". Sabe aquele bebê que não quer comer mas abre a boca quando a colher se torna um avião? Sim, nós, adultos, não somos tão diferentes das criancinhas.

Provavelmente todos já ouvimos falar no experimento do marshmallow, de Walter Mischel, mas geralmente focando na força de vontade. (Um resumo rápido: prometia-se às crianças dois marshmallows mais tarde se elas resistissem à vontade de comer um marshmallow imediatamente. As que resistiam, demonstrando grande força de vontade, tiveram mais êxito na vida ao longo do tempo.) Um elemento interessante nesse estudo é como muitas das crianças pesquisadas conseguiram evitar a tentação. A maioria não precisou se contorcer, trincar os dentes nem exibir uma força de vontade sobre-humana. Na verdade, usaram a reavaliação cognitiva. Olharam para a situação de outro ângulo ou a transformaram em um jogo. Mischel explica: "Quando as crianças transformam marshmallows em nuvens fofinhas flutuando no ar, em vez de pensar neles como deliciosas guloseimas, elas se sentam em suas cadeiras, com as guloseimas e o sino de desistência à frente e ficam lá até meus alunos e eu não aguentarmos mais."

Usando a reavaliação cognitiva e contando a nós mesmos uma história diferente sobre o que está acontecendo, podemos subverter todo o paradigma da força de vontade. Algumas pesquisas têm revelado que a força de vontade é como um músculo, que se cansa com o excesso de uso. Mas só fica esgotado se houver um conflito. Os jogos transformam o conflito em algo diferente. Tornam o processo divertido e, como Mischel demonstrou em sua pesquisa, conseguimos persistir muito mais tempo e sem o desgaste excessivo da força de vontade.

Eis um exemplo: e se eu puser um monte de cocaína à sua frente? (Vou presumir, em prol da argumentação, que você não é viciado em cocaína.) A cocaína é interessante. Você sabe disso. As pessoas a usam por algum motivo, certo? Mas você provavelmente responderia: "Não, obrigado." Por quê? *Porque a cocaína não combina com sua história.* Você não se vê como o tipo de pessoa que consome cocaína. Você pode apresentar todos os tipos de razões. (O que é uma razão? Uma história.) Você precisaria fechar os olhos e cerrar os punhos para me pedir que levasse a cocaína embora? Provavelmente não. Você não precisaria exercer sua força de vontade nesse caso.

Mas aconteceria da mesma forma com um bife suculento? Sobretudo se você estivesse com fome? Digamos que você *seja* o tipo de pessoa que adora um bife. Então, o que aconteceria? Um conflito. Desgaste da força de vontade. A menos que você seja vegetariano. Aí... é outra história. Você rejeitaria sem fazer nenhum esforço. Não teria problemas em ignorar o bife. Mude a história e seu comportamento muda. Os jogos constituem outro tipo de história: uma história divertida.

Toda essa ciência sofisticada é ótima, mas vamos falar sobre a vida. Por que seu trabalho não é divertido? A resposta é simples: porque o trabalho, como o conhecemos hoje, é um jogo *bem* ruim.

•••

David Foster Wallace disse certa vez: "Se você for imune ao tédio, não há praticamente nada que não possa realizar." Isso é verdadeiro de muitas maneiras. Se você nunca fica entediado, está a um passo de ser um computador. Computadores fazem uma série de coisas tediosas para nós, muito bem e com muita rapidez. Computadores não precisam da mecânica dos jogos. Não ficam entediados nem desmotivados. Mesmo assim, projetamos escritórios como se fôssemos máquinas – e não somos. Jane McGonigal, pesquisadora e designer de jogos, argumenta que, por sua própria natureza, a eficiência acarreta a remoção da mecânica dos jogos no design do trabalho. Em outras palavras, tiramos a graça do trabalho.

Karl Marx estava errado a respeito de muitos aspectos em economia, mas hoje percebemos que também estava certo em alguns. Quando removemos a conexão emocional das pessoas com seu trabalho e as tratamos meramente como máquinas que produzem esforço, nós aniquilamos sua alma.

Podemos devolver esses elementos emocionais? Claro. Francamente, não é tão difícil. A Equipe de Alinhamento de Inovações da Universidade Yale (parte da sociedade empresarial dos alunos) queria aumentar o número de estudantes que lavavam as mãos após as refeições em uma das lanchonetes da escola. Será que bombardearam os alunos com informações ou pressionaram a administração a criar regras que tornassem obrigatório o procedimento? Não. Decidiram torná-lo divertido.

Eles conectaram algumas caixas de som e um iPod ao higienizador. Quando alguém o usava, o aparato emitia um som do mesmo tipo que os videogames emitem quando um jogador faz pontos. Antes dessa mudança, 13 estudantes utilizaram o dispensador. Depois, o número aumentou para 91. Uma bobagem o tornou "engraçado" e aumentou em sete vezes a utilização do dispositivo, quase imediatamente.

Podemos aplicar a mecânica dos jogos à nossa vida e transformar momentos tediosos em diversão. Isso conseguiria nos tornar mais determinados no trabalho, contribuindo para o nosso sucesso na vida? Ah, sim. O trabalho não precisa ser um jogo ruim. Vamos então entender por que o trabalho é chato, por que os jogos são incríveis e como podemos transformar um em outro. Venha, vamos burlar o sistema.

∴

Vacas nadam no mar fundo. Registre essa cena. Todos os jogos bons têm isso em comum: VNMF. São *Vencíveis*. Trazem *Novos* desafios. Incluem *Metas*. Proporcionam *Feedback*.

Sempre que alguma coisa parece frustrante, é porque provavelmente lhe falta uma dessas quatro características. Vamos analisá-las:

Vencíveis

Os bons jogos são, por princípio, vencíveis. Ninguém cria jogos impossíveis de vencer. Eles têm regras claras. Sabemos disso intuitivamente, o que nos torna muito otimistas a respeito de nossas chances, se persistirmos. Temos bons motivos para sermos otimistas. Jogos nos transformam em pessoas que passam no treinamento de BUD/S, como James Waters.

Este "otimismo justificável" torna divertidas coisas difíceis. Muitas vezes os jogos são mais difíceis do que a vida real, mas são divertidos quando difíceis e tediosos quando fáceis. Uma pesquisa realizada por Nicole Lazarro revelou que perdemos em 80% do tempo quando jogamos. Jane McGonigal explica:

> Quatro em cada cinco jogadores não completam a missão, extrapolam o tempo, não resolvem o enigma, perdem a partida, não ganham mais pontos, colidem, pegam fogo ou morrem. Isso nos faz pensar: os jogadores, na verdade, gostam de perder? Ao que parece, sim.... Quando disputamos um jogo bem programado, o fracasso não nos deixa desapontados. Deixa-nos felizes de uma forma bem particular: empolgados, interessados e, acima de tudo, otimistas.

Sob esse prisma, usar uma estrutura de jogo em um treinamento de BUD/S faz sentido. A BUD/S é superável. Pessoas são aprovadas no treinamento o tempo todo. O mesmo cara que arranca o regulador de sua boca no teste de competência na piscina está lá para salvá-lo, caso você comece a se afogar. Por que muitos falham? Pânico. Eles se esquecem de que é um jogo.

Pensam que de fato vão morrer. Joe Simpson não sabia se sobreviveria na montanha, mas sabia que era capaz de chegar à rocha seguinte em vinte minutos. Aquele jogo era vencível e o fez seguir adiante.

Em um jogo, portanto, você tem controle. Suas ações são importantes. Elas fazem diferença, então você sabe que seu tempo é bem gasto. Pesquisas demonstram que a sensação de controle anula o estresse. Mesmo quando você só *acha* que tem o controle, o nível de estresse despenca.

Por sua vez, o escritório muitas vezes parece ser um jogo invencível. Você não sente que tem controle. Não sente que seu trabalho faz alguma diferença. Quem desejaria jogar um jogo como *esse*? O pesquisador Dan Ariely revelou que, quando achamos que nosso trabalho é fútil ou sem sentido, a motivação e a felicidade diminuem. Tornamo-nos parecidos com os cães do estudo de Seligman.

Mas isso é ajustável. Você pode não ser capaz de reestruturar o modo como sua empresa funciona, mas, como Joe Simpson, pode criar para si mesmo um jogo vencível. Seu trabalho é aprender o máximo possível no escritório de modo a estar preparado para aquela promoção? Quer melhorar suas apresentações ou adquirir novos conhecimentos? Todos esses jogos são superáveis.

Agora, seu patrão odeia você? Está enfrentando discriminação? Esses jogos, de fato, não são vencíveis. Mude de emprego. Encontre um jogo que você possa vencer.

Novos desafios

Bons jogos sempre têm novos níveis, novos inimigos, novas conquistas. Nosso cérebro adora novidades, e bons jogos garantem que sejamos sempre estimulados por algo um pouco diferente, aguçando nossa atenção.

Eles nos cativam com desafios. São programados para criar o que o pesquisador Mihály Csikszentmihályi chama de "fluxo": situação em que estamos tão imersos em algo que esquecemos a passagem do tempo. Nunca ficamos enfadados nem esgotados, pois os bons jogos mantêm um perfeito equilíbrio entre o difícil, mas não difícil demais, e o fácil, mas não fácil demais. E à medida que nos aprimoramos, eles aumentam o nível de dificuldade. Nossa competência está sempre sendo ampliada o bastante para nos mantermos ligados ao desafio. McGonigal explica:

> As pesquisas de Csikszentmihályi demonstraram que o fluxo era mais confiável e eficiente quando produzido por uma combinação específica que constitui a estrutura essencial do enredo: objetivos próprios, obstáculos pessoalmente otimizados e feedback contínuo. "Os jogos são uma óbvia fonte de fluxo", escreveu ele, "e jogar é a experiência de fluxo por excelência".

Joe Simpson tinha muitos desafios: uma perna quebrada, nenhuma comida, pouca água. A montanha também lhe proporcionou novidades: uma fenda, neve, rocha. Simpson continuou alcançando novos "níveis", o que acrescentava interesse ao seu jogo.

Agora pense em seu primeiro dia no emprego. Certamente não foi chato. Havia muitas coisas novas e diferentes para aprender e dominar. Um tanto opressivo, talvez, mas era algo novo e desafiador. Seis meses depois, presumo que tudo isso tenha desaparecido. Agora é como jogar no mesmo nível dez horas por dia e cinco dias por semana, durante anos. Não é divertido.

Em seu emprego, você tem que ser bom no que faz, e isso faz sentido; mas é como um jogo no qual você já é bom demais. É chato. Bons jogos têm cerca de 80% de taxa de fracasso, o que o inspira a continuar tentando. Mas o escritório não admite fracasso. Zero por cento de fracasso significa ausência total de diversão. E ainda há muito trabalho burocrático que não oferece desafio nenhum. Como poderia ser atraente?

A boa notícia é que isso está, em parte, em nossas mãos. Pesquisas demonstram que frequentemente não fazemos o que nos deixa felizes; fazemos o que é fácil.

Ansiamos por conforto, mas são os estímulos que nos tornam felizes. Tentamos reduzir o ritmo no escritório, trabalhar menos, terminar uma tarefa logo. São sintomas típicos de exaustão. Na verdade, não precisamos reduzir nada; precisamos é de novos desafios para criar engajamento.

Eis um exemplo divertido de Dan Ariely, professor da Universidade Duke. A empresa Pillsbury lançou uma massa de bolo instantânea na década de 1940. O produto, entretanto, não vendeu muito bem, o que não fazia sentido.

A massa tornava as coisas mais fáceis. A empresa então constatou que fazer um bolo não é um mero trabalho enfadonho. Bolos têm significado; demonstram amor. Assim, quando a Pillsbury fez uma massa de bolo menos simples – era necessário acrescentar ovos –, as vendas dispararam.

Portanto, para tornar o trabalho divertido, acrescente desafios. Para que algo tenha significado, você precisa deixar sua marca, e assim se motivar. Se seu jogo é vencível, se você tem controle e se há um desafio – que não seja massacrante –, você vai desfrutá-lo mais.

Metas

Quer seja Mario resgatando a princesa, quer seja um soldado das Special Ops matando todos os inimigos no último *Call of Duty*, bons jogos são muito claros com respeito ao que você deve fazer para vencer. Eles nos ajudam a manter o foco e a tomar decisões.

Joe Simpson estabeleceu um limite de vinte minutos para chegar ao ponto seguinte. Foi uma decisão arbitrária, mas lhe proporcionou uma base para avaliar o sucesso ou o fracasso no jogo. Lembrando o que disse Tyler Cowen, é assim que se transforma a "bagunça" da vida numa história coerente.

No ambiente de escritório, há metas definidas – mas são *suas* metas? Quando a empresa obtém o que quer, você sempre obtém o que quer? Hum, nem tanto. Você não poderá obter o que quer enquanto não tiver tempo para *decidir* o que quer. Metas podem ser intimidadoras. Como não gostamos de fracassar, muitas vezes não as estabelecemos. Mas se você tornar seu jogo vencível, estabelecer metas será menos amedrontador. O fracasso é normal nos jogos. Como Nicole Lazarro descobriu, o fracasso nesse caso apenas torna as coisas mais divertidas.

Feedback

Quando você faz algo certo, o jogo o recompensa com pontos ou poderes. Quando erra, é penalizado. E as duas coisas acontecem de imediato.

O escritor Aaron Dignan observa que num jogo você sempre sabe onde está, como está se saindo e o que precisa para jogar melhor.

Pesquisas revelam que a coisa mais motivadora é fazer progressos em um trabalho que tenha sentido para quem o faz.

Uma central de atendimento pode ser um local difícil de se trabalhar. As pessoas batem o telefone na cara, são rudes, e você tem que continuar a dar a mesma informação repetidas vezes, apesar da resistência. Mas Adam Grant (que você conheceu no capítulo 2) descobriu um modo simples de energizar os funcionários da central de atendimento de uma universidade. Ele levou até lá um aluno cuja bolsa de estudos fora concedida graças aos esforços dos funcionários. O aluno contou como a atuação deles fora importante e como ele se sentia grato. Ou seja, os funcionários receberam feedback. Perceberam que seu trabalho era significativo. O resultado? A quantidade de dinheiro que eles atraíram para a universidade após a visita *quintuplicou.*

O progresso visível não precisa ser grandioso. Como Teresa Amabile, professora da Universidade Harvard, descobriu: "Nossas pesquisas feitas dentro de empresas revelaram que a melhor forma de motivar as pessoas, diariamente, é facilitando seu progresso – ainda que sejam pequenas vitórias." De fato, os dados demonstram que pequenas mas consistentes vitórias produzem mais felicidade do que um grande feito realizado de vez em quando. "A satisfação com a vida é 22% mais provável para aqueles que contam com um fluxo constante de pequenas realizações do que para aqueles que só se interessam por grandes conquistas."

Napoleão disse certa vez: "Um soldado luta durante muito tempo e com mais determinação em troca de uma fita colorida na farda." A recompensa dos jogos, frequentemente, nada mais é que um distintivo bonito ou uma animação simples, mas essas coisinhas bobas mantêm você jogando.

Celebrar as "pequenas vitórias" é algo que todos os sobreviventes persistentes têm em comum. E é uma das razões pelas quais os Alcoólicos Anônimos são tão reconhecidos. Permanecer sóbrio um dia de cada vez é uma pequena vitória. E um artigo na revista *American Psychologist* confirmou: "Assim que uma pequena vitória é obtida, forças são colocadas em movimento para favorecer outra pequena vitória."

Bons jogos mantêm sua atenção lhe oferecendo feedbacks imediatos. Mas e seu emprego? Você recebe uma avaliação *anual.* Como Jane McGonigal relata em seu livro, estudos revelam que muitos executivos de alto escalão jogam durante o trabalho. Por quê? *Para se sentirem mais produtivos.* Ah, que ironia.

Portanto, você precisa de um método melhor para registrar seu desempenho no jogo do escritório. Amabile recomenda que se reserve alguns momentos no final do dia para se perguntar: "O que posso fazer para adiantar um trabalho importante amanhã?" Isso lhe proporciona uma meta a ser alcançada. Tenha uma clara ideia de como mensurá-la ou alcançá-la – como os vinte minutos de Joe Simpson –, e você estará no caminho de um sistema motivacional.

Se seu objetivo for um aumento ou uma promoção, procure feedback. Comunique-se com seu chefe periodicamente e verifique como você está indo. Como vimos no capítulo 2, a partir do trabalho de Jeffrey Pfeffer, puxar o saco ajuda. Mas você pode ser sincero e ganhar pontos com o chefe perguntando regularmente como está o seu trabalho e o que pode fazer para melhorar. Se você fosse o chefe e um funcionário sempre lhe perguntasse "Como posso tornar sua vida mais fácil?", qual seria sua reação? Pois é.

Transformar o trabalho em um jogo é bem simples; não é preciso mudar muito o que você está fazendo, apenas sua perspectiva. Mas muitos de nós não o fazemos, pois parece meio idiota.

Jogos podem parecer infantis e triviais, mas quando você se der o trabalho de contabilizar quantos já estão secretamente ocultos em coisas que você faz com paixão, vai perceber que eles não têm nada de imaturos. Você agora caminha muito mais em função de sua pulseira Fitbit? O *Fantasy Football* se tornou um agradável emprego de meio expediente? Um amigo voou do Japão para a Califórnia no sentido "errado" só porque queria obter pontos no programa de fidelização da companhia aérea e esse era o modo mais rápido de conseguir.

Jogos se tornam viciantes. Se você transformar seu trabalho em um deles, poderá conseguir sucesso e felicidade ao mesmo tempo, com um ciclo de feedback positivo. Como diz McGonigal: "Sem dúvida, é um jogo no qual se vence mesmo quando se perde." Você pode usar a estrutura de jogo para "passar de fase" em outras áreas de sua vida também. Cônjuges, pais, amigos, vizinhos, todos podem se beneficiar do VNMF – engajar-se no que é vencível traz novos desafios, inclui metas e proporciona feedback. Além disso, jogos são sempre mais divertidos quando jogados com outras pessoas.

• • •

Joe Simpson realizou o impossível. Durante sua luta na montanha, enfrentou dificuldades inacreditáveis. Ao se reunir com Simon, estava pesando apenas 45 quilos. Sua perna passaria por cinco cirurgias. Mas ele voltou a escalar. Isso é ter garra.

Quer seja otimismo, sentido, quer seja um simples jogo, a história em sua mente é sempre a resposta à perseverança. Antes de encerrarmos o capítulo da determinação, temos que analisar o outro lado da moeda.

Como o comediante W.C. Fields disse uma vez: "Se você não conseguir na primeira vez, tente de novo e de novo... então desista. Não adianta ficar bancando o idiota."

Já vimos as vantagens da determinação. Está na hora de examinarmos o lado positivo da desistência.

• • •

Spencer Glendon é um cara impressionante. Foi bolsista do Programa Fulbright, obteve um ph.D. em economia na Universidade Harvard, ajudou instituições de caridade no South Side, em Chicago, e atualmente é sócio de um dos maiores fundos de investimentos de Massachusetts. Mas isso não é o mais extraordinário a seu respeito.

O que é de fato admirável é que, enquanto realizava todas essas coisas, ele estava quase sempre extremamente doente. No ensino médio, Spencer sofria de colite ulcerativa crônica, o que lhe acarretou sérios e progressivos problemas de fígado. Ele acabou precisando de um transplante, assegurado pela doação de um grande amigo. Mas transplantes de órgãos necessitam de terapia imunossupressora. Basicamente, agora ele não tem sistema imunológico. Resfriados que provocariam em você e em mim um nariz entupido o deixam acamado por uma semana.

Quando sentimos algum mal-estar, é normal nos tratarmos à base de café e força de vontade. Mas Spencer não podia negociar com seu corpo, que não resistiria e o deixaria de cama mais uma vez. Parece horrível, não é? Mas é exatamente o que torna Spencer maravilhoso.

Como ele gosta de dizer: "Eu tive o que considero a sorte grande de ser fisicamente debilitado ao longo de toda a minha vida."

Você deve estar pensando a mesma coisa que eu: *Hein?*

Seriamente doente enquanto cursava o ensino médio, ele decidiu consultar um terapeuta. Queria fazer o que todos os jovens fazem: ir a festas, namorar, praticar esportes. Coisas que muitas vezes não eram possíveis. Era de cortar o coração.

O terapeuta não podia mentir para ele. Spencer não poderia levar uma vida como a de seus colegas. Mas isso não significava que ele teria de ser infeliz. O terapeuta sugeriu que ele se concentrasse em realizar uma coisa por dia. Se fosse capaz de fazer essa única coisa, poderia se sentir bem consigo mesmo. Suas energias eram limitadas, mas se ele se concentrasse só naquele objetivo, conseguiria concretizar algo que desejava. Foi o que ele fez.

Às vezes, era simplesmente fazer o jantar. Se preparasse o jantar naquela noite, teria realizado alguma coisa. Seria obrigado a deixar de lado diversas atividades, mas ainda teria conseguido realizar uma delas.

Ele faria uma coisa em determinado dia, outra coisa no dia seguinte e outra no dia subsequente. Nos dias em que se sente pior, ele prepara o jantar. (Não por acaso, tornou-se um grande cozinheiro.)

Chegar a um acordo com sua doença lhe ensinou algo que quase todos nós negligenciamos: tudo o que fazemos na vida é uma permuta. Escolher fazer alguma coisa significa deixar de fazer outra. Para Spencer, não havia como dizer "quero fazer isso" sem também dizer "e estou disposto a abrir mão de fazer *aquilo*".

Não deixa de ser uma ironia que um ph.D. em economia tenha aprendido tão cedo uma lição profunda sobre o que é formalmente conhecido como "custo de oportunidade". Como disse o escritor naturalista Henry David Thoreau: "O preço de qualquer coisa é a quantidade de vida que trocamos por ela."

Nós não gostamos de pensar em limites, mas todos os temos. Enquanto a determinação muitas vezes diz respeito a histórias, a desistência é com frequência uma questão de limites – vencê-los, otimizá-los e, acima de tudo, conhecê-los. Spencer não podia negar ou ignorar os seus. Foi forçado a admitir permutas e concentrar sua pouca energia nas coisas que tinham importância – deixando de lado tudo o mais.

Muitas pessoas bem-sucedidas adotam essa perspectiva. Um estudo com atletas olímpicos citou a declaração de um deles: "Tudo é oportunidade e custo. Se escolho ir ao cinema como atividade de lazer, em vez de caminhar, qual o custo disso? Se vou ao cinema em vez de caminhar, essa decisão me ajuda ou atrapalha na canoagem? Tenho que avaliar isso."

"Desistir" não precisa ser o oposto de "persistir". É aí que entra em cena a "desistência estratégica". Uma vez que você se apaixona por alguma coisa, desistir do que é secundário pode ser uma vantagem, pois libera tempo para a atividade favorita. Sempre que desejar ter mais tempo, mais dinheiro, etc., a desistência estratégica pode ser a resposta. E se você for muito ocupado, pode ser a única resposta.

Todos nós desistimos, mas muitas vezes não tomamos uma decisão explícita, intencional de desistir. Esperamos nos formar, ou a mamãe nos dizer para parar ou ficarmos entediados. Temos medo de perder oportunidades, mas a ironia é que, ao não desistirmos de coisas improdutivas tão rápido quanto possível, perdemos a oportunidade de fazer mais o que é importante ou de tentar o que pode se tornar importante.

Todos nós já dissemos que deveríamos ter saído daquele emprego ou terminado aquele relacionamento antes. Se você desiste do que sabe que não está funcionando, você libera tempo para coisas que podem funcionar. Somos bombardeados com histórias de persistência que levam ao sucesso, mas não ouvimos tantas sobre os benefícios da desistência.

Dizem que tempo é dinheiro, mas não é verdade. Quando os pesquisadores Gal Zauberman e John Lynch pediram a algumas pessoas que pensassem sobre quanto tempo e sobre quanto dinheiro eles achavam que teriam no futuro, os resultados não bateram. Somos bastante conservadores a respeito de quanto dinheiro extra teremos em nossa carteira, mas, quando se trata de tempo, sempre pensamos que haverá mais amanhã. Ou semana que vem. Ou ano que vem.

É por isso que nos sentimos tão afobados, tão cansados, como se não estivéssemos fazendo o suficiente ou avançando como deveríamos. Temos apenas 24 horas em um dia. Todos os dias. Se usarmos uma hora para determinada coisa, não a usaremos para outra. Mas agimos como se não houvesse limites. Sempre que optamos por uma hora extra no trabalho, estamos, na verdade, optando por uma hora a menos com nossos filhos.

Não podemos fazer tudo nem fazer tudo direito. E não haverá mais tempo no futuro. Tempo não é igual a dinheiro, pois sempre podemos ganhar mais dinheiro.

Ouvimos histórias e mais histórias sobre os grandes e poderosos que persistiram e venceram, mas não há muitos casos a respeito de grandes desistentes. Se a persistência funciona tão bem, será que pessoas bem-sucedidas na vida real já desistiram alguma vez?

...

Mihály Csikszentmihályi estava elaborando um estudo sobre algumas das pessoas criativas mais bem-sucedidas no mundo: 275 vencedores do Prêmio Nobel, alguns vencedores do National Book Award dos Estados Unidos e outras pessoas claramente no topo de sua atividade. Tratava-se de um estudo de grande envergadura feito por um pesquisador renomado que seria bastante divulgado. Ser incluído como objeto de estudo já era uma grande honra. O que aconteceu?

Cerca de um terço dos convidados recusou o convite. Muitos outros nem responderam. Tinham mais o que fazer. Csikszentmihályi convidou Peter Drucker e recebeu a seguinte resposta:

> Espero que você não pense que sou presunçoso ou rude se eu disser que um dos segredos da produtividade [...] é ter uma cesta de lixo *bem grande* para dar conta de *todos* os convites como o seu.

Csikszentmihályi provavelmente já esperava por isso. Drucker foi convidado a participar do estudo porque é um especialista mundialmente reconhecido por ser eficiente e realizar coisas. Drucker achava que o tempo era o recurso mais precioso. E a primeira linha de defesa que recomendava às pessoas não era se programar melhor, mas se livrar de tudo o que emperrava a agulha na trama de alcançar metas.

No livro *O gestor eficaz*, Drucker explica: "O executivo que quer ser eficiente e que deseja eficiência para sua organização fiscaliza todos os programas, todas as atividades, todas as tarefas. E está sempre perguntando: 'Ainda vale a pena fazer isso?' Quando não vale, ele se livra da tarefa, para poder se concentrar nas poucas que, caso realizadas com excelência, de fato farão diferença nos resultados de seu próprio trabalho e no desempenho de sua organização."

Jim Collins, autor de *Empresas feitas para vencer*, realizou um estudo exaustivo a respeito de empresas que deram uma reviravolta e se transformaram de decepções em enormes sucessos. Ele descobriu que, em sua maioria, as grandes mudanças que implementaram não envolveram novas iniciativas, mas práticas ruins que precisavam ser *abandonadas*.

Quando pensamos nas 10 mil horas de dedicação exclusiva necessárias para que alguém se torne um grande perito, parece avassalador, mas tudo começa a fazer sentido quando constatamos quantas outras atividades as pessoas bem-sucedidas estão dispensando com o objetivo de ter mais tempo para o aperfeiçoamento. Não é nenhuma surpresa que cada hora tenha importância.

Basta saber quantas horas um aluno passa estudando numa faculdade para prever quanto dinheiro ele ganhará depois. Não é uma surpresa enorme, mas ele poderia ter passado o tempo em festas ou mergulhado em atividades extracurriculares. O fato é que fez uma escolha, conscientemente ou não.

Quando se ingressa no mundo do trabalho, não é muito diferente. Como tenho certeza de que você já suspeitou, as pessoas de sucesso trabalham muitas horas. Quando John Kotter, professor de Harvard, analisou líderes empresariais, descobriu que eles dedicam ao trabalho uma média de 60 a 65 horas por semana.

Se você praticar alguma coisa uma hora por dia, levará 27,4 anos para atingir a marca de 10 mil horas da expertise. Mas e se você abandonar o que for menos importante e praticar quatro horas por dia? Agora, serão 6,8 anos. Essa é a diferença entre iniciar alguma coisa aos vinte anos e se tornar especialista aos 47 anos e começar aos vinte e ser um perito de escala mundial aos 27. O famoso pesquisador Walter Mischel credita seu sucesso a uma palavra iídiche que a avó lhe ensinou: *sitzfleisch*. Significa "nádegas". Ou, numa tradução mais ampla: "Sente a bunda na cadeira e trabalhe no que é importante."

Então, qual seria o primeiro passo? Saber qual é sua prioridade. Depois, abandonar o que não é tão importante e ver o que acontece. Se algo for mais essencial do que imaginava, você descobrirá bem rápido.

...

Spencer está se sentindo muito bem agora. Seu corpo o trata bem melhor, mas sua postura com relação ao tempo não mudou. Oportunidade/custo. Permutas. Ele só faz o que é importante.

Por que abandonamos algumas coisas com tanta rapidez? Nós nos recriminamos, dizemos que somos preguiçosos ou fracos, e talvez seja verdade; mas muitas vezes não é. Nem todo mundo pode ser uma supermodelo ou jogar na NBA. Muitos desejos são simplesmente inatingíveis. Pesquisas revelam que, quando desistimos de perseguir metas inatingíveis, sentimo-nos mais felizes, menos estressados e ficamos doentes com menos frequência. Quais são os indivíduos mais estressados? Aqueles que não admitem descartar algo que não está funcionando.

A determinação não pode funcionar sem a desistência. Spencer explicou o lado ruim da determinação. "Conheço muitas pessoas que consideram a determinação um peso morto, porque as obriga se aferrar a algo que as torna infelizes, ou torna outras pessoas infelizes, e não serve a nenhum bom propósito a longo prazo. A alternativa a isso é o que você mais gostaria de fazer, a coisa que lhe traria o máximo de alegria e que poderia trazer a outras pessoas o mesmo, ou ser a mais produtiva."

Sempre achamos que precisamos de mais: mais ajuda, mais motivação, mais energia. Porém, no mundo atual, a resposta muitas vezes é exatamente o oposto: *precisamos de menos*. Menos distrações, menos objetivos, menos responsabilidades. Mas por que abriríamos mão de tudo isso? Seria para assistirmos mais à TV? Não. Precisamos menos dessas coisas para concentrarmos os esforços em nossas prioridades. A questão é: o que você vai fazer menos? O que vai deixar de lado ou recusar para dispor de tempo para o que mais interessa?

Imagine que você seja Spencer em seu pior momento. O que faria se estivesse doente e só pudesse fazer uma tarefa por dia? Parabéns. Você agora sabe o que lhe interessa mais, o que consumirá mais horas, o que deve ser feito primeiro. Você sabe onde deverá aplicar determinação e, da mesma forma, o que deverá abandonar. Como diz o velho ditado: "Você pode fazer qualquer coisa se parar de tentar fazer tudo."

Talvez você pergunte: "Mas se eu ficar deixando coisas de lado não me tornarei um inútil?" Na verdade, ser um inútil é outro poderoso segredo para o sucesso.

...

Criado em Topeka, Kansas, e pesando menos que 45 quilos, Matt Polly era o típico fracote. Como todo saco de pancadas da escola, sonhava em se tornar o Homem Mais Durão do Mundo. Um super-herói. Um cara barra-pesada. Para a maioria das crianças, esse tipo de sonho permanece assim, um sonho. Mas Matt não desistiu dele.

Assim, aos 19 anos, fez algo totalmente maluco: decidiu deixar a Universidade Princeton e se mudar para a China, com o objetivo de ingressar no Templo Shaolin e dominar a arte do kung fu.

Seus pais ficaram furiosos. Esperavam que ele cursasse a faculdade de medicina, não que bancasse o Chuck Norris. Era uma loucura... mas ele sabia que poderia voltar para a faculdade. Sabia que seus pais o perdoariam. Não era casado, não tinha filhos nem hipoteca. Poderia dar uma chance àquela ideia louca e ver o que aconteceria.

Era 1992, antes da internet, do Google Maps e das resenhas do Yelp a respeito de mosteiros de kung fu. Ele havia estudado mandarim na escola, mas a maior parte do que sabia sobre a cultura asiática provinha do grupo de hip-hop americano Wu-Tang Clan. Ele nem mesmo sabia onde ficava o Templo Shaolin direito.

Mas por que não tentar? Ele acharia uma solução, certo? E foi assim que um cara branco de 1,92 metro de altura acabou na Praça da Paz Celestial em pleno inverno, segurando um mapa de cabeça para baixo e perguntando às pessoas como encontrar o Templo Shaolin.

Finalmente o encontrou. Os responsáveis pelo templo lembravam mais vendedores de carros usados que mestres zen; mas, por 1.330 dólares mensais, mostraram-se dispostos a deixar o cara maluco do Kansas treinar com os monges.

O choque cultural foi enorme. Um garoto americano de classe média alta, que tinha todos os privilégios, passou a viver num vilarejo com apenas um telefone, onde as pessoas dormiam com fome. Ele era um forasteiro mimado, um *laowai*. Mas sabia que, se realmente quisesse aprender, se quisesse se tornar o Homem Mais Durão do Mundo, precisaria ser aceito como um deles. Como?

Teria que "comer amargo", gíria chinesa para "sofrer". Os monges treinavam kung fu cinco horas por dia. Ele treinava sete. Todas as noites ia dormir exausto e acordava dolorido. Tinha contusões em partes do corpo que ele nem sabia que existiam. Não estava de férias. Mas os monges valorizaram sua dedicação, e Matt progrediu rapidamente no kung fu.

Ele dissera a seus pais que ficaria só um ano fora. Mas um ano se passou e ele ainda não era aquele cara durão; portanto, permaneceu no templo. Seus pais cortaram sua mesada. Ainda assim ele continuou a treinar.

Ferimentos. Disenteria. Pancadas na cabeça o tempo todo. Por fim, seu treinador o chamou para conversar. O Festival Internacional de Shaolin Wushu, realizado na cidade de Zhengzhou, estava se aproximando. Praticantes de artes marciais do mundo inteiro competiriam, e o treinador queria que ele representasse o Templo Shaolin. Ele. O saco de pancadas da escola. O *laowai* maluco que não conseguia viver sem sua preciosa Coca-Cola. Matt achava que não duraria nem um round com lutadores ranqueados, que treinavam havia quase uma década. Seu treinador, no entanto, acreditava nele, então ele aceitou.

Os oito meses seguintes transcorreram num piscar de olhos. Iniciada a competição, um ocidental com menos de 68 quilos entrou nervosamente num estádio com 10 mil pessoas. Mas venceu sua primeira luta com facilidade com um chute na cabeça de um lutador coreano, para delírio da multidão.

Mas era só a *primeira luta*. Tratava-se de um torneio. Ele teria que disputar várias lutas em *um mesmo dia*; e seu próximo combate seria contra o então campeão do festival. Matt e um amigo foram observar a primeira luta do adversário.

Ficaram boquiabertos quando o campeão esmagou o nariz do oponente com uma joelhada, vencendo por nocaute. O lutador russo foi removido do estádio em uma maca.

O amigo de Matt se virou para ele: "Não se preocupe. Eles não vão carregar você numa maca."

"Não?"

"Você é alto demais para as macas chinesas. Vão deixar você na plataforma."

Matt empalideceu, sentindo o mesmo medo que sentia na época da escola. Trêmulo, correu para o banheiro. Aonde ele foi se meter? Não tinha chance de vencer aquele monstro. Talvez nunca se tornasse o Homem Mais Durão do Mundo.

Mas tudo bem. Seria uma experiência louca. Se pelo menos aguentasse um pouco, já valeria a pena. Ele só precisava *não morrer*.

E mesmo isso não seria tarefa fácil, considerando que ao se encaminhar para a luta a multidão gritava "*Da si laowai!*", *Bata no estrangeiro até a morte!*

Segundos depois, viu-se mergulhado em dor. Estava sendo trucidado. Mas não desistiu. Chegara até ali para encontrar sua coragem e, como Rocky, seu único objetivo era aguentar até o fim... e não precisar de uma maca extralonga.

Matt perdeu todos os rounds. Perdeu a luta. Mas ainda estava de pé no final do combate. E, quando recebeu a medalha de prata, seu sorriso era duas vezes maior do que o do campeão.

Então, como fez em Princeton, ele desistiu.

Perdera a grande luta, mas vencera a batalha que travara consigo mesmo. Matt percebeu que jamais seria o Homem Mais Durão do Mundo. Sempre haveria alguém mais durão. Mas ele tentara algo muito bacana, tivera coragem e alcançara o objetivo. Era hora de voltar para casa. Como imaginava, seus pais o perdoaram. Não muito tempo depois, já com o diploma de Princeton em mãos, ele se dirigiu para a Universidade de Oxford, na Inglaterra, onde ganhou uma bolsa de estudos para um curso de pós-graduação.

Seu pequeno desvio desajuizado fora então uma maluquice juvenil? Não. Acabou mudando sua vida. Anos depois, Matt escreveu um livro. *American Shaolin* (Shaolin americano) obteve resenhas entusiásticas. Deu entrevistas para a rádio. Um estúdio de cinema comprou os direitos de adaptação e Jackie Chan se mostrou interessado. A experiência de Matt na China acabou lançando sua carreira de escritor.

As consagradas salas de Princeton e Oxford não moldaram seu futuro. A maluquice que fez aos 19 anos, sim. Talvez não tenha sido uma maluquice, no final das contas.

∴

Algumas pessoas poderão dizer: "O fato de Matt Polly ter se tornado um escritor de sucesso depois daquela aventura foi apenas sorte." Mas aí é que está: existe uma *ciência* para a sorte.

Richard Wiseman, professor da Universidade de Hertfordshire, analisou pessoas com sorte e sem sorte para verificar se era o caso de uma aleatoriedade, uma magia assustadora... ou se havia diferenças reais que geravam resultados tão diferentes. O resultado foi que a sorte não é simplesmente fortuita nem se deve a circunstâncias paranormais. Em grande parte, resulta de escolhas que as pessoas fazem.

Observando cerca de mil voluntários, Wiseman descobriu que indivíduos com sorte maximizam as oportunidades. O estudo demonstrou que são mais abertos a novas experiências, mais extrovertidos e menos neuróticos. Dão ouvidos a pressentimentos. Acima de tudo, segundo Wiseman, as pessoas de sorte *tentam fazer coisas*. Isso intuitivamente faz sentido: se você se trancar em casa, quantas coisas empolgantes, novas e bacanas acontecerão com você? Não muitas.

Seria algum dom genético? Pouco provável. Após ter verificado que a sorte se originava em grande parte das escolhas, Wiseman tentou outra experiência: a Escola da Sorte. Se conseguisse que pessoas sem sorte se comportassem como sortudas, elas obteriam os mesmos resultados? Constatou então que sim. Mais tarde, 80% dos formados pela Escola da Sorte sentiram que sua sorte havia aumentado. E que, além disso, tornaram-se também mais felizes.

Tentar mais coisas não significaria que mais coisas ruins também acontecem com pessoas de sorte? Com certeza. Um velho ditado, porém, diz uma verdade: "Nós nos arrependemos mais daquilo que não fizemos." Thomas Gilovich, da Universidade Cornell, descobriu que as pessoas têm duas vezes mais chances de se arrependerem do que deixaram de fazer do que do que fizeram. Por quê? Nós racionalizamos nossos fracassos, mas não podemos racionalizar coisas que não tentamos. Ao envelhecermos, tendemos a nos lembrar das coisas boas e esquecer as ruins. Assim sendo, se fizermos mais coisas seremos mais felizes quando envelhecermos (e teremos mais histórias bacanas para contar aos nossos netos).

Pessoas de sorte não se torturam por fracassos; veem o lado bom das coisas ruins e muitas vezes aprendem com elas. Têm um estilo explanatório otimista que lembra o pensamento positivo das equipes de beisebol. Muitas pesquisas sustentam essa descrição. Um estudo sabiamente intitulado "Mantenha os dedos cruzados!" demonstrou que "ativar superstições relacionadas à sorte mediante um talismã, uma expressão popular ou gestos conhecidos (por exemplo: gritar "Merda!" antes do espetáculo, cruzar os dedos) melhora a destreza motora, a memória, o desempenho no golfe e a concentração no jogo com anagramas". Mas não em função de magia. Tais atitudes despertam confiança nas pessoas, o que as ajuda no desempenho. (Portanto, deseje sorte a seus amigos. Realmente funciona.) Esse otimismo também torna as pessoas de sorte mais determinadas e mais abertas a novidades, o que, ao longo do tempo, significa que mais coisas boas acontecerão com elas. Enquanto o que elas fizerem não for arriscado demais e elas racionalizarem uma eventual coisa ruim, trata-se de uma espiral ascendente. Algo acabará dando certo.

Assim, tente sempre coisas novas. Isso o tornará mais sortudo. Se você continuar a fazer o que sempre fez, continuará a obter o que sempre obteve. Quando não existe um caminho claro para o sucesso, nenhum modelo relevante para o que você está tentando conseguir, experimentar alguma maluquice pode ser a *única* maneira de resolver a questão.

Eis um exemplo. Chama-se Problema do Espaguete. É um desafio bem simples: construa a mais alta estrutura capaz de sustentar um marshmallow. A estrutura terá que se manter de pé e sua equipe tem 18 minutos para resolver o problema. Você dispõe das seguintes ferramentas:

- 20 fios de espaguete cru
- 1 metro de fita adesiva
- 1 pedaço de barbante
- 1 marshmallow

Peter Skillman (que tem o incrível título de Diretor-Geral de Coisas Inteligentes na Microsoft) projetou esse desafio como um exercício de criatividade. E o aplicou durante cerca de cinco anos, testando mais de setecentas pessoas, inclusive grupos de engenheiros, gerentes e estudantes de MBA. Sabe quem se saiu melhor? Crianças do jardim de infância. Sim, meninos e meninas de seis anos ganharam de todo mundo (foram os estudantes de MBA que tiveram o pior desempenho). Será que as crianças planejam mais? Não. Teriam algum conhecimento especial sobre culinária italiana ou a consistência de marshmallows? Não. Qual o segredo deles? Simplesmente puseram mãos à obra. Fizeram como os sortudos de Wiseman: apenas tentaram mais e de formas diferentes. Começaram falhando... e aprenderam rapidamente.

Eis o sistema deles: protótipo e teste, protótipo e teste, protótipo e teste – até o tempo se esgotar. Quando não há caminho definido, esse é o sistema vencedor. Trata-se de um velho mantra do Vale do Silício: falhe rápido e falhe barato. Pesquisas apontam que fazer vários pequenos experimentos para determinar o que funciona melhor também é eficiente para pessoas com mais de 1,20 metro. Como você e eu.

Então por que não fazemos o mesmo? A resposta é bem simples. Muitas vezes temos medo de fracassar. Mas ter medo de fracassar faz sentido?

Para responder a essa pergunta, precisamos examinar algo em que meninos de jardim de infância pensam bastante: tornar-se o Batman. Bem, tornar-se o Batman com certeza não é fácil, mas sabemos o que seria necessário principalmente: a prática exaustiva de artes marciais, como Matt fez. Uma questão muito mais interessante, relacionada ao sucesso, é: como *continuar* sendo o Batman? A resposta nos explicará por que temos tanto medo do fracasso.

•••

O Cruzado Encapuzado está entre os super-heróis mais empáticos. Não possui nenhum superpoder. Ser bilionário e ter uma coleção de dispositivos bacanas ajuda, mas não elimina o problema fundamental de continuar a ser o Batman: ele não pode perder uma luta. Embora um cartel de trinta vitórias e uma única derrota possa ser impressionante para um boxeador, por exemplo, para o Cavaleiro das Trevas significa a morte. Os vilões de Gotham não deixam que os árbitros interrompam as lutas. Ser o Batman, portanto, significa jamais perder. Nunca. Você não pode se dar ao luxo de falhar. Então, caso tenha feito tudo o que é preciso para se tornar o Cavaleiro das Trevas, por quanto tempo poderia manter esse histórico perfeito? Felizmente, podemos contar com as pesquisas. Sim, isso já foi estudado (meu Deus, como eu amo a ciência).

E. Paul Zehr, professor da Universidade de Victoria, analisou atletas de elite do boxe e do MMA. Incluiu também *running backs* do futebol americano. Por quanto tempo esses atletas permaneciam invictos sem sofrer nenhuma contusão séria? Por quanto tempo você poderia continuar a ser o Batman?

Três anos. Sim, é isso.

Resta torcer para que os infratores da lei, em Gotham, estejam mais para pedestres que atravessam fora da faixa do que para gênios do crime. Afinal, depois de treinar por mais de uma década, você não terá muito tempo para livrar a cidade do mal.

Felizmente, você não está tentando ser o Batman. Mas com muita frequência você e eu *agimos como se estivéssemos tentando ser*. Achamos que temos de ser sempre perfeitos. Um fracasso e tudo termina. Mas você não é o Batman. Pode falhar, desistir e aprender. Na verdade, esta é a *única* forma de se aprender.

Os comediantes sabem disso. É por esse motivo que a maior ameaça para o sucesso deles, hoje em dia, está em nosso bolso: nossos smartphones.

Dave Chappelle chegou a banir os celulares em suas apresentações. Vou explicar.

Chris Rock não inventa na hora suas piadas incríveis. Seu programa na HBO não é feito de improvisos, mas de até um ano de experimentos. Em seu livro *Little Bets* (Pequenas apostas), Peter Sims, o investidor de risco convertido em escritor, explica o processo utilizado pelos comediantes. Rock vai incógnito a um bar local onde se apresentam comediantes, levando um caderno amarelo. Lá, tenta algumas coisas e observa as reações. A grande maioria das piadas é um fracasso avassalador, merecendo o silêncio ou arranca apenas grunhidos. Rock faz algumas anotações no caderno e tenta outras coisas. Algumas colam. A plateia ri às gargalhadas. Ele faz uma anotação e vai embora.

A plateia acha que ele está ficando sem graça, mas não está. São *testes*. Tentativas. Ele mantém o que funciona e desiste do que não dá certo. Após seis meses a um ano fazendo isso cinco noites por semana, você assiste ao seu brilhante programa – uma hora de risadas contínuas. Rock declarou em uma entrevista: "Existem alguns caras que são bons o suficiente para escrever uma apresentação perfeita e levá-la para o palco, mas todos os outros fazem testes e mais testes, e o resultado pode ainda ficar realmente complicado... Se você achar que não tem espaço para cometer erros, vai acabar fazendo apresentações mais seguras e mais bobas."

Assim, quando a plateia saca seu smartphone e grava essas experiências, os comediantes se sentem ludibriados. E os fãs que assistem a esses vídeos no YouTube também se sentem ludibriados, pois tais apresentações não são espetáculos; são testes. Os comediantes precisam saber quais são as piadas que não funcionam para poder cortá-las. Precisam "desistir" delas. Os comediantes que não podem fracassar não podem fazer sucesso. Chris Rock novamente: "Os comediantes precisam de um lugar para trabalhar o material. Nenhum deles jamais continuou a contar uma piada que nunca funcionou. Ninguém na história da comédia. Ninguém."

Às vezes Chris Rock se engana, mas no bom sentido. Algumas piadas que ele acha que não vão funcionar acabam, inexplicavelmente, arrancando boas risadas. Democraticamente, ele acredita mais no julgamento da plateia do que no próprio. Existem muitos precedentes para isso. O Viagra começou como tratamento para a angina. Ao longo do tempo, os desenvolvedores do remédio foram notando um interessante, bem, efeito colateral.

Peter Sims diz: "Muitos empresários de sucesso não partem de ideias brilhantes, eles as descobrem... Eles fazem coisas para descobrir, então, o que devem fazer."

O que acontece, então, se você falhar? Você não morrerá como Batman, logo não deve agir como se fosse o Batman. Tente mais vezes, como um comediante ou uma criança do jardim de infância. Tente mais coisas. Desista do que não funciona. *Então* aplique a determinação.

A pesquisa corrobora o que os comediantes e as crianças do jardim de infância já sabem. Steven Johnson observa que estudos históricos sobre patentes revelam que "a simples quantidade acaba levando à qualidade". Tentar sempre mais. É como sempre dissemos: "Quanto mais trabalho, mais sorte tenho."

Aonde quero chegar com isso? Você precisa combinar a desistência estratégica com seu próprio departamento de Pesquisa & Desenvolvimento.

• • •

Tudo bem, alguns de vocês devem estar aborrecidos comigo agora. Primeiro você me fala sobre oportunidade/custo e sobre desistir de algumas coisas no intuito de dirigir o foco para a única coisa que importa. Agora está me dizendo para fazer um monte de coisas diferentes. O que está acontecendo?

A resposta é simples: se você ainda não sabe em que deve se concentrar, precisa tentar muitas coisas – sabendo que desistirá da maioria delas – para encontrar a resposta. Assim que descobrir qual deve ser seu foco, dedique 5% a 10% de seu tempo para pequenos experimentos, de modo a se assegurar de que continua aprendendo e evoluindo.

Isso lhe proporciona o melhor dos dois mundos. Use tentativa e desistência como uma estratégia deliberada para descobrir o que vale a pena *não* abandonar. Você não estará sendo um inútil, mas alguém que estrategicamente sonda o terreno.

As coisas que você deve abandonar tendo em vista a relação oportunidade/custo, ao estilo de Spencer, são coisas que fazemos todos os dias, ou todas as semanas, que não produzem nenhum valor. Aqui estamos falando sobre *experimentos* de duração limitada. Dar uma chance a algo. Ir a uma aula de ioga – mas sem se matricular no pacote anual. É isso que propicia novas oportunidades e abre caminho para a sorte. Como disse o filósofo Ralph Waldo Emerson: "A vida inteira é um experimento. Quando mais experimentos você fizer, melhor." Em outras palavras: falhe rápido e falhe barato.

Ironicamente, até mesmo Angela Duckworth – a mais destacada pesquisadora sobre o assunto "garra" – concorda com isso. Em seu artigo "Garra: Perseverança e paixão para objetivos a longo prazo", ela diz: "Um forte desejo por novidades e uma baixa tolerância a frustrações podem ser procedimentos de adaptação no início da vida: abandonar atividades sem futuro é essencial para a descoberta de caminhos mais promissores."

Separe esses 5% a 10% de seu tempo e trate como as empresas de capital de risco lidam com dinheiro. Tais empresas investem em oportunidades que têm chances de sucesso relativamente baixas, mas que, se forem bem-sucedidas, podem se tornar algo muito, muito grande. Botam dinheiro em dez empresas, esperando que sete delas quebrem, duas atinjam um ponto de equilíbrio e uma venha a ser o próximo Google ou Facebook.

Isso funciona para pessoas como você e eu na vida real? Sim. Por exemplo, pular de emprego em emprego, sobretudo no início de sua vida profissional, pode ser uma rota para ganhar mais dinheiro, descobrir sua verdadeira vocação ou ser alçado à cobiçada posição de CEO. O economista Henry Siu declarou: "Pessoas que mudam de emprego com frequência no início da vida profissional tendem a ter melhores salários e rendimentos em seu apogeu. Trocar de emprego está relacionado a rendas maiores, pois significa que as pessoas encontraram melhores condições – sua verdadeira vocação."

Além disso, trocas de funções aumentam a probabilidade de assegurar a você uma posição de liderança.

Numa pesquisa realizada em 1997, Edward Lazear analisou o número de empregos anteriores relacionados por 5 mil ex-alunos da Stanford Graduate School of Business, dentre 12.500. Entre os que tinham pelo menos 15 anos de experiência profissional, aqueles com dois ou menos empregos anteriores tinham apenas 2% de chances de obterem um cargo de chefia; enquanto aqueles com pelo menos cinco tinham 18% de chances de alcançarem o topo.

E os que fizeram coisas fora da carreira, como Matt em sua viagem à China? Constatou-se que experiências extracurriculares estão relacionadas a grandes conquistas. O cientista mediano tem tantas probabilidades de ter um hobby quanto qualquer outra pessoa. No entanto, cientistas eminentes (membros da Royal Society, da Inglaterra, ou da Academia Nacional de Ciências dos Estados Unidos) têm quase duas vezes mais chances de ter um hobby. E os cientistas contemplados com o Prêmio Nobel? Quase três vezes mais chances. Steven Johnson descobriu que isso também vale para gênios do passado, como Benjamin Franklin e Charles Darwin. Os caras tinham *muitos* hobbies. Enfrentar diferentes desafios em diferentes contextos lhes permitiu ver as coisas de modo diferente, desafiar postulados e realizar mudanças revolucionárias. Ter várias ideias diferentes surgindo ao mesmo tempo é uma das chaves da criatividade.

O mesmo se aplica a empresas de sucesso, que não se limitam a tentar coisas novas. Elas se reinventam totalmente quando suas pequenas apostas dão frutos. O YouTube começou como um site de encontros, por incrível que pareça. O eBay tinha como foco, originalmente, vender embalagens colecionáveis de balas. O Google, no início, era um projeto para organizar pesquisas em bibliotecas.

Portanto, não tenha medo de fazer experiências, nem de abandonar as que não funcionam. Esse pode ser o caminho para grandes realizações. É preciso descartar algumas coisas para descobrir em que empregar a determinação. E é preciso tentar coisas novas sabendo que poderá descartar algumas para se tornar receptivo à sorte e às oportunidades que podem levar ao sucesso.

•••

Matt ainda faz experimentos loucos – para dizer o mínimo. Alguns anos atrás, a família de sua então namorada perguntou a ele, sendo antigo praticante de kung fu, como achava que se sairia no UFC. Já com seus 30 e tantos anos e 45 quilos mais pesado do que na temporada na China, ele achou que não se sairia muito bem.

Mas precisava de uma ideia para o próximo livro. E sempre queria tentar algo novo. Além disso, os homens fazem de *tudo* para impressionar uma jovem. Assim, o velho pistoleiro prendeu as esporas de novo. Por dois anos, Matt treinou em Nova York e Las Vegas com campeões do UFC. Não foi fácil, claro. Mais socos na cabeça, mais um período com gosto amargo na boca. Recuperar a destreza levou tempo. (Seu treinador o multava em vinte dólares todas as vezes que ele baixava a guarda durante os treinos, deixando o rosto descoberto. Após seis meses Matt lhe devia 580 dólares.)

Em 2011, com 38 anos e diante de trezentos espectadores, ele encarou seu primeiro confronto de MMA. Com um adversário 16 anos mais jovem. No segundo round, uma de suas lentes de contato caiu e ele ficou meio cego. Mas não era hora de desistir, era a hora de ter garra. Matt continuou na luta.

Quando o gongo soou para o terceiro assalto, o árbitro abanou a cabeça. Nocaute técnico. O adversário de Matt não tinha condições de continuar a luta. Matt venceu.

Ele escreveu um livro sobre o evento. E se casou com a namorada. (Teve que adiar o casamento por um ano, pois precisava de muito mais treinamento do que havia pensado; mas assim como os pais dele, ela o perdoou... depois de algum tempo.) Estamos todos curiosos para ver qual será a nova experiência de Matt. Lutar contra ursos-polares aos 60 anos? Quem sabe?

Passar 5% do tempo tentando coisas novas, sabendo que abandonará quase todas, pode propiciar grandes oportunidades. (Nem todas precisam envolver concussões.)

Você sabe agora que existem os momentos de demonstrar determinação e os momentos de desistir. Tanto a determinação quanto a desistência podem levar ao sucesso. A parte difícil é saber *quando* você deve desistir de alguma coisa ou quando deve persistir. ("Should I stay or should I go?", como diz a música.) Trataremos disso a seguir. Começaremos respondendo à pergunta que já ocorreu a muitos de nós: qual a melhor hora de parar de namorar e marcar o casamento? Sim, a ciência tem uma resposta.

...

Uma vez mais nos deparamos com a questão dos limites. Quanto a relacionamentos, sabemos que teremos que parar de namorar a certa altura, mas quando? Alguns podem responder: "Quando eu encontrar a pessoa certa." Mas como saber se a próxima pessoa não será ainda melhor? Ou seria esta uma resposta mais realista: "Quando eu encontrar uma ótima pessoa e estiver cansado dessa chatice."

Mas veja que fascinante: os matemáticos já resolveram o problema. Há uma fórmula simples que nos dá uma resposta exata sobre quantos namoros são necessários e como escolher a pessoa certa. É o que os matemáticos chamam de "teoria da parada ótima".

Quantas pessoas você precisa namorar até achar o parceiro perfeito? Matt Parker explica isso em seu livro *Things to Make and Do in the Fourth Dimension* (Coisas para criar e fazer na quarta dimensão). Em primeiro lugar, avalie o número de pessoas com quem você poderia sair. Um palpite genérico serve. Obviamente, você precisa dormir e não sairá todas as noites. E imagino que queira se casar antes dos 112 anos. Portanto, o número não é tão grande quanto se poderia pensar. Para simplificar, digamos que sejam cem pessoas.

Precisaremos da raiz quadrada deste número (sim, a calculadora do seu smartphone pode ajudar a encontrar o verdadeiro amor). No nosso exemplo, o resultado é dez.

Agora saia com dez pessoas e termine o relacionamento educadamente, mas não deixe de anotar quem foi o/a melhor. Continue a sair até encontrar alguém que balance mais seu coração do que a referida pessoa. Matematicamente falando, ela é seu par perfeito. (Não, você não é obrigado a me convidar para o casamento, mas foi muita gentileza perguntar.) Qual é o nível de precisão desse método? Muito alto. Parker diz que, com cem opções em potencial, há 90% de chances de essa ser a melhor pessoa de todas.

Fascinante, não é? Mas vamos admitir: você não vai fazer isso. É a coisa menos romântica que existe. No fim das contas, você vai agir conforme seus sentimentos. Assim são os seres humanos.

Muita gente é apegada à ideia de "alma gêmea" – aquela pessoa perfeita para você, que será gentil, atenciosa e generosa, que lhe derramará bondade e presentes e que jamais se esquecerá de colocar o lixo para fora. Porém, se almas gêmeas existem, qual a probabilidade de você realmente encontrar a sua? Randall Munroe, criador dos cartuns on-line XKCD e ex-roboticista da Nasa, analisou os números. Não são encorajadores. A chance de encontrar a pessoa certa aconteceria em somente "uma vida em 10 mil".

Ui. Eu sei, é triste. Mas é bastante útil como informação, pois um estudo feito por Andrea Lockhart demonstra que as pessoas que esperam um relacionamento de conto de fadas sofrem muito mais decepções.

Qual o problema? É que estamos sonhando e não levamos em consideração a realidade. Não pensamos nos obstáculos que a vida apresenta nem estabelecemos um plano consistente para encontrar a pessoa especial e permanecer com ela. Ao pensar que você e seu par foram "feitos um para o outro", é fácil presumir que não será necessário cultivar a relação. Numa época em que a dissolução é fácil e as opções parecem abundantes, não é de surpreender que o divórcio – o equivalente, nos relacionamentos, da desistência – seja tão comum. Você jamais diria: "Consegui o emprego dos meus sonhos. Ufa, agora posso parar de trabalhar." Mas as pessoas frequentemente fazem algo parecido no amor, pois o relacionamento "era para ser". Até se descobrir que não era.

Qual é a resposta? É interessante olharmos para o extremo oposto: casamentos arranjados. Espere um pouco. Não estou lhe dizendo para se casar com uma pessoa desconhecida. Acompanhe meu raciocínio. No início, os "casamentos por amor" são mais felizes que os casamentos arranjados, totalizando 70 em 91, numa "escala de amor" acadêmica, contra 58 em 91. Nenhuma surpresa, certo? Mais tarde, entretanto, uma mudança acontece. Após uma década, os casamentos arranjados totalizam 68, enquanto os baseados no amor atingem apenas 40 na escala.

O que aconteceu? Muita coisa, com certeza. Um fator chave é que, em um casamento arranjado, é preciso lidar um pouco mais com a realidade, desde o primeiro dia. Você não diz "Somos almas gêmeas!" para depois se decepcionar quando o universo não lhe oferece em uma bandeja de prata o casamento dos sonhos. Você diz: "Estou algemado a uma pessoa que não conheço e *preciso* fazer isso funcionar." Com o tempo, muitas vezes, funciona. Vai exigir esforço, como qualquer um que tenha se casado poderá lhe dizer.

Sonhar não é ruim, mas precisamos de um pouco mais do que sonhos para alcançar o sucesso em qualquer coisa, seja nos relacionamentos, seja na carreira. Temos que enfrentar de peito aberto os desafios da vida, e não enterrar a cabeça na areia, como uma avestruz. As pesquisas confirmam: enquanto os contos de fadas prenunciam problemas, ver o amor como uma "jornada" é algo bastante saudável. "Talvez seja romântico para os apaixonados acreditar que foram feitos um para o outro, mas tudo desanda quando surgem conflitos e a realidade espeta a bolha da união perfeita. Pensar no amor como uma jornada, muitas vezes dando voltas, mas sempre caminhando na mesma direção, ameniza um pouco as consequências dos conflitos."

Existe algum sistema que funcione quando estamos tentando transformar sonhos em realidade? Como saber o que abandonar e o que conservar? Uma pesquisadora apresentou um sistema impressionantemente fácil.

• • •

Gabriele Oettingen estava cética. Como professora de psicologia da Universidade de Nova York, ela não acreditava na teoria de que você pode receber passivamente a felicidade pelo correio se apenas sonhar com o que deseja.

Realizou então alguns estudos, que confirmaram que ela estava certa. Na verdade, estava mais do que certa. Além de não atenderem aos seus desejos, os sonhos podem *prejudicar* as chances de você obter o que quer. É, pessoal, *O segredo* não funciona.

Acontece que nosso cérebro não é muito bom em diferenciar a fantasia da realidade. (Está aí a razão de os filmes serem tão emocionantes.) Quando você sonha, a massa cinzenta acha que você já tem o que deseja e não mobiliza os recursos necessários para motivá-lo a alcançar. Em vez disso, relaxa. Então você faz menos, realiza menos e aqueles sonhos permanecem apenas sonhos. Pensamento positivo, por si só, não funciona.

Você está pensando em como vai parecer esbelta naquele maiô, depois da dieta que planejou? Mulheres que pensaram assim perderam dez quilos a menos do que as que não ficaram imaginando. Está sonhando em conseguir aquele emprego perfeito? Aqueles que sonharam isso procuraram menos e obtiveram menos ofertas. Alunos que se imaginaram obtendo a média A em todo o semestre passaram menos tempo estudando e receberam notas mais baixas.

Se sonhar é tão ruim, por que sonhamos? Porque é o equivalente mental a ficar bêbado: parece ótimo na hora, mas não gera bom resultado mais tarde. Foi exatamente o que a pesquisa de Oettingen revelou: enquanto sonhamos, sentimo-nos bem. Mas depois acaba aumentando o sentimento depressivo. Fantasiar nos dá a recompensa antes de termos terminado o trabalho e drena a energia necessária para concretizá-lo. Mais sonhos agora significa menos realizações mais tarde.

Embora o pensamento positivo e o otimismo possam com certeza nos ajudar a não desistir, por si sós não garantem a conquista de nossos objetivos. Sonhar não é algo inerentemente ruim; é apenas um primeiro passo. Em seguida precisamos encarar a famosa desmancha-prazeres chamada "realidade" e seus sempre presentes obstáculos.

Depois de sonhar, pense: *O que está atrapalhando a minha fantasia? E o que farei para superar esse obstáculo?* O nome sofisticado do conceito, em psicologia, é "intenções de implementação". Nós aqui podemos chamar de "plano".

Peter Gollwitzer e Veronika Brandstäter demonstraram em um estudo que simplesmente planejar o básico – do tipo quando, onde e como fazer alguma coisa – aumentou em 40% a chance de os estudantes atingirem suas metas.

As duas palavras mágicas são "se" e "então". Diante de qualquer obstáculo faz uma enorme diferença pensar: *se X acontecer, então farei Y*. Quer saber quanto essas duas palavrinhas são poderosas? Funcionam até para pessoas com sérios problemas comportamentais: viciados em drogas em abstinência. Sem o conjunto se-então para implementar as intenções, nenhuma pessoa conseguiu terminar um currículo. Mas quando as duas palavras mágicas foram usadas antes do trabalho, 80% das pessoas conseguiram se candidatar a um emprego.

O que há de tão poderoso nisso? Você está envolvendo no processo a parte não consciente da mente. Em vez de esperar os problemas aparecerem, você está autorizando seu cérebro a acionar o piloto automático.

É possível encontrar as raízes desse método por toda parte, desde a filosofia antiga até modernas unidades militares de elite. Os estoicos usavam uma ideia chamada *premeditatio malorum* ("premeditação de males") para se manterem preparados. Trata-se de perguntar a si mesmo: "Qual é a pior coisa que pode acontecer?" Avaliando as possibilidades ruins, você pode ter certeza de que estará preparado para elas. As forças especiais do Exército americano reservam algum tempo, antes de cada missão, para usar uma variante do se-então. O escritor Dan Coyle explica: "Eles passam uma manhã inteira analisando cada erro ou desastre que possa acontecer durante a missão. Cada possível equívoco é impiedosamente examinado e vinculado à resposta apropriada: *Se o helicóptero tiver que executar um pouso de emergência, faremos X. Se formos deixados no lugar errado, faremos Y. Se estivermos em menor número, faremos Z.*

Oettingen montou um sistema simples para aplicar esse modelo, chamado DROP. (Sim, o termo formal é "contraste mental", mas não é muito mais sonoro dizer DROP?) A sigla é formada pelas iniciais de desejo, resultado, obstáculo, plano. E é aplicável à maioria de nossos objetivos em diversas áreas, desde a carreira até relacionamentos, passando por exercícios e perda de peso.

Primeiro, você sonha. O que você *deseja*? Você está fantasiando o quê? (*Quero um emprego maravilhoso.*) Cristalize isso em sua mente e veja o *resultado* que você quer. (*Quero trabalhar como vice-presidente da Google.*) Agora é o momento de encarar a realidade. Quais os *obstáculos* ao longo do caminho? (*Não sei como conseguir uma entrevista.*) Então enfrente isso. Qual é o seu *plano*? (*Vou verificar o LinkedIn para ver se conheço alguém que trabalhe lá e possa me conectar com o departamento de recursos humanos.*)

Bem direto, não? O mais legal é que esse processo não drena suas energias como a fantasia pura e simples. Mas há um benefício ainda maior no DROP, essencial quando se pensa sobre determinação e desistência. Ironicamente, a vantagem extra é que o DROP *não* funciona para todo mundo e, quando funciona, não é aleatório. Em sua pesquisa, Oettingen descobriu que o contraste mental proporciona um reforço motivacional quando seu objetivo é alcançável, o que não acontece quando seu objetivo não está no campo das possibilidades. É como uma prova de fogo para a exequibilidade. Quando o que você quer é algo razoável (*sou um candidato qualificado que deseja um emprego na Google, mas não sei bem qual deve ser meu próximo passo*), o DROP lhe proporcionará um plano e a energia para levá-lo adiante. Mas quando seu plano não é realista (*quero virar imperador da Austrália na próxima quinta-feira*), você se sentirá menos energizado e perceberá isso.

Assim, em vez de simplesmente dizer "Somos almas gêmeas", você pode recuar por um segundo. Qual é o seu desejo? *Um casamento perfeito.* E qual seria o resultado disso? *Um lar feliz, sem brigas.* Existe algum obstáculo provável? *Nós sempre discutimos sobre o que comprar para a casa.* Qual o seu plano? *Se começarmos a discutir sobre a cor do edredom, vou escutar o que meu par tem a dizer e realmente levar em consideração sua opinião.* Se dessa forma você tiver disposição para uma farra de gastos numa loja cheia de opções ao lado da pessoa amada, está tudo bem. Se assim você se sente menos motivado para resolver as coisas com quem você ama, bem, a ciência acaba de evitar alguns anos em um relacionamento que não vai funcionar. Além de lhe dizer quando suas metas são inalcançáveis e que talvez esteja na hora de pesar se deve desistir ou persistir, dedicar um tempo a esse exercício mental o ajudará a se desligar, sem tanto sofrimento, de um desejo inatingível.

O DROP pode lhe mostrar o que requer determinação e ajudá-lo a reunir forças para seguir em frente. Também pode lhe dizer o que deve abandonar e como lidar com a transição de modo menos penoso. Não sei bem se os casamentos dos matemáticos versados no problema da parada ótima são mais felizes, mas você pode usar o DROP para encontrar respostas quando tiver que pesar persistência e desistência.

Muito bem, já tratamos de um monte de assuntos: templos Shaolin, comediantes, doenças do fígado e casamentos arranjados. Vamos juntar isso tudo para sabermos onde começar, quando desistir, quando mostrar determinação e, finalmente, como chegar aonde queremos.

•••

Todos nós precisamos de modelos de comportamento. Então eu digo: seja um guaxinim de Toronto.

A habilidade desses animais para entrar em latas de lixo demonstra um grau de determinação e engenhosidade quase sem comparação. Esses animais infames transformaram os moradores da cidade canadense em uma comunidade de vítimas.

Suzanne MacDonald é uma pesquisadora que estuda o comportamento dos guaxinins na Universidade de York. Ela diz: "Os guaxinins da cidade são extraordinários, não só por sua habilidade para se aproximar de tudo, mas por não terem medo. E são persistentes. Passam horas tentando tirar comida de dentro de alguma coisa."

Todas as tentativas para conter os guaxinins falharam. Eles não desistem e, rotineiramente, vencem qualquer investida para detê-los. Os moradores de Toronto já tentaram de tudo, desde amarrar as tampas das lixeiras até esconder as latas, mas nada deu resultado. "Bolamos todos os tipos de truques para proteger nossas lixeiras, mas nada funciona", diz Michael Pettit, professor de psicologia e morador de Toronto.

Não se trata de um problema irrelevante. A administração da cidade vem tentando enfrentar o flagelo há mais de uma década. O *Wall Street Journal* relata que em 2002 Toronto chegou a financiar o desenvolvimento de latas de lixo "à prova de guaxinins". Como funcionaram? Bem, digamos que em 2015 a prefeitura gastou mais 31 milhões de dólares para criar uma nova e reformulada lata de lixo "à prova de guaxinins". Em vão.

Como esses bandidos travessos conseguem? Embora tenham cérebros pequenos, eles utilizam muitos dos princípios que discutimos neste capítulo. Seu otimismo não pode ser questionado. Talvez seja um divertido jogo para eles. Spencer Glendon e Peter Drucker teriam orgulho da extrema concentração deles. E os safados sempre tentam coisas diferentes quando se deparam com as mais recentes tentativas para barrá-los. Suas "pequenas apostas", evidentemente, estão surtindo efeito.

Teriam os esforços do povo de Toronto surtido algum efeito negativo sobre esses traquinas da Mãe Natureza? É pouco provável. Um artigo no site da Associação Americana de Psicologia explica: "Os guaxinins têm atraído interesse porque prosperaram diante da expansão humana, em vez de desaparecerem." Os pequenos ladrões não só prosperaram como *se tornaram mais espertos*, em função de todos os desafios que tiveram que superar. Suzanne MacDonald estudou as diferenças de capacidade de resolver problemas nos guaxinins urbanos de Toronto e nos que habitam áreas rurais. Descobriu que os "citadinos superam seus primos do campo tanto em inteligência quanto em destreza". E MacDonald não é somente uma pesquisadora de guaxinins, é também uma vítima. Um canalhinha conseguiu abrir a porta da garagem dela e acessar suas lixeiras.

Em vez de lutar contra, talvez esteja na hora de aprender com eles. Em vez de enxergar os problemas como insuperáveis, você pode ser como um guaxinim de Toronto e perceber como os desafios a serem superados o tornarão mais inteligente e bem-sucedido.

Dito isso, a cidade de Toronto ainda não desistiu de seu objetivo de décadas. O prefeito John Tory disse a repórteres: "Os membros da Nação Guaxinim são espertos, famintos e determinados... A derrota não é opção para eles."

Quase consigo ver os guaxinins de Toronto esfregando as patinhas, na expectativa do próximo desafio. "O que vocês estão dizendo, seus macacos sem pelos? 'À prova de guaxinins'? Pois bem. *Podem trazer.*"

...

Vamos elaborar uma pesquisa e torná-la divertida – transformá-la em um *jogo*. Responda às seguintes perguntas e continuaremos a partir daí.

1. VOCÊ SABE O QUE PRECISA PARA SER DETERMINADO?

A. Sim!
B. Não sei ao certo, mas tenho alguns palpites.
C. Qual foi a pergunta? Eu estava distraído.

Se você respondeu *a*, pule para a próxima pergunta.

Se respondeu *b*, está na hora de usar o DROP. Submeta esses palpites ao processo de desejo-resultado-obstáculo-plano. O que o entusiasmar mais deve ser seriamente considerado. Os que o deixarem meio "tanto faz" devem ser descartados.

Se você respondeu *c*, está na hora de fazer algumas "pequenas apostas". Tente outras coisas até que alguma delas o deixe empolgado. Quando algo o sensibilizar, use o DROP.

2. VOCÊ É OTIMISTA?

A. Com certeza!
B. Todos vamos morrer sozinhos e sem nada de bom para assistir na TV.

Se você respondeu *a*, está no caminho certo. Vá para a pergunta 3.

Se você respondeu *b*, está na hora de examinar seu estilo explanatório. A grande dificuldade de se falar em pessimismo é o fato de ele ser, na verdade, mais preciso. Sim, os cínicos muitas vezes têm razão. Porém, como aprendemos no primeiro capítulo, jogar sempre a favor das probabilidades pode ser o caminho da mediocridade – sobretudo quando você está apostando em si mesmo. Para manter um equilíbrio, sem que mergulhemos no delírio completo, Martin Seligman formulou o "otimismo flexível". Um pouco de pessimismo às vezes nos mantém honestos. Mas quando os riscos são muito baixos (o que, para ser franco, acontece na maior parte das vezes) ou os benefícios são muito altos (como uma carreira que você imagina para a vida toda), o otimismo é o caminho certo. Trata-se de um equilíbrio. Um equilíbrio que pode ser atingido com a prática.

Com as pequenas coisas, seja otimista. O que você tem a perder? E com as grandes coisas, as que podem mudar sua vida, o otimismo é o combustível para que você supere as probabilidades. Quando o risco parecer alto e a recompensa, baixa, o pessimismo é uma ferramenta que você pode tirar do armário para não se transformar em uma Poliana.

Deseja ser determinado como um ótimo vendedor de seguros? Desculpe, esse exemplo não é dos mais empolgantes. Tudo bem, vamos tentar de novo: quer ser determinado como um SEAL? Lembre-se dos três Ps de Seligman: não veja as coisas ruins como permanentes, penetrantes e pessoais.

3. VOCÊ TEM UMA HISTÓRIA SIGNIFICATIVA?

A. Victor Frankl teria orgulho de mim.
B. Copiei minha história de um filme do Bill Murray.

Você respondeu *a*? Passe para a próxima pergunta. Você está indo muito bem.

Se você respondeu *b*, pode ser a hora de pensar naquele necrológio. Como você gostaria de ser lembrado? De quais qualidades você gostaria que seus amigos e entes queridos se lembrassem e sentissem saudades? Elas vão lhe lembrar quem você é de verdade quando as coisas ficarem difíceis. As histórias não precisam ser 100% verdadeiras. A ideia é que você as use como um trampolim para torná-las verdadeiras com tempo e dedicação.

E histórias são pessoais. Podem ter origem em coisas sérias, como religião, patriotismo, família ou objetivos profissionais, mas não necessariamente. Basta serem sobre algo significativo a seu respeito, que o faz superar suas capacidades. Pesquisas demonstram que pensar em super-heróis pode torná-lo mais forte na academia, mas apenas se você sentir uma identificação com eles. Histórias afetam os músculos de seu corpo e também a força de vontade na sua mente.

Quando a história que você conta a si mesmo diz "Isso vale a pena", você trabalhará duro e suportará os maiores desafios, como fez Viktor Frankl. Às vezes as histórias são verdadeiras, outras não, mas elas nos fazem seguir adiante. Para obter um impulso extra, tente escrever sua história. Pesquisas mostram que isso pode torná-lo 11% mais feliz com sua vida.

4. VOCÊ CRIA JOGOS?

A. Pode me chamar de SuperMario.
B. Ainda estou esperando minha avaliação anual.

Você respondeu *a*? Ignore o que vou dizer. Vá para a próxima pergunta.

Se você está inclinado a responder *b*, lembre-se do VNMF. Você precisa de jogos vencíveis, novos desafios, metas e feedback para se sentir engajado no que quer que faça.

Já refletiu sobre por que é tão simples ajudar outras pessoas a resolver os problemas delas, mas tão complicado lidar com os seus? A distância em relação aos problemas dos outros torna fácil transformar essas questões sérias em desafios divertidos. Essas granadas de estresse viram charadas bacanas. Converter problemas em desafios lúdicos aumenta a resiliência e reduz o estresse.

Os autores do famoso livro *Freakonomics* fizeram uma experiência fascinante. Eles observaram o número de cartuns do Dilbert pregados em baias de escritórios e os compararam com a ética da empresa. Quanto mais quadrinhos houvesse, menos comprometidos seriam os funcionários. Mas lembre-se, o jogo é *seu*. Não espere que outros tornem seu emprego ou sua vida emocionante. Aplique o DROP e assuma as rédeas. Ao ouvirem a história de Joe Simpson, muitas pessoas se perguntam por que, para início de conversa, alguém desejaria fazer algo tão perigoso como escalar montanhas. Boa pergunta. Mas a resposta que ele deu foi simples: escalar é divertido.

5. VOCÊ É UMA MÁQUINA DE DETERMINAÇÃO. ISSO É SAUDÁVEL?

A. Sei qual é a coisa mais importante para mim e estou me concentrando nela.
B. Não posso responder agora. Tenho trezentos itens na minha lista de tarefas.

Se respondeu *a*, você sabe o que fazer.

Se respondeu *b*, quais são as velhas atividades e práticas que tomam boa parte de seu tempo mas lhe dão pouco retorno? Sentindo-se como um colecionador de quinquilharias, Andy Rooney decidiu tomar uma atitude. Calculou quanto sua casa estava lhe custando por mês, incluindo itens como hipoteca, serviços, impostos, etc. Depois, dividiu o total pelo metro quadrado da casa. O resultado revelou quanto cada item deveria estar pagando para permanecer lá. A geladeira valia a pena? Sim, prestava-lhe vários serviços. E aquele velho e enferrujado aparelho de musculação que estava no porão e que ele nunca usava? Não valia. Andy se livrou dele. Você pode fazer um cálculo semelhante com relação a seu tempo. Livre-se das atividades que lhe proporcionam pouco retorno e não servem a seus objetivos. Use então as horas liberadas para turbinar seu progresso nas coisas que têm importância.

Você não pode fazer tudo se quiser fazer bem-feito. Dê fim às atividades que não produzem resultados e dobre seus esforços nas que produzem.

6. VOCÊ ESTÁ QUASE LÁ. JÁ ACRESCENTOU ALGUMAS "PEQUENAS APOSTAS"?

A. Já arrumei minhas malas para uma temporada no Templo Shaolin.
B. Eu nem tento ver novos programas de televisão. Sabe-se lá o que pode haver neles.

Você respondeu *a*? Por que ainda está lendo isto? Vá conquistar o mundo!

Você respondeu *b*? Pare de ser o Batman. Pare de tentar ser perfeccionista em tudo. Tente, fracasse e aprenda, como aquelas criancinhas do jardim de infância que arrasaram os competidores no Problema do Espaguete. E digo isto literalmente: um estudo demonstrou que somos mais criativos quando pensamos como crianças.

Não gostamos de admitir, mas muitas vezes não sabemos o que queremos. Pesquisas revelam que "apenas 6% das pessoas trabalham em profissões que almejavam quando crianças"; e um terço acabam em carreiras que nada têm a ver com seu diploma universitário. Portanto, você precisa sair por aí e tentar mais coisas, como fizeram os sortudos de Richard Wiseman. Você não precisa sair da universidade e se mudar para a China – o que não é necessariamente uma ideia ruim também.

Histórias e limites: eis a que se resumem a persistência e a desistência. Concentre-se nesses dois e você será imbatível como um guaxinim de Toronto – mas tão bem-sucedido que jamais terá de abrir uma lata de lixo atrás de comida.

Agora você sabe em que deve ser persistente ou, pelo menos, como descobrir. Mas precisará de ajuda para obter sucesso, certo? Ou talvez apenas precise mandar todo mundo embora e mandar ver. Qual das opções? A seguir: o sucesso depende de quem você conhece ou do que você conhece? Já vamos chegar lá.

CAPÍTULO 4

O importante não é o que você conhece, mas quem você conhece (a menos que seja realmente o que você conhece)

O que podemos aprender sobre o poder do networking com negociadores de reféns, grandes humoristas e o homem mais inteligente que já existiu

No dia em que Paul Erdös nasceu, suas irmãs de 3 e 5 anos morreram de escarlatina. Sua mãe ficou com tanto medo de que algo também acontecesse com ele que não o deixou ir à escola. Nem sair de casa. E ele não tinha amigos.

Erdös disse certa vez: "Os números se tornaram meus melhores amigos."

Filho de dois professores de matemática, ele passava a maior parte do tempo rodeado por livros sobre o assunto. Logo se revelou um prodígio. Com 3 anos, já conseguia multiplicar números de três dígitos. Aos 4, ao saber a idade de alguém, ele calculava havia quantos segundos a pessoa estava viva. Aos 21 anos, obteve um ph.D. em matemática.

Adulto, turbinado por anfetaminas, passava 19 horas por dia dedicado à única coisa que amava: matemática. Tinha uma produtividade sobre-humana. Houve anos em que chegou a produzir mais de cinquenta artigos acadêmicos – número que a maioria dos matemáticos ficaria feliz em alcançar numa vida inteira.

Mas como o Homem-Aranha sempre nos lembra: "Com um grande poder vem uma grande responsabilidade." E com grande habilidade matemática vem... bem, uma grande *excentricidade*. Não há outra maneira de defini-lo: Erdös era esquisito. A revista *Time* chegou a publicar uma matéria sobre ele, intitulada "O mais excêntrico dos excêntricos".

Se você fosse amigo de Erdös, ele poderia chegar na sua casa no meio da noite querendo resolver problemas de matemática e anunciando: "Minha mente está aberta." De repente, você teria um hóspede por alguns dias. Ele não lavaria a própria roupa. Você teria que lavar. Se ele quisesse trabalhar em um teorema às cinco da manhã, bateria panelas e frigideiras até que você saísse do quarto. Era um cara que se referia a qualquer criança como "ípsilon", porque, em matemática, essa é a letra grega usada para indicar "número pequeno".

Ele trabalhava obsessivamente. Como explicou seu colega Paul Winkler: "Erdös compareceu ao *bar mitzvah* dos meus filhos gêmeos com um caderno nas mãos... Minha sogra tentou botá-lo para fora. Achou que era um homem qualquer que estava pela rua e entrara lá, usando um terno amarrotado e com um bloco embaixo do braço. É perfeitamente possível que ele tenha resolvido um ou dois teoremas durante a cerimônia." Na verdade, fazia pouca coisa além disso. Não lia um romance desde a década de 1940, nem via um filme desde os anos 1950. Sua vida era a matemática. Ponto final.

Com certeza foi bem-sucedido. Erdös produziu mais artigos durante a vida do que qualquer matemático – em todos os tempos. Alguns foram publicados postumamente, o que significa que ele continuou a publicar sete anos após sua morte. Erdös recebeu pelo menos 15 doutorados honorários.

Ele não será lembrado apenas por suas realizações, mas também por seu trabalho com outras pessoas. Mais especificamente pelo efeito que teve sobre os outros. Ao contrário do estereótipo do matemático, debruçado sobre um cálculo e sem nunca sair de seu gabinete, Erdös era um itinerante *networker* da matemática. Adorava colaborar. Vivia com o que levava em uma mala e visitava 25 países periodicamente. Chegou a trabalhar com mais de quinhentos matemáticos em todo o mundo. Colaborava com tantas pessoas que, às vezes, não se lembrava de todas:

Em certa ocasião, Erdös conheceu um matemático e lhe perguntou de onde ele era. "Vancouver", respondeu o matemático. "Ah, então deve conhecer meu bom amigo Elliot Mendelson", disse Erdös. A resposta: "Eu *sou* seu bom amigo Elliot Mendelson."

Sim, ele era brilhante, mas não era por isso que tanta gente tolerava sua personalidade excêntrica. Para usar a terminologia de Adam Grant, Erdös era um Doador. Queria fazer o outro melhor. Encorajava, ajudava o outro. Tê-lo à sua porta no meio da noite era o equivalente matemático a Yoda aparecer na sua casa dizendo que o transformaria em um grande Cavaleiro Jedi... da matemática.

Erdös sabia melhor que ninguém que a matemática é uma ocupação solitária; mas ele a transformou numa busca. Uma busca que podia realizar com amigos. E, como se percorrer o mundo apoiando e colaborando com outros matemáticos não fosse o bastante, ele também os estimulava com prêmios. Como um chefão da máfia pondo a cabeça de alguém a prêmio, Erdös oferecia, do próprio bolso, prêmios em dinheiro (que às vezes chegavam a 10 mil dólares) para quem resolvesse algum problema difícil ou teorema espinhoso, injetando um incentivo no solitário trabalho dos matemáticos.

A Medalha Fields é a maior honraria que um matemático pode receber. Paul Erdös nunca ganhou. Mas algumas pessoas que ele ajudou, sim, o que nos leva ao que tornou Erdös mais conhecido: o "número Erdös". Não, não era um teorema nem uma ferramenta matemática. Era apenas uma medida para avaliar quão próximo de Paul Erdös alguém trabalhava. (Compare isso com os Seis Graus de Kevin Bacon, uma proposição segundo a qual entre duas pessoas há no máximo seis conhecidos que os conectam. Só que, nesse caso, específica para nerds.) Se você colaborasse com Erdös em um artigo, teria o número Erdös 1. Se colaborasse com alguém que colaborava com Erdös, seria 2, e assim por diante. Paul Erdös era tão influente e ajudava tantas pessoas que os matemáticos se classificavam de acordo com o nível de envolvimento que tinham com o trabalho dele.

Pesquisas demonstraram que a proximidade com Erdös indicava quão bom matemático alguém era. Dois Prêmios Nobel de física tinham o número Erdös 2. Quatorze tinham um número Erdös 3. Erdös engrandecia as pessoas.

No dia 20 de setembro de 1996, Paul Erdös faleceu, aos 83 anos. (Ou, em seu idiossincrático vocabulário, ele "foi embora". Ele dizia que as pessoas "morriam" quando deixavam de estudar matemática.) Tecnicamente, o número de Erdös era 0. Talvez pareça um número solitário ou perturbador, mas gosto de pensar que faz sentido. O zero simboliza que Erdös doava tudo às pessoas ao seu redor. Seu próprio número não importava. O que importava era o número dos outros em relação a ele.

O menino que cresceu sem amigos criou a maior rede de matemática do mundo, talvez a maior que possa existir. Os números Erdös são um legado duradouro, pelo qual todos os matemáticos são mensurados. Ele tinha mais amigos que qualquer um na área, pessoas até hoje em dívida com ele, que sentem sua falta e que o amam... E mesmo após sua morte esse grupo continua a crescer. Uma análise atual dos números Erdös revela que ele influenciou cerca de 200 mil matemáticos.

Dessa forma, parece que o sucesso, na verdade, tem a ver com suas conexões, certo? Quem você conhece, não o que você conhece. Mas se o sucesso depende das conexões, você deveria ser como Paul Erdös? Os extrovertidos são mais bem-sucedidos?

Vamos descobrir.

•••

Minha mãe me disse para ser uma "pessoa sociável". (Tenho que reconhecer: eu não sou. Ora, estou aqui sozinho, escrevendo este livro.)

Todo mundo gosta da companhia de amigos íntimos e todo mundo precisa de algum tempo sozinho. Essa não é uma grande conclusão. A pergunta-chave é: como recarregar nossas baterias? Sua ideia de diversão é ir a uma festa ou ler um livro? Você prefere estar com amigos íntimos ou "quanto mais gente, melhor"?

Introversão-extroversão é uma das categorias mais sedimentadas da psicologia, mas muitos aspectos específicos ainda são debatidos. Estamos mais preocupados com a parte social, e não há muitas dúvidas quanto a isto: os extrovertidos se sentem mais "recompensados" em atividades sociais e sendo o centro das atenções.

Alguns avaliam que os introvertidos apenas têm mais coisas na cabeça. Não que os extrovertidos sejam banais (a cabeça dos introvertidos pode estar ocupada com coisas negativas, como a ansiedade), mas isso significa que lugares barulhentos e agitados provocam superexcitação nos introvertidos, enquanto um ambiente sem nada de estimulante deixa os extrovertidos entediados.

Por exemplo: eu sou bastante introvertido. No curso de pós-graduação, tive uma namorada que adorava ir a bares e festas; quanto mais barulhentos, melhor. Para ela, era estimulante. Para mim, era uma asfixia auditiva. Quando passeávamos de carro por longas distâncias, eu ouvia podcasts e ficava encantado. Ela dormia em trinta segundos. (Tenho certeza de que você ficará surpreso ao saber que não estamos mais juntos.)

Agora, há muitas razões para minha mãe ter me aconselhado a ser sociável e muitas razões para que a sociabilidade seja uma coisa boa. Lidar com outras pessoas toma um tempo enorme; e o modo como nos entendemos com os outros é muitas vezes a chave para o sucesso. Como vimos no capítulo 2, Adam Grant e Jeffrey Pfeffer podem ter visões diferentes a respeito do melhor modo de lidarmos com os outros, mas ninguém discorda de que interagir é, frequentemente, um fator importante para avançarmos.

Bem, este é um livro sobre sucesso. Vamos então ao que interessa: estudos bastante consistentes demonstram que os extrovertidos ganham mais. A Universidade Stanford pesquisou, ao longo de vinte anos, ex-alunos que se formaram na área de negócios e descobriu que, em sua maioria, são extrovertidos clássicos.

Isso remonta à infância. Outro estudo revelou que a "extroversão na infância positivamente predizia [...] o sucesso extrínseco". Alguém que esteja no ponto mais baixo do ranking de popularidade durante o ensino médio, e consiga subir para o ponto mais alto, terá um aumento de 10% em seus rendimentos na vida adulta.

Mas o sucesso não se resume apenas a dinheiro. Quer ser promovido? Uma pesquisa informa que "a extroversão está positivamente relacionada à satisfação com o trabalho, nível salarial e número de promoções recebidas durante a carreira".

Mesmo os *maus* hábitos dos extrovertidos revelam os segredos de seu sucesso financeiro. Se é do tipo que gosta de beber e fumar, você ganha mais dinheiro? Os bebedores ganham mais dinheiro. Os fumantes, não. Os bebedores ganham 10% mais do que os abstêmios. E pessoas que frequentam o bar pelo menos uma vez por mês obtêm 7% a mais. Por que beber o torna mais rico? Porque, ao contrário de fumar, beber é uma atividade essencialmente *social*. Os autores do estudo supõem que beber aumenta o "capital social": você se junta com outras pessoas e faz conexões.

A maioria das pessoas acha que os líderes são extrovertidos. Trata-se de uma profecia que induz a própria concretização. Quer ser CEO? Quer ser o mandachuva? Em pesquisa realizada com 4 mil administradores, as pessoas categorizadas com um nível "muito alto" de extroversão estavam desproporcionalmente representadas. E mais alta a hierarquia, maior o número delas. Na população em geral, 16% apresentam um nível "muito alto" de extroversão, enquanto entre os altos executivos a proporção é de 60%.

Por quê? A resposta é, na verdade, um tanto assustadora. Pesquisas apontam que você não precisa ter mais conhecimentos para ser visto como líder. Aqueles que falam primeiro e falam mais – um comportamento muito extrovertido – passam a ser vistos como chefão. Enquanto isso, segundo outros estudos, aqueles que inicialmente agem de forma tímida quando estão em grupo são vistos como menos inteligentes. Como Pfeffer destacou: para progredir você precisa se autopromover. É um comportamento natural entre os extrovertidos, e mais importante do que a competência quando se trata de ser visto como líder.

Mas e se você estiver momentaneamente desempregado ou procurando uma grama mais verde? Também nesse caso os extrovertidos levam vantagem. O trabalho pioneiro de Mark Granovetter sobre a importância dos "laços fracos" revelou que em geral não ficamos sabendo de uma grande oportunidade por intermédio de grandes amigos. É comum que saibamos as mesmas notícias que eles sabem. As pessoas que têm mais conhecidos são mais conectadas e ficam sabendo das novas possibilidades. Dispor de uma ampla rede de contatos também ajuda depois que obtemos o emprego. Segundo um dos estudos, "análises multidimensionais demonstraram que a rede está relacionada ao salário atual e ao seu crescimento".

É possível até argumentar que as empresas agiriam com inteligência se, na contratação de alguém, usassem como elemento-chave o tamanho de sua rede profissional, pela influência que ela tem nos resultados da firma. Uma pesquisa do MIT revelou que "quanto maiores eram as redes dos funcionários da IBM, melhor era seu desempenho". A diferença foi até quantificada: em média, cada contato via e-mail valia mais 948 dólares na receita.

É difícil subestimar o valor de uma grande rede de contatos. Para dar um exemplo, vamos pensar no negócio mais lucrativo que existe, e no qual os riscos são incrivelmente altos: tráfico de drogas. Lucros enormes, prejuízos gigantescos.

Pois é, as pesquisas demonstram que possuir uma ampla rede é importante até para carreiras no lado errado da lei. Curiosamente, o conselho seguido pela maioria dos traficantes é "mantenha o negócio pequeno" para evitar a prisão. Mas uma pesquisa realizada pela Universidade Simon Fraser revelou que, quando dispunham de uma ampla rede de contatos, os traficantes ganhavam mais dinheiro e tinham menos probabilidade de ir para a prisão. O tamanho da organização criminosa não exercia nenhuma influência. Ser o traficante da esquina ou um tenente do Cartel de Cáli não fazia diferença. O que valia era o número de pessoas que o traficante conhecia no negócio:

> Os resultados dos estudos foram claros: bandidos que criavam e administravam uma boa rede de contatos ganhavam significativamente mais dinheiro do que os outros [...] O tamanho da rede também funciona como fator de proteção: quanto maior a rede de um traficante, maior a sobrevivência dele.

Amizades sólidas mantinham os traficantes fora da prisão, enquanto os "laços fracos" lhes proporcionavam oportunidades de negócios.

Assim sendo, está bastante claro qual dos lados está vencendo a batalha final entre a introversão e a extroversão. Mas o que dizer quando saímos do local de trabalho e olhamos para a vida em geral?

Lembra quando falamos da pesquisa de Richard Wiseman sobre sorte? Ele também descobriu que os extrovertidos têm mais sorte. Boa parte da ciência da sorte é sobre encontrar novas oportunidades. Assim como uma ampla rede oferece muitas oportunidades profissionais para você, abre caminho também para *todos os tipos* de novas possibilidades. É por isso que esses ricos e extrovertidos investidores estão sempre ao telefone.

Os introvertidos foram jogados no chão e estão sendo espancados. É hora de dar o golpe final. Os extrovertidos são *mais felizes* do que os introvertidos. E isso não é um detalhe insignificante: "O relacionamento entre extroversão e felicidade, ou bem-estar subjetivo (BES), é uma das descobertas mais robustas e mais sistematicamente reproduzidas na literatura sobre o BES." Na verdade, os extrovertidos são mais felizes do que os introvertidos mesmo quando estão sozinhos, e um estudo demonstrou que quando os introvertidos fingem ser extrovertidos, sentem-se mais felizes também.

Caramba.

Os extrovertidos ganham mais dinheiro, obtêm mais promoções, possuem mais chances de se tornarem líderes, encontram novos empregos com mais rapidez, têm mais sorte e são mais felizes. As provas são esmagadoras. Por fim, resta uma pergunta: *por que diabo alguém desejaria ser introvertido?*

...

Tudo bem, vamos falar sobre a introversão. (Os extrovertidos provavelmente pararam de ler no capítulo 2 e foram se divertir com os amigos.) Como dizem por aí: "São os quietos que devemos vigiar."

Já falamos sobre Paul Erdös, que construiu sua reputação conhecendo deus e o mundo na área da matemática. Mas poderia um cientista ter sucesso sem conhecer quase *ninguém*? Na verdade, sim. Nós não demos a Isaac Newton o devido crédito. O cara reescreveu as leis do universo. E praticamente sozinho.

Aristóteles, Kepler, Galileu... sim, sim, sim. Eles fizeram suas contribuições, mas Newton nos deu um mapa coerente e integrado do funcionamento do mundo. Ele nos conduziu da mágica para a ciência. Antes dele, predizer como se dava o movimento das coisas era mais uma questão de palpite do que de matemática. Depois dele, ficamos sabendo que o universo era regido por *leis*. James Gleick descreveu Newton como o "principal arquiteto do mundo moderno".

Ninguém causaria tanto impacto até o aparecimento de Einstein, cerca de *duzentos anos depois*. E embora seja verdade que Einstein revolucionou o que os cientistas pensavam a respeito das leis do universo, ele não mudou o modo como as pessoas comuns, em seu dia a dia, viam o mundo que habitavam. Newton mudou o jogo para todos nós.

Até mesmo a expressão "mudança de paradigmas" deixa um pouco a desejar. Einstein lutou por toda a vida, e no final fracassou, para apresentar sua teoria do campo unificado, que explicaria como todas as ideias da física podem ser reunidas em um todo coerente. Newton basicamente disse: "Eis como o mundo funciona", e destrinchou todo um sistema.

Ele ofereceu progresso em cálculo, ótica e gravidade quando ainda estava com cerca de 20 anos, e sem nenhuma tecnologia sofisticada que o ajudasse. Para desenvolver sua percepção da ótica, o sujeito deliberadamente prendeu agulhas entre as pálpebras e os globos oculares. E quanto à gravidade? Antes de Newton, nós não a entendíamos bem. Sabíamos que coisas caíam na Terra e que Galileu tinha jogado umas coisas do alto da Torre de Pisa. Mas não havia uma lei. Galileu entendeu como a aceleração funcionava – mas não sabia *por que* funcionava.

E mais, Newton fez tudo praticamente sozinho. Ele disse: "Se vi mais longe, foi porque estava sobre o ombro de gigantes." Mas a verdade é que ele teve incrivelmente pouco contato com qualquer pessoa, grande ou pequena, durante a maior parte de sua vida.

Se o estereótipo do professor distraído surgiu a partir de algum personagem, provavelmente foi de Newton. Às vezes ele ficava trancado no quarto durante dias. Falava sozinho e, em suas caminhadas, escrevia equações na terra com um galho. Gênio solitário? É difícil pensar em exemplo melhor. Como não tinha as ferramentas matemáticas para decifrar como o mundo funcionava, ele as *criou*. O cálculo, com o qual pelejamos no ensino médio? Ele inventou. Sozinho. Tinha poucos amigos, e sua única comunicação com os outros, frequentemente, era por meio de cartas. Nunca se casou. Na verdade, muita gente acha que ele morreu virgem.

Todos conhecemos a história da maçã na cabeça que o teria levado a entender a gravidade. Não deve ser verdadeira. Era mais fácil ele estar em casa, sozinho e com a porta trancada, quando isso aconteceu. Dá até para imaginar Newton como aquele vizinho maluco gritando para as crianças saírem de seu jardim. Mas Newton nem mesmo conhecia os vizinhos. Deixar Cambridge, onde era professor do Trinity College, em 1696, não foi difícil. Embora tenha vivido na cidade durante 35 anos, não tinha nenhum amigo lá.

Como escreve James Gleick na biografia *Isaac Newton*: "Ele nasceu em um mundo de trevas, ignorância e mágica; teve uma vida estranhamente pura e obsessiva, sem os pais, relações amorosas ou amigos; discutiu asperamente com grandes homens que cruzaram seu caminho; esteve, pelo menos uma vez, no limiar da loucura; envolveu seu trabalho em segredos; e mesmo assim descobriu mais sobre o núcleo essencial do conhecimento humano do que qualquer pessoa antes ou depois dele."

Se alguém fosse forçado a trabalhar como Newton trabalhava, isso seria classificado como prática desumana. No caso dele, era um confinamento solitário autoimposto, mas ele não enxergava dessa maneira. Pascal disse certa vez: "Toda a infelicidade do homem provém de uma só coisa: sua incapacidade de permanecer quieto em seu quarto." Sir Isaac Newton parece ser uma feliz prova disso.

Se você fosse o chefe de Paul Erdös, tentaria cercá-lo com o máximo possível de pessoas inteligentes e lhe daria verbas ilimitadas para viajar. Se você fosse o chefe de Newton, talvez fosse boa ideia lhe disponibilizar mais capital ou equipamentos, mas a primeira medida para assegurar que esse gênio continuasse a garantir avanços incríveis e revolucionários é óbvia: *deixá-lo sozinho*.

• • •

Não há dúvida de que Newton está concorrendo ao título de Pessoa Mais Inteligente da Face da Terra. Quando se é tão incompreensivelmente inteligente, quem precisa de ajuda? Nós, trogloditas, apenas atrapalharíamos. Mas, deixando de lado a genialidade do homem, haveria mais algum exemplo que pudéssemos aproveitar da vida de Newton?

Lembra-se daquelas 10 mil horas para se tornar um especialista? Bem, se não houver ninguém para perturbar, é bastante tempo para se tornar realmente bom em alguma coisa. Nesta era de constantes distrações, podemos sempre aprender alguma coisa com Newton. Sim, os extrovertidos podem se beneficiar de uma incrível rede de contato, mas isso não lhes deixa muito tempo para uma coisa importante: trabalho duro e solitário nas trincheiras. Veja só, o superpoder dos introvertidos é que eles têm muito mais probabilidades que os demais de se tornarem especialistas em suas áreas.

Em que medida? Um estudo diz o seguinte: "A extroversão é inversamente proporcional à proficiência individual." O que significa isso? *Quanto mais extrovertido você é, pior seu desempenho no trabalho.* Como vimos, ter um monte de amigos traz benefícios claros, mas também pode ser uma enorme distração.

Quando pensamos em um *atleta*, logo imaginamos um popular capitão do time de futebol da escola. Ou talvez o carismático jogador de vôlei lhe dizendo, em um comercial, para comprar determinado barbeador. É natural pensar que são todos extrovertidos e sociáveis. Ledo engano. O escritor (e medalhista olímpico) David Hemery revela que quase nove entre dez atletas de elite se identificam como introvertidos. "Um notável traço característico, pois 89% desses atletas de destaque definem a si mesmos como introvertidos. Somente 6% deles acham que são extrovertidos, e os restantes 5% acreditam que estão 'no meio do caminho.'"

Os atletas de esportes coletivos podem passar bastante tempo cercados de pessoas, mas raramente é isso que os torna grandes atletas. Um rebatedor do beisebol, por exemplo, passa horas treinando sozinho na gaiola de rebatidas. Um jogador de basquete faz arremessos após arremessos até não aguentar mais levantar os braços. Um corredor deixa de ir a uma festa para dar aqueles tiros extras após o pôr do sol.

Músicos? A mesma coisa. Quando K. Anders Ericsson perguntou a ilustres violinistas qual era a atividade diária mais relevante para o aprimoramento de sua técnica, 90% responderam: "Praticar sozinho." Qual o maior indício de competência para os grandes jogadores de xadrez? "Estudar a sério, sozinho." De fato, entre os antigos jogadores bem ranqueados, esse era o único indício estatisticamente significativo.

Quer saber quem vai ser o melhor na escola ou quem vai realmente adquirir mais conhecimentos? Não aposte no QI. A introversão é um sinal mais significativo de boas notas futuras do que a inteligência. Em seu livro *O poder dos quietos*, Susan Cain relata:

> No nível universitário, a introversão é um melhor indicativo de desempenho acadêmico que a capacidade cognitiva. Um estudo testou os conhecimentos de 141 estudantes universitários sobre diferentes assuntos, de arte a astronomia, passando por estatística. Foi constatado que os introvertidos sabiam mais de todos os assuntos do que os extrovertidos. Os introvertidos conquistam um número desproporcional de diplomas de pós-graduação, estão mais presentes entre os finalistas no Programa Nacional de Mérito Escolar e conseguem mais chaves da Sociedade Phi Beta Kappa.

Quer saber quem será mais tarde um gênio criativo? Aposte naquele nerd nada popular.

A concentração obcecada no que virá a ser a paixão de uma vida inteira é típica das pessoas extremamente criativas. Segundo o psicólogo Mihály Csikszentmihályi, que entre 1990 e 1995 estudou a vida de 91 pessoas excepcionalmente criativas no campo das artes, ciências, negócios e governança, muitos dos pesquisados eram socialmente marginalizados durante a adolescência, em parte porque sua "intensa curiosidade ou interesse concentrado parecia estapafúrdio para os colegas". Adolescentes sociáveis demais para ficarem sozinhos deixam de cultivar seus talentos, "pois praticar música ou estudar matemática exige uma solidão que eles temem".

Os melhores banqueiros de investimentos? Introvertidos emocionalmente estáveis. Em outras profissões, como programação de computadores e tênis profissional, ser manifestamente *desagradável* está associado a maiores ganhos.

Pesquisas revelam que os introvertidos também são bem-sucedidos em áreas em que sempre presumimos serem dominadas por extrovertidos. Como no caso dos atletas, presumimos que os líderes adoram estar cercados de pessoas. E, como vimos na seção anterior, o que se tem provado é que os extrovertidos têm mesmo mais chances de *serem tidos* como eficientes. Mas eles são mesmo? Quando Adam Grant (que conhecemos no capítulo 2) examinou a questão da liderança, descobriu algo realmente interessante. Se o melhor líder é um introvertido ou um extrovertido depende de quem ele lidera. Os extrovertidos, enérgicos e sociáveis, realmente brilham quando os funcionários são passivos. Entretanto, quando se lida com funcionários motivados, os introvertidos se saem melhor, pois sabem quando ouvir, ajudar e sair do caminho.

E embora no início os extrovertidos tenham mais chances de se destacarem como líderes, por sua natureza mais loquaz e domínio do social, estudos revelam que isso normalmente não dura muito. A inaptidão dos extrovertidos na arte de ouvir se torna aparente depois que assumem um papel de liderança, fazendo com que percam relevância entre os colegas em situações que exijam trabalho de equipe.

Assim, em algumas áreas, damos aos extrovertidos muito crédito. Na verdade, existem aspectos negativos na extroversão sobre os quais não ouvimos muito. Antes de rezar para que seus filhos sejam bem sociáveis, pense que a extroversão está ligada a crimes, infidelidade, acidentes de carros, confiança excessiva e riscos financeiros. Pode ser uma notícia chocante. Sempre nos disseram que é bom ser uma "pessoa sociável".

Por que nunca nos falaram sobre o lado negativo da extroversão? Sinceramente, é uma questão de marketing. Há mais extrovertidos do que introvertidos; além disso, os extrovertidos têm mais amigos e falam mais. Como Susan Cain destaca, uma preferência pela extroversão se alastrou nos locais de trabalho, nas escolas e na cultura, principalmente nos Estados Unidos.

Assim, há extrovertidos e introvertidos bem-sucedidos, e o mundo precisa de ambos. Mas é provável que você não seja nem um nem outro. Sim, um terço da população é renitente introvertido e incansável extrovertido; mas os dois terços restantes são compostos pelo que chamamos de ambivertidos. Estão em algum ponto entre os dois polos; formam um espectro.

O fato de se situar no meio não significa que a pessoa não tenha também um superpoder. Estranhamente, os ambivertidos são os melhores vendedores. Você poderia achar que os extrovertidos têm vantagem, no entanto, podem ser falantes demais e opressores. Os introvertidos são bons ouvintes, mas lhes falta o dinamismo. Quando Adam Grant estudou os vendedores, descobriu que os melhores estavam agrupados no meio do espectro introversão-extroversão.

É aqui que entra a verdadeira lição para a maioria de nós. Se você não aguenta ficar nem por um momento sozinho, tudo bem, faça aquele MBA e procure uma posição de liderança sobre uma força de trabalho passiva. Você nasceu para isso. Se as pessoas o enlouquecem, mergulhe em sua paixão, acumule aquelas 10 mil horas e se torne famoso por ser o melhor em sua área. Mas a maioria de nós precisa saber quando ligar o lado extrovertido para fazer networking e quando fechar a porta para desenvolver suas habilidades. Como Adam Grant declarou ao *The Wall Street Journal:* "Observe com muito cuidado cada situação e pergunte a si mesmo: "De que eu estou precisando neste momento para ser mais feliz ou bem-sucedido?"

Para o lado introvertido, a coisa é bem simples: *acumule as horas*. Mas tanto introvertidos quando ambivertidos precisam encontrar o melhor modo de formar uma rede de contatos. Pois até a palavra "contato" tem uma conotação negativa, que lembra o caráter impostor de políticos falsos e vendedores de carros usados meio malandros.

Eis a boa notícia: enquanto os extrovertidos têm um talento natural para fazer contatos, essa é uma habilidade que pode ser desenvolvida por qualquer um, sem que pareça forçada ou grosseira. Como vimos, esteja você procurando um emprego ou tentando vender cocaína, formar uma rede é algo indispensável.

...

Parecia que o bombardeio jamais iria terminar. No auge da Segunda Guerra Mundial, o Reino Unido estava sendo arrasado pelos aviões da Luftwaffe de Hitler. Mas os ingleses já estavam desenvolvendo uma arma secreta que teria o poder de virar o jogo: um novo tipo de radar.

Havia muitas idas e vindas no desenvolvimento de radares. Com eles, os alemães direcionavam os bombardeios, enquanto os britânicos desenvolviam meios cada vez mais sofisticados para embaralhar os sinais. Essa guerra tecnológica foi chamada de "A Batalha do Radar".

A certa altura, o Reino Unido fez um avanço revolucionário, que chamou de "magnétron de cavidade". Era algo que quase todos nós temos hoje em nossas cozinhas: micro-ondas. Um radar de micro-ondas permitia que o equipamento fosse consideravelmente menor. Em vez de ser abrigado em uma enorme torre, poderia ser colocado em qualquer avião britânico.

Embora a tecnologia estivesse criada, fabricar o equipamento em larga escala e com rapidez suficiente para salvar o Reino Unido seria impossível. Sob o implacável bombardeio nazista, simplesmente não havia condições de produzir em pouco tempo milhares e milhares de radares de micro-ondas.

Mas havia outro modo. A tecnologia do radar já tinha se beneficiado da colaboração entre as potências aliadas; talvez, uma vez mais, a colaboração pudesse salvar a Grã-Bretanha. Em 1940, líderes militares britânicos levaram o magnétron de cavidade aos Estados Unidos e mostraram o que ele era capaz de fazer. Muito impressionados, os americanos se comprometeram a acionar os recursos industriais de seu país para transformar o sonho em realidade.

O Laboratório de Radiação, no MIT, liderou o projeto, empregando 3.500 pessoas, inclusive algumas das mentes mais brilhantes daquela geração. Nove receberiam o Prêmio Nobel mais tarde, por outros trabalhos.

Os avanços foram espetaculares. Um dos sistemas, usado para direcionar as baterias antiaéreas dos britânicos, foi responsável por abater 85% das bombas V-1 alemãs que estavam destruindo Londres. Outro tipo de radar era tão sensível que detectava os periscópios dos submarinos nazistas, permitindo que os aliados ganhassem uma vantagem na guerra naval.

Mas antes que esses tremendos sucessos se concretizassem nos campos de batalha, o Laboratório de Radiação enfrentou um enorme problema: a droga do dispositivo não funcionava. Pelo menos, não de forma confiável. Quando os cientistas testaram o novo radar às margens do rio Charles, em Cambridge – cidade em Massachusetts –, foi um fracasso atrás do outro. Repetidas vezes, quando tudo indicava que eles haviam dominado a ciência nos mínimos detalhes, quando parecia que haviam resolvido todos os problemas e erros, o radar falhava completamente. Era inexplicável. Parecia até que Deus não queria que conseguissem. Era como se algum grande poder estivesse trabalhando contra eles.

E tinham *razão*. Mas não era Deus. Era Harvard.

Sem o conhecimento do MIT, o Laboratório de Pesquisas em Radiofrequência da Universidade Harvard havia recebido milhões de dólares do governo americano para desenvolver secretamente uma tecnologia de *interferência* em radares, que estava sendo testada no outro lado do rio. (Os americanos deveriam ter pedido a seus amigos britânicos alguns conselhos sobre o poder da cooperação.) O trabalho dos cientistas de Harvard era tão eficiente que certa vez interrompeu as comunicações do Departamento de Polícia de Boston, interferindo nos rádios dos carros na cidade inteira.

Felizmente, antes que os pesquisadores do MIT enlouquecessem completamente, a presença de seus "inimigos" involuntários na outra margem do rio Charles lhes foi informada. Então, um novo tipo de poderosa cooperação começou: a rivalidade saudável.

O MIT redobrou seus esforços para superar as tecnologias de interferência de Harvard, e Harvard reagiu criando melhores meios de interferir no radar do MIT. O resultado do trabalho das duas gigantes acadêmicas foi espantoso.

Com a "ajuda" de Harvard, o radar do MIT se tornou destruidor:

Em novembro de 1942, submarinos alemães reivindicaram o afundamento de 117 navios aliados. Menos de um ano depois, entre setembro e outubro de 1943, apenas nove navios aliados foram afundados, enquanto 25 submarinos alemães foram destruídos por aviões equipados com radares ASV.

E com a "assistência" do MIT, a tecnologia de interferência de Harvard deixou os nazistas em pânico:

Tão eficaz foi o sistema de interferência em radares – reduzindo a eficiência antiaérea dos alemães em 75% – que, no final da guerra, quase 90% dos especialistas em radiofrequência, cerca de 7 mil homens, foram redirecionados de outros trabalhos urgentes para exclusivamente descobrir um modo de impedir interferência nos radares alemães.

Muitos hoje acreditam que foram os radares que venceram a guerra.
Quando colaboramos – inclusive por meio de rivalidades saudáveis –, os ganhos podem ser exponenciais. Mas, quando não nos comunicamos, podemos, além de não obter tais benefícios, ser "obstruídos" por nossos amigos.

...

Já estamos convencidos de que os ganhos decorrentes de uma rede de contatos são enormes. Mas estabelecer os contatos pode parecer um ato interesseiro. Pesquisas realizadas por Francesca Gino mostram que quando procuramos alguém apenas para obter algo nos sentimos hipócritas. As pessoas que se sentem menos interesseiras com o networking são as mais poderosas, enquanto as que mais precisam de contatos – as menos poderosas – são as que mais se sentem mal. Preferimos que os contatos sejam casuais, que pareçam surgir inesperadamente, não mediante um esforço deliberado.

Essa preferência se mostra um grande problema para os introvertidos, menos propensos ao contato casual. Cria dificuldades até para os extrovertidos, que fazem contatos com facilidade, mas não necessariamente aqueles que poderiam promover suas carreiras.

Considerando que uma rede de contatos é um requisito para o sucesso, você conseguiria criar uma e se sentir bem? Mesmo sendo introvertido?

Para responder a essas perguntas, vamos ver o exemplo de Adam Rifkin, que, em 2011, foi considerado pela revista *Fortune* o melhor *networker* do Vale do Silício. E veja só: Adam é tímido e introvertido. É também o melhor sujeito do mundo. Seu apelido é "Panda".

Qual o segredo de Panda para formar uma rede de contatos? Ser amigo. Sim, é simples assim. Criar uma rede não é simplesmente uma técnica que qualquer um pode aprender. É uma técnica que você já conhece. Fazer amigos.

Na terminologia de Adam Grant, Panda é um Doador. Grant escreveu a respeito de Panda em seu best-seller *Dar e receber*. (Eu diria que é estranho eu e Grant conhecermos Panda, mas, bem, Panda conhece *todo mundo*.) Quando lhe perguntei sobre networking, ele disse o seguinte:

Dar é melhor do que receber. Procure oportunidades para fazer alguma coisa por outra pessoa, como compartilhar conhecimento, ou apresentá-la a alguém que possa ser interessante ela conhecer. Não seja mesquinho com relação às redes de contato. Não ofereça algo por querer outra coisa em troca. Em vez disso, mostre um genuíno interesse em alguma coisa que você e a outra pessoa tenham em comum.

Harvard e o MIT não se comunicavam, o que causou um monte de problemas a ambas as instituições. É bom conhecer os vizinhos. É bom fazer amigos. Mas, quando se trata de amigos nos negócios, usamos a horrível palavra "network", que dá a sensação de que somos meio presunçosos. Se você se concentrar em fazer amigos, o problema acaba. Tudo depende da perspectiva que você adota.

Outros grandes *networkers* concordam. O popular escritor Ramit Sethi me disse:

Todos temos amigos extremamente agradáveis. Estão sempre nos dando dicas incríveis: "Ei, olhe só este livro", "Ah, você precisa ver este vídeo que acabei de assistir. Veja aqui". Isso tudo é rede de contato, já que você está sabendo primeiro. Agora, se um dia eles vierem até você e disserem "Ei, soube que você tem um amigo que trabalha na empresa X. Estou tentando um contato lá. Acha que pode me apresentar a alguém?", é claro que você vai dizer sim. Networking tem a ver com relacionamentos pessoais.

Uma rede de contato interesseira, portanto, é comparável à situação de desconfiança vigente na Moldávia. Que país seria o oposto? A Islândia. É um dos lugares mais felizes do mundo, e em parte isso se deve ao fato de ser uma comunidade muito coesa. A população é tão conectada que uma pessoa encontra amigos aonde quer que vá. Isso é tão comum que dizer "Eu encontrei amigos" é uma desculpa aceitável para chegar atrasado ao trabalho na Islândia.

Então o que é tudo isso de que estamos falando? Fazemos uma enorme distinção entre trabalho e vida pessoal. Sabe de uma coisa? Seu cérebro não faz. O ser humano primitivo passava a maior parte da existência em pequenas tribos, onde todos se conheciam, todos trabalhavam juntos e quase todos eram parentes. A distinção entre trabalho e vida pessoal é nova, estranha e arbitrária para nossos cérebros mamíferos. É por isso que "rede de contatos" soa falso e "família" soa bem.

Como o pesquisador israelense Yuval Noah Harari destaca, um dos principais fatores do sucesso dos seres humanos deve-se ao que é chamado de "parentesco fictício". A maioria das espécies convive apenas com a própria família. Todos os demais são inimigos em potencial. O bom e velho *Homo sapiens* tem sido tão bem-sucedido porque estendemos a definição de família de acordo com histórias mutuamente acordadas. Uma família não se constitui somente de parentes. Pertencemos a diversas famílias. Somos conterrâneos. Somos da mesma empresa. Torcemos para o mesmo time. Ou, mais simplesmente, somos amigos. Amigos são uma família que escolhemos. Isso nos permite colaborar em uma escala impossível para outros animais. Este é o segredo de nosso sucesso enquanto espécie. E é também o segredo de seu sucesso como indivíduo: amizade.

Tudo isso é bastante intuitivo, mas podemos nos sentir relutantes em procurar um sujeito que pode ser importante para nossa carreira munidos com o que parece ser um fino verniz de "amizade". Preferimos uma simpatia sincera. Mas esta é também uma falsa distinção. Uma das primeiras coisas que todos os casais têm em comum não é um sentimento mágico ou um *je ne sais quoi*; é a proximidade. Fica muito difícil duas pessoas se apaixonarem se nunca se encontram.

Isso também se aplica a outros relacionamentos. Você se torna amigo de seus vizinhos, antes de mais nada, porque vocês moram perto. Você não precisa jogar boliche com eles toda semana ou fazer um pacto de sangue. Mas com base na proximidade você tem muitos amigos – em variados graus de intimidade –, seja o vizinho, a mulher na baia ao lado, o carteiro, e essas conexões não são maléficas nem anormais. Muitas vezes, é apenas uma questão de tentar fazer amizade. Você não precisa pedir a ninguém que se mude para sua casa. Basta ser um bom vizinho.

Fazemos amigos o tempo todo com base em elementos superficiais, como a geografia. Mas a sensação é diferente nos negócios. É como quando alguém lhe pede para marcar suas passadas com o pé esquerdo ou o direito. Por um segundo você não consegue se mover, pois quando tenta fazer deliberadamente algo que costuma sair de modo automático, acaba dando errado.

Não há por que ter medo de montar uma rede de contatos. A verdade é que muitas vezes subestimamos (até em 50%) a disposição dos outros para nos ajudar, se solicitados. Como conversamos no capítulo 2, ser desconfiado ou presumir que as outras pessoas são egoístas pode ser uma profecia que induz a própria concretização. Lembre-se da regra de ouro quando se trata de fazer amigos: seja otimista. Parta do princípio de que as outras pessoas gostarão de você, e elas provavelmente gostarão.

Robert Fulghum escreveu um grande best-seller na década de 1980 intitulado *Tudo que eu devia saber aprendi no jardim de infância*. Assim, pegue seu lápis de cor, pois vamos voltar a ser crianças. Trataremos de alguns dos fundamentos da amizade, que são intuitivos, mas também endossados pela ciência.

Você gosta do Homem de Ferro? Também gosto.

Está vendo aquele menino brincando com os mesmos brinquedos que você gosta de brincar? Apresente-se. Escolhemos pessoas parecidas conosco para serem nossos amigos.

O poder da semelhança chega a ser assustador. Pesquisas revelam que gostamos mais de pessoas com nomes que se parecem com os nossos. Preferimos determinadas marcas simplesmente porque têm nossas iniciais. Aniversários são mais lembrados se caem perto do nosso. Até preferimos pessoas que se movimentem como nós. Por que os atores e os apresentadores de TV precisam ser tão bonitos? Porque presumimos que pessoas atraentes se parecem mais conosco. (Somos uns tremendos narcisistas, não?)

Desgostar das mesmas coisas também o aproximará de outras pessoas. Pesquisas apontam que reclamações em comum também nos fazem sentir mais próximos dos outros. Ambos antipatizam com a mesma pessoa? Pode ser o caminho para um novo melhor amigo. Você conhece o velho ditado "O inimigo do meu inimigo é meu amigo"? Um estudo intitulado "Sinto como se conhecesse você: compartilhar atitudes negativas promove sentimentos de familiaridade" demonstrou que isso é verdade.

Assim, olhe ao redor do playground em busca de similaridades. Aquele garoto parece mais propenso a gostar de você, e você parece mais propenso a gostar dele. Não viu ninguém com semelhanças óbvias? Bem, é aqui que entra o fundamento seguinte...

Escute e encoraje outras crianças

Quer descobrir o que você e outra criança no jardim de infância têm em comum? Faça perguntas e escute. Provavelmente vai ouvir algo que o conecte a ela. Além disso, escutar é vital para estabelecer uma ligação – e é uma qualidade que quase nenhum de nós tem.

A neurocientista Diana Tamir descobriu que nosso cérebro sente mais prazer quando falamos sobre nós mesmos; mais até do que sente quando falamos sobre comida ou dinheiro. É por isso que devemos parar de falar sobre nós mesmos e deixar que outros o façam, sempre que possível. A pesquisa de Arthur Aron revelou que fazer perguntas a outras pessoas sobre elas mesmas pode criar um vínculo poderoso – como uma amizade de vida – em tempo surpreendentemente curto.

Robin Dreeke, perito do FBI em comportamento, declarou que o mais importante é "conhecer as opiniões e os pensamentos de outra pessoa sem julgá-los". Pare de pensar no que vai dizer em seguida e se concentre no que estão lhe dizendo agora.

Encontrou alguma coisa que ambos têm em comum? Ótimo. Não tenha medo de fazer um elogio sincero. Pesquisas revelam que gostamos mais de elogios do que de sexo ou dinheiro. O elemento-chave aqui, segundo o especialista em influência Robert Cialdini, é a sinceridade. Você não quer se sentir hipócrita e seu interlocutor não quer que você seja hipócrita. Apenas diga qualquer coisa honestamente positiva, no seu entender, que lhe venha à mente. Estudos demonstram que mesmo uma óbvia e fingida bajulação tem efeitos incríveis. Porém, como não estamos vendendo seguros, é melhor nos atermos ao genuíno.

Não tente impressionar, pode dar errado. Todos preferimos cordialidade à competência. De fato, pesquisas revelam que preferimos trabalhar com um indivíduo boboca mas afável do que com um sujeito competente mas arrogante – se tivermos escolha. Nunca dê conselhos nem diga a uma pessoa que ela está errada. Pedir conselhos, entretanto, pode fazer com que a pessoa sinta simpatia por você.

Dreeke adora perguntar às pessoas sobre quais desafios enfrentam. Todos gostamos de reclamar um pouco sobre as coisas que nos estressam. E é isso que nos leva ao fundamento seguinte.

Seja um Doador. Partilhe seus doces

Ofereça-se para ajudar as pessoas. Faça como Adam Grant, Panda e Paul Erdös: seja um Doador. Quando as pessoas dizem que estão tendo algum problema, tente encontrar um modo de ajudá-las.

Você não quer ser um *networker* mesquinho. Quer que suas interações sejam amizades orgânicas, casuais e naturais, certo? Amigos prestam favores mutuamente. Não têm determinado objetivo ou recompensa em mente. Portanto, acredite no carma. Há muitas pesquisas demonstrando que fazer os outros felizes traz felicidade de volta para você. Com amigos felizes você tem probabilidade 15% maior de ser feliz também. Mesmo que apenas *o amigo de um amigo de um amigo* fique mais feliz, suas chances de se alegrar crescerão em 6%. Assim, não se preocupe com recompensas e não peça nada. Isso leva as pessoas a se sentirem bem com você e você a se sentir bem consigo mesmo. Você estará sendo apenas um amigo. E se prometer ajuda, cumpra a promessa.

(Importante: se você seguir todas essas recomendações, pode acabar se tornando uma boa pessoa.)

...

Tudo bem, você abandonou a ideia do constrangedor networking e está concentrado em fazer amigos. Já entendeu como se comportar. Mas como começar de fato? Há algumas técnicas ótimas que podem tornar o processo mais fácil, menos demorado e não tão intimidante.

Comece com os amigos que você já tem

Pesquisas apontam que uma das formas mais fáceis e rápidas para incrementar uma rede de contatos não é distribuir cartões nas esquinas; é se reconectar com velhos amigos. Não há nada de falso nisso – eles *já* são seus amigos. Você apenas não se comunica com eles há algum tempo. Essa é uma excelente forma de começar e não é nem um pouco intimidante. Verifique sua lista de amigos no Facebook, suas conexões no LinkedIn, sua lista de contatos no celular e envie alguns e-mails todas as semanas perguntando "E aí?". Estudos revelam que amigos inativos podem impulsionar mais sua carreira do que qualquer nova conexão. E o neurocientista John Cacioppo, da Universidade de Chicago, descobriu que usar o Facebook para marcar encontros ao vivo aumenta nossa felicidade. Porém, quando o usamos como um substituto do contato face a face, nossa solidão aumenta.

Um aviso, porém: não pense que ter amigos apenas nas redes sociais seja o mesmo que fazer networking. Vamos novamente retornar ao jardim de infância. Ter "amigos" amontoados como livros em bibliotecas digitais não é a mesma coisa que conversar com as pessoas e passar tempo com elas. Aí já não se trata de amizade, mas de uma coleção de selos virtual.

Encontre seus "superconectores"

Nem todas as pessoas são iguais em uma rede, em termos de contatos. Brian Uzzi e Sharon Dunlap fizeram uma pesquisa e descobriram a proporção 80/20 nos tipos de network. Você provavelmente conheceu a maioria de seus amigos por meio de um punhado de "superamigos" – seus camaradas que mais se parecem com o Panda. Assim, quando se trata de expandir sua rede e ter novos amigos, faça o que funciona. Se verificar seus amigos no Facebook ou seus contatos no celular, verá que muitos deles vieram de um pequeno grupo de pessoas. Procurar esses "superamigos" e lhes perguntar "Quem você acha que devo conhecer?" produzirá resultados acima do esperado.

Programe o tempo – e o orçamento

Muitas pessoas dizem que desejam aumentar as redes de contato, mas poucas dedicam tempo ou comprometimento a esse objetivo. Como, por exemplo, reservar uma quantia semanal a ser gasta em cafés e lanches para que possa se conectar com as pessoas. Ben Casnocha, autor de sucesso, percebeu que os maiores *networkers* comprometiam certa quantidade de tempo e dinheiro para atingir suas metas nas redes profissionais, de modo que, quando as oportunidades aparecessem, eles não precisassem hesitar. Universitários sabem que as noites de sexta e sábado (e talvez algumas outras) são dedicadas a festas e não têm nenhum problema em fazer novos amigos. Teste uma abordagem semelhante.

Estudos acadêmicos revelam que a maior fonte de conflitos entre amigos é encontrar horários compatíveis para se encontrarem. Como o tempo é limitado e valioso – conforme vimos com Spencer Glendon –, dedicar parte dele a uma pessoa é o melhor modo de mostrar que você se importa com ela. Isso garantirá que sua rede deixe de ser algo que "você gostaria de fazer" para ser algo que você realmente faz. Discute-se muito se o dinheiro pode mesmo comprar a felicidade, mas as pesquisas são conclusivas em uma área: dinheiro traz realmente a felicidade quando o gastamos com as pessoas que amamos. Assim, chame um amigo e lhe pague um café.

Participe de grupos

Não, não estamos falando de antiquados "grupos de negócios", sempre embaraçosos e quase vulgares. Dar uma festa é uma boa iniciativa, mas provavelmente pontual demais para produzir resultados consistentes. Sabe aquele grupo de amigos que almoça junto toda semana? Que tal um grupo que assiste ao futebol todos os domingos? Ou um clube do livro do escritório? Essas são formas divertidas e desinteressadas de se conectar organicamente. Pesquisas revelam que as melhores turmas são um misto de velhos amigos e recém-chegados, o que é também uma vantagem em se tratando de redes de contato. Além disso, ao participar de alguns grupos você pode facilmente expandir aquela forma científica de "sorte" a que se referiu Richard Wiseman, engendrando acasos felizes em sua vida enquanto passa bons momentos com as pessoas de que gosta.

Não se trata de uma teoria fajuta sobre a qual li em alguma empoeirada revista acadêmica. Quando estou em Los Angeles, nunca perco o almoço semanal do meu amigo Andy Walker. Quando visito São Francisco, vou aos encontros promovidos pelo Panda para empresários do Vale do Silício. Voo até Boston algumas vezes por ano apenas para participar dos jantares de Gautam Mukunda com "pessoas interessantes", nos quais ele reúne um punhado de indivíduos fascinantes de sua rede para uma noite de vinhos e conversas. E jamais perderia a reunião anual de blogueiros patrocinada pelo meu amigo James Clear. Nenhuma dessas iniciativas é mesquinha nem desagradável. São oportunidades para que eu veja meus melhores amigos e faça alguns novos em um ambiente descontraído.

Encontros como esses são formas desinteressadas de mudar para melhor. Lembra-se de como sua mãe falava para você se manter afastado daquele garoto que vivia sendo suspenso? Ou quando ela lhe dizia "Por que você não anda com aquela ótima menina que só tira 10?" Sua mãe estava certa. No excelente livro *O poder do hábito*, Charles Duhigg menciona um estudo feito na Universidade Harvard em 1994 com pessoas que mudaram radicalmente de vida. O segredo delas não tinha a ver com uma reviravolta, mas com o fato de terem ingressado em um grupo de pessoas cujas características gostariam de assimilar.

Assim, escolha os grupos com cuidado. Eis o que o Estudo Terman, que acompanhou pessoas desde a juventude até a morte, declarou sobre as companhias que você escolhe: "Os grupos aos quais você se associa muitas vezes determinam o tipo de pessoa que você se torna. Para pessoas que desejam uma saúde melhor, aproximar-se de pessoas saudáveis é geralmente o caminho mais efetivo e direto para uma mudança."

As pesquisas também mostram que participar de alguns grupos sociais, em vez de apenas um, aumenta sua resiliência e o ajuda a superar o estresse. Se você não conhece nenhum desses grupos incríveis, a solução mais fácil é *criar um e ser o centro da rede*. Todos os seus amigos que estão à procura de uma rede e, ao mesmo tempo, querem desfrutar de bons momentos de forma desinteressada ficarão gratos.

Seja persistente

Estamos sempre conhecendo pessoas, mas raramente nos damos ao trabalho de dar continuidade e iniciar uma amizade. Analisando 8 milhões de telefonemas entre 2 milhões de pessoas, pesquisadores da Universidade de Notre Dame descobriram o que faz as amizades durarem: entrar em contato a cada duas semanas. Claro, você não precisa entrar em contato com as pessoas tão frequentemente se não houver uma amizade íntima, mas dar um alô de vez em quando é importante.

Isso não ocupa muito tempo. Enviar alguns e-mails todas as semanas pode fazer uma grande diferença ao longo do tempo. A rede de contatos de Panda é gigantesca, mas supreendentemente ele gasta pouco tempo para mantê-la. Na maioria das vezes, ele procura fazer pequenos favores ou apresentações via e-mail. Dessa maneira, ajuda as pessoas ao mesmo tempo que mantém seus relacionamentos – tudo de forma natural. (Isso também é muito saudável. Estudos longitudinais revelam que as pessoas que vivem mais não são as que recebem mais ajuda; são as que *oferecem* mais ajuda.)

E o que dizer de fazer amizades com colegas de trabalho? Outra ideia excelente. Não se pode confiar nos esforços dos departamentos de RH para unir os funcionários; estudos apontam que essas iniciativas só provocam desconfiança.

Pesquisas também demonstram que o melhor indicador do sucesso de uma equipe é como seus integrantes se sentem com relação aos demais. Há também outra coisa que melhora a eficiência da equipe, mas sobre a qual você não lerá na maioria dos manuais. Sabe o que é? Zoar com os colegas.

Se quiser saber quem tem o melhor desempenho, olhe para as mesas durante o almoço. Foi o que revelou a pesquisa de Ben Waber: "Descobrimos que as pessoas que estavam nas maiores mesas tinham um desempenho substancialmente melhor." Além disso, dispunham de redes maiores e sabiam mais sobre o trabalho de seus colegas.

Ter um grupo diversificado de amigos no escritório também traz dividendos: "Aqueles que ligam bolsões relativamente desconectados são promovidos primeiro e têm mais mobilidade na carreira, pois ficam sabendo das oportunidades antes dos outros... Ter uma grande ideia não adianta muito se você não consegue motivar os demais a acreditar nela e agir de acordo."

Sim, eu sei. Algumas pessoas do seu trabalho são umas palermas. (Meu chefe pode ser um completo idiota às vezes, e olha que eu trabalho para mim mesmo.) Existem pessoas no escritório com quem você não se dá. Eu entendo. Mas quando estive com o professor Jeffrey Pfeffer, da Escola de Pós-graduação em Negócios da Universidade Stanford, perguntei qual era o principal erro cometido pelos indivíduos que pretendem progredir no emprego. A resposta dele? Não participar da dinâmica social da empresa. Dizer: "Sim, eu sei que os relacionamentos ajudam a progredir, mas eu me recuso a participar desse jogo." Al Bernstein, psicólogo clínico e consultor organizacional, diz: "Não existe não participar do jogo; existe jogar mal. O único lugar em que os relacionamentos não têm importância é em uma ilha deserta, bem longe do resto do mundo." Shawn Achor, pesquisador de Harvard, descobriu que os funcionários com menos chances de fazerem amigos no trabalho eram também os que tinham menos chances de serem promovidos. (Fique à vontade para ler a frase mais algumas centenas de vezes até absorver a ideia.)

Fofocas no trabalho podem ser um veneno, mas vale a pena tomar conhecimento delas. Pesquisas indicam que entre 70% e 90% das futricas do escritório são verdadeiras, mas elas não estarão na comunicação interna da empresa. Você precisa saber o que está acontecendo se quiser progredir.

Se você ocupa um cargo de chefia, é importante que faça de tudo para fomentar um bom relacionamento entre os funcionários. Quando estes têm pelo menos um amigo talentoso, a produtividade de todos crescerá até 10%. Que tal isso como motivação?

Parece que a maioria de nós precisa receber uma chacoalhada. No estudo "Isolamento social nos Estados Unidos: mudanças nas conversas sobre assuntos essenciais ao longo de duas décadas", os autores descobriram que, em 1985, a maioria das pessoas relatou ter três confidentes na vida. Em 2004, a resposta mais comum foi *zero*: "O número de pessoas dizendo que não têm ninguém com quem discutir assuntos importantes praticamente triplicou." Além disso, ter poucos amigos é mais perigoso do que a obesidade, apresentando um risco equivalente a fumar 15 cigarros por dia.

Isso resume tudo. Harvard e MIT deveriam ter compartilhado seus doces – e algumas informações a respeito do trabalho de cada um. Isso teria tornado a vida de todo mundo muito mais fácil, o trabalho mais produtivo e, bem, é bacana as universidades terem amigos, certo?

Talvez você já tenha uma sólida rede de contatos. No entanto, há um tipo especial de relacionamento do qual todos precisamos para sermos bem-sucedidos e que merece atenção especial.

• • •

Todos queremos ser engraçados. Na década de 1980, quando era jovem, o comediante Judd Apatow enfiou hera venenosa no nariz para fazer graça com seus amigos, o que, como se pode imaginar, foi uma péssima ideia. Seu pai costumava ouvir discos de comédias e isso o inspirou. Quando se tornou adulto, sabia que seria comediante.

Ele assistia ao programa *Saturday Night Live*, gravava os episódios em um videocassete, copiava as falas manualmente e estudava as piadas. Todas as semanas esquadrinhava o *TV Guide* para saber quais comediantes iriam aparecer nos programas de entrevistas. Quando estava no sexto ano, escreveu um artigo de trinta páginas sobre os irmãos Marx. Não para escola, mas para si mesmo.

É preciso uma paixão como essa quando se é um garoto solitário. Quando implicam com você. Quando seus pais estão atravessando um divórcio litigioso. Aliás, ter uma paixão que ninguém compreendia era também uma atividade solitária.

Mas como aprender a ser comediante se você ainda está morando com os pais e passa a maior parte do tempo fazendo os deveres de geometria? (Isso foi muito antes da internet.) Um amigo de Apatow havia entrevistado bandas para a estação de rádio da escola, a WKWZ 88.5 FM. E se ele fizesse a mesma coisa, só que com comediantes profissionais?

Mal sabia Apatow que, àquela altura, os comediantes não eram muito procurados. Ninguém queria entrevistá-los. Assim, quando ele telefonou para os agentes publicitários esperando apenas que não rissem dele e desligassem o telefone, eles pensaram o mesmo que o jovem Apatow: *por que não?* (O fato de Apatow não mencionar que a entrevista seria para a rádio de uma escola e que ele tinha 15 anos provavelmente ajudou.) Quase todos os comediantes aceitaram o convite.

Sim, muitos ficaram surpresos quando ele apareceu à porta, com o rosto coberto de espinhas e segurando um grande gravador do departamento audiovisual da Escola de Syosset; mas foi assim que um garoto solitário e obcecado por humor conseguiu entrevistar alguns dos maiores nomes área, de Jay Leno a Garry Shandling, passando por James Brooks, coautor dos *Simpsons*. Para entrevistar Jerry Seinfeld em Los Angeles, ele usou como desculpa uma visita à avó. E viajou até Poughkeepsie para conversar com Al Yankovic, mais conhecido como "Weird Al".

Com eles aprendeu como escrever piadas, como usar o tempo no palco, como utilizar experiências pessoais, como adaptar o material a diferentes plateias. Porém, acima de tudo, percebeu que não estava sozinho. Havia muitas pessoas como ele.

Então começou a escrever. Quando se deu por satisfeito com o resultado, ofereceu o material a Jay Leno. Leno não comprou, mas lhe deu sua opinião e encorajamento – exatamente como George Carlin fizera muitos anos antes.

Seis anos depois que Apatow o entrevistou, Garry Shandling o contratou para escrever piadas da cerimônia de entrega do Oscar. Depois o integrou à equipe de redatores de *The Larry Sanders Show*, série televisiva que havia criado. Apatow escreveu para Roseanne Barr e Tom Arnold. Jay Leno sempre o convidava para *The Tonight Show*, mesmo quando, na verdade, não havia razão para isso. Até que um dia...

Judd Apatow é hoje o aclamado diretor de *O virgem de 40 anos* e *Ligeiramente grávidos*. Não poderia ter chegado aonde chegou sem seus mentores. Todos precisamos de mentores para alcançar o sucesso. (Mas, felizmente, não precisamos enfiar hera venenosa no nariz.)

•••

Tudo bem, você quer ser um revolucionário? Alguém que muda a história do mundo e é reconhecido nos livros de história? K. Anders Ericsson, o cara que criou a teoria das 10 mil horas de prática, diz que não existe alternativa: você precisará de um mentor. "Essas descobertas são condizentes com um estudo sobre atletas, cientistas e artistas internacionalmente conhecidos, no qual [Benjamim] Bloom (1985) descobriu que, praticamente sem exceção, todos os indivíduos haviam sido treinados por um professor veterano, que já treinara outros alunos para alcançar um nível internacional."

Lembra-se de Mihály Csikszentmihályi, o pesquisador que entrevistou 91 das pessoas mais criativas do mundo? Ele descobriu que esses figurões tinham em comum o fato de que, quando estavam na idade de ingressar numa faculdade, quase todos tinham um mentor importante.

Gerard Roche pesquisou 1.250 destacados executivos e descobriu que dois terços haviam tido um mentor; essa parcela ganhava mais dinheiro e era mais feliz na carreira: "O aumento médio no salário dos executivos que tiveram um mentor é de 28,8%, combinado com um aumento médio de 65,9% em bônus, que significam um aumento de 29% no total recebido." E, senhoras, isso é até mais importante para vocês. Absolutamente todas as executivas de sucesso haviam tido um mentor.

Mesmo que alguém esteja abrindo a própria empresa e não tenha um patrão, um mentor ainda é essencial. Em seu ótimo livro *Smartcuts* (Atalhos inteligentes), Snow destaca que, segundo pesquisas, empresários com mentores faturam sete vezes mais e suas empresas crescem três vezes mais.

Por que os mentores são tão importantes? Porque não há tempo para que você cometa todos os erros, e erros que podem significar fracasso. É melhor seguir os passos de alguém que já cometeu esses erros para que você possa aprender com eles. Grandes mentores e grandes professores o ajudam a aprender mais rápido. Até no ensino médio o professor certo pode fazer uma grande diferença. Eric Hanushek, economista de Stanford, diz que professores ruins dão três vezes menos matéria em um ano do que bons professores. Não é uma matemática difícil de entender. Hanushek acrescenta que é melhor um professor incrível numa escola ruim do que o contrário.

Mas há outro incentivo, menos enfatizado, que os bons mentores oferecem. Já falei um bocado sobre a teoria das 10 mil horas de prática necessárias para se adquirir expertise e sobre as razões de alguém passar tanto tempo se aperfeiçoando exaustivamente em alguma coisa. No capítulo 1, você viu que uma das razões era um toque de loucura e obsessão. Mas não é tudo. Os mentores tornam o aprendizado divertido. O relacionamento com eles ameniza o estresse do esforço e o ajuda superar frustrações, à medida que extraem o melhor de você. Adam Grant diz que os mentores podem ser nossos guias no caminho da determinação e da prática deliberada:

> Na verdade, quase todos aqueles que alcançam renome mundial em suas respectivas áreas tiveram um treinador ou professor que transformou a atividade em diversão. Se você se destaca e adquire maestria em alguma coisa, o trabalho se torna mais divertido e agradável. Frequentemente esquecemos o efeito inverso: muitas vezes, o interesse precede o desenvolvimento do talento. Um treinador ou professor que realmente torne algo empolgante que levará alguém a se esforçar o suficiente para se tornar um especialista.

Diversão geralmente não se insere na mesma categoria "trabalho duro", "expertise" e "ser o melhor". Diversão é um aspecto emocional, que é importantíssimo. E não basta você gostar muito de seus mentores; aqueles que realmente farão você ser bem-sucedido também precisam gostar de *você*.

Judd Apatow teve alguns mentores incríveis, mas uma das razões sutis, ainda que vitais, que fez a interação funcionar para ele foi a conexão pessoal. Apatow percebeu que eles também haviam sido garotos solitários que adoravam comédias. Sentir essa conexão não é só bom; é essencial. As pesquisadoras Penelope Lockwood e Ziva Kunda descobriram que a diferença entre ser inspirado por um indivíduo exemplar e ser desmoralizado por um se reduz a duas coisas: relevância e meta alcançável. Quando você se relaciona com uma pessoa em quem se espelha, você se sente motivado. E quando essa pessoa faz você sentir que pode fazer o mesmo, bum! O resultado é real.

Isso explica por que o programa tutorial de uma empresa, ainda que bem-intencionado, não funciona. Christina Underhill examinou pesquisas sobre programas tutoriais realizadas nas duas últimas décadas e descobriu uma divisão surpreendente. Sim, tutorias formais produziram pequenas melhorias, mas os resultados relevantes resultaram de mentores informais – do tipo que você descobre sozinho. Shane Snow relata: "Quando alunos e mentores se juntavam por conta própria e formavam relacionamentos pessoais, os discípulos se saíam significativamente melhor nos critérios de renda futura, estabilidade no trabalho, número de promoções, satisfação com o trabalho, estresse e autoestima."

Concordamos então que um mentor é importante, mas muita gente entende isso de forma errada: na verdade, um mentor tem que ser encontrado de maneira informal. Mas como encontrar o *certo*?

Abordar um mentor é um pouco diferente de usar uma rede de contatos. Você precisa de alguém de primeira classe, o que, por definição, significa que esse indivíduo é ocupado. Tem muita demanda. Será rigoroso. Precisa ser. Pessoas como Spencer Glendon, que não podem perder tempo. Têm muitas oportunidades, mas somente 24 horas por dia.

Assim, como conseguir aquele mentor incrível, que é a pessoa certa para você? Aqui estão cinco princípios:

Seja um bom pupilo, pequeno gafanhoto

Há quem diga: "Quando o aluno está preparado, o professor aparece." Se você estiver fazendo tudo o que pode para avançar na carreira, conseguir um mentor não será muito difícil. Por quê? Porque se você estiver fazendo um trabalho impressionante, pessoas mais bem-sucedidas que você notarão e desejarão ajudá-lo. Iniciantes talentosos e despachados são raros. Se as pessoas não perceberem, você está fazendo algo errado. Ou não está trabalhando com afinco ou não está se projetando o suficiente.

Trata-se daquele velho dilema do ovo e da galinha: "Não posso obter um emprego sem experiência, mas como posso obter experiência sem um emprego?" Pessoas preguiçosas poderão argumentar que é a mesma coisa: "Você está me dizendo que preciso ser bem-sucedido para ter um mentor, mas que preciso de um mentor para ser bem-sucedido." Errado.

Muitas pessoas querem um mentor por serem preguiçosas demais para fazerem o trabalho sozinhas. Pesquisas no campo da neurociência revelam que, quando um especialista fala, parte de nosso cérebro fica *bloqueada*:

> Em um estudo realizado em 2009, cientistas da Faculdade de Medicina da Universidade de Emory, liderados pelo médico Gregory Berns, professor de neuroeconomia e psiquiatria na Emory, descobriram que as pessoas de fato param de pensar quando alguém que elas consideram um especialista lhes oferece conselhos ou orientações [...] "Os resultados da ativação do cérebro sugerem que o processo decisório foi dirigido pela confiança no especialista."

Esse tipo de reação é ótimo para os professores da escola – eles estão sendo pagos. Você, por sua vez, está solicitando *de graça* o tempo de um indivíduo muito ocupado e muito talentoso. Nenhum mentor deseja que seu pupilo pare de pensar. O que ele deseja é oferecer informações suficientes para estimulá-lo – e não ser visto como uma enciclopédia ambulante.

O que faz um mentor pegar na sua mão e guiá-lo por mais alguns metros? Você provar que explorou todos os caminhos concebíveis e não pode mais avançar sem a ajuda dele. Ao perceber que você já fez tudo o que estava ao alcance, ele concluirá que você é inteligente, que não quer desperdiçar o tempo dele e que tem recursos. Quase todos os mentores veem a si mesmos dessa forma também, portanto vocês dois terão algo muito importante em comum.

Em vez de pensar no que você precisa, lembre-se do que ele provavelmente está pensando: *Sou o melhor na minha área e estou ocupado. Quem vale a pena ajudar de graça e no meu tempo limitado?*

Estude os mentores. *Realmente* estude os mentores

Se o mentor está no topo de sua área, haverá certamente informações sobre ele na internet. Estude. Estar intimamente familiarizado com o trabalho de alguém é algo raro e lisonjeiro.

Mas lisonjear alguém está longe de ser o único motivo da pesquisa. Como já explicamos, você precisa saber se aquela pessoa é a mentora indicada *para você*. Ver um rosto bonito de longe pode ser o bastante para você querer ficar com a pessoa, mas não é o suficiente para querer casar com ela. (É melhor assim, para seu próprio bem.) E não tenha ilusões, caro leitor: trata-se de um casamento, não de um romance passageiro.

Você precisa saber se aquele sujeito é realmente o melhor. E que não é um tolo. Dan Coyle, o autor best-seller de *O código do talento*, diz que o mentor ideal é aquele que o amedronta um pouco. Sim, ele precisa conhecer o assunto, mas também precisa ser capaz de motivar você.

Se ele considerar que você é mais inteligente do que a média, a pesquisa terá valido muito a pena. Em uma clássica experiência, Robert Rosenthal e Lenore Jacobson informaram a alguns professores que determinados alunos tinham um potencial muito alto. Quando os garotos foram testados, no final do ano letivo, constatou-se um aumento médio de 22 pontos de seus QIs. E aqui está a surpresa: os alunos haviam sido escolhidos ao acaso. Não eram especiais. Mas os professores, *acreditando* no que lhes fora informado, criaram uma profecia que induziu a própria concretização. Não que os professores tenham gastado mais tempo com aqueles alunos. Rosenthal acredita que eles "ficaram mais entusiasmados ao lecionar para aqueles garotos... E sutilmente comunicaram seu respeito e empolgação por eles, de modo que os próprios alunos se sentiram mais capazes de entender as matérias, melhorando o desempenho por conta própria".

Desperdiçar o tempo de um mentor é um pecado mortal

Sim, ele ficará aborrecido. O mais importante, porém, é que isso indica sua falta de talentos básicos. É como se ficasse estampado para o mentor: "Essa pessoa não está preparada para receber sua ajuda."

Escrever um e-mail longuíssimo para um indivíduo muito ocupado não demonstra que você é sério – demonstra que você é louco. Assim, respeite o tempo dele e vá devagar.

Fazer ótimas perguntas é um modo perfeito de construir uma relação. Mas a palavra-chave aqui é "ótimas". *Nunca faça a um mentor uma pergunta a que o Google possa responder facilmente.* Grave essa frase em pedra. Escreva com sangue acima de sua mesa. Tatue. Noções básicas (e gratuitas) sobre qualquer assunto podem ser obtidas no site da Khan Academy, que disponibiliza informações em vários idiomas. Tudo isso deve ser realizado previamente.

Fazer perguntas ao mentor é como conseguir vida extra em um videogame. Não as desperdice. Só as faça quando de fato forem importantes.

Seja persistente

No início, não pronuncie a palavra "mentor". Você não pediria alguém em casamento no primeiro encontro, não é? Você está tentando iniciar uma relação, não fechar um negócio. Vai demorar, é assim mesmo. Mas você terá que persistir. É você que está pedindo alguma coisa.

Ryan Holiday, autor best-seller, teve, para sua sorte, alguns mentores, como o escritor Robert Greene. Ele diz o seguinte:

> Faça-se presente. Você será facilmente esquecido por pessoas ocupadas, lembre-se disso. O segredo é encontrar maneiras de permanecer relevante e original. Só envie e-mails ou faça perguntas a intervalos que se situem na fina linha que separa o enfadonho do interessante. É mais fácil manter algo vivo do que reviver um morto... mas compete a você manter o sangue circulando, não ao mentor.

Para manter viva a relação, será preciso aplicar no mentor um desfibrilador de conversas – mas sem que isto se torne um incômodo. Faça o que ele sugerir, observe os resultados e deixe que ele perceba que faz diferença. É isso que eles querem. Se ele se mostrar receptivo, você pode seguir dizendo: "Fiz (meu dever de casa) e então achei que (passos seguintes realmente impressionantes) seria (complete a lacuna). Mas eu adoraria saber sua opinião. Acha que (estratégia bem pensada número um) seria bom ou (estratégia bem pensada número dois) seria melhor?

O ideal é que essas interações sejam uma troca de ideias, não um monólogo.

Deixe-os orgulhosos

É como aqueles filmes de artes marciais: "Não traga a desonra para a Antiga Ordem dos Ninjas!" Nenhum mentor quer sentir que perdeu tempo ajudando você. Afinal, os objetivos de ambos devem estar alinhados: tornar você uma pessoa incrível. Mas existe também um objetivo secundário: fazer seu mentor ficar bem na foto.

Dean Keith Simonton, especialista em reputação, diz que ser visto como uma grande referência impressiona por si só. E como saber quem é um grande mentor? Pelo sucesso de seus pupilos, é claro.

Portanto, pense em sua carreira, mas pense na deles também. Como já discutimos, muitos especialistas não são famosos por suas habilidades sociais. Mas alcançar o topo na sua área e ser alguém que pode transmitir conhecimentos aos outros é algo impressionante. Para um alto executivo, tornar-se famoso como criador de talentos, alguém que pode treinar futuros líderes, acrescenta muito a seu currículo e pode ser seu passaporte para o cargo de CEO.

Talvez você encontre um mentor que de fato o ajude a aperfeiçoar seus dotes, mas que não tenha a menor ideia de como lidar com a política do escritório. Isto é muito comum e não constitui problema. A solução? Encontre um segundo mentor. Pois é, mentores são como batatinhas: é impossível se satisfazer apenas com uma. No estudo de Roche sobre os executivos, o número médio de mentores era dois; entre as mulheres, três. Dean Keith Simonton explica:

> Futuros pupilos devem contar com muitos mentores, em vez de um só. O mesmo conselho tem sido dado com relação a modelos, e pelos mesmos motivos. Com diversos mentores para alicerçar seu crescimento, jovens talentos têm menos probabilidades de seguir a rota suicida da simples imitação. Em vez disso, serão obrigados a sintetizar a diversidade representada por seu treinamento. Uma síntese de técnicas, estilos ou ideias pode ser o passaporte para a fama.

Antes de encerrar esse assunto, há uma objeção mais comum que tenho que abordar. Talvez você já se sinta bem preparado. Talvez ache que avançou bastante e não precisa de um mentor. Você está enganado.

Atul Gawande é um cirurgião endócrino. E professor da Harvard Medical School. E faz parte da equipe de redação da revista *The New Yorker*. E já escreveu quatro best-sellers. E ganhou as célebres bolsas Rhodes Scholarhsip e MacArthur "Genius" Grant. E é casado e tem três filhos. (Todas as vezes que leio seu currículo, penso *Meu Deus, o que tenho feito com o meu tempo?*) Mas em 2011 ele achou que precisava de um mentor. Alguém que pudesse torná-lo melhor.

Pode parecer irônico (ou coisa de workaholic) que alguém tão preparado tenha sentido a necessidade de melhorar, mas não é assim que Gawande pensa. Todos os atletas têm treinadores. E muitos deles contratam especialistas diversos para cuidar de sua forma física, dieta e aspectos particulares de sua atividade esportiva. Assim, se alguém cujo trabalho é arremessar uma bola leva seu trabalho tão a sério que contrata orientação profissional, será que um cirurgião que corta pessoas todos os dias não deveria ter isso também? E o que aconteceu quando o renomado cirurgião Robert Osteen concordou em deixar a aposentadoria para ficar atrás de Gawande nas salas de operação, com um caderno em mãos? O que aconteceu quando o "Gênio" da Fundação MacArthur humildemente se submeteu a que alguém lhe mostrasse, em detalhes, todos os pequenos erros que estava cometendo? O número de complicações pós-operatórias sofridas pelos pacientes de Gawande diminuiu. O já grande cirurgião se tornara ainda melhor.

Todos podemos aprender com alguém. Se fizermos um amigo para a vida inteira nesse processo, ainda melhor. Judd Apatow era um garoto solitário com uma paixão. Fez então uma pequena aposta, procurou mentores em potencial e recebeu uma tremenda recompensa. E também fez amigos para a vida inteira... Mas a história não termina aí. Apatow está agora retribuindo a ajuda.

> Pessoas como Garry Shandling e James Brooks foram legais comigo, e realmente me ensinaram tudo o que sei quando trabalhei em suas apresentações. Para mim, é a parte natural do processo, quando você sempre precisa de ajuda. Em uma série como *Freaks and Geeks*, eu tenho uma equipe. Às vezes há jovens redatores na equipe, e muito talentosos; mas como ainda não sabem fazer o trabalho, parte da minha responsabilidade é ensinar a eles. Assim, minhas orientações são gratificantes para eles, mas também tornam meu trabalho mais fácil.

Com quem ele aprendeu o valor da retribuição? Com um mentor, é claro. Garry Shandling lhe disse: "Quando vejo jovens talentosos, quero que sejam tudo o que podem ser. Realmente, gosto de ajudar – e fazendo isso também sou ajudado. Sempre que oriento alguém, percebo que também estou aprendendo alguma coisa."

As pesquisas endossam Shandling. Yoda viveu tanto tempo e era tão calmo por uma razão: ensinar nos torna felizes. Orientar um jovem é indicador de felicidade futura quatro vezes maior do que saúde ou dinheiro. Portanto, se você tem suas habilidades, não pense em quem poderá ajudá-lo. Pense em quem você pode ajudar.

Agora você já sabe como criar uma rede de contatos, como encontrar um mentor e como se conectar com as pessoas. Mas às vezes as pessoas são difíceis. Às vezes são impossíveis. Como lidar com situações assim? Hora de usar armas pesadas.

Vamos aprender com pessoas que negociam com os caras mais difíceis que se possa imaginar, nas piores situações e com os riscos mais altos: negociadores de reféns.

• • •

Nas Olimpíadas de 1972, membros do grupo terrorista palestino Setembro Negro tomaram como reféns 11 atletas de Israel. A tragédia terminou num impasse entre a polícia e os terroristas. Quando a fumaça baixou, os 11 atletas estavam mortos, assim como cinco terroristas e um policial alemão. Como os ataques terroristas e outras situações de crise se multiplicaram na década de 1970, a polícia percebeu que teria que encontrar um modo melhor de lidar com esses problemas.

Até aquela época, o termo "negociação de crises" era quase desconhecido. Quando a polícia agia em incidentes com criminosos entrincheirados, cabia ao policial responsável, sem nenhum treinamento formal, negociar com eles. Invadir o local muitas vezes parecia o único modo de resolver o problema, apesar do parco registro de bons resultados. Mas dois sujeitos achavam que poderia haver um meio melhor.

Harvey Schlossberg era uma anomalia: um detetive da polícia com ph.D. em psicologia. Frank Bolz era um experiente veterano do Departamento de Polícia da Cidade de Nova York. Ambos acreditavam que conversar com os sequestradores era o melhor caminho para reduzir baixas e resolver esses casos graves. Ninguém jamais tinha tentado isso, e muitas pessoas que consideravam o uso da força como a única opção resistiram aos métodos que eles propuseram. Eles então elaboraram um manual para ser usado pela polícia de Nova York, mas tiveram dúvidas se funcionaria quando vidas estivessem em jogo. O sistema que conceberam foi testado muito antes do que jamais imaginariam.

Em 19 de janeiro de 1973, quatro integrantes de um grupo extremista islâmico entraram na John and Al's, uma loja de artigos esportivos no bairro de Williamsburg, no Brooklyn, e fizeram 12 reféns. Seguiu-se um tiroteio de três horas com a polícia. Um oficial foi morto, dois policiais e um dos criminosos ficaram feridos. Os sequestradores juraram que lutariam até a morte. Havia boas razões para que fossem levados a sério: a loja onde estavam não vendia apenas bolas de basquete e raquetes de tênis. Era também um verdadeiro arsenal, repleto de armas de fogo e munições destinadas a caçadores e praticantes de tiro.

Em vez de chamar uma equipe da SWAT para lidar com a enorme ameaça, uma equipe de análise decidiu não disparar nem mais um tiro. A única arma a ser empregada seria a psicologia. Ao chegarem ao local, Bolz e Schlossberg deram um simples conselho: conversem e aguardem. A conversa então começou. E continuaria por mais 47 horas, quase um recorde.

Um líder muçulmano obteve permissão para entrar na loja. Retornou com notícias preocupantes: "Eles estão querendo morrer por Alá." Como se não fosse o bastante, a polícia começou a sofrer pressões de origem inesperada: os moradores do bairro, uma comunidade negra. Os sequestradores eram negros e os agentes da lei ali presentes, em sua esmagadora maioria, eram brancos. Tensões raciais já eram elevadas em Williamsburg, e os agentes temiam que a comunidade se solidarizasse com os invasores à medida que o tempo passasse. Mas a polícia manteve seu plano e continuou a conversar.

Os sequestradores liberaram dois reféns com uma mensagem: queriam comida, cigarros e tratamento médico para o companheiro ferido. Em troca de mais um refém, um médico foi providenciado.

Na segunda noite, uma saraivada de tiros saiu de dentro da loja, mas os agentes não responderam ao fogo. Então, algo inesperado ocorreu. Com os sequestradores distraídos pelas negociações, os nove reféns remanescentes conseguiram escapar. Abrindo um buraco numa parede de gesso, eles subiram até a cobertura do prédio, onde foram resgatados pelo pessoal do Serviço de Emergência. Em pânico por terem perdido a vantagem, os sequestradores abriram fogo furiosamente contra os policiais que cercavam a loja. Naquele momento, a polícia já poderia invadir a loja sem se preocupar com a morte de reféns. Mas não o fez. Em vez disso, trouxe familiares dos atiradores para conversar com eles. Quatro horas depois, Salih Ali Abdullah, Shulab Abdula Raheem, Dawd A. Rahman e Yusef Abdullah Almussudig, o ferido, saíram da loja e se renderam. A ação terminara.

Os sequestradores deram centenas de tiros, mas os policiais só responderam com palavras. E ninguém mais saiu ferido.

A polícia de Nova York enviou seu manual ao FBI, para que fosse avaliado. O livreto não só foi aprovado como, ao longo daquele mesmo ano, os policiais federais iniciaram o próprio programa de negociações, em Quantico, Maryland. Hoje, cerca de 70% dos negociadores da polícia são treinados pelo programa do FBI. Enquanto os confrontos nesses casos apresentavam um índice de 78% de baixas, dados do FBI demonstram que negociações em que haja reféns têm 95% de sucesso.

Sabe qual é o lema, até hoje, da Equipe de Negociação de Reféns de Nova York? "Vamos conversar."

Muitas pessoas, quando ouvem falar de negociações que envolvem reféns, balançam a cabeça e dizem: "Por que eles não fuzilam o cara?" Mas essas pessoas não conhecem as estatísticas. Quando a polícia entra em confronto durante uma situação como essa, é a própria polícia que sofre o maior número de baixas. O confronto pode encerrar o caso rapidamente, mas pesquisas revelam que não encerra bem.

Fazemos o mesmo em nossos relacionamentos pessoais. As coisas saem dos trilhos, e, frequentemente, nossa resposta é brigar. Não com violência física, mas com gritos e discussões, em vez de conversar e negociar. Por quê? O filósofo Daniel Dennett diz que nossos cérebros estão programados para uma "guerra metafórica", acionada se houver discordância. Quando ocorre uma guerra, alguém é conquistado. Não se trata de uma discussão de fatos, com lógica; é uma luta até a morte. Não importa quem tem razão; se você vencer, eu perco. Em quase todas as conversas, há riscos para o status. Ninguém quer parecer idiota. Assim, como explica Dennett, estabelecemos uma situação em que aprender é o equivalente a perder.

Mesmo com provas sólidas e lógica impecável, quando se encurrala uma pessoa, o que acontece? Ela pode até desistir... mas passa a odiar você. Quando criamos uma situação de vencer-ou-perder, todos perdem.

Al Bernstein, psicólogo clínico, concorda. Chama isso de efeito "Godzilla *versus* Rodan". Quando outra pessoa começa a gritar e você começa a gritar também, seguindo a guerra metafórica, prédios são derrubados, Tóquio é arrasada, mas pouco se conquista. Você pode pensar "Eu só estou tentando explicar...", mas Bernstein diz que isso é uma armadilha. Explicar é quase sempre dominação velada. Você não está tentando educar, está tentando vencer. O texto nas entrelinhas é: "Por isso eu estou certo e você, errado." E é exatamente o que o outro lado vai ouvir, independentemente do que você diga.

Pesquisas em neurociência confirmam isso. Quando as pessoas estão irritadas com alguma coisa e você lhes mostra provas que entram em conflito com o que elas acreditam, as áreas do cérebro relacionadas com a lógica praticamente *desligam*. É isso que revela a imagem captada por ressonância magnética. As regiões associadas à agressividade ligam. No que diz respeito ao cérebro, não é discussão: é guerra. O cérebro não consegue processar o que está sendo dito; ele está tentando vencer. A cabeça funciona desse modo, a menos que você faça um esforço para controlá-la.

Tenho certeza de que alguns argumentadores empedernidos discordarão. Brigar nunca funciona? Claro que funciona. Pesquisas mostram que, se você tem poder e a outra pessoa não, a intimidação pode ser uma ferramenta muito eficiente... a curto prazo. Quando seu chefe grita, você provavelmente recua. Mas o que significa isso em termos de relacionamento? Chefes que usam a intimidação com demasiada frequência terão dificuldades em reter funcionários extremamente qualificados que tiverem outras opções. E não basta ser um gorila de duzentos quilos; você terá que *continuar a ser* um gorila de 200 quilos. Quando você intimida as pessoas, elas guardam na memória. E se depois o jogo virar, pode esperar uma vingança.

A polícia nova-iorquina teve discernimento suficiente para não cair nessa armadilha durante o incidente de Williamsburg. Mesmo depois que os reféns escaparam, os policiais não recorreram à violência. Não era a solução ideal. Alguns diriam que a polícia deveria ter entrado com tudo na loja, mas conhecemos as estatísticas e o resultado disso para os policiais.

Os mantenedores da ordem *lidam* com a vida e a morte. Pessoas comuns como você e eu, não. Mas agimos como se lidássemos. Nosso cérebro primitivo presume que todas as disputas são uma ameaça existencial: "A discussão sobre quem deve jogar fora o saco de lixo é uma questão de vida ou morte." Sim, somos muito racionais. Mas quando vidas estão em jogo, negociadores de reféns inteligentes como os da polícia de Nova York preferem a conversa à guerra. Após o episódio da década de 1970, o modelo de barganha prevaleceu. Nenhuma violência. "Vocês me dão os reféns, eu lhe dou o dinheiro." Soa melhor, não? Mas também traz problemas.

Essa prática sofreu uma mudança drástica na década de 1980. Foi quando os policiais se deram conta de que, apesar do grande sucesso das conversas, o modelo de troca não era aplicável a muitos dos problemas com os quais estavam se deparando. Na década de 1970 houve um aumento na ocorrência de sequestros de aviões, liderados por terroristas com exigências bem claras. Mas, na década de 1980, a polícia notou que 97% dos sequestros envolviam pessoas emocionalmente perturbadas, que não queriam dinheiro nem tinham pauta política.

Assim, nasceu uma segunda geração de princípios para negociações. Como o enfrentamento e a barganha não estavam dando bons resultados, o que os mediadores de crise e os policiais fortemente armados, que lidavam com criminosos violentos, viram como a melhor solução? *Empatia*. Homens violentos ou suicidas não respondem bem a sujeitos que soam como vendedores. A sinceridade e o foco nas emoções, entretanto, proporcionam soluções efetivas.

Em suas pesquisas sobre o assunto, Michael McMains descobriu que os policiais cometiam três grandes erros ao lidar com incidentes traumáticos: não enxergavam nuances, queriam resolver as coisas imediatamente e não se preocupavam com as emoções.

Você e eu cometemos os mesmos erros. Tudo bem, não lidamos com pessoas emocionalmente perturbadas. Quer dizer, muitas vezes lidamos com indivíduos emocionalmente perturbados; só que os chamamos de colegas de trabalho ou membros da família. Não são terroristas fazendo exigências (embora às vezes pareça que sim). Geralmente, estão apenas magoados. Só querem ser ouvidos.

Os negociadores de reféns vivem as situações intensas, porém a postura que adotam do princípio ao fim de uma crise é de aceitação, boa vontade e paciência. Uma vez mais, retornamos à amizade. Assim como a guerra, a amizade é uma coisa que entendemos instintivamente. Aceitação, boa vontade e paciência são qualidades que merecem nossa atenção, pois em muitas situações difíceis com as pessoas que amamos, infelizmente, não obtemos nenhum resultado concreto.

John Gottman pesquisa relacionamentos e descobriu que 69% dos problemas entre casais são perpétuos. Não são solucionados. Por isso a abordagem de barganha não funciona. Precisamos escutar, interagir e compreender. Assim, mesmo que os problemas não sejam resolvidos, o casamento pode seguir em frente. Quando nos concentramos apenas nas barganhas concretas, e não nos sentimentos, as coisas começam a desmoronar.

Todos nós já experimentamos o poder dos sentimentos. Estar de mau humor transforma você em uma pessoa bem diferente. Quando você se sente irritado por estar com fome, por exemplo. Você come alguma coisa e bum!... Está tudo certo com o mundo e você volta a ser uma pessoa agradável. Um estudo demonstrou que a comida é uma eficiente ferramenta de persuasão: "O consumo de um alimento induz um momentâneo sentimento de condescendência direcionado a quem o serviu, que se torna mais forte quando o alimento está sendo ingerido e enfraquece rapidamente após o consumo." Quando comemos um cheeseburger, nos sentimos melhor e ficamos mais propensos a fechar um negócio.

As emoções fazem as pessoas mudarem de comportamento. Em seu programa *Crowd Control* (Controle de multidões), Dan Pink tentou fazer as pessoas pararem de usar ilegalmente as vagas para pessoas com deficiências em estacionamentos. Quando sua equipe mudou a sinalização, de modo a incluir a fotografia de uma pessoa numa cadeira de rodas, a ocupação ilegal das vagas não diminuiu, ela acabou. Ver o rosto da pessoa, pensar como o outro se sentiria, fez toda a diferença.

Algo assim seria aplicável a brigas no escritório? A negociações difíceis? Sim. Lembre-se de qual é a parte mais importante, segundo o professor Deepak Malhotra, de uma negociação salarial: seu chefe precisa gostar de você.

Por que a amizade é uma ferramenta tão poderosa para lidar com as pessoas, mesmo nos negócios? Tudo se resume àquilo que os negociadores chamam de "geração de valor". Quando estamos negociando, sempre calculamos os custos e benefícios a curto prazo. Sem a lealdade e a confiança da amizade, a situação é competitiva por natureza. Não queremos que a outra pessoa ganhe mais do que nós. Mas quando tratamos a relação como uma amizade, trocamos mais informações e podemos explorar novas formas de atender às necessidades mútuas. O que é barato para você pode ser caro para a outra parte, e vice-versa. Em vez de tentarmos ficar com uma fatia maior do bolo, podemos aumentar o bolo para todo mundo. Pesquisas demonstram que muitos elementos da amizade conduzem boas negociações: pessoas felizes são negociadores melhores. Quando as pessoas se sentem bem com o processo de negociação ficam mais propensas a fecharem o acordo, e ambas as partes ficam felizes com os resultados. E quando fazemos brincadeiras, como entre amigos, aumenta a confiança.

Para resolvermos conversas difíceis, precisamos de menos Moldávia e mais Islândia. A seguir, veremos quatro passos – baseados na negociação de reféns e na psicologia clínica – que o ajudarão a transformar guerras em discussões amigáveis.

Mantenha a calma e vá devagar

Não fique irritado. Como controlar sua irritação? Al Bernstein recomenda que você faça de conta que está falando com uma criança. Você não tentaria trazer à razão uma criança que está aos berros, nem ficaria furioso com os gritos dela. Você apenas ignoraria a histeria e trataria do problema subjacente. Lembre-se do efeito Godzilla *versus* Rodan. A polícia nova-iorquina ensina aos seus negociadores de reféns que o comportamento deles é contagioso.

Vá devagar. A raiva da outra pessoa arrefecerá com o tempo se você não a agravar gritando de volta. Apressar as coisas gera uma pressão que apenas intensifica o processo decisório emocional, em oposição ao processo decisório racional. Al Bernstein costuma dizer: "Por favor, fale mais devagar. Eu quero ajudar você."

Use a escuta ativa

Escutar de forma ativa significa que você está escutando e deixando seu interlocutor saber que você está escutando. Não faça assertivas. Chris Voss, ex-negociador de reféns do FBI, com experiência internacional, diz que você deve fazer perguntas abertas. As que começam com "o que" ou "como" são as melhores, pois é muito difícil responder a elas com apenas sim ou não.

Não julgue nada do que o outro disser. Apenas escute, meneando a cabeça afirmativamente. De vez em quando repita o que está ouvindo. Seu objetivo é levá-lo a responder "Exatamente". Se você for capaz de repetir a essência do que ele disser, ele não poderá gritar: "Você não entende!" Veja tudo como um jogo. Banque o detetive.

Parece uma coisa simples, mas pode ser complicada. Você precisa resistir ao impulso de abrir a boca quando ouvir alguma coisa da qual discorda. Sua atenção poderá diminuir. Somos capazes de ouvir e entender setecentas palavras por minuto; mas as pessoas só falam cem palavras por minuto. Essa diferença pode fazer sua mente divagar. Concentre-se.

Ouvir e deixar claro que está ouvindo pode fazer uma enorme diferença. Qual característica que, segundo o especialista John Gottman, mais ajuda um relacionamento amoroso a melhorar? Ser um bom ouvinte. E a razão que mais leva funcionários a se demitirem? Acharem que não são ouvidos pelos chefes.

Rotule as emoções

Lembre-se de que você deve se concentrar em sentimentos. Responda às emoções do interlocutor dizendo "Parece que você está furioso" ou "Parece que isso realmente o chateia". Negociadores de reféns costumam usar frases assim para demonstrar compreensão e esfriar cabeças quentes. E pesquisas no âmbito da neurociência revelam que nomear as emoções contribui para reduzir sua intensidade.

Leve-os a pensar

Devemos acalmar o monstro da raiva que ocupa a cabeça do interlocutor colocando novamente para funcionar a parte pensante de seu cérebro. Uma vez mais, use perguntas, não afirmações. Al Bernstein gosta de perguntar: "O que você gostaria que eu fizesse?" Isso força o interlocutor a pensar e considerar opções, em vez de simplesmente estourar.

Finja que é Sócrates. Não resolva o problema de seu interlocutor e lhe diga o que fazer. Essa atitude coloca você novamente em uma guerra metafórica. Ajude seu interlocutor a resolver o próprio problema fazendo perguntas e repetindo as respostas. De maneira sutil, ajude-o a analisar se o que ele está dizendo faz sentido.

Se ele encontrar uma solução, é provável que a ponha em prática. Ele não precisa admitir uma derrota nem dizer "Você tem razão". E, resolvendo o próprio problema, baixará mais a guarda.

•••

Quando os sequestradores de Williamsburg perderam seus cativos, a polícia poderia ter invadido o local. Não o fez. Trouxe as famílias dos sequestradores para conversar com eles. Empatia. Comunicação. E tudo funcionou da melhor forma possível.

O enfrentamento só funciona se você for, de longe, o maior e o mais forte; e se tiver certeza de que continuará assim. (Essa circunstância é mais rara do que costumamos pensar.) Quando o enfrentamento parecer a única solução, em geral é melhor ir embora. A guerra não funciona bem para quem está no negócio da "guerra", como os agentes da lei, e não funcionará bem para você. Os melhores resultados são obtidos quando você se mostra amigo, escuta o outro e lhe faz perguntas.

Sabemos como evitar conflitos e manter um relacionamento. Mas qual é a coisa mais importante, aquela que faz as pessoas desejarem ser suas amigas a longo prazo? Uma coisinha chamada gratidão.

•••

Seja qual for o sucesso que você já tenha alcançado na vida, quantas pessoas o ajudaram a tornar isso possível? Família, amigos, professores, mentores? Quantas pessoas o ajudaram, consolaram ou lhe deram esperanças quando você necessitou? Nenhum de nós – nem mesmo Newton – pode fazer tudo sozinho.

Você já reservou algum tempo para agradecer sinceramente a todos? Claro que não. Você está ocupado.

Quando somos jovens, achamos que tudo vem de forma natural. Às vezes, só anos mais tarde percebemos como a ajuda de alguém foi importante. Agradecer, agradecer mesmo, pode ser embaraçoso, sobretudo quando já se passou algum tempo, mas frequentemente lamentamos não ter dito "obrigado". Ainda mais quando já não é possível fazê-lo. Como a escritora Harriet Beecher Stowe disse uma vez: "As lágrimas mais amargas derramadas sobre os túmulos são pelas palavras não ditas e atos não realizados."

No entanto, houve um sujeito que de fato agradeceu a *todas* as pessoas que o ajudaram. Seu nome é Walter Green.

Walter valorizava seus relacionamentos mais do que qualquer coisa, porém, como muitos de nós, sempre esteve ocupado demais durante grande parte de sua vida. Ele foi muito bem-sucedido como presidente e CEO da empresa que criou, a qual chegou a ter cerca de 1.400 funcionários. Por fim, ele vendeu a firma e se aposentou com todos os confortos. Teria sido fácil passar o tempo todo no campo de golfe. Mas alguma coisa o incomodava. Ele nunca agradecera a seus pais como desejava.

Não podemos censurá-lo: seu pai infelizmente teve um infarto fulminante quando Walter tinha só 17 anos. Então, como dispunha de bastante tempo livre, Walter decidiu fazer o que podia. Ele ia agradecer a todas as pessoas que haviam possibilitado seu sucesso.

"Agradeça pelo que tem" não é apenas um bom conselho que sua avó lhe deu; é também uma das formas mais cientificamente provadas de aumentar sua felicidade. Escrever as coisas boas que lhe aconteceram antes de se deitar já aumenta seu nível de felicidade – isso foi repetidamente comprovado.

Walter então sentou-se e contou todos os indivíduos que o haviam ajudado em sua trajetória. Ele os chamou de "meus 44". Quarenta e quatro pessoas. Havia os amigos que o ajudaram a se encontrar na faculdade; seu irmão mais velho, que tomou conta dele após a morte do pai; o médico da família, que manteve seus filhos sempre saudáveis; os mentores que o aconselharam; os pupilos que o deixaram orgulhoso; os colegas que lhe deram apoio; seu assistente durante 25 anos; seus filhos; e o amor de sua vida, sua mulher Lola. As idades variavam de 28 a 87 anos. Quarenta e quatro pode parecer um número alto, mas, se você puxar pela memória, provavelmente chegará a um número parecido de pessoas que, ao longo dos anos, contribuíram para sua formação. Isso serve para mostrar como é fácil esquecer quantas pessoas tiveram influência na sua vida.

Walter desenvolveu um projeto de gratidão. Uma espécie de prêmio pelo conjunto da obra, mas um prêmio concedido, em vez de recebido. Necrológios são muito mais valiosos quando feitos antes que alguém se vá.

Ele queria dizer aos seus 44 como eles eram significativos. Lindo, não? Mas havia uma particularidade...

Walter não iria enviar uma mensagem de texto. Nem um e-mail. Nem mesmo dar um telefonema. Levava a sério esse lance de agradecer. Portanto, entrou em um avião – na verdade, em um monte de aviões – e visitou cada um de seus 44 para expressar sua gratidão olho no olho. Percorreu o país inteiro e chegou a viajar para o Quênia. Passou um ano fazendo isso.

O primeiro passo era telefonar a cada um deles e marcar um encontro, dizendo o que planejava fazer. Qual foi a resposta mais comum?

"Walter, você está *bem*?"

Prova de como a gratidão verdadeira é rara. Ao explicar melhor, Walter ouvia: "Walter, você *tem certeza* de que está bem?"

Ele se preparava para cada encontro perguntando a si mesmo: "Que diferença essa pessoa fez na minha vida?"

Assim começou a jornada de Walter para manifestar sua gratidão. Ele encontrava as pessoas em casas, em quartos de hotéis, em escritórios, em restaurantes para uma refeição. Com cada um, falava sobre como haviam se conhecido. (Nos relacionamentos que se estendiam havia mais de quarenta anos, alguns já nem se recordavam.) Lembranças eram compartilhadas. Walter fazia então um agradecimento sincero, sob medida para cada um, pela contribuição que aquela pessoa dera em sua vida.

A última pergunta a todos era qual a opinião que tinham a seu respeito. Não era narcisismo. No conjunto, aquelas pessoas o conheciam há mais de *mil anos*. Haveria coisa melhor para saber quem ele fora e quem havia se tornado? Eles poderiam responder às eternas perguntas que nos assaltam à noite: *"Quem sou eu?"*, *"Estou fazendo as coisas certas?"*, *"Estou fazendo o suficiente?.*

(Walter é também um grande abraçador, portanto nenhum encontro terminava sem um caloroso abraço.)

Enquanto conversava, ele não fazia anotações. Queria concentrar toda a sua atenção nos interlocutores. Mas gravou todas as conversas. Quando o ano terminou, enviou um CD com a conversa a cada um. O presente também incluía uma foto de ambos, tirada durante o encontro, e uma carta descrevendo o que vivenciara naquele ano de gratidão.

Expressar a gratidão não ajudou apenas Walter. Muitos dos seus 44 sentiram-se inspirados a agradecer aos que os haviam ajudado. Um deles até iniciou um programa educativo para crianças sobre a importância de se honrar os relacionamentos. Há muitos métodos cientificamente testados para que as pessoas se sintam bem, mas o que torna a gratidão tão especial é que ela sempre faz os dois envolvidos felizes.

Quando o ano terminou, um amigo perguntou a Walter: "O que você ganhou com isso?" Walter percebeu que não havia pensado no assunto. Então falou a primeira coisa que lhe veio à cabeça: *paz de espírito*.

Depois disso, quando estava em um cruzeiro com a esposa, Walter teve uma dor no peito. O médico do navio disse que seu eletrocardiograma estava anormal. Sua pressão sanguínea aumentara em 50%. Walter sabia que seu pai havia morrido de infarto. Poderia ser o fim...

Mas ele percebeu que estava mais calmo do que esperava. Estava em paz. Havia expressado sua gratidão. Sua vida parecia completa.

Constatou-se que não era um ataque cardíaco. Apenas um problema muscular. Mas não havia prova maior de que seu ano de gratidão o mudara do modo mais fundamental. Como William Arthur Ward disse certa vez: "Sentir gratidão e não a expressar é como embrulhar um presente e não o entregar." Walter entregara o presente. Encontrara paz e amor. E ambos são muito melhores quando ainda se pode desfrutar deles durante anos. E compartilhá-los.

•••

Você e eu fizemos um bocado de amigos neste capítulo – Paul Erdös, Isaac Newton, Judd Apatow, Walter Green – e até aprendemos a formar uma rede um pouco melhor do que Harvard ou o MIT. Vamos agradecer a todos lembrando alguns ensinamentos, certo?

SAIBA QUEM VOCÊ É

Para que remar contra a maré? Simplesmente saber se você é um líder filtrado ou não filtrado pode colocá-lo no rumo. O mesmo acontece se você descobrir se é um introvertido, um extrovertido ou um ambivertido e se assegurar de que tudo esteja alinhado com isso, de modo a alavancar seus superpoderes naturais. No capítulo 1 era "escolha a lagoa certa"; aqui é "escolha o papel certo". Os bons de papo não devem se dedicar a pesquisas de laboratório e ratos de bibliotecas fariam melhor em não trabalhar como vendedores. As respostas, obviamente, são mais claras nos extremos. Assim sendo, os ambivertidos precisam sondar o terreno um pouco, para verificar onde poderão obter o melhor com seu lado introvertido e o melhor com seu lado extrovertido.

NO FINAL, SEMPRE SE TRATA DE AMIZADE

Por favor, pare de usar o termo "networking". De mentores a colegas, nosso cérebro não processa "contatos" muito bem. E é aí que a situação pode se tornar confusa. No entanto, somos realmente bons com as palavras "nós" e "eles", "amigos" e "inimigos". Portanto, lembre-se do jardim de infância e faça amigos. Quase todos os princípios da influência giram em torno da amizade. Usar essas técnicas não significa falta de sinceridade se você realmente está tentando ter um parceiro.

OS MAIS BEM-SUCEDIDOS ESTÃO SEMPRE DOANDO E RECEBENDO

As conquistas de Gawande quase me fazem chorar. Mesmo assim, o sujeito ainda achou que precisava das orientações de um mentor. E sempre doando aos outros, Panda construiu a maior rede de contatos do Vale do Silício. Não são duas lições separadas; é a mesma lição. Se você não estiver sempre doando e recebendo, nunca atingirá seu potencial de progresso. Peça ajuda aos que estiverem acima de você, divida seus doces com quem estiver abaixo e você irá longe, pequeno gafanhoto.

SUA REDE SEMPRE O INFLUENCIA, GOSTE VOCÊ OU NÃO. CERTIFIQUE-SE DE QUE ELA É BOA

Inúmeras vezes vemos que pessoas ao nosso redor nos afetam. Elas podem nos tornar mais felizes, mais saudáveis e mais bem-sucedidos... ou o contrário. Grande parte dessa influência é sutil e gradual. Você não a nota. Mamãe disse para não andar com má influência, e ela tinha razão. Uma pesquisa feita por Nicholas Christakis, na Universidade Yale, aponta que o networking amplifica tudo o que há nela, bom ou ruim. Portanto, cerque-se sempre de pessoas que são como você gostaria de ser.

•••

Lembre-se, o primeiro passo em uma rede de contatos é manter os relacionamentos que você já tem. Como fazer isso? Pesquisa publicada pela revista *Cognition and Emotion* revela que a gratidão é a característica que faz as pessoas quererem passar mais tempo com você. A gratidão é a arma nuclear tática da felicidade e a pedra angular de relacionamentos duradouros.

Se é tão simples – basta achar tempo para dizer obrigado –, por que todos nós não o fazemos? Pesquisadores chamam o fenômeno de "adaptação hedônica". Eu chamo de "aceitar como coisa natural". Quando você adquire uma casa nova pela primeira vez, ela é a maior coisa que já aconteceu na sua vida. Um ano mais tarde é aquele sorvedouro de dinheiro que precisa de uma reforma no telhado. A alegria do novo nunca perdura. E isso acontece com tudo.

Um exemplo melhor? Tim Kreider levou uma facada no pescoço quando estava de férias. O corte ficou a 2 milímetros da carótida, o que ele descreve como a diferença entre "voar para casa no compartimento de carga em vez de na classe econômica". Ele sobreviveu. No ano seguinte, nada o chateava.

Ele achava que tinha muita sorte só de estar vivo. Ser esfaqueado tirou a relevância de qualquer coisa negativa. "Vou me incomodar com isso? Já levei uma facada no pescoço!"

Então, a adaptação hedônica se manifestou. Ele se viu incomodado com pequenos detalhes novamente – trânsito, problemas no computador. Ele voltou a aceitar o fato de estar vivo como uma coisa natural. Como todos nós fazemos.

Mas ele teve uma ideia. Para se lembrar de quanta sorte teve, todos os anos ele celebra o "aniversário da facada". É o que se deve fazer. Encontrar tempo para ser grato pelo que você tem desfaz a "adaptação hedônica". E qual o melhor modo de fazê-lo? Agradeça às pessoas ao redor. Os relacionamentos são fundamentais para a felicidade, e encontrar tempo para dizer "obrigado" renova a sensação de bem-aventurança.

Minha recomendação final é ser como Walter Green: fazer uma visita de agradecimento. Não se trata apenas de uma ideia fofinha. Uma pesquisa realizada por Martin Seligman na Universidade da Pensilvânia demonstra que fazer uma visita de agradecimento é uma das formas mais poderosas de alguém se sentir feliz e, no processo, ainda fazer outra pessoa feliz.

É muito simples. Seligman recomenda escrever uma carta de agradecimento para uma pessoa. Em termos concretos: fale sobre o que ela fez por você e como isso influenciou sua vida. Depois, marque uma visita, mas não explique o motivo. Quando vocês se encontrarem, leia a carta. Tenho uma recomendação adicional: leve lenços de papel. Vocês provavelmente vão chorar. E ambos se sentirão mais felizes.

Talvez você não tenha um orçamento para viajar como Walter. Um e-mail ou uma mensagem de texto funcionam muito bem. Estudos revelam que a gratidão dá aos amigos uma injeção de ânimo e aumenta a satisfação com a relação de vocês. Gratidão não melhora apenas as amizades. Também melhora as relações de trabalho. Um estudo concluiu que, apesar de agradecermos regularmente aos nossos familiares, somente 15% das pessoas mostram gratidão no trabalho. E 35% dos entrevistados disseram que seus chefes nunca o fazem.

Você não deve ser tão ocupado – nem os outros – que não possa fazer um breve e sincero agradecimento. Você pode achar que eles já sabem como você se sente, mas demonstrar o sentimento constitui a verdadeira magia da coisa. (Aproveito para lhe agradecer por estar lendo este livro agora, pois, se eu aparecer na sua casa para fazer isso, vai parecer um pouco estranho.)

Resolvemos a questão do que você conhece *versus* quem você conhece. Mas e quanto à atitude que tomamos com relação às pessoas e às nossas carreiras? Todos estão sempre dizendo que precisamos ser confiantes. A autoconfiança é algo inegavelmente poderoso e tem enormes efeitos sobre nós e sobre como os outros nos veem, mas é também uma das maiores facas de dois gumes que serão abordadas neste livro.

Você deve ser confiante e otimista independentemente das circunstâncias? Ou isso é o que fazem pessoas iludidas, que leram muitos livros de autoajuda? Para encontrar as respostas, vamos examinar o que acontece quando um dos indivíduos mais inteligentes do mundo se depara com uma autoconfiança tão extrema que nenhum ser humano pode igualar.

CAPÍTULO 5

Acredite em si mesmo... às vezes

O que podemos aprender sobre andar na corda bamba entre a confiança e a ilusão com mestres do xadrez, unidades militares secretas, vigaristas do kung fu e pessoas que não sentem medo

Não tinha sentido. Por que o computador faria aquilo?

Ele olhou para o relógio. Não queria perder muito tempo em um único movimento, mas aquilo realmente o estava incomodando.

O ano era 1997 e Garry Kasparov, o maior Grande Mestre de xadrez, jogava contra o Deep Blue, um supercomputador da IBM, enquanto o mundo assistia. Não se tratava apenas de um jogo amistoso; aquele confronto havia se transformado em um debate épico sobre quem era mais inteligente: o homem ou a máquina.

Na verdade, era uma revanche. Kasparov havia vencido com facilidade a série do ano anterior, perdendo apenas uma de seis partidas. No documentário *The Man vs. The Machine* (O homem contra a máquina), o Grande Mestre Maurice Ashley assim o descreveu:

Tratava-se do maior jogador de sua geração. Já era campeão mundial havia 12 anos, sendo o jogador mais bem ranqueado em toda a história do xadrez

[...] Quando entrava num torneio, os competidores almejavam o segundo lugar, não o primeiro. Sabiam que aquele cara iria massacrar todo mundo.

Mas o Deep Blue não era preguiçoso. Embora tivesse perdido para Kasparov a série do ano anterior, vencera o primeiro dos seis jogos.

A bem financiada equipe de engenheiros da IBM havia aprendido com a derrota e passara o ano aperfeiçoando o software do Deep Blue.

Apesar disso, Kasparov estava confiante. Como disse Joel Benjamim, consultor de xadrez da IBM: "Ele tem, sem dúvida, um ego saudável, o que geralmente é um fator positivo para os campeões. É melhor ser confiante demais do que não ser confiante o suficiente."

Porém, naquele momento, a máquina fizera Kasparov hesitar. Era o 44º movimento da primeira partida, e Deep Blue deslocara sua torre de d5 para d1. Por mais que tentasse, Kasparov não conseguia entender o que o adversário pretendia com aquele lance.

A mente de Kasparov começou a dar voltas. O relógio avançava.

Será que foi um erro? Era uma pergunta perigosa. Para Kasparov, presumir que o oponente dera uma mancada só porque ele não havia entendido um movimento parecia uma visão autocentrada e descuidada. Era fácil demais subestimar a máquina só porque a vencera no ano anterior.

Ele era o maior Grande Mestre vivo. Se não conseguisse entender o que o computador estava fazendo, ninguém conseguiria. Mas enquanto o Deep Blue tinha acesso a todos os jogos anteriores de Kasparov e sabia do que ele era capaz, Kasparov sabia muito pouco sobre o que a máquina podia fazer. E se fosse mais inteligente do que ele supunha? E se conseguisse pensar vinte lances à frente, em vez de cinco ou dez?

Talvez seja algo que eu não tenha inteligência suficiente para perceber.

O 44º lance acabou não influenciando o jogo. Kasparov venceu... mas ficou visivelmente abalado.

Na segunda partida, o Deep Blue realizou outro movimento inexplicável. "Deveria" ter avançado a dama, mas moveu um peão. Era um movimento até bom para Kasparov, porém, mais uma vez, *não fazia sentido*... a menos que a máquina fosse mais esperta do que ele. Ele se remexeu desconfortavelmente na cadeira. Alguns movimentos depois, ficou claro para todos os que acompanhavam que o Grande Mestre não poderia vencer, mas poderia arrancar um empate. No entanto, Kasparov estendeu a mão para o representante humano do Deep Blue, abandonando a partida.

Nos demais jogos, o estilo de Kasparov mudou drasticamente. Tornou-se defensivo. As partidas três, quatro e cinco terminaram empatadas. No jogo seis, Kasparov cometeu um erro de principiante e caiu numa armadilha comum. Ele deveria ter percebido. Mas estava intimidado. A sexta partida era a última da série. Ao perdê-la, Kasparov perdeu o duelo.

A máquina finalmente vencera o homem. Mas o Deep Blue seria mesmo genial? Poderia pensar vinte lances à frente e usar estratégias desconhecidas para um Grande Mestre?

Nada disso. Na verdade, ocorreu o contrário. O inexplicável movimento da torre na primeira partida? Consequência de um defeito no programa. Um erro no código.

A IBM preparara uma solução para esse tipo de problema. Para evitar que a máquina "congelasse", o programa faria uma jogada totalmente aleatória. E foi o que fez.

Kasparov, é claro, não tinha conhecimento disso. Ao ver a jogada, imaginou que o Deep Blue sabia o que ele estava fazendo – o que não era o caso. Isso o deixou incomodado. Ele leu o movimento aleatório do computador como um lance genial e ousado, como uma prova de que a máquina era mais inteligente do que ele. E a resultante perda de autoconfiança acarretou seu revés.

Como os comentaristas argumentaram mais tarde, Kasparov *poderia* ter obtido um empate na segunda partida, mas achou que estava derrotado e abandonou o jogo. Sem confiança na própria capacidade, achou que a máquina jogava melhor.

Em geral, Kasparov podia olhar seu oponente nos olhos para tentar descobrir suas intenções. *Estaria blefando?* Mas o Deep Blue nunca hesitava. Não era nem capaz de hesitar. Isso abalou num segundo a autoconfiança de Kasparov.

Às vezes, a simples *aparência* de autoconfiança pode ser a diferença entre vencer ou perder.

•••

Mas vamos ao ponto principal: sim, pessoas bem-sucedidas são confiantes. E quanto mais bem-sucedidas são, em geral mais confiantes se tornam.

Marshall Goldsmith, um dos líderes do pensamento empresarial segundo a revista *The Economist*, disse o seguinte:

> Pessoas bem-sucedidas costumam se superestimar com relação a seus pares. Eu pedi a cerca de cinquenta mil participantes de meus programas de treinamento que comparassem o próprio desempenho ao de seus colegas de profissão. Entre 80% e 85% se ranquearam entre os primeiros 20% de seu grupo; cerca de 70% entre os primeiros 10%. Os números são ainda mais ridículos entre profissionais aos quais a sociedade atribui mais status, como médicos, pilotos e banqueiros.

Realmente, não existe falta de confiança entre os grandes realizadores. Nikola Tesla, o homem que desenvolveu o sistema elétrico que mantém nossas casas iluminadas, não assinava o que fazia com o próprio nome, mas com as iniciais "GI" (sigla para "Grande Inventor"). Humildade não era seu forte.

Um estudo intitulado "Autoestima e renda" demonstrou que o nível de confiança é *pelo menos* tão importante quanto a inteligência quando se trata de ganhar dinheiro.

Já perguntou a si mesmo se pessoas de boa aparência são mais bem-sucedidas? São. Mulheres bonitas ganham 4% a mais, enquanto homens bem-apessoados ganham 3% a mais. Pode não parecer muito, mas, para o trabalhador médio, representa mais de 230 mil dólares no decurso de uma carreira. Enquanto isso, mulheres pouco atraentes recebem 3% a menos, e homens feios recebem incríveis 22% a menos. E o mais surpreendente: os belos não recebem mais porque gostamos de olhar para eles. Estudos indicam que a boa aparência os torna mais confiantes.

Mais confiança proporciona mais benefícios. Pesquisas revelam que a confiança excessiva aumenta a produtividade e faz a pessoa escolher tarefas mais desafiadoras, o que a faz se destacar no local de trabalho. Essas pessoas têm mais possibilidades de serem promovidas do que aquelas que, na verdade, produziram mais. Como comentamos antes, se você fala primeiro e fala mais – um comportamento muito autoconfiante –, os outros o veem como líder.

Ser excessivamente confiante pode iludir você? Com certeza. Mas pode ser bom também. Novamente, Marshall Goldsmith:

De uma forma positiva, as pessoas bem-sucedidas são "delirantes". Costumam ver a própria história como uma validação de quem são e do que fizeram. Essa interpretação positiva do passado gera um otimismo crescente com relação ao futuro e aumenta a probabilidade de sucesso.

Segundo um estudo, "Os devaneios têm sido associados à redução de estresse, megalomania positiva e ampliação da tolerância à dor, as quais podem aumentar a motivação e o desempenho em atividades competitivas".

Até certo ponto, quase todos nós temos ilusões positivas a respeito de nós mesmos. Em 1997, a revista *U.S. News and World Report* fez uma pesquisa em que perguntou às pessoas quem tinha mais chances de ir para o céu quando morresse. O presidente Bill Clinton registrou 52%, Michael Jordan ficou com 65% e Madre Teresa de Calcutá atingiu 79%. Mas quem obteve o maior percentual? Quem tinha 87% de chances de ir para o céu segundo os entrevistados? "Eu". As pessoas acharam que elas mesmas é que tinham as maiores probabilidades de entrarem no paraíso.

E assim chegamos à questão da arrogância. Toda essa autoconfiança não nos tornaria arrogantes? Infelizmente, há alguns aspectos positivos nessa frente também. Narcisistas, os reis e rainhas da confiança, saem-se melhor nas entrevistas de emprego. Um dos autores do estudo declarou: "Nós não desejamos, necessariamente, contratar narcisistas; mas acabamos fazendo isso, pois eles parecem mais autoconfiantes e capazes." Além disso, têm mais chance de alcançarem posições de liderança. Já foi demonstrado que a autoconfiança excessiva até aumenta o rendimento de equipes, enquanto a insegurança prejudica.

Por que a confiança é tão poderosa? Porque nos dá uma sensação de controle. Marshall Goldsmith explica:

> Indivíduos que se consideram candidatos ao sucesso enxergam oportunidades onde outros enxergam ameaças. Não têm medo de incertezas nem de ambiguidades, eles as aproveitam. Assumem mais riscos e obtêm melhores retornos. Se tiverem escolha, apostam em si mesmos. Pessoas bem-sucedidas têm um elevado "lócus de controle interno" [crença de que é possível controlar os eventos da própria vida]. Em outras palavras, jamais

se consideram vítimas do destino. Veem o sucesso como função de sua própria motivação e capacidade – não como sorte, acaso ou destino. Eles mantêm essa crença mesmo quando a sorte desempenha um papel decisivo em seu sucesso.

Kasparov não entendeu por que o Deep Blue moveu a torre, mas pensou que a máquina devia ter uma boa razão para isso. Sem conseguir encontrá-la, perdeu o controle da partida. Sem esse controle, perdeu a confiança e, por fim, a disputa.

Se a autoconfiança é tão poderosa, podemos apenas fingir que estamos confiantes quando não estamos?

...

Os americanos eram desleixados. Se continuassem assim, os alemães com certeza venceriam a guerra. O ano era 1944 e os nazistas já ocupavam a França havia quatro anos. Tinham espiões por toda parte. Os americanos achavam que não estavam sendo notados, mas os alemães acompanhavam todos os seus movimentos e estavam muito à frente.

Um grupo de soldados americanos havia roubado uma caixa de vinhos de um comerciante local. Mal sabiam os americanos que o comerciante era colaborador dos nazistas e integrante da rede alemã de espiões. Soldados dos Estados Unidos eram observados em botecos e bares. A inteligência alemã os havia estudado com tanta eficiência que os identificava mesmo quando não usavam as insígnias costuradas nos uniformes, que revelavam em que unidades serviam; era capaz de identificá-los até pelas canções que gostavam de cantar quando estavam bêbados.

Os nazistas não se limitavam a coletar informações passivamente. Sabiam como usá-las. Com base nas unidades avistadas em determinadas cidades – onde jipes de generais americanos (identificáveis pelas estrelas nos para-choques) eram visíveis – e fotos aéreas que revelavam movimentos da artilharia inimiga, os alemães haviam concebido planos para a vitória. Sabendo que uma divisão americana vinha em sua direção, o general nazista Ramcke deslocou dezenas de canhões antitanques 88mm para se assegurar de que os soldados dos Estados Unidos fossem surpreendidos ao chegarem.

Mas a verdadeira surpresa estava reservada para a Alemanha. Pois grande parte das informações coletadas pelos espiões era totalmente *falsa*.

Os americanos sabiam que o dono do bar colaborava com os nazistas. E sabia que, irritado, relataria o roubo aos alemães, revelando a presença deles. Sim, havia americanos bebendo em bares, mas somente dez, usando insígnias diferentes e cantando canções de diferentes unidades. Iam de bar em bar, mudando sempre as canções e as insígnias e criando a ilusão de uma formidável presença americana onde não havia nenhuma. E não era muito difícil passar a impressão de que generais dos Estados Unidos estavam se dirigindo a determinada cidade. Bastava pintar estrelas no para-choque de um jipe comum, embarcar um major com uniforme de general e pedir para que ele parecesse arrogante.

Não eram travessuras de uma turma de brincalhões. Era um trabalho das Tropas Especiais do 23º Quartel-General, apelidadas de "Exército Fantasma". Em 1943, Ralph Ingersoll e Billy Harris reuniram uma equipe cujo único propósito era enganar o inimigo, fazendo-os pensar que as forças americanas estavam onde não estavam, de modo a surpreender os alemães e induzi-los a levar armas e recursos para lugares onde não teriam utilidade. Ingersoll se referia à unidade como "meus vigaristas". Entre junho de 1944 e março de 1945, eles executaram 21 missões diferentes.

Trocar insígnias e alternar canções era apenas a ponta do iceberg. A unidade era constituída por três divisões: sonora, radioemissora e visual. A divisão sonora contava com 145 homens, que gravavam os sons de tanques, artilharia e soldados em movimento, e os projetavam, por meio de alto-falantes a uma distância de quase 25 quilômetros, levando o inimigo a pensar que uma tropa estava a caminho. Os 296 homens do grupo de rádio sabiam que os alemães escutavam as transmissões americanas. Assim, imitavam perfeitamente as idiossincrasias das diferentes unidades e forneciam informações erradas a respeito de onde estavam ou não as forças dos Estados Unidos. Os 379 homens do grupo visual eram em sua maioria artistas. Seu trabalho era dar a impressão de que havia um exército onde não havia nenhum. A ferramenta que mais usavam eram tanques infláveis de 42 quilos. Vistos a distância e do ar, pareciam de verdade. Com um trator para deixar rastros adequados, as gravações da equipe sonora e o grupo de rádio falando sobre os movimentos da divisão blindada, a ilusão era quase completa.

(O canhão de algum tanque inflável, que por acaso amolecesse, podia ser levantado mediante uma fina corda.)

Sim, engodos em guerras não eram novidade, mas, antes da Segunda Guerra Mundial, jamais se vira uma unidade totalmente dedicada ao falseamento, tão especializada que era capaz de reproduzir o aspecto, o som e as comunicações de um exército com extremo realismo.

Não havia manual a ser seguido pelo grupo. Seus integrantes eram tidos como uma turma de malucos e esquisitões – artistas, em vez de assassinos; caras que em seu tempo livre ficavam desenhando. Muita gente via o trabalho da unidade como uma missão suicida. Afinal, era um grupo relativamente pequeno de homens e com poucas armas, *deliberadamente* atraindo a atenção do inimigo. Eram menos de mil soldados tentando parecer trinta mil. Seus embustes muitas vezes conseguiam chamar a atenção dos inimigos, o que ajudava os Estados Unidos como um todo. Mas se seus ardis falhassem, não restaria nada deles, pois não dispunham de tanques de verdade nem de armas poderosas.

O maior teste do Exército Fantasma e sua missão mais decisiva foi a Operação Bettembourg. Os americanos haviam empurrado os nazistas de volta para o rio Reno. As forças alemãs, que haviam formado uma última linha defensiva, juravam que o rio "ficaria vermelho com sangue americano". E não era nenhuma bravata. Havia um buraco de 112 quilômetros nas linhas americanas. Se os nazistas a descobrissem e conseguissem aproveitar, os aliados estariam em maus lençóis. Assim, o Exército Fantasma foi enviado para cobrir a lacuna. Sua missão era fingir ser uma intimidante divisão de vinte mil homens, de modo a induzir os inimigos a atacarem um ponto mais ao sul, onde as forças americanas estariam preparadas para enfrentá-los.

O que o Exército Fantasma não esperava era precisar manter a farsa durante sete longos dias. Nunca haviam sustentado uma ilusão por tanto tempo. No final dessa semana, as tensões estavam no auge. Mas, quando os alemães foram finalmente derrotados, os mapas encontrados revelaram que o engodo funcionara: a lacuna coberta pelo Exército Fantasma estava assinalada como pesadamente defendida e como um péssimo ponto de ataque. O sucesso em Bettembourg, por si só, mais do que justificou a existência do Exército Fantasma.

Embora o desempenho do Exército Fantasma tenha sido admirável quando foi preciso, seus integrantes também cometiam falhas. Certa vez, dois franceses conseguiram ultrapassar uma barreira de segurança e viram quatro soldados americanos levantando o que parecia ser um tanque Sherman de quarenta toneladas. Perplexos, eles abordaram um soldado americano que estava nas proximidades. O soldado respondeu impassível: "Os americanos são *muito* fortes."

Você pode fingir que tem força. Você pode fingir que tem confiança. Às vezes, como o Exército Fantasma, você pode se sair bem. Entretanto, no que diz respeito à confiança, você deve fingir até conseguir o que quer?

• • •

Um estudo da Universidade da Califórnia, em Berkeley, revelou que exibir uma enorme autoconfiança leva os outros a pensarem que você é competente e tem um status mais elevado. (Outro estudo demonstrou que usar óculos faz as pessoas acharem que você é mais inteligente – embora menos atraente.)

Quando se trata de liderança, a pesquisadora Chiara Amati afirma sem rodeios: "O fingimento parece, até certo ponto, ser parte do bom gerenciamento de pessoas." Jeffrey Pfeffer concorda: "O segredo da liderança é a capacidade de desempenhar um papel, de fingir, de ser hábil na arte dramática... Para sermos eficientes, temos que aprender a expressar poder."

Muitos estudos demonstram que fingir tem efeitos positivos sobre você. Em seu livro *The As If Principle* (A norma do "como se"), Richard Wiseman detalha uma quantidade significativa de pesquisas que provam que sorrir quando você está triste pode torná-lo feliz; e se mover como se fosse poderoso torna você de fato mais resistente à dor. Outros estudos demonstram que uma sensação de controle reduz o estresse – mesmo quando você *não* está no controle. A aparência é tudo o que importa.

Mas seria possível manter a ilusão 24 horas por dia e sete dias por semana? Parece exaustivo. Observando narcisistas, você descobrirá que nem eles são capazes de sustentar essa postura sempre. A primeira impressão que transmitem, tanto no trabalho quanto nos relacionamentos amorosos, é sempre ótima. Mas existem dados que demonstram que, após algumas semanas em um emprego, eles são vistos como pouco confiáveis; e após alguns meses de namoro, a satisfação no relacionamento diminui. Fingir é como se mudar para a Moldávia. A confiança é algo muito frágil – fácil de ser perdida, difícil de ser recuperada.

Façamos de conta que você é um ator incrível. Digno do Oscar. Talvez tão bom que é capaz de enganar a si mesmo. Mas há um grande problema. O magnata Warren Buffett disse certa vez: "O executivo que engana as pessoas em público pode acabar enganando a si mesmo em particular." Há boas razões para acreditar que ele tem razão.

Dan Ariely fez uma pesquisa na qual alguns indivíduos tiveram oportunidade de trapacear em um teste. Aqueles que aproveitaram a chance tiveram melhor desempenho, é claro; mas agora vem o mais interessante. Quando lhes perguntaram como achavam que se sairiam em outro teste, eles se avaliaram melhor que os voluntários honestos. Em outras palavras, apesar de seu sucesso se dever a uma fraude, eles o atribuíram ao fato de, segundo eles, serem mais inteligentes. Ao enganarem os outros, acabaram *enganando a si mesmos*.

Olhem o perigo. É como alguém achar que sabe pilotar um avião quando, na realidade, outra pessoa está operando os controles. E depois entrar na cabine de outro avião acreditando ser de fato um bom piloto. Como Nathaniel Hawthorne certa vez escreveu: "Nenhum homem, por qualquer período considerável de tempo, consegue usar uma face para si mesmo e outra para a multidão sem acabar se confundindo, sem saber qual é a verdadeira." Fingir pode ser uma estratégia muito ruim, pois, quando você engana os outros, ao final, engana a si mesmo.

Isso nos leva aos aspectos *negativos* da autoconfiança.

• • •

Em suas muitas décadas como instrutor de artes marciais, George Dillman deu aulas para Muhammad Ali e Bruce Lee, entre outros. Ele é um faixa-preta do nono grau e foi Campeão Nacional de Caratê por quatro anos consecutivos. Em um documentário da série *Is It Real?*, do National Geographic, ele demonstrou a incrível técnica que o tornou famoso: concentrar a energia *chi* de seu corpo para derrubar oponentes *sem nem mesmo tocá-los*.

Ele inclusive faz isso mesmo com uma barreira a sua frente, sem poder ver o adversário. Diante das câmeras, foi capaz de nocautear desafiantes a três metros com um lençol no meio do caminho, para obstruir a visibilidade. Dillman declarou que tal uso concentrado da energia *chi* drena suas forças. A arte é raramente vista porque leva décadas para ser aprendida.

Não acredita? Eu compreendo. Mas vamos observar esse nocaute sem contato ser submetido ao teste mais realista possível.

Como Dillman, Mestre Yanagi Ryuken pode nocautear pessoas sem tocar nelas. Usando essa técnica, ele é capaz de derrubar mais de dez adversários. O vídeo é impressionante. Alunos correm em direção a ele, às vezes três ao mesmo tempo. Com leves movimentos das mãos, eles caem como se tivessem levado um soco no rosto. Em questão de segundos, o mestre livra-se de todos os oponentes.

Para demonstrar como sua incrível habilidade é real, Yanagi enfrentou um desconhecido, o mestre em artes marciais Iwakura Goh. E uma aposta foi feita: cinco mil dólares para o vencedor. Temos aqui, então, um teste *real*, capaz de provar a existência dos nocautes sem contato. Um árbitro se postou entre os dois e deu início à luta. Yanagi levantou as mãos, concentrou sua energia *chi* no adversário...

E foi espancado por Iwakura, sem dó nem piedade.

A luta inteira não demorou um minuto. Você não estava acreditando? Tinha razão. Sim, uma extrema confiança na própria capacidade é muito poderosa, mas não o suficiente para contrariar as leis da física e da fisiologia.

E quanto a George Dillman? Ele tem se recusado sistematicamente a ser testado. Deve ser apenas um velho mentiroso.

Mas se Yanagi é um mentiroso, por que se submeteu ao teste? Por que levou uma surra, perdeu 5 mil dólares e foi humilhado diante de tanta gente na internet? Obviamente, ele não se achava um impostor. Estava certo de que tinha *mesmo* aquela capacidade. Seus alunos também acreditavam nisso. Por que outro motivo cairiam diante daqueles "socos" mágicos, que na verdade não funcionavam?

O escritor e ph.D. em neurociência Sam Harris diz o seguinte:

> É um pouco difícil descobrir como a ilusão de Yanagi começou, mas quando todos passaram a cair uns sobre os outros, é fácil ver como foi mantida. Coloque-se no lugar dele: se você acreditasse que era capaz de nocautear pessoas a distância e seus alunos agissem de acordo, caindo no momento

certo, ano após ano, você talvez começasse a acreditar que realmente tinha esse poder.

Não são só os praticantes de artes marciais que passam por isso. CEOs também. E talvez você também. A confiança pode melhorar o desempenho e propiciar o sucesso. Pode levar outras pessoas a acreditar em você. Mas também pode ser extremamente perigosa. Pode suscitar ilusão e presunção. E quando ela se depara com a realidade, como foi o caso de Yanagi, você também pode ser espancado.

...

É comum alimentarmos algumas ilusões (nossos filhos sempre estão acima da média e não há muita gente disposta a admitir que dirige mal), mas, quando as ilusões ultrapassam os limites normais, pode ser bem problemático. Infelizmente, isso não é muito discutido. Todo mundo quer aumentar seu nível de autoconfiança. É bom se sentir confiante. Faz com que nos sintamos poderosos. Mas diversas pesquisas mostram que, quando nos sentimos poderosos, às vezes paramos em uma ladeira escorregadia até a negação e a arrogância. Lembra-se de Ashlyn, a garota que não sentia dor? À primeira vista, parece uma dádiva, mas vimos como pode ser problemático. Sentir-se seguro de si é de fato bom, a menos que você se sinta demasiadamente seguro de si – e a realidade não concorde com você.

No mundo dos negócios, isso constitui um enorme empecilho no caminho para o sucesso. Richard Tedlow, professor emérito da Harvard Business School, tem algo a dizer sobre o assunto:

> Venho lendo e escrevendo a respeito da história dos negócios há quatro décadas. Estudei dezenas de empresas e CEOs e o que me deixa impressionado é o número de erros que poderiam e deveriam ter sido evitados, não apenas se analisados retrospectivamente, mas também com base em informações disponíveis aos tomadores de decisão na época, em tempo real. Erros cometidos por indivíduos que negavam a realidade.

Todos passamos muito tempo reclamando de incompetência, porém, como Malcolm Gladwell destacou em uma palestra que fez na Universidade de High Point, a confiança excessiva constitui um problema muito maior. Por quê? A incompetência é característica de pessoas inexperientes, e, em condições normais, não delegamos muito poder ou autoridade a pessoas inexperientes. A confiança excessiva é em geral um defeito de especialistas, a quem *sempre* delegamos poder e autoridade. A incompetência pura e simples é decepcionante, mas a amplitude dos danos provocados por pessoas incompetentes, de modo geral, não é muito grande. As pessoas com confiança excessiva, por sua vez, podem causar muito mais prejuízos.

Essa arrogância não gera apenas pensamentos delirantes; gera problemas reais. Quer saber quais executivos levarão a empresa à ruína? Conte quantas vezes eles usam a palavra "eu" na carta anual aos acionistas. Foi o que a analista Laura Rittenhouse descobriu quando analisou o desempenho de algumas companhias e de seus líderes. Eu, eu, eu significa morte, morte, morte para as corporações. Mas se o indivíduo é egocêntrico e está dominado pela arrogância, não consegue enxergar direito. E o que é pior: nem tem consciência disso. Está cego para a própria cegueira.

Esse efeito explica por que a união das pessoas mais confiantes forma um grupo muito estranho. Tomando como base uma confiança normal, o grupo reuniria tanto os mais competentes quanto os *menos* competentes. Os estudiosos chamam isso de "efeito Dunning-Kruger".

Pense em crianças pequenas. Elas podem ser absurdamente confiantes com relação a coisas impossíveis, como lutar contra fantasmas no porão. Não compreendem o mundo muito bem e, como não conhecem as "regras", podem superestimar a própria capacidade. Isso não se aplica somente a crianças. Pessoas sem muita experiência em determinada área não têm o conhecimento necessário para avaliar se algo é fácil ou difícil. É por isso que os mágicos aplaudem truques que nós não aplaudiríamos e os comediantes riem de piadas diferentes das que nos fazem rir. O conhecimento de causa lhes permite apreciar todas as nuances e entender todas as suas dificuldades.

O efeito Dunning-Kruger é um fenômeno estranho: as pessoas com menos experiência são exatamente as mais confiantes, pois não têm experiência suficiente para determinar a dificuldade de algo. Todos nós já vivenciamos situações assim. Observar alguém em uma posição de ioga é fácil; reproduzir o movimento se revela muito mais difícil. O mesmo acontece quando alguém olha uma pintura e diz: "Eu conseguiria fazer isso."

Mesmo que nossa confiança seja inicialmente justificada, muitas vezes escorregamos ladeira abaixo e começamos a pensar que somos competentes além de nosso pequeno domínio. Não por sermos tolos; mas por aquela história que contamos a nós mesmos e que nos faz sentir poderosos até nos tornarmos negligentes.

É assim que você perde cinco mil dólares e acaba com o nariz sangrando ao enfrentar um lutador que não acredita em nocautes sem contato. Mas vamos dar a você o benefício da dúvida. Talvez você tenha noção da realidade. Só que o poder da confiança tem outro grande aspecto negativo que coloca uma barreira na estrada do sucesso: ela pode transformar você em um idiota.

É assombroso o número de estudos que constatam que sentimentos de poder têm efeitos muito negativos no caráter das pessoas. O poder reduz a empatia, torna você uma pessoa hipócrita que desumaniza os outros. Até certo ponto, há um bom motivo para isso: pessoas em posição de poder precisam tomar decisões duras que podem ser ruins a curto prazo, mas boas a longo prazo. Generais precisam enviar soldados em missões perigosas para vencer uma guerra. Se experimentassem um paralisante sentimento de culpa a cada vida perdida, não teriam como fazer o que é certo. Mas, como acontece com a negação, essa distância emocional pode rapidamente sair do controle.

Pesquisas revelam que a sensação de poder nos torna mais egoístas e mais capazes de cometer deslealdades. Essa sensação também nos faz mentir mais e *melhor*. Ao nos considerarmos os mandachuvas, não nos incomodamos quando magoamos os outros nem quando inventamos histórias. Sem que haja sinais de estresse, fica mais difícil para os outros detectar nossos engodos. Nós nos damos bem porque não nos preocupamos com as outras pessoas.

Podemos imaginar os efeitos disso em um escritório. Embora líderes carismáticos tenham efeitos positivos nos funcionários, líderes que se sentem poderosos têm um impacto negativo sobre um trabalho de equipe. Um dos estudos diz: "Acreditamos que o aumento do poder de um líder produz uma dominação verbal que reduz a crença da equipe na franqueza do chefe e abala a comunicação entre a equipe. Consequentemente, ocorre um efeito negativo do poder do líder sobre o desempenho da equipe."

A negação e a arrogância podem desviar você da estrada do sucesso. Ter autoconfiança é bom, mas, quando em excesso, pode ser destrutiva e você pode terminar como Yanagi, o mestre de artes marciais que nocauteava pessoas sem tocá-las. Dito isso, a solução não pode ser andar por aí desprovido de confiança... ou pode?

...

Ela é chamada de SM-046. Poucos sabem seu verdadeiro nome. Ela leva uma vida bastante normal – é mãe de três meninos –, mas nunca sente medo.

Quando pesquisadores lhe pedem que descreva o que é o medo ou que desenhe um rosto amedrontado, ela não consegue, embora desenhe bastante bem. Quando lhe exibiram trechos de filmes de terror para assustá-la, ela se mostrou interessada, mas não impressionada. Na verdade, perguntou o nome de um dos filmes para que pudesse alugá-lo.

Eles a levaram a uma loja de animais exóticos e entregaram cobras a ela. Ela disse: "Isso é muito legal!" SM-046 pediu para segurar as cobras maiores e mortais, mas o encarregado da loja disse que não seria seguro. Ela insistiu. E de novo. E de novo. Pediu 15 vezes. Quando estendeu a mão para tocar uma tarântula, teve que ser contida.

Foi então levada ao "hospital mais mal-assombrado do mundo".

O sanatório de Waverly Hills já apareceu no seriado de TV *Ghost Hunters* e em mais meia dúzia de outros programas sobre paranormalidade. No início do século XX, era um hospital para pacientes de tuberculose; muitas pessoas morreram lá. Todos os anos, durante o Halloween, transforma-se em uma casa mal-assombrada. Salas escuras, música arrepiante e atores vestidos de monstros pulando dos cantos... Ela se amedrontou? Longe disso. *Ela os amedrontou*. Não só não recuou, como se aproximou dos funcionários fantasiados para conversar com eles. Um deles pulou para trás, assustado, quando ela tentou tocar sua máscara.

O que há de errado com ela? SM-046 tem um transtorno genético extremamente raro conhecido como doença de Urbach-Wiethe. Foram reportados apenas cerca de quatrocentos casos. O portador do transtorno parece uma pessoa normal durante a maior parte do tempo. É possível notar que SM-046 tem uma voz rouca e que sua pele parece um tanto queimada de sol, mas nada fora do normal. Seu cérebro, no entanto, é bem diferente. A doença faz partes do cérebro se calcificarem; ou seja, endurecem e morrem. Muitas vezes é a amígdala cerebral, a área mais associada ao medo. SM-046 tem um QI normal e pode sentir alegria, tristeza e outras emoções. Mas não medo.

Ela consegue se lembrar do medo que sentiu de um dobermann quando era criança, muito antes que a lesão em seu cérebro ocorresse. Mas em sua vida adulta, jamais sentiu medo.

O transtorno, na verdade, a torna muito mais receptiva e gentil. Pesquisas têm mostrado que indivíduos com lesão bilateral da amígdala acham estranhos confiáveis e fáceis de se aproximar.

Tal como a falta de dor – como no caso de Ashlyn –, uma falta total de medo é tanto uma bênção quanto uma maldição. SM-046 não toma as precauções instintivas que você e eu naturalmente tomamos. Sem medo, ela tem dificuldade em detectar o perigo.

Ela foi vítima de vários crimes. Já teve uma faca encostada no pescoço e já ficou sob a mira de uma arma de fogo – por duas vezes. Foi espancada quase até a morte por seu primeiro marido. Nem durante essas situações horríveis ela se amedrontou. Relatórios policiais corroboram sua falta de medo. Ela voltou ao parque onde fora ameaçada com a faca no dia seguinte ao episódio. Pesquisadores acreditam que ela não pode nem mesmo sofrer um transtorno de estresse pós-traumático (TEPT) – nenhum medo, nenhum estresse.

Em 2013, pedindo a ela que inalasse dióxido de carbono através de uma máscara de oxigênio, pesquisadores conseguiram fazê-la sentir medo. Mas o experimento foi realizado em laboratório. É por isso que só a conhecemos como SM-046. Os pesquisadores acreditam que sua identidade precisa ser mantida em segredo como medida de proteção, pois ela simplesmente não é capaz de proteger a si mesma.

Assim, há uma razão para não sermos destemidos nem extremamente confiantes. Coisas muito ruins podem acontecer. Com frequência, é melhor sermos um pouco inseguros.

...

Conhecemos, portanto, os aspectos negativos da confiança: negação e comportamento idiota. Como Tomas Chamorro-Premuzic explicou em um artigo para a *Harvard Business Review*, a simples reversão desses dois problemas tem grandes efeitos positivos:

> Uma redução na confiança diminui não só as chances de alguém parecer arrogante como também de se iludir. De fato, as pessoas com baixa autoconfiança são mais propensas a admitir seus erros – em vez de culpar os outros – e raramente assumem o crédito pelas realizações dos outros. Esse é indiscutivelmente o benefício mais importante, pois destaca o fato de que a baixa autoconfiança pode trazer sucesso, não só para os indivíduos como também para as organizações e a sociedade.

Isso nos leva às vantagens de se ter uma autoconfiança menor. A confiança torna muito difícil aprender e melhorar. Se pensamos que temos todas as respostas, paramos de procurar por elas. Marshall Goldsmith diz: "Embora as ilusões induzidas por nossa autoconfiança nos ajudem em realizações, podem inibir nossas mudanças."

Quando temos menos certezas, ficamos mais receptivos e examinamos o mundo ativa e passivamente em busca de novas ideias. Quando temos aquela sensação de poder estimulada pela confiança, não prestamos tanta atenção ao mundo, pois achamos que não precisamos. Um estudo adequadamente intitulado "Poder, competitividade e receptividade a conselhos: por que os poderosos não escutam" revelou que apenas fazer alguém se sentir poderoso foi o bastante para que o indivíduo passasse a ignorar conselhos, não só de novatos como também de especialistas.

Escutar as ideias de outras pessoas aumenta a capacidade mental. Uma pesquisa demonstrou que as interações sociais podem nos tornar mais inteligentes. Mas há uma condição: para obter o reforço cognitivo, você precisa entender a perspectiva da outra pessoa. E você não conseguirá fazer isso se não estiver prestando atenção.

A arrogância tem a dupla desvantagem de tornar um indivíduo tão seguro de estar certo que ele deixa de escutar; e começa então a agir tão tolamente que, no final, ninguém mais deseja falar com ele, muito menos discordar dele. E quando o sujeito fracassa, as pessoas aplaudem alegremente. Até mesmo Maquiavel, que não ficou conhecido por recomendar sensibilidade, avisou que os líderes precisam de pessoas que sejam honestas com eles em particular, para que eles não acabem cercados de bajuladores amedrontados. James Baldwin escreveu certa vez: "Nem tudo o que é enfrentado pode ser mudado, mas nada pode ser mudado sem que seja enfrentado."

Tomas Chamorro-Premuzic diz que a humildade traz um duplo benefício: leva em conta a realidade e impede que sejamos arrogantes. Ele argumenta que a humildade favorece o autoaperfeiçoamento, pois nos possibilita enxergar a lacuna entre o que somos e o que desejamos ser. E é muito melhor sermos mais competentes do que as pessoas acham do que não estarmos à altura de nossa presunção.

Até *forçar* as pessoas a serem humildes traz resultados incríveis. Os médicos são conhecidos por sua tendência à arrogância. Quando um hospital decidiu reduzir as infecções entre os pacientes, a diretoria insistiu para que todos os médicos seguissem uma lista de controle antes de iniciarem os procedimentos. Era uma exigência um pouco aviltante, mas a administração estava determinada – tão determinada que concedeu autoridade aos enfermeiros para intervir (com cobertura política da diretoria) se os médicos não seguissem cada passo. O resultado? "Em dez dias, o índice de infecções por acesso venoso caiu de 11% para zero." Médicos convencidos estavam pulando etapas, mas quando foram obrigados a seguir os regulamentos os efeitos foram excelentes. Em outro hospital, um experimento semelhante, que durou 15 meses, salvou oito vidas e economizou 2 milhões de dólares.

Descer um degrau, portanto, pode ser algo bom, contanto que não nos tire da rota traçada. Tomas Chamorro-Premuzic disse:

Uma baixa autoconfiança pode transformar você em um pessimista, mas quando o pessimismo se junta com a ambição produz com frequência um desempenho notável. Para ser o melhor em qualquer coisa, você precisa ser seu crítico mais rigoroso, o que é quase impossível quando seu ponto de partida é uma autoconfiança elevada.

Ahhh. A negatividade tem um propósito. Não é uma coisa objetivamente ruim, como um pneu furado. Abordar questões com um olhar crítico pode desencorajar você, pois erros serão encontrados, mas é também o primeiro passo na direção do aperfeiçoamento. Pesquisas em psicologia apontam que emoções negativas produzem motivação para o aprendizado. Quando você obtém uma nota alta em um teste, apenas sorri e vai em frente. Mas, se seu resultado for ruim, vai querer saber *por que* se deu mal. Outro estudo, intitulado "Diga-me o que fiz de errado", revelou que quando as pessoas estão a caminho da especialização, uma mudança se inicia. Novatos procuram aprovação, precisam dela, pois dessa forma continuam se aperfeiçoando. Mas existe um momento da virada. Ao se tornarem especialistas, procuram deliberadamente feedbacks negativos, para saber onde precisam melhorar agora que seus erros são menos frequentes e mais sutis.

Isso combina com o que aprendemos acerca de otimismo e determinação. Crenças positivas nos mantêm progredindo, mas são, até certo ponto, ilusórias. São as pessoas deprimidas que veem o mundo com mais precisão. Pesquisas indicam que os empresários pessimistas são mais bem-sucedidos, jogadores otimistas perdem mais dinheiro e os melhores advogados são pessimistas. Precisamos de otimismo e confiança para progredir e convencer os outros a se juntarem a nós, mas o negativismo e o pessimismo nos ajudam a enxergar os problemas para que possamos corrigi-los. Sim, o otimismo parece muito melhor, mas ambas as atitudes são necessárias.

Abraham Lincoln é um ótimo exemplo. Ele incorporava muitas das vantagens já examinadas de uma autoconfiança baixa. Era receptivo a ideias diferentes e passava uma enorme quantidade de tempo na sala de telegrafia do Departamento de Guerra, de modo a se inteirar das estratégias que estivessem sendo propostas. (Lincoln, na verdade, era tão atraído por ideias novas que é o único presidente dos Estados Unidos dono de uma patente.)

Lincoln tinha também uma política de portas abertas. Donald T. Phillips, autor de *Liderança segundo Abraham Lincoln*, diz que ele foi provavelmente o presidente mais acessível na história do país. Passava mais de 75% de seu tempo conversando com as pessoas. Acredita-se que conheceu pessoalmente todos os soldados da União que se alistaram no início da Guerra Civil.

Era um intimidador? É pouco provável. Lincoln teria gostado da ideia de "amigos" em uma rede de contatos. Ele não coagia nem pressionava ninguém para obter o que queria. Em suas próprias palavras: "Se você quiser conquistar um homem para sua causa, primeiro o convença de que você é seu amigo de verdade." E como ele lidava com indivíduos que eram francamente hostis? "Destruo meus inimigos quando os transformo em amigos."

Ele era humilde? Sim. Não tinha qualquer problema em reconhecer um erro. Em uma carta para o general Ulysses S. Grant, ele foi mais do que sincero: "Quero agora declarar pessoalmente que você estava certo e eu, errado."

Pesquisas revelam que esse tipo de humildade vale a pena. Chefes que demonstram vulnerabilidade e se subestimam são os mais populares. Frank Flynn, da Universidade Stanford, descobriu que pessoas que sentem culpa são vistas como melhores líderes por seus pares. Estudos realizados pela Marinha americana mostram que os líderes mais estimados são democráticos e sabem escutar. Os grupos só preferiram líderes que tomassem decisões sem antes consultá-los em épocas de crises (como no caso dos piratas).

Achamos que os líderes tendem ao narcisismo e que os narcisistas tendem a se tornarem líderes, mas não é o que ocorre. O desempenho dos narcisistas está relacionado às chances que eles têm de parecerem bacanas. Isso produz um efeito realmente negativo: quando a situação está terrível e os líderes são mais necessários, os narcisistas são os que têm menos chances de se envolverem.

A verdade é que se você quiser encontrar alguém com uma personalidade "ruim" que possa ter um bom desempenho como alto executivo, não procure um narcisista; procure um drogado. David J. Linden, professor de neurociência da Escola de Medicina da Universidade Johns Hopkins, explica que a natureza dos viciados pode fazê-los trabalhar obsessivamente quando é mais necessário:

A coragem de arriscar, a busca por novidades e a personalidade obsessiva, traços muitas vezes característicos de drogados, podem ser canalizados para que eles se tornem muito eficientes num local de trabalho. Para muitos líderes, não é que eles sejam bem-sucedidos apesar do vício; é que a mesma conformação cerebral e química que os torna viciados também lhes confere traços comportamentais que funcionam bem.

Você ouviu ambos os lados: a confiança excessiva faz você se sentir bem, impressiona as outras pessoas e lhe dá determinação. Mas pode torná-lo um idiota arrogante, que afasta as pessoas, não se aperfeiçoa e, por conta da negação, acaba perdendo tudo. Ser menos confiante lhe proporciona o impulso e as ferramentas para se tornar um especialista e leva as outras pessoas a gostarem de você... Mas não o faz se sentir tão bem e pode levar os outros a duvidarem de sua competência.

Chato, não? Parece que não existe uma resposta fácil. Você pode impressionar as pessoas pelo preço de deixá-las irritadas; ou fazer com que gostem de você, mas não o respeitem. Parece uma contradição. Então o que acha disto: *e se você jogar fora todos os paradigmas da confiança?*

Não xingue ainda. Muitas pesquisas revelam que olhar pelas lentes da autoestima talvez seja o único motivo que leva os debates sobre a autoconfiança a serem tão carregados de mágoas. Mas qual seria a alternativa à autoconfiança? Kristin Neff, professora da Universidade do Texas, diz que seria a "autocompaixão". Compaixão por si mesmo ao errar significa que você não precisa ser um arrogante desvairado para ser bem-sucedido nem se sentir incompetente para se aperfeiçoar. Você abandona as expectativas absurdas e deixa de se recriminar quando não as concretiza. Pare de pensar que é maravilhoso e se concentre em perdoar a si mesmo quando não é.

Pesquisas revelam que um aumento da autocompaixão traz todos os benefícios da autoestima – sem as desvantagens. Você pode se sentir bem e ter bom desempenho sem precisar ser arrogante e incapaz de evoluir. Ao contrário da autoconfiança, a autocompaixão não gera ilusões. O estudo "Autocompaixão e reação a eventos relevantes desagradáveis: as implicações de tratar gentilmente a si mesmo" demonstrou que pessoas abertas a experiências tinham mais lucidez. Viam a si mesmas e o mundo *mais* objetivamente, porém não se recriminavam tanto quando falhavam. Enquanto isso, indivíduos focados na autoestima muitas vezes sentem necessidade de se iludir ou descartar feedbacks negativos – mas úteis – para se sentirem bem consigo mesmos. Aferram-se a teorias de autovalidação em vez de enxergarem o mundo real. O resultado disso é arrogância e narcisismo. Quando verificamos os números, encontramos uma sólida correlação entre autoestima e narcisismo; ao passo que a conexão entre autocompaixão e narcisismo é praticamente nenhuma.

O que acontece quando você se sente bem consigo mesmo e com suas habilidades sem inflar o ego? As pessoas gostam de você. Pesquisas em neurociência revelam que o desenvolvimento da autocompaixão gera sentimentos de compaixão por outras pessoas, em vez da perda de empatia decorrente da extrema confiança. Em exames de ressonância magnética, foi constatado que as áreas iluminadas do cérebro das pessoas que perdoavam a si mesmas eram idênticas às de pessoas que se importavam com os outros. Quanto aos casais, a autocompaixão foi considerada um prenunciador melhor para um bom parceiro do que a autoestima.

Como vimos antes neste capítulo, uma das características da autoconfiança é definitivamente tornar você mais feliz. Mas quer saber? A autocompaixão também torna, mas sem os efeitos negativos: "Pesquisas sugerem que a autocompaixão está fortemente relacionada ao bem-estar psicológico, incluindo maior felicidade, otimismo, iniciativa e sociabilidade; assim como à redução da ansiedade, da depressão, do perfeccionismo neurótico e da ruminação de pensamentos."

Impressionante, não? Mas por que a compaixão prevalece onde a autoestima falha? Porque a autoestima é sempre ilusória ou circunstancial, o que não tem bons resultados. Para se sentir sempre incrível, você precisa se divorciar da realidade ou estar constantemente provando seu valor. Em algum ponto você vai falhar, o que destruirá sua autoestima. Fora que provar seu valor o tempo todo é exaustivo e inquietante. A autocompaixão permite que você enxergue os fatos e aceite que não é perfeito. Como o famoso psicólogo Albert Ellis disse certa vez: "A autoestima é a maior doença do homem ou da mulher, pois é condicional." Pessoas com autocompaixão não sentem necessidade de provar nada a si mesmas. E pesquisas demonstram que são as que têm menos probabilidades de se sentirem fracassadas.

Sei o que você está pensando: *se eu sempre perdoar a mim mesmo não me tornarei complacente? Não vou perder minha motivação e perspicácia se deixar de me preocupar em manter a autoestima?*

Na verdade, é a *falta* de autocompaixão que o torna passivo. Quando você é autoconfiante, ignora o feedback que não se enquadra em sua realidade interna, certo? Então não precisa mudar. Quando lhe falta confiança, enxerga os problemas, mas pode achar que não está à altura de superá-los. Mas se tiver autocompaixão, conseguirá enxergar os problemas e fazer alguma coisa a respeito. As pesquisas sugerem que essa abordagem indulgente permite que você se responsabilize mais pelos problemas e seja menos afetado por eles. Estudos revelam que, como as pessoas que têm autocompaixão não se recriminam, seu medo de fracassar é menor, o que se traduz em menos procrastinação e mais determinação.

Perdoar-se é também *mais fácil* do que manter a autoconfiança. Você não precisa revisar constantemente as histórias exageradas que conta a si mesmo, e também não precisa matar um leão por dia para provar que vale alguma coisa. Pesquisas corroboram algo provavelmente óbvio: gostamos de ouvir coisas boas a nosso respeito, mas também gostamos de ouvir verdades. A razão pela qual é tão difícil elevar a autoestima é que, infelizmente, nem sempre os dois são possíveis. A autocompaixão nos diz que isso não é problema.

Mas como se pode desenvolver a autocompaixão? Começa com uma atitude que o SEAL da Marinha James Waters fazia: conversar consigo mesmo. Mas em vez de se fortalecer moralmente com conteúdo motivacional em que você talvez nem acredite ou elogios que podem nem ser verdadeiros, apenas converse com você mesmo de forma gentil, como a vovó faria. Não se recrimine nem se critique quando as coisas não correrem a contento. Como explica a pesquisadora Kristin Neff: "Quem é a pessoa na sua vida que está disponível 24 horas por dia, sete dias por semana, para lhe conceder atenção e carinho? Você."

Você também deve aceitar sua humanidade. Você é falível. Você não precisa ser perfeito o tempo todo como o Batman. Ninguém é. Tentar ser é irracional, e é a origem de todas as frustrações.

Por fim, reconheça suas falhas e frustrações sem negá-las nem as considerar como o fim do mundo. Sem racionalizações ou melodramas. E faça alguma coisa a respeito. Estudos revelam que reservar algum tempo para anotar pensamentos gentis sobre si mesmo, sobre como você é um ser humano imperfeito e como pode encontrar problemas sem transformá-los em desastres emocionais faz as pessoas se sentirem melhor e aumenta a autocompaixão. Meditação e mindfulness também funcionam. Misture tudo para obter melhores resultados.

Isso vai mudar sua vida da noite para o dia? Epa, não. Porém, com o tempo, progressos são possíveis, ao contrário do espectro da confiança/insegurança, que sempre apresenta efeitos colaterais.

Tudo bem, hora de juntar tudo o que aprendemos sobre o dilema da confiança, pinçar algumas dicas e descobrir mais uma coisa sobre a autocompaixão, esta verdadeiramente espantosa.

...

Ele havia perdido tudo. Toda a fortuna da família. Então enlouqueceu.

Mas Joshua Norton não perdeu a confiança. Ah, não. Alguns indivíduos que perdem o juízo mal conseguem trabalhar e acabam sem emprego. Norton não. Na verdade, ele obteve um emprego muito, mas muito melhor.

Em 17 de setembro de 1859, Norton se tornou o imperador Norton I. Se você não sabia que os Estados Unidos tiveram um imperador, bem, você não está preparado para nenhum quiz. (Não se preocupe. O presidente James Buchanan também não sabia.) Claro que era um imperador *autoproclamado*, mas isso não faz diferença.

Durante 21 anos, Norton percorreu orgulhosamente as ruas de São Francisco usando um uniforme militar completo, com dragonas, um sabre e um chapéu de pele de castor com plumas de pavão. Dois vira-latas, Bummer e Lazarus, frequentemente o acompanhavam, formando uma comitiva. Em sua biografia de Norton, William Drury escreveu: "Ele tinha um ar digno e majestoso, mas era visto como um homem bom e afável, que conversava fazendo brincadeiras. Falava sobre qualquer assunto de modo racional e inteligente, exceto quando o assunto era ele mesmo ou seu império." Era ambicioso também. Mais tarde ele se outorgou mais um título: "Protetor do México". Atualmente, São Francisco tem a reputação de aceitar malucos do mesmo modo que a Estátua da Liberdade recepcionava imigrantes. Não era muito diferente naquela época. Seus cidadãos não apenas aceitaram Norton, como participavam de sua encenação benevolamente e fizeram dele a mascote extraoficial de São Francisco.

Restaurantes lhe ofereciam refeições grátis, proprietários de teatros sempre lhe reservavam um assento em estreias e a prefeitura chegou a reservar um orçamento para pagar o alojamento de seu governante e um novo uniforme militar quando o antigo começou a se desfazer. (Para demonstrar sua gratidão, Norton conferiu aos administradores da cidade títulos de nobreza.) Os cidadãos, alegremente, pagavam "impostos" a Sua Majestade, de modo a assegurar que os cofres reais não zerassem. Uma gráfica imprimiu títulos oficiais do governo de Norton, que os comerciantes locais recebiam do imperador como se fosse dinheiro, com uma piscadela e um meneio de cabeça. Algumas lojas até vendiam bonecos do Imperador Norton.

Quando um policial tomou Sua Alteza Real pelo louco que era e o prendeu, os cidadãos de São Francisco ficaram furiosos. Norton foi logo liberado e o delegado pediu desculpas pessoalmente. Sempre cortês, o imperador promulgou um "perdão imperial". Deste dia em diante, os policiais saudaram Norton quando o viam pela cidade.

Mas não pense que toda essa deferência induzia Norton a se esquivar de seus deveres. Não, não. Ele confiantemente exercia as obrigações de seu cargo, promulgando decretos reais que os jornais da cidade tinham gosto em publicar. Suas famosas proclamações iam da demissão do governador da Virgínia a informar ao Congresso que seus representantes não poderiam mais ser reunir em Washington, DC, passando por abolir tanto o Partido Republicano quanto o Democrata, uma vez que suas rixas estavam provocando muito desgosto. Orgulhosamente, o imperador defendia a honra da cidade. Assim, anunciou que qualquer um que a chamasse pela redução "Frisco" seria multado em 25 dólares, o equivalente a 430 dólares hoje. (E, sim, ordenou que os integrantes do Conselho Administrativo da cidade fossem presos, quando se recusaram a obedecer seus decretos.)

No triste dia em que seu governo chegou ao fim, a manchete do jornal *San Francisco Chronicle* foi "Le Roi est mort" (O rei morreu, em francês). Outro jornal fez uma detalhada reportagem sobre seu falecimento – enquanto a posse do novo governador da Califórnia mereceu apenas 38 palavras. O cortejo de seu funeral foi acompanhado por mais de dez mil pessoas e se estendeu por cerca de três quilômetros. (Doadores ricos se responsabilizaram pelas despesas do funeral.) Bandeiras foram hasteadas a meio mastro. Em sua lápide, lê-se: Imperador dos Estados Unidos e Protetor do México. (Sim, sem aspas.) Seu legado está garantido. Tanto Mark Twain quanto Robert Louis Stevenson o imortalizaram em suas obras. Os títulos emitidos por Norton se tornaram itens de colecionador. Em 1980, a cidade solenizou o centenário de sua morte.

Podemos dizer que ele foi um bom imperador. Alguns de seus decretos se tornaram realidade, embora não por interferência dele. O tratamento igualitário para mulheres e minorias, que ele defendia, acabou sendo amplamente adotado. Muito antes da criação da ONU, ele já advogava a criação de uma liga de nações. Norton também requeria a construção de uma ponte entre Oakland e São Francisco e, recentemente, há bastante gente querendo que a Bay Bridge seja rebatizada com seu nome.

Mark Twain escreveu que Norton "preenchia o vazio em sua vida com a ilusão de realeza". Se Norton não desempenhasse seu cargo com tanta confiança, as pessoas não se lembrariam dele com carinho mais de um século após sua morte. Mas, se você não tiver cuidado, a confiança só poderá transformar você em um imperador dentro de sua própria cabeça.

...

O que então podemos dizer, confiantemente, que aprendemos sobre confiança?

ACREDITAR EM SI MESMO É BOM. PERDOAR A SI MESMO É MELHOR

A autocompaixão supera a autoestima. Gostaria de dizer que sou o Jason Bourne da literatura de ciências sociais, mas provavelmente estou mais para o bobo da corte. E não tem problema. Não precisamos ver a nós mesmos como grandes heróis e, em geral, é melhor que não o façamos. Ninguém quer mergulhar na negação nem ser um idiota arrogante. Todos queremos continuar aprendendo sem nos sentirmos mal. Precisamos evitar a autoestima, que depende de ilusões baseadas na fantasia ou na autoafirmação constante. Portanto, sejamos autocompassivos. Teremos todas as vantagens da autoconfiança, sem as desvantagens.

AJUSTE-SE PARA SEU MELHOR NÍVEL DE AUTOESTIMA

Você normalmente é muito confiante? Então aproveite os benefícios, mas fique de olho nas ilusões e não deixe de ser empático. Procure situações que o desafiem para que continue humilde. Tente manter a mente aberta, em vez de presumir que já sabe as respostas. Seja bom. Não acabe como um imperador, que só existe em sua própria cabeça.

Falta-lhe confiança? Sem problema. Você vai aprender mais rápido do que os sabichões e fará mais amigos. Concentre seus esforços em áreas quantificáveis, onde a competência pode ser medida, de forma a não ter problemas de percepção. (Ninguém se importa se sou confiante pessoalmente, contanto que as palavras estejam corretas no papel.) Seja ótimo no que faz e sua confiança aumentará. Isso nos leva ao item seguinte...

QUER TER MESMO MAIS AUTOCONFIANÇA? FAÇA POR MERECÊ-LA

Confiança é resultado do sucesso, não causa. Assim, em que pese minha apaixonada defesa da autocompaixão, se você ainda almeja ser confiante, o caminho mais seguro é ser realmente bom no que faz. Quando pesquisou nadadores de elite, Daniel Chambliss descobriu que, quando eles se concentravam em "pequenas vitórias" todos os dias, a técnica progredia, assim como a confiança na própria capacidade. Quando você tem uma mentalidade competitiva, está sempre correndo o risco de ter um desempenho fraco e de se sentir um perdedor. Assim, quando desafiado, concentre-se em aprimorar sua técnica – não em agradar os outros nem em parecer estar bem. Estudos revelam que "objetivos para melhorar" tornam as tarefas mais interessantes e aumentam tanto a motivação quanto a energia. Efeito que perdura nas tarefas subsequentes. Como sempre, escolha a lagoa certa. G. Richard Shell, professor da Wharton School, disse que se cercar de pessoas que acreditam em você pode gerar "expectativas transferidas" e uma profecia que induz a própria realização, o que aumenta a confiança. Com dedicação, você pode se tornar mais confiante ao longo do tempo. É como Alfred Binet, inventor do teste de QI, declarou a respeito da inteligência: "Nem sempre as pessoas mais inteligentes no início são as mais inteligentes no fim."

NÃO SEJA UM FINGIDOR

Fingir é muito difícil e o preço do fracasso é altíssimo. Os benefícios a curto prazo de impressionar os outros não compensam a possibilidade de você ser rotulado como indigno de confiança e se mudar para a Moldávia. Mesmo quando alguém consegue enganar os outros, frequentemente engana a si mesmo, o que é o pior cenário de todos. Como reza a famosa frase de Richard Feynman: "O primeiro princípio é não enganar a si mesmo, e você é a pessoa mais fácil de ser enganada."

Eu sei. Em certas ocasiões importantes, você precisa causar boa impressão e fingir parece a melhor alternativa. Mas em vez de fingir ser o que você não é, concentre-se em apresentar *a melhor versão de si mesmo*. No estudo "Sua melhor personalidade ajuda a revelar sua verdadeira personalidade: uma apresentação positiva cria impressões mais precisas da personalidade", os pesquisadores descobriram exatamente isso. Você não precisa ser um ator, apenas tente ser você mesmo o melhor que puder e as pessoas verão quem você realmente é.

...

A autocompaixão nos proporciona também algo muito especial: uma coisinha chamada "sabedoria". Não estou sendo piegas nem poético. Em um estudo intitulado "Bondade consigo mesmo diante do estresse", os autores descobriram que ser compassivo consigo mesmo era uma atitude correlacionada a ser sábio. Não se trata de QI ou conhecimento, mas de sabedoria. (Quantas coisas você faz diariamente que de fato o tornam mais sábio?)

Julgar a si mesmo como bom ou ruim, como bem-sucedido ou malsucedido, é muito simplista e tacanho. Para adquirir sabedoria, você precisa de um pouco mais de flexibilidade, aceitação e aprendizado decorrentes de crescimento. Pense nas pessoas mais sábias que já conheceu. Eram cheias de bravatas e presunção? Ou completamente inseguras? Provavelmente eram calmas, compreensivas, tolerantes e não muito julgadoras. Todos gostaríamos de alcançar esse nível de sabedoria. E a autocompaixão é um ótimo caminho.

Tudo bem, espero ter resolvido a questão da confiança para você. (Caso contrário, compassivamente, eu perdoo a mim mesmo.)

A confiança atua no nível dos sentimentos e das aparências. Mas e quanto ao trabalho em si? Quantas horas precisamos investir em nosso trabalho? Muitas pessoas de sucesso são workaholics confessas, mas nossa visão de sucesso deve envolver um equilíbrio entre trabalho e vida pessoal, além de um pouco de sono de vez em quando. De quanto trabalho duro você de fato precisa para ser bem-sucedido?

CAPÍTULO 6

Trabalho, trabalho, trabalho... Ou equilíbrio entre trabalho e vida pessoal?

Como encontrar harmonia entre o lar e o escritório – cortesia de monges budistas, Homem-Aranha, Albert Einstein, lutadores profissionais e Gêngis Khan

Quem acompanha beisebol sabe quem é Ted Williams. Ele jogou de 1939 a 1960, e é um dos maiores rebatedores de todos os tempos, à altura de Babe Ruth. Mas conhecendo-o ou não, tenho uma notícia para você: Ted Williams nunca jogou beisebol. Nunca, nunquinha.

O problema aqui é o verbo: Williams não *jogava*. Para ele, rebater não era um jogo. Ele levava isso muito, mas muito a sério. Em uma entrevista de 1988, ele disse que pediu a uma estrela cadente que o tornasse o maior rebatedor de todos os tempos. Mas ele não ficou sentado, esperando que o sonho se tornasse realidade. Sua ética de trabalho perfeccionista e obsessiva lhe traria mais sucesso do que qualquer corpo celestial em queda. Williams disse certa vez: "Independentemente de atributos físicos, eu jamais teria figurado em alguma manchete como rebatedor se não treinasse incessantemente, sem pensar em outra coisa, durante o ano inteiro... Eu só vivia em função da minha próxima rebatida."

Dez mil horas para alcançar a especialização? Williams provavelmente atingiu essa marca várias vezes. Era obcecado. Depois da escola, ia para um campo próximo treinar rebatidas até as nove da noite, e só parava porque as luzes eram apagadas. Ia então para casa e praticava no quintal até seus pais o mandarem para a cama. Costumava chegar cedo à escola, levando o taco, para treinar mais alguns movimentos antes da aula. Escolhia matérias que exigissem menos deveres de casa, não porque fosse preguiçoso, mas para ter mais tempo para treinar.

Isso ainda não era o bastante para Ted. Em uma decisão que deixaria orgulhosos Spencer Glendon e Peter Drucker, mencionados no capítulo 3, ele ignorava quase completamente as posições de defesa. Às vezes, era visto no campo *de costas* para a base. E ainda movimentava sua luva como se fosse um taco, para a desolação de seus companheiros. E quanto às garotas? Sem tempo. Permaneceu virgem até o segundo ano na liga principal. Quando chegou à liga principal mentiu sobre o dia de seu aniversário, dizendo que era em outubro, em vez de agosto. Por quê? Fazer aniversário durante a temporada de jogos poderia ser uma distração. Williams declarou à revista *Time*: "Centenas de crianças têm um dom natural para se tornarem grandes jogadoras, mas nada fará aflorar esse dom senão treino, treino e mais treino."

Não foram apenas as horas de trabalho que fizeram de Williams um rebatedor tão incrível. Foi como ele gastava essas horas. Era um perfeccionista, tentava sempre melhorar. Transformou o jogo em uma ciência muito antes de sistemas estatísticos como a sabermétrica ou o Moneyball. Williams chegou a visitar o MIT para aprender mais sobre a física do beisebol. Após analisar os melhores rebatedores, acabou escrevendo um livro, *The Science of Hitting* (A ciência das rebatidas), que até hoje é considerado o melhor sobre o assunto.

Seu segredo era a intensidade com que estudava os arremessadores. Williams acreditava no conceito de "conhecer o inimigo". E certamente via os arremessadores como inimigos. De vez em quando brincava: "Quem é mais burro do que um arremessador? Dois arremessadores." E costumava dizer: "Você não joga contra os Cincinnati Reds ou os Cleveland Indians, você está jogando contra aquele arremessador... e ele é o cara em quem você tem que se concentrar."

Ele bajulava os árbitros para saber suas opiniões sobre os estilos de diversos arremessadores, registrando as observações em um caderninho preto.

Interrogava jogadores mais velhos para obter mais informações sobre os adversários. "Eu não adivinho como eles vão arremessar. Eu deduzo como eles vão arremessar", dizia ele. As pessoas ficavam de queixo caído quando ele relembrava, décadas depois de encerrar a carreira, os hábitos e as preferências de diferentes arremessadores. Mas sua sensibilidade perfeccionista, que o fazia jogar tão bem, era a causa de muitos desentendimentos com os repórteres que cobriam seus jogos. As eventuais críticas irritavam um homem que já exigia tanto de si para ser o melhor.

Todas as noites ele limpava seus tacos com álcool e os pesava para se certificar de que não estavam sendo afetados pela condensação. E guardava-os em armários próprios, no vestiário do clube, ao lado do seu. Williams os tratava com amor, como se fossem bebês. Depois treinava suas rebatidas com eles até as mãos sangrarem.

Deu certo. Em um perfil publicado na *The New Yorker*, o famoso escritor John Updike escreveu: "Nenhum outro jogador trouxe tão constantemente para o beisebol essa intensa competência que enche o coração de alegria." No entanto, a vida sempre pode pregar uma peça...

Quando a Segunda Guerra Mundial começou, Williams foi convocado. Qual foi sua reação por ter que interromper a carreira? Bem, se ele tinha que ser um piloto de combate, seria ótimo nisso também. O astronauta John Glenn, amigo de Williams, escreveu em sua autobiografia: "Ele deu à aviação a mesma atenção perfeccionista que dava às rebatidas." Apesar de não ter mais que o ensino médio, Ted era movido por uma gana de dominar qualquer missão que lhe era oferecida, e logo se tornava competente no que fosse necessário.

Por causa da guerra, ele perdeu três temporadas de beisebol. Ao retornar ao time, teria perdido o ritmo? Não. Dobrou seu já insano regime de treinamentos e se juntou à sua equipe três semanas depois do regresso.

Embora os esportes profissionais sejam repletos de jovens, Williams competiu na liga principal até os 42 anos. Durante seu último ano entre os profissionais, seu percentual de *home runs* foi de incríveis 9,4%, o melhor de sua carreira. E em sua última rebatida antes da aposentaria, em 1960, ele fez mais um *home run*.

Depois se tornou técnico da equipe de beisebol Washington Senators. Embora seu temperamento, moldado pelo perfeccionismo, o tornasse inadequado para o cargo, o time conseguiu resultados incríveis. Sua postura parecia ser: *eu treinei minhas dez mil horas e vou fazer vocês treinarem também*. Convencido de que jogar golfe prejudicava as técnicas de rebatidas, ele multava em mil dólares os jogadores pegos nos campos de golfe durante a temporada de beisebol. E ainda incluiu maratonas de rebatidas nos treinos, instituiu um toque de recolher, limitou o consumo de álcool, tentou fazer os jogadores tirarem cochilos antes dos jogos noturnos e fez o que pôde para que atletas se abstivessem de relações sexuais. Batedores que não conseguiam se lembrar do estilo dos arremessadores adversários eram alvo do famoso temperamento de Williams.

Mas valeu a pena. O nível das rebatidas subiu, os erros diminuíram e o comparecimento aos jogos disparou. O time obteve seu melhor desempenho em 24 anos. Os mesmos comentaristas esportivos que Williams detestava (e que também o detestavam) não tiveram escolha senão elegê-lo o Técnico do Ano da Liga Americana.

Perfeccionismo à parte, ninguém pode trabalhar 24 horas por dia, sete dias por semana. Todos precisamos descansar. Precisamos de um hobby. De alguma coisa que se aproxime de um equilíbrio entre trabalho e vida pessoal. Ted Williams adorava a pescaria, esporte famoso pela serenidade, relaxamento... Hum, não, não no caso de Ted. Ele era movido pela conquista, mesmo quando, supostamente, deveria pegar leve. Um amigo disse: "Quando ele estava pescando usava mais palavrões em uma frase do que já ouvi em toda a minha vida. Era quase poético. Era lírico, como se estivesse cantando. Ele não fazia isso com raiva, só estava sendo ele mesmo, tentando se superar." E, de fato, ele conseguiu figurar no Hall da Fama da Associação Nacional de Pesca em Água Doce, assim como no Hall da Fama da Associação Internacional de Pesca Esportiva.

Em 1999, o jornal *The Sporting News* o classificou em oitavo na lista dos 100 Maiores Jogadores de Beisebol. E, em 1991, o presidente George H.W. Bush o condecorou com a Medalha Presidencial da Liberdade.

Ted Williams foi grande porque nunca parou de trabalhar.

• • •

Mas tanto trabalho realmente leva a um grande sucesso? A resposta é um inequívoco sim. Nosso perito em grandes realizadores, Dean Keith Simonton, oferece uma fórmula desencorajadora para a excelência: "Pessoas que almejam ser assim devem organizar a vida em torno de um só empreendimento. Precisam ser monomaníacos, e até megalomaníacos, sobre seus propósitos. Devem acordar cedo, trabalhar continuamente e nunca abandonar a causa. O sucesso não é para preguiçosos, procrastinadores ou inconstantes." (Será que o fato de eu estar escrevendo estas linhas às 3h25 da manhã é uma coisa boa?)

Se você desejava ouvir que pode conseguir milhões e ser famoso trabalhando apenas quando tiver vontade e sem fazer sacrifícios, bem, feche o livro agora e vá assistir a alguns comerciais de crediário fácil. Você está no lugar errado.

Vai continuar lendo? Ótimo. Frank Barron, renomado professor da Universidade da Califórnia em Santa Cruz, diz: "Extensa produtividade é a regra, não a exceção, entre os indivíduos que fazem contribuições dignas de nota." Até mesmo o famoso cabeleireiro Vidal Sassoon certa vez declarou: "O único lugar em que sucesso vem antes de trabalho é no dicionário." Sim, para ser o melhor, é preciso ser um tanto louco no quesito esforço.

Dean Keith Simonton sintetiza: "Indivíduos com maior produção, em média, são os que fazem as contribuições mais aclamadas." A Lei de Price é uma ótima ilustração sobre como é importante o trabalho febril. Calcule o número de pessoas de destaque em determinada área. Para tornar a conta mais fácil, digamos que seja cem. Agora, tire a raiz quadrada desse número, que em nosso exemplo é dez. A Lei de Price diz que essas dez pessoas serão responsáveis por 50% das realizações notáveis na área. Ou seja, dez pessoas em cem produzirão metade do material que merece atenção. Simonton observa que a Lei de Price "se aplica a todos os setores das artes e das ciências".

Imagino que você não seja botânico nem pintor, não é? Bem, não importa. Em todas as atividades profissionais vemos um efeito semelhante. "Dez por cento dos trabalhadores mais destacados produzem 80% mais do que a média, e 700% mais do que os 10% na base da escala." E isso exige horas. Quando John Kotter, professor de Harvard, analisou os melhores gerentes de diversas indústrias, descobriu que não era incomum que trabalhassem mais de sessenta horas por semana. E o que o professor de Stanford Jeffrey Pfeffer (que conhecemos no capítulo 2) menciona em primeiro lugar em sua lista de elementos-chave para o sucesso corporativo? "Energia e vigor." Porque você vai precisar.

É possível ser produtivo em alguma coisa sem gastar milhares de horas trabalhando nela? Até certo ponto, sim, é claro. Mas presumindo iguais doses de talento e eficiência, a pessoa que gasta mais tempo vence. E a questão das horas parece ser o fator distintivo entre o bonzinho e o realmente ótimo. Sim, ser inteligente ajuda, mas a "hipótese do limiar" demonstra que a inteligência não é tudo, principalmente quando se trata de avanços revolucionários. Quando você analisa indivíduos importantes, a maioria é mais inteligente do que a média. Sem um QI de pelo menos 120, poucas pessoas produzem algo inovador, que será lembrado nos livros de história. Mas o interessante é que, segundo diversos estudos, passar da marca de 120 faz pouca diferença. O que faz a diferença? Não é a sorte. São todas aquelas horas. Um físico nuclear com um QI de 180 pode ser ótimo, mas os sessenta pontos a mais não farão tanta diferença quanto horas a mais de trabalho.

Algumas pessoas trabalham insanamente e não ganham nada com isso. Robert Shields escreveu, até a morte, um diário com 37,5 milhões de palavras. Passava quatro horas por dia registrando tudo, de sua pressão sanguínea até os folhetos que recebia pelo correio. Chegava a acordar a cada duas horas para narrar minuciosamente seus sonhos. Isso não o tornou rico nem lhe granjeou uma menção no *Guinness*. Ele só ficou conhecido por sua loucura e por ter um dos mais fascinantes obituários da história.

Horas, apenas, não são o bastante. Precisam ser horas de *trabalho duro*. Horas em que você dá o máximo para ser melhor, como Ted Williams. Você já passou muitas horas de sua vida dirigindo, certo? Mas estaria preparado para competir na Fórmula 1 ou na Stock Car? Provavelmente não. Aprimorar-se não é algo que a gente faça na maioria das atividades do dia a dia – inclusive no trabalho. Com resultados que podem deixar você receoso de ir ao hospital, estudos demonstraram que médicos e enfermeiras não se tornam melhores em seu trabalho ao longo do tempo. Sem a "gana do aperfeiçoamento", eles apenas cumprem suas tarefas, hora após hora, sem fazer esforço para se aprimorarem, como nós ao volante. Como disse Michelangelo certa vez: "Se as pessoas soubessem como trabalhei duro para atingir meu nível de mestria, o resultado, no final das contas, não pareceria tão maravilhoso." No clássico estudo de Benjamim Bloom sobre atletas, cientistas e artistas de alto nível, ele descobriu que um dos elementos essenciais de um grande mentor não era apenas seus conhecimentos secretos nem apoio emocional: era sempre exigir mais. "Um mentor aumenta expectativas e demandas constantemente, até chegar a um ponto em que o pupilo era induzido a fazer praticamente tudo o que era humanamente possível."

Pesquisas revelam que a ambição, por si só, prenuncia o sucesso. Motivação é melhor indicador de sucesso na carreira do que inteligência, talento ou salário. Combine isso com horas e horas de esforço e uma coisa é certa: eu não desejarei ficar entre você e suas metas, pois acabarei esmagado como o Coiote do desenho do Papa-Léguas, com marcas de pneus no rosto.

Ted Williams não pensava em nada além de rebater, e dedicou à sua arte um número de horas astronômico, sempre tentando se aprimorar. Fez tanto sucesso que muitos garotos daquela geração sonhavam ser como ele. Mas se você acha que o sucesso então significa um cronograma insuportável e um infarto fulminante aos cinquenta anos de idade, tenho uma surpresa para você: *pode* significar exatamente o contrário.

De modo geral, trabalho em excesso faz mal. Está relacionado à falta de exercícios físicos, menos cuidado com a saúde e aumento do tabagismo. E pior: um estudo intitulado "Para sua felicidade? Horas extras de trabalho e bem-estar do trabalhador" mostrou que os benefícios trazidos pelo sucesso muitas vezes são sobrepujados pela diminuição da felicidade e pelos prejuízos causados pelo estresse. Para coroar essa conclusão, um dos maiores arrependimentos de pessoas em seu leito de morte é: "Eu gostaria de não ter trabalhado tanto."

Mas as coisas mudam quando você vê que seu trabalho tem algum sentido. Já mencionei o Estudo Terman, que acompanhou pessoas desde a juventude até o final da vida. Como foi um estudo que permitiu aos pesquisadores abarcar o quadro geral, o que eles descobriram com relação a trabalho duro em uma carreira significativa? Como relata o *Wall Street Journal*, "aqueles que tiveram uma longa e significativa carreira e que trabalharam duro nela foram os que viveram mais". Trabalho com sentido é fazer (a) algo importante para você e (b) algo em que você seja bom. Segundo diversas pesquisas, as atividades que mais aumentam a felicidade são aquelas em que você é excepcionalmente bom, ou seja, em que você trabalha seus pontos fortes. Um estudo do Instituto Gallup revelou que "quanto mais horas por dia os americanos passam fazendo as coisas de que mais gostam, menos probabilidade têm de sentirem ansiedade, estresse, raiva, tristeza ou mesmo dor física". Imagine como seria a vida se seu trabalho fosse usar seus pontos fortes o dia inteiro, todos os dias. É claro que você trabalharia muitas horas. Quem iria querer ir para casa?

O problema aqui é a palavra "trabalho". Muitas vezes a usamos para designar algo ruim. "Isso dá muito trabalho!" Mas também usamos a palavra para designar "emprego". Quando seu emprego é gratificante, não é uma coisa ruim. Como escreveu Mark Twain em *As aventuras de Tom Sawyer*: "Trabalhar é qualquer coisa que o corpo é obrigado a fazer. Brincar é qualquer coisa que o corpo não é obrigado a fazer." Quando você gosta do seu trabalho, pode até ficar estressado, mas no final o esforço terá valido a pena. Ninguém está exatamente feliz ao atingir a metade de uma maratona. Ao chegar ao meio da subida do Monte Everest, você se pergunta por que diabo está fazendo aquilo. Obter um doutorado pode exigir anos de trabalho exaustivo e solitário. Mas é uma conquista que nos enche de orgulho. O melhor exemplo é ter filhos. A maternidade/paternidade é certamente estressante. Pode ser difícil. Para algumas pessoas é um emprego em tempo integral. Ainda assim, ninguém diz a sério: "Ter filhos vai matar você. É melhor parar com isso." Às vezes *parece* que vai matar mesmo, sem dúvida, mas é a coisa mais significativa na vida da maioria das pessoas, e o desafio deixa as recompensas ainda mais interessantes. Com uma carreira que você adora não é diferente.

Se uma carreira que lhe dê sentido aumenta a longevidade, o que pode matar mais cedo? O desemprego. Eran Shor, professor da Universidade McGill, descobriu que estar desempregado aumenta a mortalidade prematura em surpreendentes 63%. Como problemas de saúde preexistentes não fizeram diferença, isso sugere provavelmente uma relação de causa e efeito. Não foi um estudo de pouca monta. Cobriu quarenta anos e envolveu 20 milhões de pessoas em 15 países. O percentual de 63% se manteve, independentemente do lugar onde a pessoa vivesse.

Os infelizes efeitos do desemprego podem ser ainda *piores*. Quase todas as pesquisas revelam que seu nível de felicidade é bastante consistente ao longo da vida. O casamento o torna mais feliz, mas em poucos anos a maior parte das pessoas retorna ao nível anterior de satisfação. Se seu cônjuge morrer, você ficará triste durante cerca de sete anos. Depois disso, bum!, volta à estaca zero. Entretanto, existem algumas intercorrências capazes de diminuir permanentemente a frequência de seu sorriso, como uma doença séria ou um divórcio. Ou uma demissão. Na verdade, os níveis de felicidade não voltam ao normal mesmo depois que você consegue um novo emprego. Ficar sem trabalho deixa marcas que duram para sempre.

E quanto à aposentadoria? É um desemprego "bom", certo? Errado. A aposentadoria está associada a declínio cognitivo, doenças cardíacas e câncer. Esses efeitos não foram provocados pelo envelhecimento, mas pelo fato de as pessoas deixarem de ser ativas e comprometidas com algo.

Não é realmente justo comparar longas horas de trabalho a nenhum emprego. No entanto, ter um emprego que você detesta pode ser pior do que o desemprego. Segundo uma avaliação de 2010 realizada pelo Instituto Gallup, pessoas que se sentiam "emocionalmente desconectadas" de seu emprego aproveitavam menos a vida do que pessoas sem nenhum emprego. E um estudo com trabalhadores suecos revelou que um trabalho monótono estava associado a um índice mais alto de infartos do miocárdio. Sim, um trabalho chato pode matar você.

Lembra-se de quando disse que ter trabalhado demais era um dos maiores arrependimentos das pessoas em seu leito de morte? Verdade, sem dúvida. Mas sabe qual foi o arrependimento vencedor? "Eu gostaria de ter tido coragem para viver de verdade, nos meus termos, sem apenas fazer o que os outros esperavam de mim." A carreira ocupou um sólido terceiro lugar, logo atrás da educação e à frente dos relacionamentos. Passamos grande parte de nosso tempo no trabalho. Estou presumindo que as pessoas que lamentaram ter trabalhado tanto não gostavam de seus empregos – e que muitos daqueles que não viveram uma vida verdadeira, nos próprios termos, escolheram carreiras erradas. Um trabalho com sentido e desafiador nos torna mais felizes e realizados. Porém, uma vez mais, se é significativo não é realmente trabalho, é?

Tudo bem, os workaholics bem-sucedidos apresentaram seu caso. Vamos ouvir o que os indivíduos menos obcecados têm a dizer a respeito do lado negativo desse trabalho frenético.

• • •

Albert Einstein e Charlie Chaplin compareceram juntos à estreia de *Luzes da cidade*. Quando a multidão enlouqueceu ao ver os dois superastros, Chaplin disse ao grande cientista: "Eles me aplaudem porque todos me entendem e o aplaudem porque ninguém o entende."

Na mosca. Pergunte às pessoas o que Einstein fez e elas dirão: "Relatividade". (Pergunte a elas o que é relatividade e você obterá um encabulado silêncio. Tudo o que a maioria sabe é que é um assunto importante.) Como disse Walter Isaacson em sua maravilhosa biografia, Einstein "concebeu uma revolucionária teoria quântica da luz, ajudou a comprovar a existência dos átomos, explicou o movimento browniano, subverteu o conceito de espaço e tempo e propôs o que se tornaria a equação mais conhecida da ciência". Seu trabalho teve tanto impacto que todo mundo sabia que ele algum dia seria agraciado com um Prêmio Nobel – mas ele havia realizado tanto que as pessoas não sabiam ao certo por *qual* feito extraordinário ele iria recebê-lo. Quando por fim ganhou o prêmio, em 1921, ironicamente não foi em função da teoria da relatividade, mas pelos serviços prestados à física teórica. E o grosso do trabalho pelo qual recebeu a homenagem foi realizado em um ano, 1905, quando estava com 26 anos. (Nada mal para um cara que fora considerado inapto para o serviço militar por suar nos pés.)

Ao contrário de Newton, Einstein era charmoso, comprometido com a justiça social, tinha mulher e filhos. Mas a exemplo de seu recluso predecessor, vivia em um mundo de ideias. Obviamente, era um gênio, mas seu verdadeiro superpoder era a incrível quantidade de tempo e a concentração que dedicava ao trabalho. Embora cercado de fama, amigos e família, ele ainda levava uma vida intelectualmente destacada, ideal para explorar suas ideias. Em termos de sucesso na carreira, foi bastante recompensador, sem dúvida.

Era uma barganha faustiana, embora Einstein não tenha pagado o preço. Sua família, sim. Diz Isaacson: "Uma de suas vantagens como pensador, mas não como pai, era a capacidade e a propensão para ignorar todas as distrações, o que no caso dele, às vezes, incluía seus filhos e a família." Quando eles exigiam sua atenção, ele duplicava os esforços no trabalho.

Essa atitude exauriu sua família até o ponto de ruptura. Einstein disse certa vez: "Eu trato minha mulher como uma empregada que não posso demitir." Isso não foi apenas uma farpa lançada no calor da raiva. Quando o casamento começou a desmoronar, ele apresentou à esposa um contrato que detalhava o que esperava dela, se fosse para o relacionamento continuar:

CONDIÇÕES:

A. Você tomará providências para que
   1. minhas roupas estejam limpas e sempre em ordem;
   2. eu receba minhas três refeições regularmente em meu quarto;
   3. meu quarto e meu estúdio sejam limpos; e, principalmente, que minha escrivaninha seja usada apenas por mim.

B. Você renunciará a todas as relações pessoais comigo, caso não sejam completamente necessárias por motivos sociais. Especificamente você abrirá mão de que
   1. eu fique em casa na sua companhia;
   2. eu saia ou viaje com você.

C. Você obedecerá aos seguintes pontos em suas relações comigo:
   1. não contará com nenhuma intimidade de minha parte nem me censurará de nenhuma forma;
   2. interromperá, caso eu peça, o que estiver falando comigo;
   3. deixará, caso eu peça, meu quarto ou estúdio imediatamente e sem protestar.

D. Você prometerá não me menosprezar na frente dos nossos filhos, seja por palavras, seja por comportamento.

Relutantemente, ela concordou. Porém, sem nenhuma surpresa, o casamento degringolou, por conta do distanciamento dele e dos casos amorosos que ele tinha com mulheres mais jovens que não lhe faziam exigências emocionais.

Embora fosse um pai atencioso, quando os filhos eram jovens, à medida que os anos passaram Einstein ficou cada vez mais tempo mergulhado em seus pensamentos. Após o divórcio, raramente via os filhos, concentrando-se mais em seu trabalho. Seu filho Eduard, que tinha uma doença mental, tentou suicídio. Mais tarde, acabou morrendo em um hospital psiquiátrico. Einstein já não o visitava havia mais de três décadas. Consta que seu outro filho, Hans Albert, disse certa vez, referindo-se ao pai: "O único projeto do qual ele desistiu provavelmente sou eu."

Trabalho duro gera talento. Talento com tempo leva ao sucesso... e quanto disso passa a ser exagero?

•••

Mencionei como o perfeccionismo e a ética de trabalho obsessiva de Ted Williams afetaram seus relacionamentos? Não? Bem, infelizmente é uma história semelhante à de Einstein.

A incrível habilidade de Ted Williams provinha do fato de que ele passava todo o tempo focado no beisebol; mas sua fraqueza também provinha do fato de que *passava todo o tempo focado no beisebol*. Rob Kaufman, filho de Louise Kaufman, última parceira de Williams, disse certa vez: "Ele não tinha nenhum trato social. Passava tempo demais no vestiário. Era inteligente, mas não aprendeu nada a respeito de boas maneiras, como seus companheiros."

Williams se divorciou três vezes. Uma das mulheres que namorou, Evelyn Turner, recusou diversas propostas de casamento dele. Disse que só se casaria se ele lhe garantisse que ela seria a prioridade de sua vida. Ted respondeu: "Primeiro, o beisebol; segundo, a pescaria; terceiro, você." Quando brigou com a terceira esposa, Dolores Wettach, ela ameaçou escrever uma continuação da biografia de Williams que se chamaria *Minha vez de jogar foi uma bola fora*. Shelby Whitfield, um amigo de Ted, declarou: "Williams foi provavelmente uma das pessoas menos talhadas para o casamento que se possa imaginar."

Como pai, não era melhor. O próprio Williams admitia isso: "Como pai, fui um fracasso... Nunca estava em casa. Tinha meus compromissos. Simplesmente, não cumpri com meus deveres." As horas dentro de campo que lhe trouxeram a glória destruíram o relacionamento com seus três filhos. Quando sua filha Bobby-Jo lhe perguntou sobre a infância dele, ele a mandou ler sua biografia.

Embora Williams tenha sido bem-sucedido como técnico, reproduzia esse padrão com os jogadores sob seus cuidados. Ted Lepcio, jogador do Red

Sox, declarou: "Ele não conseguia entender por que caras como eu não conseguiam rebater melhor. Acho que tinha problemas para se relacionar com quem não era perfeccionista."

Como perfeccionista em altíssimo grau, Williams queria controlar tudo. Quando não podia, explodia. Histórias a respeito de seu temperamento são lendárias. Williams tinha gana de dominar tudo em sua vida, mas diante de coisas que não conseguia controlar – como esposas, filhos e família – dominar não era uma opção. E isso o deixava apenas com a raiva.

Seu temperamento era um *intensificador* (você viu no capítulo 1). A terceira esposa, Dolores, falou sobre a raiva: "Era sua melhor amiga, pois lhe dava poder para fazer coisas que o salvavam, que eram importantes. Se ele estivesse com raiva quando fosse rebater, a bola iria voar. Se estivesse com raiva enquanto pescava, a isca também voaria e o peixe não teria chance." Mas, em relacionamentos, a raiva era um impeditivo. Quando perdia uma partida de xadrez, mesmo em um amistoso jogo em família, Williams arremessava o tabuleiro no outro lado da sala. Como escreveu seu biógrafo Ben Bradlee: "Por fim, Dolores percebeu que o motivo da raiva de Ted era sua incapacidade de satisfazer as ambições perfeccionistas que ele estabelecia para si mesmo. Quando não correspondia às suas expectativas, não importando se a atividade era corriqueira, ele estourava." A satisfação estava sempre fora de alcance, em função das enormes e constantes expectativas que se impunha e impunha aos demais. Jimmy Piersall, seu companheiro de time, certa vez lhe perguntou por que ele estava sempre tão irritado. Williams respondeu: "Sabe por quê? Porque eu tenho que ser bom todos os dias. Você não."

Em um de seus jogos, Williams retornou furioso ao banco, fazendo autocríticas. Achava que não deveria ter rebatido no lance final. Não conseguia se perdoar. Todos já estivemos em uma situação assim: sentimos que cometemos um erro e não conseguimos superar. Só que a rebatida de Williams tinha terminado com um *home run*. Ele ganhara o jogo. Mas, para ele, não importava. Enquanto seus companheiros festejavam animadamente a vitória, Williams fervia por dentro. Achava que poderia ter feito melhor.

Essa postura pode trazer resultados incríveis (ainda que não traga a felicidade) em uma competição difícil como o beisebol. Mas não funciona em relacionamentos. Infelizmente, o impulso inato de Williams e suas longas horas de treino apenas reforçaram essa atitude – que ele não conseguia suavizar. O intensificador que o tornou um dos maiores jogadores de beisebol que já existiram o fazia viver às turras com as pessoas que mais o amavam.

...

Como disse Bernard Shaw: "O verdadeiro artista prefere deixar a mulher passar fome, os filhos andarem descalços e a mãe de 70 anos trabalhar como um burro de carga a dedicar-se a qualquer outra coisa senão sua arte."

O mesmo se vê em médicos apaixonados por seu trabalho. Um estudo com mais de mil médicos especialistas holandeses demonstrou que os maiores motivos de exaustão eram a interferência da vida familiar e o perfeccionismo. O psicólogo Richard Ryan diz: "Uma das razões da ansiedade e da depressão nos grandes realizadores é não ter bons relacionamentos. Estão ocupados ganhando dinheiro e cuidando de si, o que significa menos espaço para o amor, a atenção, o carinho, a empatia e todas as coisas que realmente contam." Esse fenômeno de negligenciar a família em nome de uma paixão não é nem um pouco novo. Os antigos romanos tinham uma expressão – *libri aut liberi* – que se traduz como "livros ou filhos". Quando sua gana de criar é muito grande, a família é sacrificada.

A questão da energia também é fundamental. Indivíduos que se dedicam a trabalhos criativos não só passam menos tempo com seus parceiros como o tempo que passam é de baixa qualidade, segundo um estudo publicado pela revista *Academy of Management Journal*. Quando chegam em casa, seu cérebro está esgotado. Não há mais combustível no tanque para ser um parceiro atencioso. Um estudo descobriu que pessoas muito perfeccionistas tinham probabilidade 33% menor de terem relacionamentos satisfatórios.

Alguns levam a intensidade dedicada às horas de trabalho a níveis anormais. A respeitada revista científica *Nature* fez uma pesquisa informal com 1.400 leitores. Vinte por cento deles já haviam usado drogas para aumentar a concentração, sendo a mais comum Ritalina. Em sua análise sobre os hábitos dos gênios, Mason Currey descobriu que um número significativo deles usava anfetaminas, assim como Paul Erdös. Após fazer uma pesquisa com estudantes universitários, Sean Esteban McCabe, professor da Universidade do Michigan, relatou que 4,1% deles faziam o mesmo. (Com licença, vou pegar outra xícara de café.)

Portanto, ter uma vocação e ser obsessivamente apaixonado por ela pode trazer sucesso e satisfação, mas também pode prejudicar os relacionamentos, que são essenciais para a felicidade. Shawn Achor, pesquisador de Harvard, concorda: "As pessoas que melhor enfrentam o estresse são aquelas que aumentam seu investimento social durante as crises, o que é o oposto do que a maioria de nós faz. Acontece que, em análises em que elas participam, as conexões sociais são as maiores prenunciadoras de felicidade." Qual era mesmo o número quatro na lista de arrependimentos dos indivíduos prestes a morrer? "Eu gostaria de ter mantido contato com meus amigos."

Se não houver controle, obter aquelas 10 mil horas de treinamento focado pode nos levar a um lugar sombrio. Howard Gardner, professor da Harvard School of Graduate Education, analisou alguns criadores renomados, como Picasso e Freud:

> O estudo revela que, de uma forma ou de outra, cada um desses criadores se envolveu em algum tipo de barganha, negócio ou acordo faustiano, de modo a assegurar a preservação de seus dotes incomuns. Em geral, os criadores estavam tão mergulhados em sua missão profissional que sacrificavam tudo, principalmente a possibilidade de uma existência plena.

Bobby Fischer, a lenda do xadrez, disse quase exatamente isso em uma entrevista. Quando um repórter lhe perguntou como teria sido sua vida se ele não fosse tão obcecado pelo xadrez, Fischer respondeu: "Bem, teria sido melhor. Um pouco mais equilibrada... um pouco mais plena." Franz Kafka foi ainda mais longe: "É muito simples dizer como vai ser meu futuro como escritor. Meu talento para retratar minha vida interior onírica empurrou todas as outras coisas para o segundo plano; minha vida murchou tremendamente e não vai parar de murchar. Nada mais poderá me satisfazer."

A mesma questão de oportunidade/custo que examinamos no capítulo 2 com Spencer Glendon e Peter Drucker se aplica aqui. Cada hora de trabalho é uma hora longe de seus amigos e de sua família. É mesmo necessário obter sucesso em escala global? Infelizmente, talvez. O artigo "Por que a produtividade decai com a idade: A conexão entre crime e gênio" revela que, pelo menos no caso dos homens, o casamento tem um evidente efeito negativo na produtividade de cientistas, escritores, músicos de jazz, pintores e até criminosos. O autor do estudo, Satoshi Kanazawa, escreve: "Cientistas desistem rapidamente após o casamento, enquanto cientistas solteiros continuam a fazer grandes contribuições até idades avançadas."

Tudo isso só ocorre caso você tenha o emprego de seus sonhos. Mas e se não tiver (o que se aplica à maioria de nós)? Tenho certeza de que não ficará surpreso, mas trabalhar feito louco quando você não é obcecado pelo trabalho traz sérios efeitos negativos. No Japão, o fenômeno já saiu do controle. Não é raro que as pessoas morram por excesso de trabalho. O problema se tornou tão comum que os japoneses cunharam um nome: *karōshi*. Longe de designar apenas uma curiosidade, o termo foi incorporado ao dicionário em 2002. De tão grave, foi legalmente reconhecido e o governo começou a analisá-lo em 1987. O número de pessoas que morrem anualmente de *karōshi* no Japão equivale ao número de mortes no trânsito.

As mortes ocorrem em geral por ataque cardíaco ou derrame cerebral, mas suicídios não são raros e até receberam um nome específico: *karōjisatsu*. As companhias de seguro têm perdido diversos processos judiciais referentes ao problema; há famílias que recebem o equivalente a mais de 1 milhão de dólares em indenizações. Pesquisas revelaram que 90% dos trabalhadores japoneses não estavam nem mesmo familiarizados com o conceito de equilíbrio entre trabalho e vida pessoal. Para diminuir o problema, alguns escritórios agora reproduzem no final do horário de trabalho uma mensagem gravada, basicamente dizendo aos funcionários: "VÃO PARA CASA."

A maioria de nós não trabalha tanto a ponto de correr o risco de um ataque cardíaco ou de um suicídio. Não, nós nos contentamos em tornar nossa vida miserável. Em geral, chamamos o problema de *burnout*. Mas o mais fascinante é que os psicólogos já perceberam que o esgotamento não é apenas uma overdose de estresse; é simplesmente a boa e velha depressão clínica.

O artigo "Sintomatologia comparativa da depressão por esgotamento" diz o seguinte: "Nossas descobertas não corroboram a hipótese de que esgotamento e depressão são realidades diferentes."

Todos passamos por momentos de estresse e a maioria de nós se recupera bem após um descanso. Christina Maslach, uma das maiores pesquisadoras na área, diz que o verdadeiro esgotamento ocorre quando não somos adequados para a atividade que estamos realizando. Essa é também a razão pela qual os apaixonados por seu trabalho podem acabar com relacionamentos ou desmaiar de exaustão, mas não ficam destruídos como o trabalhador médio. Os pesquisadores Cary Cherniss e David Kranz descobriram que o esgotamento era algo "praticamente ausente em mosteiros, escolas montessorianas e centros assistenciais religiosos, onde as pessoas consideram o trabalho como vocação, não meramente um emprego". Mas quando você não se encaixa em sua função, quando está sobrecarregado e quando suas tarefas não se alinham com suas expectativas ou valores, não é apenas o estresse que o atinge: você na verdade vivencia uma mudança de perspectiva. Sente que não consegue progredir, desliga-se e acaba se tornando cínico e pessimista.

O esgotamento, portanto, é *o lado oposto da determinação*. Quando falamos sobre James Waters, o SEAL da Marinha, e sobre o pesquisador Martin Seligman, vimos que a resiliência muitas vezes decorre do otimismo. O esgotamento é o resultado de uma visão pessimista do seu emprego. *Isso não está me levando a lugar nenhum. Não consigo suportar. Isso nunca vai melhorar.*

Alguns podem achar que basta aguentar o tranco, mas quando você se sente pessimista e infeliz é muito difícil alcançar o sucesso. Como Julia Boehm e Sonja Lyubomirsky publicaram na *Journal of Career Assessment*, sucesso não traz felicidade tanto quanto felicidade traz sucesso. Assim como o otimismo nos faz seguir adiante, o esgotamento cria uma espiral descendente que dificulta a execução de tarefas, pois todas parecem fúteis. No final, você pode acabar desejando *karōshi*.

Qual a solução para tudo isso? Muitos pensam que um salário alto faz tudo valer a pena, mas estão enganados. Um estudo intitulado "Como o sucesso objetivo e o sucesso subjetivo na carreira se correlacionam ao longo do tempo?" revelou que o salário não aumenta a satisfação com o trabalho. Mais dinheiro não é sinônimo de adaptação no emprego. É, portanto, improvável que resolva o esgotamento. Se você está sobrecarregado em um emprego que não lhe é adequado, pode ser a hora de mudar.

Se você estiver em uma carreira pela qual é obsessivamente apaixonado, a resposta também não o surpreenderá muito. Você precisa reservar um tempo para os relacionamentos. Quando a Associação Médica Americana questionou médicos destacados para descobrir como eles evitavam o esgotamento, um dos recursos mais mencionados foi "conversar sobre os problemas com a família e com os amigos".

Todos temos limites e, para uma vida equilibrada, precisamos tanto de uma carreira que combine conosco quanto do apoio daqueles que amamos. O escritor Sam Harris declarou à revista *The Atlantic*:

> Provavelmente é verdade que algumas conquistas dependem das necessidades neuróticas de realização de algumas pessoas, ou da sede por dinheiro ou poder. Uma boa parte da arte advém de ilusões egoístas que nos envolvem por completo. E, se algum indivíduo decidir descartar, de modo permanente, a ilusão do ego, pode não conseguir escrever grandes romances nem fundar a próxima Apple. Alcançar a iluminação espiritual budista pode ser incompatível com o desejo de se tornar o próximo Nabokov ou Steve Jobs. Por sorte, nunca ninguém precisou escolher entre ser um grande artista ou um grande empresário e o próximo Buda. A questão relevante para mim é quão neuróticos, infelizes e iludidos precisamos ser para termos uma vida produtiva. Creio que a resposta seja: muito menos do que a maioria de nós é.

Assim, o trabalho obsessivo talvez seja necessário para se atingir o ápice do sucesso, mas não propicia uma vida gratificante e equilibrada.

E aí levantamos outras questões: se queremos alcançar o sucesso sem nos afastarmos dos amigos e da família, nem cairmos em depressão ou sofrermos esgotamento, menos pode realmente ser mais? Podemos nos divertir e sermos bem-sucedidos ou isso é apenas um devaneio?

•••

Não havia mais nada que os lutadores japoneses pudessem fazer. Estavam perdendo na atividade que inventaram. E isso era uma vergonha.

A família Gracie, do Brasil, levara o estilo de luta corpo a corpo do jiu-jítsu a um novo patamar; e no MMA, que estava estourando, seu nome se tornou sinônimo de vitória. O jiu-jítsu é uma arte japonesa – e até uma palavra japonesa –, mas foi elevado praticamente à perfeição por um país no outro lado do mundo. Os Gracie aprenderam jiu-jítsu no início do século XX e o desenvolveram nos becos do Rio de Janeiro, em brigas de rua e, em seguida, em competições de vale-tudo. E transformaram a arte em uma ciência.

Desde o primeiro Ultimate Fighting Championship, no qual Royce Gracie arrasou com três oponentes na mesma noite, o jiu-jítsu Gracie provocou uma mudança de paradigmas nas artes marciais. Não havia o que discutir: qualquer um que quisesse competir no MMA teria que conhecer o jiu-jítsu Gracie, ou seria derrotado por ele. Isso incluía os lutadores da própria nação que inventara o jiu-jítsu.

Os japoneses sempre adoraram esportes de luta. Eventos de kickboxing lotavam grandes estádios. Em 1997, quando o Pride FC foi instituído como primeira competição organizada de artes marciais mistas, também atraiu enormes plateias. Mas muitos lutadores japoneses que nela competiam eram vistos como oferendas de sacrifício para lutadores estrangeiros, como os Gracie. Chegaram a ser chamados zombeteiramente de "latas de tomate", pois, ao final das lutas, espancados, sangravam tanto que lembravam latas de molho de tomate furadas.

Nesse novo mundo do MMA, o Japão almejava desesperadamente recuperar sua gloriosa história de lutas, mas parecia impossível superar os Gracie. Membros dessa família rolavam em tatames antes de começarem a andar. Trabalhar mais e com mais afinco parecia não ser o bastante. O jiu-jítsu Gracie era um vírus resistente a medicamentos, que infectava todas as artes marciais.

Haveria algum antídoto que pudesse restaurar a honra ao Japão?

Sim, mas viria de um dos lugares mais improváveis...

Ninguém questionava o talento de Kazushi Sakuraba. O que se questionava era sua sanidade mental. Também chamado de "Saku", não era um lutador treinado nos moldes das artes marciais clássicas. Era um profissional de *wrestling*. Seu estilo era o *"catch wrestling"*, uma forma híbrida de luta agarrada desenvolvida nos anos 1800, que se tornou popular em circos e feiras, geralmente com lutas simuladas. Portanto, um lutador cuja modalidade era praticada em circos passou a ser a grande esperança das lutas MMA do Japão.

Um dos desafios mais difíceis no jiu-jítsu Gracie é "passar a guarda". Trata-se de uma posição na qual um lutador tenta vencer as tentativas do oponente de controlá-lo com as pernas, com o objetivo de assumir uma posição dominante no octógono. O vaivém resultante se transforma, com frequência, em um exaustivo jogo de xadrez, com cada lutador procurando manter a vantagem. Como Saku fazia para passar a guarda? Executando o *cartwheel*, ou seja, voando por cima da guarda do adversário, parecendo mais o Homem-Aranha do que um lutador de MMA. E isso funcionava.

O cara não treinava no Templo Shaolin – estava mais para uma escola de circo. Antes dos confrontos, seus fãs ficavam inquietos. Sabiam que veriam uma ótima luta, mas a ansiedade era mais para saber: *O que esse maluco vai fazer hoje?*

Saku tinha um estilo inovador e eletrizante, mas era antes de tudo um showman. A imprensa japonesa costumava chamar um de seus oponentes, Kevin Randleman, de "Donkey Kong". Assim, Saku entrou no ringue caracterizado como Mario.

Saku também fazia algo que poucos lutadores fazem durante uma luta: sorria. Não havia dúvida para qualquer presente que o cara estava se divertindo. Embora, evidentemente, ele levasse os treinamentos a sério, nunca levou a *si mesmo* muito a sério.

Ele também fazia outra coisa: vencia. Embora muitas vezes enfrentasse lutadores até vinte quilos mais pesados, Saku permaneceu invicto durante 11 lutas após sua estreia nas competições de MMA. Só uma dúvida permanecia: *ele seria capaz de derrotar um Gracie?* A não ser por desistência, há décadas nenhum membro da família Gracie perdia uma luta profissional.

Em 21 de novembro de 1999, Saku aplicou uma chave de braço *kimura* em Royler Gracie, e o orgulhoso membro da família campeã se recusou a desistir da luta. Mas o árbitro, quando viu o braço de Royler ser claramente deslocado, interveio e encerrou a contenda. Saku havia vencido.

Foi um choque na comunidade de MMA. Um Gracie fora derrotado. E havia sido o palhaço maluco das lutas de circo quem conseguira o feito.

No espaço de apenas um ano Kazushi Sakuraba derrotou quatro lutadores da família real das artes marciais, o que lhe granjeou outro apelido: "O Caçador de Gracie". Após a derrota de Royce, Hélio Gracie, patriarca da família, estendeu a mão para Sakuraba, que alegremente a apertou, fazendo uma mesura. A orgulhosa família brasileira reconhecia um oponente mais que merecedor. Os lutadores japoneses haviam recuperado a honra.

A lista de Kazushi Sakuraba inclui vitórias sobre sete ex-campeões do UFC. O antigo *wrestler* profissional é hoje considerado "o maior artista das artes marciais mistas do Japão". E duvido que algum outro lutador tenha se divertido tanto no ringue.

Este grande lutador de MMA não era alguém que lutava o jiu-jítsu Gracie melhor do que os Gracie; era um lunático que pintava os cabelos de laranja e dava *cartwheels* no ringue. Sakuraba não vencia somente porque trabalhava com mais afinco. Às vezes mais não é a resposta. Às vezes mais não é nem mesmo possível. Às vezes precisamos relaxar e nos divertir – e também sermos um pouco malucos – para estarmos na melhor forma.

• • •

Cientistas pesquisaram 254 estudantes adultos para avaliar seu nível de bom humor. Depois verificaram seus históricos escolares. E veja só: um temperamento brincalhão estava associado a melhores notas. O estudo foi mais longe: estudantes brincalhões liam materiais que nem mesmo haviam sido exigidos. Eram curiosos e motivados. Outras pesquisas revelaram uma conexão entre duração do recreio das crianças e seu desempenho escolar. Mais brincadeiras significam maior aprendizado.

Diversão nos ajuda a criar vínculos, não só em nossa vida particular como também no escritório. Afinal, como conhecer as pessoas se você nunca riu com elas? Quando William Hampes estudou 98 alunos, encontrou uma significativa relação entre humor e confiança. Somos mais propensos a acreditar em pessoas com as quais nos divertimos.

Mas se você for o chefe não pode participar de brincadeiras, certo? Errado. É melhor pensar em pessoas bem-humoradas, caso você esteja tentando recrutar talentos. Um estudo publicado na *Journal of Leadership and Organizational Studies* revelou que "o divertimento no local de trabalho era um atrativo mais forte para o candidato do que compensação financeira ou oportunidades de promoção". Sim, significa exatamente o que você pensou: dinheiro e promoções não são tão importantes para as pessoas quanto trabalhar em um lugar divertido.

Mas você ainda precisa trabalhar muitas horas, certo? Mais horas significam mais resultados. Ou será que não? Vamos examinar os melhores dos melhores... ou os piores dos piores. (Na verdade, depende de como você vê.)

Consultoria de gestão é uma atividade tradicionalmente conhecida pela exigência de longas horas e a pesada carga de trabalho. Oitenta horas semanais não são incomuns, além de inúmeras viagens e constantes trocas de e-mails; e muita gente pode sofrer uma "morte tediosa pelo PowerPoint". Leslie Perlow e Jessica Porter desejavam saber o que aconteceria se uma destacada firma de consultoria fizesse o impensável: conceder a seus funcionários um dia inteiro de folga. Que ideia! Para os funcionários do Boston Consulting Group, mergulhados em um ritmo alucinante, isso estava fora de cogitação. Havia dias de folga, claro, mas se ocorresse alguma emergência – e *sempre* havia uma emergência – o funcionário era chamado. Assim, o que Perlow chama de "folga previsível" não era uma opção. Quando ela levantou o assunto no BCG, o primeiro sócio com quem conversou negou. Foram necessários seis meses para encontrar um sócio na firma que estivesse disposto a dar uma chance àquela ideia insana.

Tenho certeza de que você não ficará surpreso em saber que os funcionários gostaram da proposta. Comparados aos funcionários submetidos ao antigo sistema, consultores que obtiveram a folga previsível estavam 23% mais inclinados a se dizer satisfeitos com sua atividade e 24% a dizer que se sentiam animados quando iam para o trabalho de manhã. Em diversos tipos de medições, sentiam-se melhor com seu emprego e vida, e tinham mais chances de permanecer na empresa. Claro. Dia de folga é bom. Mas esses não foram os únicos resultados. Eles também revelaram que tinham probabilidades 11% maiores de proporcionar melhores serviços aos seus clientes. Os clientes confirmaram: a classificação das equipes com folgas previsíveis era, na pior das hipóteses, igual à das equipes sem folgas previsíveis; e, na melhor das hipóteses, muito melhor.

O BCG entendeu o recado. Quatro anos depois, 86% das equipes das divisões do Nordeste americano passaram a obter folgas previsíveis experimentalmente. Os funcionários estavam trabalhando *menos* e a empresa, obtendo melhores resultados. Assim, há um claro limite para o funcionário médio. Quando a quantidade de trabalho se torna excessiva, a qualidade acaba sofrendo. Assim como a qualidade de vida dos funcionários.

Trinta e nove por cento dos americanos trabalham cinquenta ou mais horas por semana, e 18% trabalham sessenta ou mais, segundo uma avaliação realizada em 2014 pelo Instituto Gallup. Qual é o benefício adicional de todas essas horas extras? Segundo uma pesquisa da Universidade Stanford, quase nada. A produtividade declina tão abruptamente depois de 55 horas que "alguém que trabalha setenta horas não produz nada além com as 15 horas extras". Tudo o que elas criam é estresse.

Um artigo da *Journal of Socio-Economics* revelou que a redução de felicidade produzida pelo tempo a mais é maior do que o acréscimo de felicidade proporcionado pelo pagamento das horas extras. A conta simplesmente não fecha.

De que outra forma a diversão e o relaxamento estão relacionados com o sucesso? Bem, hoje em dia parece que todas as empresas apregoam a inovação. Dizem que precisam de criatividade, mas será que muitas horas no escritório geram novas ideias? Não. Diversos estudos mostram que a criatividade aparece quando o indivíduo está relaxado, não estressado ou sobrecarregado.

Na verdade, a criatividade surge muito antes de o funcionário chegar ao escritório. A maioria das pessoas tem suas melhores ideia no chuveiro. Scott Barry Kaufman, da Universidade da Pensilvânia, descobriu que 72% das pessoas têm novas ideias tomando banho, o que é uma frequência muito maior do que no trabalho. Por que os chuveiros são tão poderosos? São relaxantes. Lembre-se de que Arquimedes não teve seu momento "heureca" no escritório. Estava desfrutando de um bom banho quentinho.

O ambiente agitado de muitos locais de trabalhos modernos é absolutamente desfavorável ao pensamento criativo. Teresa Amabile, da Universidade de Harvard, descobriu que, excessivamente pressionadas pelo tempo, as pessoas têm 45% menos chances de encontrar uma solução criativa. Esse tipo de estresse cria o que ela chama de "ressaca da pressão". A musa da inspiração sai e fica fora por dias.

Para ser de fato criativo, você precisa sair do estado tenso de superconcentração e deixar a mente vaguear. Pesquisadores propõem que sonhar acordado está relacionado à solução de problemas. As áreas do cérebro acionadas são as mesmas utilizadas na resolução de problemas. Pessoas cujas mentes vagueiam mais já se mostraram melhores solucionadoras de problemas.

Por falar em tempo ocioso, você e eu precisamos ter uma conversa franca sobre aquele período diário de tempo ocioso: o sono. Tenho certeza de que não sou o primeiro a mencionar que o sono é importante, e por um monte de razões (mas prometo que serei o mais irritante).

Pesquisas apontam que a falta de sono deixa as pessoas apalermadas. John Medina, professor da Faculdade de Medicina da Universidade de Washington, explica:

> Pense em uma excelente aluna, acostumada a estar entre os 10% melhores da escola em tudo o que faz. Um estudo demonstrou que, se dormir menos de sete horas diárias nos dias de semana e cerca de quarenta minutos a mais nos fins de semana, ela começará a figurar entre os 9% piores que não sofreram privação de sono.

E a plena capacidade cerebral não será recobrada tão rapidamente quanto se imagina. Um estudo de 2008, realizado em Estocolmo, revelou que, tendo dormido apenas cinco horas algumas noites, as pessoas não voltaram à sua melhor forma após uma semana dormindo normalmente.

Já se demonstrou que a falta de sono afeta a tomada de decisões, a ética, a saúde e o tempo que você passa na internet. Pesquisas também indicam que o chamado sono da beleza funciona. Quando os cientistas pediram a voluntários que olhassem fotos de pessoas antes e depois de elas passarem por privação de sono, as fotos de pessoas cansadas foram qualificadas como menos atraentes.

Eu sei, eu sei: você acha que está perfeitamente bem. Mas não, você não está. Você é como um bêbado gritando que está em condições de dirigir. Essa é a coisa mais traiçoeira da privação de sono: você não tem, necessariamente, consciência dela. Só porque não se sente fatigado não significa que esteja descansado e desempenhando suas tarefas da melhor forma. Seu medidor de sono não está bem calibrado, querido. O jornal *The New York Times* relatou o trabalho de David Dinges, pesquisador do sono da Universidade da Pensilvânia: após duas semanas dormindo quatro horas por noite, voluntários da pesquisa disseram que se sentiam cansados, mas que estavam bem. Os pesquisadores lhes aplicaram uma bateria de testes. Constatou-se que o cérebro deles estava como gelatina. Dinges também descobriu que, após duas semanas dormindo seis horas por dia, eles se comportavam como bêbados. Quantas horas o americano médio dorme à noite? O Instituto Gallup diz que são 6,8 horas.

Bem, há pessoas que não precisam mais do que algumas horas de sono à noite, mas você, quase com certeza, não é uma delas. Indivíduos com "sono curto" constituem entre 1% e 3% da população. (É difícil estudá-los, pois esse é um dos poucos transtornos que não faz ninguém ir ao hospital.) Sabe aquelas pessoas que sempre estão quase patologicamente alegres e tagarelas de manhã? Quem tem sono curto é assim *o tempo todo*. Pesquisadores chamam de "ativação comportamental". Acredita-se que possa ser uma hipomania subclínica, o mesmo tipo de transtorno que vimos no capítulo 1. É como uma mania, mas de menor intensidade. Essas pessoas não são loucas, apenas otimistas, cheias de ânimo e emocionalmente muito resilientes. O "transtorno" é hereditário. Acredita-se que seja causado por uma mutação no gene hDEC2. Assim, se você não tem esse problema genético, não, você não tem sono curto; só está cansado demais para perceber como está cansado.

O que acontece quando tentamos imitar essas pessoas? Vamos analisar os casos mais extremos, porque, para ser sincero, é mais divertido.

Randy Gardner bateu o recorde de permanecer acordado durante 11 dias. Pesquisadores documentaram tudo e descobriram que ele não apresentou nenhum problema de saúde duradouro e voltou ao normal após finalmente dormir um pouco. Dito isso, seu cérebro se descontrolou durante o evento. Após algum tempo, sua fala ficou confusa. Depois, ele começou a sofrer alucinações e a ter dificuldade em focar. Durante um curto período, acreditou ser um jogador de futebol afro-americano, embora fosse um adolescente caucasiano. O *Guinness Book* deixou de ter uma categoria para a privação de sono por conta dos danos que provoca nas pessoas. Não tentem fazer isso em casa, crianças.

A falta de sono não afeta apenas sua disposição ou seu raciocínio. Afeta também suas emoções. Você e eu temos dias em que nos sentimos cansados e irritados, mas a coisa é mais profunda que isso – alcança o nível da neurociência. Quando estamos exaustos, nosso cérebro só se concentra em aspectos negativos. Lembra-se da amígdala cerebral? Aquela parte que não funcionava no cérebro da mulher que não sentia medo. Uma pesquisa realizada por Matthew Walker, na Universidade da Califórnia, em Berkeley, demonstra que a privação de sono nos deixa em um estado que é quase o oposto ao daquela mulher: o mundo se torna mais negativo. Quando estudantes foram mantidos acordados durante 35 horas, uma análise por ressonância magnética revelou que a resposta de suas amígdalas a coisas ruins foi 60% maior do que em pessoas que haviam dormido normalmente. Quando dormimos oito horas, nosso cérebro "reinicia" e nos deixa mais equilibrados. Sem o sono, nosso cérebro reage de forma exagerada a coisas ruins. Resumindo: se você estiver cansado, fica mais difícil ser feliz.

Seu humor de manhã afeta como você ficará durante todo o dia. Assim como um trajeto estressante para o trabalho, o modo como você dormiu pode influenciar sua produtividade desde o momento em que você entra no escritório até o momento de sua saída, no final do dia. Um estudo realizado na Wharton School revelou que seu humor de manhã influencia como você reage a situações da vida. Um erro de seu colega de trabalho é um aborrecimento menor ou um completo desastre? (Da mesma forma, se seu chefe chega ao escritório parecendo irritado, talvez seja melhor esperar outro dia para lhe pedir aquele aumento.)

As primeiras horas do dia são importantes também por outro motivo: em geral constituem o período em que você é mais produtivo. Quando conversei com Dan Ariely, da Universidade Duke, ele disse: "Acontece que a maioria das pessoas é mais produtiva nas primeiras duas horas da manhã. Não imediatamente após acordar, mas, se você se levanta às sete, será mais produtivo das oito às 10h30, aproximadamente." Não desperdice esse período sentindo-se exausto e mal-humorado.

Pensando de outro modo: você realiza mais em três horas estando privado de sono ou em uma hora sentindo-se enérgico, otimista e motivado? Dez horas de trabalho quando se está exausto, mal-humorado e distraído podem ser muito menos produtivas do que três horas quando se está animado. Assim, por que não dar menos importância à quantidade de horas e priorizar o que for preciso para estar na melhor forma?

Dormir menos também é perigoso. Pesquisadores britânicos observaram funcionários de escritório, que normalmente dormiam de seis a oito horas por noite, mas passaram a dormir menos, e voltaram a vê-los uma década depois. O que encontraram? Cadáveres. Segundo o estudo, "há bons indícios de que os participantes que passaram a dormir menos que seis, sete ou oito horas por noite, conforme o caso, corriam mais riscos de acidentes cardiovasculares fatais do que aqueles que não alteraram o período de sono".

Então, por que não estamos dormindo o suficiente? Todo mundo gosta de dormir. A resposta, claro, é trabalho. (Se você não sabia que eu iria dizer isso, por favor, tire uma soneca agora.) Mathias Basner, pesquisador da University of Pennsylvania Medical School, diz: "As provas de que o trabalho era o maior ladrão de sono eram esmagadoras. Tratava-se de algo evidente em todas as camadas sociodemográficas, independentemente de como abordássemos o assunto." E nada supera a conclusão de Evan Robinson, desenvolvedor de videogames, sobre o que acontece: "Por que empresas que não pensariam duas vezes na hora de demitir um indivíduo bêbado no trabalho não veem problema em criar condições que, na prática, deixam o indivíduo bêbado no trabalho?"

Você não é um computador, que trabalha 24 horas por dia, sete dias por semana, sem problemas. Você precisa descansar. Mas, caso durma no trabalho, será punido. Por falar nisso, dormir no trabalho é uma *ideia muito boa*. Evidências de que cochilos melhoram o desempenho são impressionantes.

Mas, se vamos falar de cochilos, temos que começar com astronautas.

Para dormir de forma adequada, dependemos de dicas de nosso ambiente. Quando está claro, o cérebro acha que deveria estar acordado; quando está escuro, boa noite. Isso cria um bocado de problemas para os astronautas, pois, quando se está fora da Terra, essas dicas podem se embaralhar. Você e eu estamos acostumados com o nascer do sol uma vez por dia. Em 24 horas, os astronautas podem ver o fenômeno dezenas de vezes. Assim sendo, a NASA precisou realizar muitas pesquisas sobre o sono, pois, se os astronautas estivessem cansados demais para desempenhar seu trabalho corretamente, os resultados poderiam ser fatais. A consequência foi o Programa de Combate à Fadiga, que é como uma agência governamental bilionária chama o "cochilo". Um dos estudos demonstrou que cochilos deixavam os pilotos mais atentos: "Os resultados comprovaram que um descanso programado de quarenta minutos a bordo aumentou de modo significativo o desempenho e a reação fisiológica em longas operações de voo."

Já falamos sobre como a privação de sono torna difícil sentir-se feliz. E adivinhe: um cochilo de noventa minutos reverte o efeito. Além de reduzir a resposta hiperativa do cérebro a coisas negativas, o repouso também melhora a resposta a coisas positivas.

De que outras maneiras o descanso e a diversão nos ajudam? Os cochilos são breves, portanto vamos pensar grande: férias. Um estudo realizado com professores na Alemanha revelou que tirar duas semanas de férias aumentava a motivação no trabalho e reduzia a fadiga por cerca de um mês. Férias reabastecem nosso tanque de combustível. (Sinta-se à vontade para arrancar esta página e deixá-la na mesa de seu chefe.) Agora, isso não significa que é possível justificar excesso de trabalho e privação de sono só porque você tem uma viagem agendada. Pesquisadores descobriram que muito estresse após um regresso de férias faz os efeitos positivos durarem menos de um mês. Seu tanque de gasolina começa a se esvaziar novamente. Ao mesmo tempo, ter mais diversão ao voltar para casa aumentava os efeitos positivos das férias.

Precisamos nos divertir. Precisamos descansar. As duas coisas aumentam nossas chances de sucesso e beneficiam nosso empregador também. Trabalhar muito não significa necessariamente trabalhar bem. Se a internet nos ensina alguma coisa é que quantidade nem sempre significa qualidade. Não trabalhe mais se você pode trabalhar melhor. Lembre-se daquela proporção de 80/20 sobre a qual Peter Drucker falou e faça o que vale a pena, em vez de passar o tempo trocando e-mails.

Segundo o escritor Tony Schwartz, "energia, não tempo, é a moeda fundamental do alto desempenho". Trata-se de uma visão qualitativa, em vez de quantitativa. Nem todas as horas são iguais. Não somos máquinas, e o modelo que enfatiza o tempo é feito para máquinas. Nosso trabalho não é ser uma máquina – é oferecer às máquinas algo brilhante para fazer.

...

Ouvimos ambos os lados. Sim, obcecados como Ted Williams trabalham feito loucos e têm grandes resultados, mas muitas vezes pagam um preço alto no âmbito dos relacionamentos. Aqueles que não estão nos empregos dos sonhos têm muito mais a perder do que a ganhar trabalhando muitas horas. Ninguém quer ser o próximo *karōshi*. Diversão, repouso e férias podem deixá-lo mais tempo longe do trabalho, porém mais do que compensam esse prejuízo em termos de motivação e qualidade do trabalho.

Então, por que a questão do equilíbrio entre trabalho e vida pessoal é um dilema tão grande? Não era tão importante no passado... Ou era? Qual é o verdadeiro problema e como resolvê-lo? Acontece que o mundo de fato mudou. Mas é possível fazer algo a respeito.

Para melhor ilustrar o assunto, precisamos falar do Homem-Aranha.

• • •

Peter Parker estava exausto de novo.

Nos últimos tempos vivia cansado. Embora combater o crime possa ser de fato cansativo, seus superpoderes sempre o protegiam contra esse tipo de exaustão. Mas agora havia algo diferente.

Em suas aventuras como Homem-Aranha, Parker havia encontrado uma nova roupa. Em vez das clássicas vestes azuis e vermelhas, aquela era preta e branca. E não só ficava muito maneira como aumentava seus poderes. A indumentária podia imitar perfeitamente qualquer tipo de roupa, portanto ele jamais precisaria ocultá-la. Uma ótima funcionalidade quando se tem uma identidade secreta. Ela também lhe proporcionava um suprimento quase inesgotável de teias. Outra grande vantagem para alguém que combatia o crime lançando fios.

Mas desde que obtivera os novos trajes, Parker se sentia cansado. O tempo todo. É claro que isso não poderia ser um efeito da roupa. Afinal de contas, era apenas pano. Até que, certa noite, ele tirou a roupa e desmoronou na cama, adormecendo rapidamente...

De repente, a roupa *se moveu*. Foi até ele, recobriu seu corpo novamente e o pôs de pé. E os dois saíram pela janela, deslocando-se de teia em teia, com Parker ainda adormecido.

No dia seguinte, Parker acordou exausto novamente, ainda sem entender o que o estava deixando tão cansado. Mas sabia que teria que fazer alguma coisa a esse respeito.

Pediu então ajuda a Reed Richards, líder do Quarteto Fantástico e grande cientista. Após alguns testes, Richards lhe deu notícias bastante perturbadoras. A nova roupa não era uma roupa. E com certeza não era feita de pano. Estava *viva*. Biologicamente, era um simbionte, um tipo de parasita. E era muito inteligente. Tinha propósitos. Estava se alimentando dos superpoderes do Homem-Aranha e tentando se fundir com Peter... de modo permanente. E Peter se tornaria parte daquilo. A coisa não viveria para servi-lo; ele viveria para servir à coisa.

Mas havia um problema maior. Não apenas Peter estava ciente da situação; a *coisa* agora sabia que ele sabia. E Peter não conseguia se livrar do simbionte...

Vamos fazer uma pausa aqui por um momento. Sei o que alguns de vocês estão pensando: *por que esse cara está falando sobre roupas de super-heróis?* Desculpem. Vou ser mais explícito, para quem não é fã de histórias em quadrinhos.

Quando você obteve seu primeiro emprego, lhe pareceu uma grande oportunidade? Seu salário e benefícios pareciam impressionantes e vantajosos? Só que, em seu caminho para o sucesso, você sentiu que o emprego estava exaurindo suas energias? Você se sentia cansado o tempo todo? Precisava trabalhar à noite quando deveria estar dormindo? Tinha a impressão de que estava se tornando parte do trabalho, em vez de o trabalho se tornar parte de você? Você lutava para manter sua independência, mas percebia que, por mais que tentasse, não conseguia?

Sim. Exatamente.

Vou ser o Reed Richards aqui: pode ser que você não tenha um emprego. Pode ser que você tenha um simbionte.

E agora, Homem-Aranha ou Mulher-Aranha, precisamos encontrar um modo de reagir.

• • •

Quem melhor entende as pressões que o mundo coloca sobre nós? O modo como sempre estamos com pressa? Como somos obrigados a ser impacientes? Projetistas de elevadores.

O escritor James Gleick observa que a cada nove dias, aproximadamente, os produtos da Otis Elevadores levantam a população da Terra. E os passageiros querem sempre tudo mais rápido. Querem que o elevador chegue mais rápido, querem que suba e desça mais rápido, querem que as portas se abram mais depressa. Os projetistas tentam todos os tipos de soluções para lidar com nossa perpétua impaciência com qualquer demora. Algoritmos permitem que os elevadores antecipem as demandas e minimizem o tempo de espera. A Mitsubishi criou um que sobe com a rapidez de um avião – cerca de 12 metros por segundo. Mas continuamos a bater o pé e a revirar os olhos. Ainda não está rápido o bastante.

Os projetistas perceberam que damos conta de esperar cerca de 15 segundos, em média. Aos quarenta segundos, cerramos os punhos. Quando questionadas, pessoas que esperaram dois minutos relataram como se tivessem sido dez. Então eles tentam nos iludir. Sabe aqueles saguões de elevadores cheios de espelhos? Não se trata de um projeto de decoração elegante. Os espelhos estão lá porque, quando olhamos para nós mesmos, prestamos menos atenção ao tempo de espera. E as queixas diminuem.

E não melhora quando estamos dentro do elevador. Os projetistas chamam isso de "tempo de porta": o tempo que as portas demoram para fechar. Normalmente, são cerca de quatro segundos. Mas não interessa. Não está rápido o bastante. Que botão é apertado tantas vezes a ponto de a pintura se desbotar? Gleick confirma: é o FECHAR PORTA.

Nesse ponto retomamos nossa conversa sobre o equilíbrio entre trabalho e vida pessoal. Sempre fomos tão apressados? Nossos pais e avós tinham essa mesma sensação de estarem sobrecarregados? Entre 1986 e 1996, o equilíbrio entre trabalho e vida pessoal foi mencionado na mídia 32 vezes. Em 2007, apenas, foi mencionado 1.674 vezes. Os tempos estão mudando.

Para começar, as pessoas estão trabalhando mais horas. Quando a *Harvard Business Review* avaliou cerca de 1.500 pessoas com salários entre os 6% mais altos dos Estados Unidos, descobriram que 35% deles trabalhavam mais de sessenta horas por semana, e 10% passavam mais de oitenta horas no escritório: um número colossal. Dos homens americanos com ensino universitário e empregos em tempo integral, 22,2% trabalhavam cinquenta horas por semana em 1980. Em 2001 a proporção subira para 30,5%. Isso explica por que muitos de nós nos sentimos "ricos em dinheiro e pobres em tempo". Se bem que muitos de nós também nos sentimos "pobres em dinheiro e pobres em tempo".

É claro que todas essas horas precisam sair de algum lugar. Quando a revista conversou com aqueles 6% que estavam no topo e trabalhavam sessenta ou mais horas por semana, descobriu que "mais de 69% acreditavam que seriam mais saudáveis se trabalhassem menos; 58% achavam que o trabalho impedia que tivessem um relacionamento próximo com os filhos; 46% achavam que impedia um bom relacionamento com o cônjuge; e 50% disseram que o emprego impossibilitava que eles tivessem uma vida sexual satisfatória".

Como se pode imaginar, essa situação tem grandes repercussões sobre a felicidade. Muitos estudos realizados no passado revelaram que os adultos eram mais felizes do que os jovens. Isso acabou. Desde 2010, as pessoas com menos de trinta anos são mais felizes do que a geração anterior. Mas as pessoas acima de trinta anos não são tão felizes quanto as pessoas de seu grupo costumavam ser. Por quê? A pesquisadora Jean Twenge explica:

> A cultura americana tem enfatizado cada vez mais que você deve alimentar grandes expectativas e seguir seus sonhos – o que parece bom quando se é jovem. No entanto, o adulto maduro médio percebe que seus sonhos podem não se realizar, e a diminuição da felicidade é o resultado inevitável. Adultos maduros em épocas anteriores talvez não tenham esperado tanto; mas as expectativas agora são tão altas que não podem ser concretizadas.

Outro estudo revelou que, entre 1976 e 2000, as ambições dos alunos dos últimos anos do ensino médio chegavam a níveis absurdos – e continuavam a crescer ao longo do tempo. Um pouco de matemática e... Sim, são os adultos desapontados de hoje. Nas palavras do grande filósofo Tyler Durden: "Todos fomos criados pela televisão para acreditar que um dia seríamos milionários, deuses do cinema e astros do rock, mas não seremos. Lentamente, estamos compreendendo esse fato. E estamos muito, mas muito irritados."

O que está acontecendo? Na era moderna, os padrões do sucesso se tornaram absurdos. Não são difíceis de serem alcançados, são impossíveis. A TV mostra vinte e tantos bilionários do Vale do Silício. Você acha que é bom em alguma coisa? Há alguém na internet que é melhor, trabalha menos e é mais feliz. Essa pessoa tem dentes bonitos também. Durante a maior parte da existência humana, olhava-se ao redor e viam-se cem ou duzentas pessoas da mesma tribo; era sempre possível que nós fôssemos os melhores em alguma coisa. Você podia se destacar, ser especial e valioso. Agora somos uma tribo global com mais de sete bilhões de indivíduos. Sempre há alguém melhor do que você em alguma coisa, e a mídia não para de falar sobre essas pessoas, elevando os padrões justamente quando você começava a achar que estava perto de atingi-los.

Como se essas expectativas não fossem ruins o bastante, o mundo moderno *elevou* o nível da competição. O mercado dos talentos é global, portanto, se você não pode fazer, as empresas não se preocupam: alguém no outro lado do planeta com certeza poderá. Os computadores tornaram as coisas mais eficientes, exigindo menos pessoas, e o mercado global de talentos oferece dez vezes mais candidatos para cada trabalho.

O mundo diz: "Mais, mais, mais." E nós também. J. Walker Smith, da firma de consultoria Yankelovich Partners, declarou ao *Wall Street Journal:* "No momento, ninguém tem aspirações a pertencer à classe média. Todo mundo quer estar no topo." Temos hoje muito mais do que no passado, mas tudo indica que não estamos muito felizes. Instintivamente, achamos que o problema pode ser resolvido com mais. Mais dinheiro. Mais comida. Mais coisas. Apenas mais. Nem mesmo sabemos ao certo do que precisamos mais, porém o que quer que tenhamos agora não é suficiente; assim, vamos aumentar a dose. Isso não é um discurso anticapitalista nem um papo como o do seu avô, que dizia "Vocês, garotos, não sabem apreciar nada". É apenas mais um exemplo de como nossos instintos entraram em colapso. O problema é que na busca do que "nos faz sentir bem" não há uma linha de chegada. É um concurso de comer tortas e o prêmio são mais tortas.

Tais expectativas tornam difícil alcançar metas que naturalmente herdamos de nossas circunstâncias, mas essa não é a pior parte. No mundo de hoje, *tudo é culpa nossa*. Ou pelo menos parece ser.

Nós adoramos escolhas, e o século XXI nos proporciona escolhas infinitas. Com a tecnologia, temos agora a opção de trabalhar sem parar. O escritório não fecha mais às cinco da tarde. Todos os minutos que passamos com amigos ou brincando com as crianças é um minuto em que poderíamos estar trabalhando. Assim, cada momento é uma decisão. Uma decisão que não existia no passado. Mas tê-la sempre em nossa cabeça, o tempo todo, é tremendamente estressante.

Quando conversei com Barry Schwartz, professor da Swarthmore College que estudou problemas inerentes às escolhas e à felicidade, ele disse:

> Hoje em dia, ao chegar em casa, seu trabalho chega com você. Na verdade, aonde quer que você vá, seu trabalho vai junto. Você vai assistir a um jogo, seu trabalho está em seu bolso, certo? Isso não significa que você vai querer

trabalhar o tempo todo, mas que você tem que tomar a decisão de não trabalhar. Não é uma imposição. "Brinco com meu filho ou respondo a esses e-mails?" Isso não acontecia trinta anos atrás. Você estava em casa, então é claro que brincava com seu filho. Não era uma decisão. Agora há uma escolha a ser feita.

A tecnologia aumentou drasticamente as opções em aspectos bons e ruins. Lembra-se do estudo a respeito dos 6% que ganhavam mais? "Setenta e dois por cento disseram que a tecnologia os ajuda a desempenhar bem seu trabalho; 59% disseram que ela estende o expediente; e 64% observaram sua intromissão no tempo dedicado à família." Enquanto Leslie Perlow realizava sua pesquisa, um executivo olhou para seu smartphone e disse: "Eu adoro essa coisa, mas ao mesmo tempo a detesto. Adoro porque me dá muito poder; e detesto porque exerce muito poder sobre mim."

Barry Schwartz explica que, quando o mundo não nos dá muitas escolhas e as coisas não funcionam como esperamos, a culpa é do mundo. O que mais poderíamos fazer? Mas, quando temos cem opções e não escolhemos bem, o responsável muda, pois poderíamos ter escolhido melhor.

Eis o problema: adoramos *ter* escolhas. Detestamos *fazer* escolhas. Ter escolhas significa ter possibilidades. Fazer escolhas significa perder possibilidades. E ter muitas escolhas aumenta as chances de arrependimento. Quando o trabalho é sempre uma escolha, tudo é uma troca. Mais tempo de trabalho significa menos tempo com seus amigos, parceiro ou filhos. Se você escolher mal, a culpa é sua, o que torna o ato de escolher ainda mais estressante. Trabalhamos mais, porém nos sentimos pior, pois tudo é julgado constantemente.

Em seu livro *OverSuccess* (Overdose de Sucesso), Jim Rubens descreve um estudo que apresenta os efeitos desse dilema sobre nós:

Uma pesquisa com 2.300 consumidores que recebiam mais de 50 mil dólares por ano revelou que esse é um grupo "muito ambicioso, estressado, desconectado e ansioso". Menos de quatro em dez entrevistados responderam que se sentem "parte da própria comunidade", que têm "o equilíbrio ideal na vida" ou que têm "muitos amigos próximos". Somente três em dez se sentiam felizes com a própria aparência e apenas 18% se sentiam felizes em seu relacionamento amoroso.

Em 2008, 52% das pessoas diziam que não dormiam à noite por conta de estresse; 40% diziam que seus níveis de estresse lhes davam vontade de chorar. Uma em cada três mulheres dizia que, numa escala de um a dez, o nível de estresse estaria classificado em oito, nove ou dez.

A situação atingiu o tempo gasto com a família com a mesma dureza. Entre os anos de 1980 e 1997, o número de conversas no lar caiu em 100%. Sim, 100%. O autor diz que isso significa que "em 1997, a família americana média não passava tempo algum conversando, enquanto antes era uma atividade básica". Ele prosseguiu: "Em uma pesquisa realizada pela Associação Cristã de Moços (ACM), com uma amostra representativa de adolescentes americanos, 21% deles indicaram como maior preocupação 'não passar tempo suficiente com os pais'." (Pois é, quando a maior preocupação do mal-humorado adolescente médio americano é não estar com os pais o suficiente, *definitivamente* existe um problema.)

E quando sentimos uma intensa pressão para fazermos tudo certo no trabalho e em casa, quando sempre há escolhas, mas parece que tudo é culpa nossa, buscamos desesperadamente uma solução. Certas pessoas abandonam algum aspecto da vida para que outros possam prosperar. Laura Nash e Howard Stevenson, autores de *Just Enough* (Apenas o suficiente) e Clay Christensen, professor da Harvard Business School, chamam essa estratégia de "sequenciamento", cuja postura é a seguinte: "Primeiro vou trabalhar em um emprego que detesto e ganhar muito dinheiro, depois vou ter uma família e então vou fazer o que quiser e ser feliz."

Só que isso não funciona com relacionamentos. Christensen destaca que "nesses casos, quando surgem problemas sérios nos relacionamentos, muitas vezes já é tarde demais para resolvê-los. Significa, quase paradoxalmente, que a época mais importante para se investir na formação de famílias unidas e amizades verdadeiras é quando parece, à primeira vista, que isso não é necessário".

Os autores de *Just Enough* confirmaram essa afirmação em uma pesquisa que fizeram com altos executivos. Sim, em termos de carreira, o grupo estava realizado, mas, por trás do véu do sucesso, a situação lembrava Ted Williams e Albert Einstein: "Quando olhamos mais a fundo, descobrimos que muitos não iam necessariamente bem em seus outros propósitos: família, saúde do negócio a longo prazo, construção de um espaço de trabalho que as pessoas de fato valorizassem, fortalecimento de uma personalidade sólida fora do ambiente público." Nós não podemos sequenciar relacionamentos, que precisam de atenção regular e consistente. Como disse Ralph Waldo Emerson: "Sempre estamos nos preparando para viver, mas nunca vivendo."

Bem, chega de tristezas e lamúrias. O que podemos fazer a respeito disso tudo?

Você precisa de uma definição *pessoal* de sucesso. Olhar em volta para verificar se ser bem-sucedido não é mais uma opção realista. Tentar ser um sucesso relativo em comparação com os outros é perigoso. Significa que seu nível de esforço e investimento será determinado por eles, o que o mantém correndo o tempo todo para acompanhá-los. Dizer vagamente que quer ser "o número um" não chega nem perto de ser prático em uma competição em que os outros estão dispostos a trabalhar 24 horas por dia. Queríamos opções e flexibilidade. Conseguimos. Agora não há limites. Não podemos mais olhar ao redor para determinarmos quando devemos parar. O mundo sempre nos mandará continuar.

Prepare-se. Vou dizer uma coisa desagradável. Você terá que tomar uma decisão. O mundo não estipulará um limite. Você terá que fazê-lo. Precisará perguntar: *o que eu quero?* Do contrário, só vai obter o que os *outros* quiserem. Lamento ter de lhe dar esta notícia, mas no mundo de hoje não se pode ter tudo, a partir do momento em que os outros determinam os limites em cada categoria. Costumávamos esperar que o mundo nos dissesse quando parar, mas agora o equilíbrio deve partir de você. Senão você correrá o risco de terminar em seu leito de morte com o arrependimento número um das pessoas: não ter tido a coragem de levar a vida que você queria, e, sim, ter vivido a vida que os outros lhe prescreveram.

O empreendedor Ken Hakuta disse: "Sucesso é algo com o qual você vai se deparar constantemente nos negócios. Você sempre vai analisá-lo em relação a alguma coisa, e essa coisa são seus próprios objetivos e propósitos."

Barry Schwartz diz que nos tornamos "escolhedores", em vez de "colhedores". Um colhedor seleciona as opções disponíveis, o que o induz a falsas dicotomias criadas pelas opções que tem diante de si. Mas um escolhedor "é atento o bastante para entender que talvez nenhuma das alternativas disponíveis seja satisfatória, e que se ele ou ela quiser a alternativa correta, ele ou ela terá de criá-la".

Que combinação de coisas satisfaz você? O que acaba com a necessidade de mais? O que, neste mundo de infinidades, que oferece opções sem parar, faz você se afastar da mesa, recostar-se na cadeira e dizer calmamente "Estou satisfeito, obrigado"? Os autores de *Just Enough* realizaram mais de sessenta entrevistas com profissionais de altíssimo rendimento e analisaram noventa executivos de ponta. Constataram que a maioria deles também não sabia as respostas para essas perguntas. O mais interessante foi que eles cometiam erros, e, observando esses erros, os pesquisadores conseguiram ter uma noção do que necessitamos na vida e a melhor maneira de alcançá-lo.

Todos sabemos que uma vida boa requer mais do que dinheiro, porém nenhum de nós sabe ao certo do que exatamente precisa nem como obtê-lo. Encaremos a realidade: dinheiro é muito fácil de se contar e traz concretamente alguma felicidade, pelo menos por um curto período de tempo. Todos sabemos que amor, amigos e outras coisas são importantes também, mas são um bocado mais complicadas e não podem ser entregues em casa pela Amazon Prime.

Avaliar a vida por uma só dimensão constitui um grande problema. Não se pode usar apenas um parâmetro para medir uma vida bem-sucedida.

Em *Just Enough*, os autores se referem a essa questão como "estratégia da compactação": compactar tudo em um mesmo medidor para saber se nossa vida está ou não nos trilhos. Muitos de nós consideram mais fácil se concentrar apenas no dinheiro, para apenas dizer: "Quero mais." Conveniente, simples... e completamente errado. Com vimos, as pessoas incrivelmente bem-sucedidas com quem os autores conversaram muitas vezes não se sentiam realizados em outra área da vida, como os relacionamentos. Quando tentamos compactar tudo em um só critério, a frustração é inevitável.

Os pesquisadores perceberam que são necessários muitos parâmetros para a vida. Por exemplo, para ter um bom relacionamento com sua família, você precisa passar tempo com ela. As horas gastas em família constituem, portanto, uma forma de medição. Mas, se o tempo for gasto com gritaria e briga, não conta muito. Assim, é preciso mensurar quantidade e qualidade.

O estudo apresentou os quatro critérios mais importantes:

1. FELICIDADE: ter sentimentos de prazer ou contentamento na vida e sobre sua vida
2. REALIZAÇÕES: atingir metas que outros também se esforçam para alcançar
3. RELEVÂNCIA: ter impacto positivo na vida de pessoas com quem você se importa
4. LEGADO: estabelecer seus valores ou realizações de modo a ajudar outras pessoas a terem sucesso no futuro

Os pesquisadores também apresentaram um modo simples de interpretar os sentimentos que esses quatro itens precisam proporcionar à sua vida:

1. FELICIDADE = PRAZER
2. REALIZAÇÕES = VITÓRIA
3. RELEVÂNCIA = IMPORTÂNCIA PARA OS OUTROS
4. LEGADO = PERMANÊNCIA

Quanto de cada critério você precisa para se sentir um sucesso? Pode ser um tanto intimidante determinar, de imediato, que tipo de equilíbrio entre esses quatro itens lhe proporcionará aquilo de que você precisa para o restante de sua vida. Mas não há por que ir tão longe. O que o fazia se sentir realizado quando você tinha dez anos não vale aos vinte e não valerá aos oitenta. As coisas mudarão, é normal. Questões específicas mudarão, mas seus valores provavelmente nem tanto.

Você deve contribuir para os quatro itens de forma regular. Se ignorar algum, estará optando pela estratégia de compactação. Medir a vida por um único parâmetro não funciona. Retarde algum deles por muito tempo e você se verá no modo de sequenciamento. Uma das minhas citações favoritas de Warren Buffett resume tudo: "Eu sempre me preocupo com pessoas que dizem 'Vou fazer tal coisa, da qual não gosto muito, durante dez anos. Depois vou fazer a outra coisa...' É como poupar sexo para quando você ficar velho. Não é uma boa ideia."

Tudo isso faz sentido, mas temos que chegar ao ponto crucial do equilíbrio entre trabalho e vida pessoal: onde estabelecer o limite? Como saber quando você está cumprindo suficientemente o quesito "realizações", mas precisa atender mais às categorias "relevância" ou "legado"?

Um bom ponto de partida é perguntar a si mesmo quanto é "bom o suficiente".

Essa atitude não é bem aceita por muita gente – e é por isso que colocamos o equilíbrio entre trabalho e vida pessoal em primeiro lugar. Dizer "só o melhor" não funciona em um mundo onde as opções e a competição são ilimitadas. Em certa época, havia 26 diferentes tipos de xampus Head and Shoulders. A Procter & Gamble deu um "basta" e limitou as variedades a 15, um número mais razoável. A medida resultou em um aumento de 10% nos lucros.

Segundo Barry Schwartz, o que muitas vezes não reconhecemos é que as limitações são bem-vindas. Facilitam as decisões. Simplificam a vida. Tornam as responsabilidades mais leves. E assim somos mais felizes. Acreditamos que essas limitações, no final das contas, compensam a troca. Liberdade ilimitada é alternadamente paralisante e atordoante. Além disso, o único modo de obter bons limites hoje em dia é determiná-los nós mesmos, com base em nossos valores.

As pessoas lidam de duas formas com o fato de ter muitas escolhas: "maximizando" ou sendo "satisfaciente" (neologismo criado em psicologia com a junção de "satisfatório" com "suficiente"). Maximizar é explorar todas as opções, sopesá-las e tentar obter o melhor. Ser satisfaciente é determinar o que você necessita e escolher a primeira coisa que supre essas necessidades. É se contentar com o que é "bom o bastante".

No mundo moderno, maximizar é, além de insatisfatório, impossível. Imagine pesquisar o "melhor livro para você" na Amazon.com. Boa sorte, pois terá que avaliar cada uma das opções. Será um trabalho de anos. E existe um problema mais profundo e menos óbvio. Você pode achar que avaliar mais possibilidades produzirá, objetivamente, melhores resultados; e estará certo. Mas produzirá menos felicidade no final.

É exatamente o que foi constatado em um estudo feito por Barry Schwartz e Sheila Iyengar. Estudantes maximizadores, que tentavam encontrar o melhor emprego após a formatura, conseguiam uma situação financeira melhor – seus salários eram 20% maiores do que a média. Mas acabavam mais infelizes em seus empregos do que os satisfacientes. Os maximizadores estão na esteira ergométrica das expectativas e sentem mais frustração, pois sempre acham que poderiam fazer melhor. É claro que, se estivermos comparando neurocirurgiões, maximizar pode ser uma boa ideia, mas na maioria dos casos só nos torna mais infelizes. O Nobel em economia Herbert Simon, criador dos conceitos de maximizar e ser satisfaciente, dizia que no final, calculados todos os fatores de estresse, resultados e esforço, ser satisfaciente é na verdade o método que maximiza.

Como Nash e Stevenson destacam: "Não se pode maximizar duas coisas se elas forem excludentes." É a regra de Spencer novamente. Você só tem 24 horas em um dia e um tanto de energia. Diante de múltiplas categorias, é preciso estabelecer um limite. Não se pode apostar tudo em um aspecto e ter uma vida bem-sucedida em todos os aspectos.

Tudo se resume a uma pergunta: *o que eu quero?* Se você não se decidir, o mundo decidirá por você. E, como vimos, será como se você estivesse em uma esteira, sempre correndo, mas sem chegar a lugar nenhum. Ellen Galinsky realizou uma pesquisa na qual perguntou a crianças: "Se você pudesse realizar um desejo, e esse desejo fosse mudar o modo como o trabalho de seus pais afeta sua vida, qual seria?" A resposta mais frequente? Eles desejariam que os pais ficassem "menos estressados e menos cansados".

Deseja um equilíbrio entre trabalho e vida pessoal? Lembre-se do que Barry Schwartz me disse: "Bom o bastante é quase sempre bom o bastante."

…

Tudo bem, então você precisa pensar sobre os quatro grandes parâmetros e alcançar o "bom o bastante" em cada um. Você quer ser um escolhedor, não um colhedor. Quer "conquistar o mundo". Mas também quer chegar em casa cedo e não trabalhar nos fins de semana. Parece impossível. Bem, sabe quem conseguiu fazer o impossível? Sabe quem *realmente* conquistou o mundo?

Gêngis Khan. Como ele fez isso? Ele tinha um *plano*...

…

Temudjin nasceu em um lugar horrível, numa época horrível. As estepes da Ásia no século XII eram como o Velho Oeste americano... só que pior. A sobrevivência por si só já era difícil, e a luta pelos recursos impedia as tribos nômades da área de conviverem pacificamente.

Ter uma esposa era algo difícil, pois muitos homens eram tão pobres que não tinham como pagar o dote. Portanto, sequestravam as mulheres. Não estou brincando. Embora o rapto da futura esposa fosse bastante comum, ninguém gostava de ter uma filha levada à força. Isso, somado a roubos e violência, gerava uma hostilidade incessante entre as tribos.

Tempos difíceis significavam medidas difíceis, e todos estavam sempre reagindo contra a última injustiça que haviam sofrido. Talvez você vencesse uma batalha e gritasse "Hurra!" (sim, a palavra deriva da língua mongol), porém, com certeza, na semana seguinte alguém o atacaria em vingança. E você atacaria de volta. Isso acontecia o tempo todo e ninguém chegava a lugar nenhum.

Até o aparecimento de Temudjin.

Não sabemos ao certo quando ele nasceu (1162 é um bom palpite), e não sabemos onde. Sua juventude foi marcada pelos problemas da época: seu pai foi envenenado por uma tribo inimiga e, durante algum tempo, ele foi escravizado. Nunca aprendeu a ler nem a escrever. Não dispunha dos mesmos recursos que Alexandre, o Grande. Mas era o Mozart da estratégia militar. Tão bom, de fato, que seus inimigos chegaram a acusá-lo de usar magia e de andar com demônios para alcançar suas vitórias.

Como um jovem analfabeto vindo de um lugar horrível, durante uma época horrível, conquistou mais territórios em 25 anos do que os romanos em quatrocentos? Como construiu um império que se estendia por mais de 19 milhões de quilômetros? E isso com um exército que jamais excedeu 100 mil homens, os quais, segundo o escritor Jack Weatherford, "caberiam confortavelmente nos maiores estádios da era moderna".

Naquelas estepes, todos estavam sempre reagindo a algo terrível que havia sido perpetrado contra alguém havia pouco. Temudjin saiu desse círculo vicioso. Ele não reagiu. Pensou sobre o que queria. E fez *planos*.

Primeiramente, começou a unir as tribos das estepes. Esmagou a estrutura familiar que havia mantido as tribos nômades em um ciclo de hostilidades. Estabeleceu uma meritocracia, na qual a capacidade e a lealdade eram recompensadas, enquanto a linhagem familiar e a política eram ignoradas. Aboliu o sequestro de esposas e puniu severamente os infratores, de modo a prevenir a espiral de vinganças que assolava a área. Abandonou os nomes das tribos. Agora, todas seriam conhecidas pelo nome de "Povo dos Muros de Feltro". Por volta de 1206, os nômades mongóis das estepes eram um povo só. Temudjin adotou então o título pelo qual é conhecido até hoje: Gêngis Khan.

Isso, por si só, já foi um enorme sucesso. Mas como ele conseguiu derrotar civilizações avançadas, como as da China e da Europa? Como derrotou enormes exércitos mais bem treinados e mais bem equipados com apenas cem mil nômades? Ah, ele tinha um plano para isso também.

Sua estratégia não era vencer os inimigos no jogo deles, mas usar as vantagens naturais do próprio povo. Os mongóis andavam a cavalo desde os três anos de idade. Povo simples, sem tecnologia moderna, seus guerreiros superavam exércitos maiores e mais bem aparelhados usando velocidade e mobilidade. Jack Weatherford escreve: "As inovadoras técnicas bélicas de Gêngis Khan, com uma disciplinada cavalaria, que se deslocava em unidades coordenadas, tornaram obsoletos os cavaleiros da Europa medieval e suas pesadas armaduras." Acostumados a viver do que encontravam nos campos, os mongóis não precisavam de bases de suprimentos na retaguarda de seu exército. Cada combatente levava entre três e cinco cavalos sobressalentes, de modo a não ter de usar montaria cansada. Isso permitia que os cavaleiros mongóis percorressem cerca de mil quilômetros em apenas nove dias, séculos antes dos motores a combustão.

Eles lutavam como os exércitos modernos. Caíam sobre os inimigos como um "enxame de abelhas, com grupos separados atacando de vários ângulos independentemente". Quando se observa como o exército mongol guerreava, tem-se a impressão de que eles já utilizavam técnicas que seriam usadas no futuro, mas a verdade é que os generais modernos aprenderam com *ele*. Estudaram suas táticas e substituíram os cavalos por tanques e aviões. Gêngis Khan introduziu a *blitzkrieg* séculos antes dos alemães.

Os soldados mongóis pareciam camponeses, portanto eram muitas vezes subestimados. Khan sabia usar isso a seu favor. Ele também não bravateava. Se os inimigos achavam que ele era fraco, ótimo. Sua estratégia favorita era fingir uma retirada. Certos de que tinham vencido, os adversários começavam a perseguir os mongóis em fuga e desfaziam a formação... caindo numa emboscada, onde, encurralados, eram atingidos por chuvas de flechas dos arqueiros de Khan.

Havia sempre novos desafios, claro. Khan sempre tinha um plano, mas também podia se *adaptar*. Ele aprendia com cada batalha. Muitos poderiam pensar que as fortalezas muradas da China deteriam seu exército. Os mongóis não possuíam estruturas de dois andares nas estepes e não eram capazes de imaginar como atacar uma fortificação daquelas. Tampouco tinham experiência com guerras de cerco, catapultas ou trabucos. Mas eles não precisavam disso.

Khan sabia que havia coisas que ignorava e coisas que não tinha tempo para aprender. Então sempre recrutava quem soubesse. Se entre os povos conquistados houvesse alguém que pudesse ser útil, era convidado a se juntar aos mongóis. Certa vez, um arqueiro inimigo acertara a montaria de Khan. Quando foi capturado, Khan não mandou executá-lo; *alçou-o a general*. Com esse raciocínio, os mongóis também haviam absorvido alguns engenheiros chineses familiarizados com guerras de cerco. Em dado momento, o exército de Khan acabou tão bem-sucedido que "encerrou a era das cidades muradas".

Os planos de Khan eram tão sólidos que seu império não desmoronou após sua morte. Continuou a se expandir por mais 150 anos. (Na próxima vez que você enviar uma carta, pense em Gêngis Khan. Seu governo nos legou o primeiro sistema postal internacional.)

Temudjin era órfão de pai, analfabeto e nascera num lugar horrível em uma época horrível, mas se tornou um dos homens mais poderosos da história. Gêngis Khan não reagia aos problemas sem pensar. Refletia sobre o que queria. Fazia planos. E impôs sua vontade ao mundo.

É disso que você precisa: um plano. A maioria de nós não se dá ao trabalho de fazer um plano. Somos reativos, como as tribos das estepes. E o problema com o equilíbrio entre trabalho e vida pessoal é que os antigos limites não estão mais postos para nós. Não podemos confiar no mundo para que nos diga quando devemos parar ou mudar a marcha. Agora é conosco. Isso significa que você precisa de um plano, ou sempre achará que não está fazendo o bastante. Você não precisa enfrentar exércitos chineses nem inimigos da Europa Oriental. Sua guerra será contra si mesmo, do início ao fim. Mas é uma batalha que certamente pode vencer se tiver o plano correto. O que funciona para você será sempre um pouco diferente do que funciona para outras pessoas, mas existem algumas ferramentas capazes de ajudar...

•••

Como Barry Schwartz deixou claro, temos tantas opções hoje que acabamos sendo colhedores, não escolhedores, e esse é o maior problema. Não escolhemos o que queremos e então vamos à luta. As coisas são empurradas para cima de nós e simplesmente recebemos, dizendo: "Então tudo bem." Basicamente, deixamos que os outros nos digam o que fazer. Aristóteles dizia que Deus era o "motor imóvel". Movia as coisas, mas ninguém lhe dizia como se mover. Podemos nos beneficiar reproduzindo essa estratégia.

Ser reativo não prejudica apenas suas chances de obter o que quer; também reduz suas chances de alcançar a verdadeira felicidade. Pesquisas demonstram que, com frequência, não escolhemos o que nos torna felizes: escolhemos o que é fácil. Mihály Csikszentmihályi descobriu que assistir à TV tornava adolescentes felizes em 13% do tempo. Passatempos registraram 34%, esportes e jogos, 44%. Mas o que os adolescentes preferiam na maior parte das vezes? Passavam quatro vezes mais horas assistindo à televisão do que fazendo qualquer outra coisa. Sem um plano, fazemos o que é acessível e fácil – não o que é realmente gratificante.

O psicólogo Robert Epstein obteve informações de 30 mil pessoas em trinta países e descobriu que o método mais eficiente para reduzir o estresse é ter um plano. Quando pensamos nos obstáculos antecipadamente e analisamos como superá-los, nós nos sentimos no controle. Esse é o segredo para a realização. Como estudos por ressonância magnética revelam, a sensação de estar no controle nos motiva a agir. Quando achamos que podemos fazer a diferença, somos mais propensos a nos envolver. A estrada não é tão assustadora quando nossas mãos estão no volante. Agora vem a parte mais interessante (e a mais útil para nós): não é de fato estar no controle que acarreta todas essas mudanças. É a *sensação* de controle. Joe Simpson não podia controlar a situação quando estava desamparado na montanha com uma perna quebrada, mas transformar o contexto em um jogo lhe deu a sensação de que podia.

A importância do controle é bastante analisada no campo da neurociência. Um rápido resumo: quando estamos estressados, não conseguimos pensar direito. Nosso centro de pensamento racional – o córtex pré-frontal – joga a toalha e desiste. Nosso sistema límbico, aquele velho cérebro reptiliano repleto de emoções, toma as rédeas. Um estudo realizado por Amy Arnsten, da Yale School of Medicine, diz: "Um estresse incontrolável, mesmo brando, pode provocar uma perda rápida e drástica das funções cognitivas pré-frontais." Em entrevista, Arnsten declarou ainda: "A perda da função pré-frontal só ocorre quando nos sentimos fora do controle. E é o próprio córtex pré-frontal que determina se estamos ou não no controle. Mesmo quando se trata apenas de uma sensação ilusória, nossas funções cognitivas são preservadas." Nosso coração também não gosta de falta de controle. Um estudo da revista *Health Psychology* demonstrou que a sensação de não termos controle sobre as coisas aumenta a incidência de ataques cardíacos. Sabe quais foram as pessoas que tiveram o maior aumento? Aquelas que normalmente apresentavam um baixo risco para problemas cardíacos.

Para termos uma ideia mais clara da importância cotidiana do controle, vamos analisar empresários. Uma pesquisa com cerca de dois mil pequenos empresários revelou que mais de 50% trabalham mais de quarenta horas por semana. O trabalho não é pouco exigente. Enquanto 41% disseram que trabalhar para si mesmos reduzia o estresse, 32% responderam o oposto. Mas veja só: impressionantes 79% expressaram satisfação por estarem à frente de um pequeno negócio e 70% estavam satisfeitos com seu estilo de vida. Esse resultado é muito maior que os índices de satisfação com o trabalho entre as pessoas empregadas em negócios de terceiros, como vimos anteriormente. Portanto, horas parecidas e estresse parecido, mas os pequenos empresários são mais felizes. Por quê? Quando inquiridos sobre os motivos que os levaram a abrir um negócio, as respostas mais frequentes foram: "Para ser meu próprio patrão", "Para tomar minhas próprias decisões" e "Para fazer do meu jeito". Eles queriam controle. E apesar das poucas mudanças no tocante a horas trabalhadas e estresse, eles estavam mais felizes.

E quanto à produtividade e ao sucesso? A London School of Economics and Political Science analisou como 357 CEOs de empresas indianas empregavam seu tempo e qual o efeito que isso tinha sobre os lucros. Quando o mandachuva trabalhava mais horas, a companhia tinha mais lucros. Mas o modo *como* eles usavam as horas que fazia toda a diferença. Os lucros excedentes se deviam a atividades agendadas com os funcionários. Quando os CEOs se desviavam do que estava planejado, a empresa não ganhava um tostão a mais.

Assim, um plano é vital para o sucesso e a felicidade. A seguir você verá uma lista de medidas a serem implementadas por você a partir de *agora*. Mas, antes de entrarmos nos detalhes, é importante lembrar um ponto: este é um plano para *você*. E o principal empecilho para seu funcionamento é, bem, você. Respostas automáticas como "Não consigo fazer isso" e "Meu chefe não vai permitir" são os fatores que o levaram aonde está agora. Ninguém conseguirá implementar à risca as ideias a seguir, mas descartar de cara o que parecer um sacrifício será um erro. Obedeça à ideia, mesmo que não consiga segui-la ao pé da letra. Em termos mais simples: tente.

Outro grande erro das pessoas é olhar para a lista, identificar os itens que já faz e dizer: "Já faço isso! Sou esperto! Posso fechar o livro agora." Tranquilizar a si mesmo é bom. Mas você está aqui para melhorar sua vida. Concentre-se na parte do plano que você *não* faz. Lembre-se: enfatizar o lado negativo pode parecer ruim, mas é o caminho para o aprimoramento. Os especialistas sabem bem disso.

RASTREIE SEU TEMPO

Você não pode equilibrar seu tempo se não souber em que é gasto. Andy Grove, ex-CEO da Intel, disse certa vez: "Para compreender a estratégia de uma empresa, examine o que realmente é feito, não o que seus representantes dizem que vão fazer." Anote o que estiver fazendo de hora em hora. Não confie em sua memória falha. Faça isso durante uma semana. Aonde suas atividades o estão levando? É para lá que você quer ir? Aviso logo: vai ser deprimente. Posso garantir, você desperdiça mais tempo do que pensa. Além disso, anote quais horas contribuem para cada um dos quatro grandes parâmetros:

1. FELICIDADE = PRAZER
2. REALIZAÇÕES = VITÓRIA
3. RELEVÂNCIA = IMPORTÂNCIA PARA OS OUTROS
4. LEGADO = PERMANÊNCIA

Ou essas horas estão indo para a cesta de "Nenhum dos parâmetros acima"?

Para aperfeiçoar seu uso do tempo, aproveite uma lição da criminologia. Quando se pretende reduzir a criminalidade em determinada cidade, rastrear pessoas não está nem perto de ser tão eficiente quanto estudar a geografia. Pesquisadores descobriram que metade dos crimes se concentra em apenas 5% do território das cidades. Isso é chamado de policiamento dos "pontos de tensão". Dobrar o patrulhamento nessas poucas áreas reduziu a criminalidade nos pontos de tensão e as ligações para a polícia, como um todo, caíram entre 6% e 13%.

Assim sendo, procure os pontos de tensão em sua agenda. Quando você desperdiça mais tempo? Quando contribui excessivamente para um dos parâmetros à custa de outro? Você lucrará mais mudando suas rotinas em torno desses pontos de tensão do que com uma vaga tentativa de "trabalhar menos" ou "tentar passar mais tempo com a família". Do mesmo modo, procure padrões que funcionam. Quando você obtém resultados desproporcionais? De manhã cedo ou no final da noite? Em casa ou no trabalho? Tente tornar esses momentos mais efetivos.

Lembre-se: não se pode maximizar duas coisas que dependem do mesmo recurso – tempo. Você também não deve eliminar nenhuma das categorias com uma estratégia de sequenciamento ou de compactação. Deve alcançar um equilíbrio entre os quatro parâmetros que funcione para você. Decida quanto tempo, por semana, você deseja destinar a cada um. Você pode rever a escolha depois, mas precisa responder agora. É sério, anote tudo. Eu posso esperar. (*Autor cantarolando baixinho para si mesmo.*) Quando atingir o número de horas em determinada categoria, cuide dos pontos de tensão em outra.

Como já conversamos no capítulo sobre a determinação, fazer das situações um jogo pode transformar problemas complicados em coisas divertidas e envolventes. Vinod Khosla – o renomado capitalista de risco, um dos investidores mais bem-sucedidos do mundo – pediu que sua assistente anotasse quantas vezes por mês ele janta com a família. Conceber um sistema inteligente que funcione para você pode fazer toda a diferença. Kevin Bolen, diretor-gerente de Investimentos Estratégicos e Iniciativas de Crescimento da firma de consultoria KPMG, queria passar mais tempo com a esposa e os dois filhos. O principal ponto de tensão eram as viagens de trabalho. Dedicou-se então a perder o status decorrente de seus frequentes voos. Essa se tornou sua meta. Ele acabou obtendo menos viagens grátis e outras bonificações, mas virou um ótimo exemplo do esforço para alcançar um equilíbrio entre trabalho e vida pessoal.

CONVERSE COM SEUS CHEFES

Muitos dirão que não têm espaço para fazer grandes mudanças. Os chefes não permitiriam. Se você realmente deseja um equilíbrio melhor entre trabalho e vida pessoal, não faça suposições. Sente-se com seus chefes e discuta o assunto.

Não, você não vai dizer "Ei, quero trabalhar menos". Peça a eles que lhe deem uma ideia clara de seu papel e das expectativas deles; pergunte se essa ou aquela mudança seria um problema. Você provavelmente ficará surpreso com a resposta, sobretudo se pensar nas necessidades dos próprios chefes e mostrar que todos sairiam lucrando. Pergunte quanto tempo, mais ou menos, eles querem que você se dedique a coisas rotineiras, como responder a e-mails e participar de reuniões, e quanto tempo deseja que você trabalhe em coisas importantes, que de fato produzam resultados. Só essa conversa já pode contribuir para baixar seus níveis de estresse. Um estudo publicado no *Journal of Occupational Health Psychology* demonstrou que ter clareza a respeito do que se espera de você reduz a tensão quando as exigências do trabalho são altas. Livre de inquietudes, fica mais fácil tomar as decisões corretas.

A conversa será boa para seus chefes também, quer eles percebam, quer não. A *Harvard Business Review* detalhou uma estratégia chamada "parceria ativa", na qual funcionários e gerentes revelavam o que pretendiam realizar pessoal e profissionalmente. Uma pesquisa com 473 executivos demonstrou que, após um ano de parceria ativa, 62 das pessoas que queriam deixar a firma decidiram permanecer. Algumas foram até promovidas.

Você precisará ter outras conversas assim enquanto ajusta seu plano, mas é bem provável que seus chefes apreciem sua atitude. Funcionários proativos, com planos, que fazem perguntas sobre prioridades e tentam prevenir problemas são valiosos. Os indivíduos que o chefe precisa procurar para corrigir erros é que são os realmente difíceis. E, quando você produzir resultados, obterá mais espaço. Mais espaço significa mais liberdade e controle para executar seu plano. Administre a situação direito e todos lucrarão.

Você conhece seus pontos de tensão e o que produz resultados desproporcionais. Você está reservando horas para todos os quatro parâmetros e já obteve orientação e aprovação por parte de seus chefes. Agora você realmente pode fazer a diferença...

LISTAS DE PENDÊNCIAS SÃO RUINS. AGENDE TUDO.

Cal Newport, professor da Universidade de Georgetown, é o Gêngis Khan da produtividade. Ele acha que listas de pendências são obra do demônio. Pois as listas não prestam atenção no tempo. Já se perguntou por que você nunca chega ao final delas? É muito fácil relacionar 28 horas de atividade para um dia de 24 horas. Você precisa ser realista a respeito do que pode ser feito no tempo que tem. O único modo de fazer isso é agendar as tarefas em um calendário, em vez de confeccionar uma lista interminável.

Defina a hora em que vai parar de trabalhar e você saberá de quantas horas dispõe. Vá encaixando o que precisa ser feito prioritariamente. Cal chama isso de "produtividade por agenda programada". Você precisa de limites se quer um equilíbrio entre trabalho e vida pessoal. Limites o forçam a ser eficiente. Estabelecendo o prazo final às seis da noite e em seguida agendando as tarefas, você será capaz de controlar uma enxurrada de obrigações e poderá ser realista, sem mais tarde se decepcionar porque as coisas não aconteceram.

Muitos de nós usamos nossos calendários de forma errada: não agendamos trabalho, agendamos interrupções. Agendamos encontros. Agendamos telefonemas. Agendamos consultas médicas. Sabe o que quase nunca é agendado? *Trabalho de verdade.* Todo o restante não passa de distração. Muitas vezes são o trabalho de outras pessoas, mas ocupam um monte de tempo e seu verdadeiro trabalho fica de lado. Se o trabalho de verdade é o que afeta o resultado final, o que faz você ser notado, o que faz merecer aumentos e uma promoção, bem, deixe-me proferir uma blasfêmia e sugerir que talvez esse trabalho mereça algum tempo reservado também.

Além disso, pelo menos uma hora por dia, preferencialmente de manhã, precisa ter o status de "tempo protegido". Será uma hora em que, todos os dias, você se dedicará ao verdadeiro trabalho sem interrupções. Encare essa medida como se fosse um ritual religioso. Essa hora é inviolável. E-mails, reuniões e telefonemas são tarefas rotineiras. Você deverá usar essa hora para o que Cal chama de "trabalho profundo". Uma hora em que você de fato avançará com as coisas em vez de apenas marcar passo. O trabalho rotineiro o impede de ser demitido, mas o trabalho profundo é o que lhe assegura promoções. E não convém deixá-lo para o final do dia, quando o ambiente pode ficar agitado. Você precisa dedicar todo o seu poder mental às tarefas importantes. Pesquisas revelam que entre 2,5 a 4 horas após o despertar é o período em que nosso cérebro está mais afiado. Você pretende desperdiçá-lo em uma conferência ou em uma reunião de equipe?

E se você estiver totalmente sobrecarregado no escritório? Se você não dispuser de uma hora sem interrupções, então use seu tempo protegido em casa, antes de ir para o trabalho. Uma pesquisa sueca feita com 12 executivos – citada por Peter Drucker – revelou que eles não conseguiam trabalhar vinte minutos sem serem interrompidos. O único que conseguia tomar decisões era o que passava noventa minutos trabalhando em casa antes de mergulhar no turbilhão do escritório.

Planejar cada dia com esse rigor todo é chato no início, mas funciona. Para obter resultados ainda melhores, você pode começar a planejar seu tempo livre também. Antes de se encolher horrorizado diante da ideia, tenho alguns dados para você. Uma pesquisa efetuada com 403 pessoas publicada no *Journal of Happiness Studies* revelou que administrar o tempo livre está associado a maior qualidade de vida. O que é mais fascinante, segundo se constatou, é que aumentar o tempo livre das pessoas não teve nenhum efeito sobre sua felicidade; mas agendá-lo com antecedência fez toda a diferença. Como discutimos antes, muitas vezes não usamos nosso tempo livre com sabedoria – fazemos o que é fácil, não o que nos torna felizes. Reservando algum tempo para planejar, você pode aumentar as chances de realmente se divertir, em vez de ficar sentado no sofá, assistindo à televisão e comendo batatas fritas.

Assim, agendando tudo e usando tempo protegido, podemos nos assegurar de que as coisas importantes serão feitas. Mas sei o que você está pensando: o trabalho corriqueiro não vai desaparecer. Um meio de lidar com as tarefas rotineiras é agrupá-las em "lotes". Em vez de ficar o tempo todo no e-mail, agende alguns intervalos, nos quais responderá às mensagens, fará telefonemas e organizará papéis. Depois disso, desligue as notificações, silencie o telefone e volte ao trabalho importante. Três lotes por dia funcionam para mim, mas um trabalho que exija muita interação pode precisar de mais. A questão é saber controlar e agendar esses períodos tanto quanto possível, para que não invadam o tempo reservado ao trabalho profundo. Chegamos à Lua e construímos as pirâmides sem e-mails nem Facebook. Você pode passar algumas horas sem checá-los. E se seu chefe exigir respostas rápidas? Crie uma regra na caixa de entrada para que você só seja notificado dos e-mails do mandachuva ou de quem realmente importa. O resto pode esperar.

Há mais um item para você ter em mente, de modo a se certificar de que não perderá tudo de bom que conquistou: aprenda a dizer não. Se você conseguiu se livrar de atividades desnecessárias, agendou tudo, está usando tempo protegido, dividiu em lotes o trabalho corriqueiro, mas não consegue impedir que as pessoas continuem empilhando tarefas sem importância em sua mesa, estará sempre atolado. Você já alinhou as prioridades com seu chefe. Pode então ajustar suas tarefas com as horas que tem disponíveis. Se surgir algo que não tenha prioridade e não há tempo a perder, você precisa dizer não. Citando Warren Buffett: "A diferença entre as pessoas bem-sucedidas e as pessoas muito bem-sucedidas é que as muito bem-sucedidas dizem não a quase tudo."

CONTROLE SEU CONTEXTO

É importante. Mais do que você imagina. O contexto influencia suas decisões mesmo sem você perceber. Quando conversei com Dan Ariely, professor da Universidade Duke, ele disse:

> Uma das grandes lições das ciências sociais nos últimos quarenta anos é que o ambiente tem importância. A maneira como um bufê está organizado determina o que você vai comer. Achamos que tomamos decisões sozinhos, mas o ambiente nos influencia muito. Em função disso, precisamos pensar em como podemos mudá-lo.

Não conseguimos controlar o ambiente aonde quer que formos, é claro, mas temos mais controle do que em geral decidimos exercer. Distrações nos tornam burros. Alunos cuja sala de aula estava situada próxima a uma ferrovia acabaram atrasados um ano inteiro, em termos acadêmicos, em relação a alunos que tinham uma sala de aula tranquila. Quando o barulho foi suavizado, a diferença de desempenho desapareceu. Escritórios não são muito diferentes. Pesquisas demonstram que os programadores de computador mais produtivos têm algo em comum. Não é a experiência, nem o salário, nem as horas gastas em um projeto. Eles têm empregadores que lhes proporcionam um ambiente livre de distrações.

É neste ponto que você pode usar a reatividade a seu favor. Shawn Achor recomenda a "regra dos vinte segundos". Torne as tarefas que você tem que cumprir vinte segundos mais rápidas de serem iniciadas; e as tarefas que não precisam ser cumpridas, vinte segundos mais difíceis. Parece pouco, mas faz uma grande diferença. Ao rearrumar seu espaço de trabalho de modo que as tentações não fiquem visíveis, você se induz a fazer melhores escolhas. Ariely me falou sobre um estudo simples feito no escritório do Google em Nova York. Em vez de deixar chocolates M&M's visíveis, como de costume, eles os puseram em recipientes fechados. Nada de mais. Qual foi o resultado? As pessoas comeram 3 milhões de chocolates a menos em um só mês. Então, feche o navegador. Recarregue seu celular do outro lado da sala.

Sei que controlar o ambiente pode ser difícil. São espaços compartilhados, escritórios sem paredes, colegas tagarelas e chefes que observam o que você está fazendo. Por isso recomendo uma solução simples para, pelo menos, parte do dia: esconda-se. Reserve uma sala de conferências e fique lá. Você não só estará livre de distrações como também, provavelmente, será mais criativo. Segundo Jeffrey Pfeffer e Bob Sutton, professores de Stanford, "uma bateria de pesquisas revela que quanto mais figuras de autoridade estiverem presentes, mais perguntas farão e, sobretudo, mais feedback darão a seus funcionários; e assim menos criativo será o trabalho. Por quê? Porque um trabalho criativo envolve constantes recuos e reveses, e as pessoas querem fazer tudo certo quando o chefe está olhando – o que significa se ater a coisas já comprovadas e menos criativas, de sucesso garantido".

TERMINE O DIA DIREITO – E NA HORA

Você usou a "agenda fixa de produtividade", certo? Você decidiu quando queria sair do trabalho e organizou sua agenda para isso. Ótimo, pois Leslie Perlow disse que a chave para obter equilíbrio entre trabalho e vida pessoal é impor um "rígido mecanismo de folga". Você precisa saber quando sairá do escritório, de modo a ter certeza de que estará contribuindo para os critérios de prazer, vitória, importância e permanência – não somente trabalhando, trabalhando e trabalhando.

A não ser que você queira odiar seu trabalho, o modo como termina o dia tem muito mais importância do que se poderia pensar. Para explicar isso, preciso falar sobre ter coisas enfiadas no rabo. Sim, ter coisas enfiadas no rabo. O Nobel Daniel Kahneman e Daniel Redelmeier analisaram o nível de dor que as pessoas se lembravam de ter sentido após colonoscopias. Descobriram que a duração dos procedimentos e o nível médio de dor não influenciavam as recordações das pessoas. O que de fato parecia importante era a maior sensação de desconforto e o modo como terminava. Uma colonoscopia longa, com um nível de dor acima da média, mas com um pico de dor rápido e um final suave era lembrado como menos desconfortável. Ao passo que uma colonoscopia rápida, com um baixo nível médio de dor, mas um pico agudo e um término desagradável, era lembrada como muito pior. Seja uma discussão com o cônjuge, sejam as últimas falas de um filme de Hollywood, os finais são importantes. Portanto, cuide para que seu dia termine bem. Os últimos momentos no escritório são importantes para o modo como você se sente com relação ao trabalho.

Cal Newport recomenda um "ritual de encerramento", no qual você gasta algum tempo para terminar o trabalho do dia e se preparar para o dia seguinte. Pesquisas demonstram que escrever o que precisa ser feito no dia seguinte estabiliza seu cérebro e ajuda você a relaxar. Como explica o neurocientista Daniel J. Levitin, quando você está preocupado com alguma coisa e sua massa cinzenta receia que você possa esquecê-la, ela aciona um grupo de regiões do cérebro conhecido como "*loop* de ensaio". E você passa a se preocupar incessantemente. Anotar seus pensamentos e planejar o dia seguinte desliga esse mecanismo.

Depois, conceda a si mesmo um tempo ocioso. Quais são as melhores formas de reduzir o estresse? Entregar-se a algum passatempo ou se encontrar com amigos. Pesquisas revelam que os fins de semana são agradáveis porque passamos mais tempo com as pessoas de quem gostamos. Obtemos uma média de 1,7 hora a mais com essas pessoas nos fins de semana, o que aumenta a felicidade. E não descuide do sono. Você não quer começar a delirar, achando que é um craque do futebol.

•••

Agora que você tem um esboço de plano, anote-o em um papel. (Gêngis Khan não podia fazer isso, mas você pode.) Pesquisas realizadas pelo professor Roy Baumeister apontam que, além de ajudá-lo a alcançar seus objetivos, essa medida também evita que seu cérebro continue a se preocupar quando está na hora de relaxar.

Seu plano não sairá perfeito logo de início. Você cometerá erros. Tudo bem. Não se esqueça da autocompaixão. Perdoar a si mesmo faz a gente se sentir melhor e evita procrastinações. Uma pesquisa com 119 estudantes revelou que aqueles que se perdoavam por terem protelado os estudos para uma prova procrastinaram menos na prova seguinte. Sentiram-se bem e, em vez de recriminar a si mesmos, conseguiram seguir em frente e trabalhar melhor.

Saber o que funciona e o que não funciona melhora seu plano. Qual dos quatro grandes parâmetros não está recebendo horas suficientes? Faça ajustes até chegar próximo ao equilíbrio que deseja. Com esse método de localizar, rever e aperfeiçoar, Peter Drucker garante que você pode chegar aonde quer. Um plano o deixará muito mais perto de um pleno sucesso.

Atualmente, neste planeta, 0,5% de todos os homens são descendentes de Gêngis Khan. Trata-se de um a cada duzentos. Ou seja, para *muitos* padrões, ele foi bem-sucedido. Ele tinha um plano. Você não precisa conquistar o mundo, nem literal nem metaforicamente. Bom o bastante é bom o bastante se você tiver em mente os quatro grandes critérios.

Steven Jay Ross, que contribuiu para a criação do conglomerado Time--Warner, tem a melhor explicação para isso:

> Existem três categorias de pessoas: a que entra no escritório, põe os pés sobre a escrivaninha e sonha durante 12 horas; a que chega às cinco da manhã e trabalha 16 horas, nunca parando para sonhar; e a que põe os pés sobre a escrivaninha, sonha durante uma hora e faz alguma coisa a respeito desses sonhos.

Cobrimos muitas áreas nestes seis capítulos. Para colocarmos tudo em perspectiva, vamos ver até que ponto as coisas podem dar errado – e até que ponto podemos torná-las ótimas, se tentarmos.

CONCLUSÃO

O que torna uma vida bem-sucedida?

Prepare-se. As palavras a seguir vão doer um pouco.

"Eu gostaria que você morresse."

É uma coisa difícil de escutar. Principalmente quando uma mãe diz para um filho. Mas seu querido Martin tinha ido embora. Jazia sobre a cama, imóvel. Seu cérebro estava morto. E ela não aguentava mais vê-lo daquele jeito.

Os pais de Martin cuidavam dele todos os dias; seu pai acordava a cada duas horas, todas as noites, para movê-lo, evitando que desenvolvesse escaras. Cuidar dele os levara ao limite. Continuavam a cuidar do corpo que um dia fora seu filho porque o amavam, mesmo depois que os médicos disseram que ele jamais se recuperaria. Martin viveu assim por anos.

Mas seu cérebro não parara. Na verdade, Martin estava totalmente lúcido. Ele estava com a "síndrome do encarceramento" – consciente do mundo ao redor, mas incapaz de se mexer. Ele ouviu o que a mãe disse, mas não tinha como sinalizar isso para ela.

Claro, as palavras magoam, mas não tanto quanto se possa imaginar. Afinal de contas, ele também desejava estar morto. Ela não o odiava. Ela havia observado seu filho, tão cheio de energia, desaparecer naquele corpo vivo e queria que a situação horrível tivesse um fim. Martin não ficou aborrecido com a mãe pelo que ela disse. Ele sentiu compaixão.

Desde que fora afetado por uma misteriosa doença aos 12 anos, ele estava acamado e seu cérebro, presumivelmente morto. Mas alguns anos depois ele acordou em um corpo que já não conseguia controlar; e durante 11 anos inacreditavelmente longos essa foi sua vida.

Ouvir a própria mãe desejar sua morte é horrível, mas ainda se tratava de cuidado. Algo único, na verdade, pois havia muito tempo o mundo o considerava um objeto inanimado. Ele era alguma coisa com que se havia de lidar, algo que precisava ser movido, arrumado e limpado, mas não alguém com quem se pudesse interagir. Não era uma pessoa. Na melhor das hipóteses, era um persistente fardo.

As pessoas agem de modo diferente quando pensam que alguém já não é humano. Tiram meleca do nariz e a comem diante da pessoa. Observam a própria imagem no espelho repetidas vezes, sem medo de serem chamadas de narcisistas. Soltam aquele peido que estavam segurando quando estavam com gente "de verdade".

Para Martin, o sentimento de impotência era constante e quase devastador. Outras pessoas decidiam tudo por ele. Se ele iria comer ou não. Se ficaria deitado sobre o lado esquerdo ou direito. As cuidadoras do hospital eram insensíveis e em inúmeras ocasiões o maltrataram. Mas ele não podia fazer nem falar nada.

Você já ficou sozinho na cama, assolado por pensamentos assustadores? Assim era a vida de Martin o tempo todo. Pensamentos eram tudo o que ele tinha. *Você está impotente.* Era como uma música que não sai da cabeça. *Você está só.* Não havia esperança.

Por puro instinto de sobrevivência e para não enlouquecer, Martin se tornou um mestre zen. Desligou-se de seus pensamentos. Sem nenhum treinamento, descobriu o mindfulness. Horas, dias e até semanas passavam num instante, pois ele se removera da vida, de seus pensamentos. Mas o vácuo não era um nirvana. Eram trevas. Não existia o mal, mas também não existia esperança. De vez em quando, ele permitia que um pensamento aflorasse. O mesmo que sua mãe expressara: *Eu gostaria de morrer.*

Às vezes o mundo se intrometia. Algo o agarrava e trazia de volta à realidade. O que fazia isso com mais frequência? O que se tornaria sua nêmesis?

Barney.

O insuportável dinossauro roxo e sua implacável cantoria alegre na televisão. Barney estava sempre tão feliz que só servia para que Martin se lembrasse de sua situação terrível. Sem poder mudar de canal ou quebrar a televisão, Martin ouvia aquilo vezes sem fim.

Como não podia escapar do mundo, escolheu um caminho diferente. Começou a fugir para dentro da própria imaginação. Sonhava com as coisas maravilhosas que poderiam acontecer, sem ser tolhido pela realidade, pelas leis da física nem por aquele corpo teimoso que ignorava suas ordens. Ele fantasiava sobre tudo o que queria da vida. E isso ajudava o tempo a passar.

De repente, duas coisas mudaram. Quando ele estava com vinte e poucos anos, recuperou algum controle sobre o corpo; conseguiu segurar coisas com as mãos. Uma enfermeira, percebendo seus movimentos oculares, começou a acreditar que ele ainda estava lá. Encorajou então os médicos a fazerem novos testes. Foi quando perceberam que ele de fato *ainda* estava lá.

Daí em diante tudo mudou com bastante rapidez. Com um computador e um *joystick*, ele conseguiu se comunicar. Com uma cadeira de rodas, conseguiu se mover. Martin sentiu um alívio extraordinário. Mas, como demonstrou no podcast *Invisibilia*, não sentiu autocomplacência. Não depois de todos aqueles sonhos. Então, começou a correr atrás deles.

Dois anos depois, conseguiu um emprego num escritório. Não foi o bastante. Como sempre tivera jeito para coisas mecânicas, ele se tornou um webdesigner freelancer. Depois, abriu a própria empresa.

Entrou na universidade.

Escreveu as memórias de suas experiências no livro *Ghost Boy* (Garoto fantasma), que foi muito elogiado.

Aprendeu a dirigir.

E em 2009 já não estava sozinho. Aos 33 anos, casou-se com Joanna, uma amiga de sua irmã que ele conhecera pelo Skype. Por uma década ele não foi capaz de mover o rosto. Agora seu rosto doía de tanto sorrir.

Entrevistado pela BBC, Martin disse:

O sucesso é uma coisa estranha, pois gera mais sucesso. Assim que eu conseguia algo, ficava encorajado a me esforçar mais. Isso expandiu minha percepção do que era possível. Se eu conseguia fazer aquilo, o que mais eu poderia?

Martin ainda está em uma cadeira de rodas e não pode falar sem a ajuda de um computador. Mas está formado, bem-sucedido e bem casado. Tem uma vida boa. Pensar no quanto ele teve que se esforçar para chegar a esse ponto deixa qualquer um de nós abismado.

Poucas pessoas enfrentam os desafios que Martin Pistorius enfrentou, mas todos nós às vezes nos sentimos presos em uma situação difícil. Quase "encarcerados". Tentamos escapar mentalmente ou apenas esperamos que a situação melhore. Porém, como disse Steven Jay Ross, é sonhando e fazendo alguma coisa a respeito desses sonhos que poderemos alcançar o sucesso. Na verdade, é o único modo que existe.

...

O sucesso vem de muitas formas. Alguns tipos de sucesso são incrivelmente impressionantes, outros são simples e inusitados, e outros, ainda, são quase absurdos. Ficamos atrelados a sucessos estrondosos que vemos na TV e nos esquecemos de que o importante é nossa própria definição de sucesso. E você pode alcançar esse tipo.

Não se preocupe com talento inato. Uma pesquisa realizada pelo psicólogo Benjamin Bloom sobre pessoas bem-sucedidas – de escultores a atletas olímpicos, passando por matemáticos – revelou que talento em geral não tem a ver com o que você consegue na vida. "Após quarenta anos de pesquisas extensas sobre o processo de aprendizado escolar nos Estados Unidos e no exterior", diz Bloom, "minha principal conclusão é: o que uma pessoa no mundo aprende pode ser aprendido por qualquer pessoa, se houver acesso a condições de aprendizagem adequadas".

O que separa você de sua definição pessoal de sucesso? Na maioria dos casos não há nada que você não possa superar com tempo e esforço. Quando penso nos limites do sucesso, minha mente costuma se voltar para o Scrabble. Nigel Richards é o maior jogador de Scrabble que já existiu. É também campeão francês. O site FiveThirtyEight.com relata: "A diferença entre sua classificação oficial e a do segundo colocado é a mesma deste para o vigésimo colocado." Ele só começou a jogar aos 28 anos. Na primeira vez que competiu em um torneio nacional, venceu. Ninguém joga Scrabble em francês melhor do que ele. Ah, uma coisa que me esqueci de mencionar...

Nigel Richards não fala francês.

Durante a premiação, ele precisou de um intérprete para fazer seu discurso. Após dominar o Scrabble em inglês durante anos, ele voltou sua atenção para a língua francesa e começou a memorizar palavras. Ele não sabe o que significam. E o Scrabble em francês é mais difícil do que o americano, pois tem quase 200 mil palavras a mais. Richards queria ser campeão francês e não deixou que o fato de não falar o idioma o impedisse.

Tratamos de muitos elementos relacionados ao sucesso neste livro: desde o poder da determinação, ilustrado pelos perigos do montanhismo, até as implicações de ter coisas enfiadas no rabo estudadas por um ganhador do Prêmio Nobel. Vamos então encerrar o livro com simplicidade (e com menos desconforto do que em uma colonoscopia).

Qual é a coisa mais importante a ser lembrada quando se trata de sucesso? Para usar uma só palavra: alinhamento.

O sucesso não resulta de uma só qualidade, mas do alinhamento entre quem você é e onde deseja estar. A qualificação certa na função certa. Uma boa pessoa cercada de outras boas pessoas. Uma história que o conecta com o mundo para que siga em frente. Uma rede que o ajude e um trabalho que aproveite sua natural introversão ou extroversão. Um nível de confiança que o mantenha no caminho enquanto aprende e o perdoe pelas falhas inevitáveis. Um equilíbrio entre os quatro grandes parâmetros, que crie uma vida plena sem nenhum arrependimento.

Eis o que Howard Stevenson e Laura Nash escreveram a respeito do estudo sobre pessoas bem-sucedidas que se esforçavam para ter equilíbrio:

> Quando você alinha seus valores com o emprego de suas habilidades em um contexto que reforce essas qualidades, você cria uma força poderosa e emocionalmente envolvente para realizações, relevância, felicidade e legado. Quando suas metas pessoais de sucesso se alinham com as do grupo em que você opera, as recompensas são ainda maiores.

Como encontrar o alinhamento? Como o oráculo de Delfos disse há tanto tempo: "Conhece-te a ti mesmo." Quais são seus intensificadores? Você é um Doador, um Tomador ou um Compensador? Você está mais para introvertido ou extrovertido? É inseguro ou superconfiante? Quais dos quatro grandes parâmetros você atende naturalmente e quais costuma negligenciar?

Alinhe então essas qualidades com o mundo ao redor. Escolha a lagoa certa. Encontre um trabalho que aprimore seus intensificadores. Crie uma história que o faça seguir em frente. Faça pequenas apostas que ampliem seus horizontes. Use o DROP para transformar seus sonhos em realidade.

Qual o tipo mais importante de alinhamento? Estar conectado a um grupo de amigos e pessoas queridas que o ajudem a ser quem você deseja ser. Sucesso financeiro é ótimo, mas para termos uma vida bem-sucedida precisamos de felicidade. Sucesso na carreira nem sempre nos faz felizes, mas as pesquisas revelam que a felicidade traz o sucesso.

Os relacionamentos são o que traz felicidade. O pesquisador e best-seller Shawn Achor relata: "Em uma pesquisa realizada com 1.600 alunos de Harvard, em 2007, descobri que havia uma proporção de 0,7 entre apoio social percebido e felicidade. É mais alta do que a conexão entre o hábito de fumar e o câncer." Quanto dinheiro seria necessário para aumentar sua felicidade na mesma medida de uma vida social boa? Dados do *Journal of Socio-Economics* revelam que você teria que ganhar mais 121 mil dólares por ano.

O que acontece quando se observa o quadro geral? Quando alguém está no leito de morte, o que representa o sucesso? Um pesquisador descobriu. George Valliant liderou o Estudo Grant, que acompanhou um grupo de homens durante toda a vida, desde a faculdade até a morte. O que, segundo ele, resume suas descobertas nessa pesquisa que atravessou décadas? "A única coisa que importa realmente na vida é o relacionamento com outras pessoas."

Toda essa história de relacionamentos e amor é por demais sentimental e nebulosa para suas aspirações ao sucesso? Não deveria ser. Valliant e a equipe avaliaram os voluntários com relação a seus relacionamentos quando eles estavam com 47 anos (há quanto tempo estavam casados, se tinham filhos, se eram apegados aos filhos, quantos amigos tinham). Os resultados combinaram quase perfeitamente com o sucesso daqueles homens em suas carreiras. A avaliação dos relacionamentos espelhava quase à perfeição quanto dinheiro eles ganhavam e quanto suas carreiras eram bem-sucedidas. Os homens com os maiores índices no quesito relacionamentos ganhavam mais que o dobro que aqueles com os menores índices. Seria um efeito e não uma causa? É pouco provável. Os caras mais empáticos tinham renda duas vezes e meia maior do que os mais narcisistas.

Além de incrementar o sucesso, esses relacionamentos podem salvar sua vida. Lembra-se de Spencer Glendon e seus problemas de saúde? Mencionei que ele recebeu um transplante de fígado. Quando ficou seriamente doente pela primeira vez, os médicos sabiam que ele acabaria precisando de um transplante. Todos os seus amigos foram submetidos a testes de compatibilidade. (O fígado é o único órgão que se regenera; assim, no decorrer do tempo, tanto o doador quanto o receptor voltariam a ter um fígado inteiro.) Seu amigo Carl apresentava uma boa compatibilidade. Passaram-se os anos e a saúde de Spencer continuou a piorar. Até que os médicos ficaram sem alternativa. Spencer precisaria de um transplante.

Carl fez mais do que se apresentar como voluntário. Desde que fora identificado como doador compatível, segundo revelou, ele discretamente iniciara uma rotina de dieta e exercícios. Passara os últimos anos tentando alcançar sua melhor forma, de modo que, quando a hora chegasse, pudesse oferecer a Spencer o fígado mais saudável possível. Graças ao plano secreto de Carl, ambos os amigos hoje estão saudáveis e felizes. Espero que você e eu sejamos sortudos o bastante para ter amigos como Carl.

Se você alinhar seu autoconhecimento com a carreira e com as pessoas ao redor, pode formar uma espiral ascendente, direcionada não só ao sucesso profissional, como também à felicidade e à completa realização.

Nossa jornada chegou ao fim. Você leu sobre ciclistas loucos, pessoas que não sentem dor, pianistas excêntricos, serial killers, piratas, gangues prisionais, SEALs da Marinha, guaxinins de Toronto, monges do Templo Shaolin, quanto tempo você pode ser o Batman, números Erdös, Newton e Einstein, Ted Williams e Homem-Aranha, guerras de radar entre Harvard e MIT, exércitos fantasmas e negociadores de reféns, o imperador do Estados Unidos (descanse em paz), computadores confiantes que jogam xadrez, lutadores japoneses com cabelos laranja, Gêngis Khan e um cara que voou pelo mundo inteiro só para dizer "Obrigado". Agradeço a você por ter dedicado seu tempo a ler toda esta insanidade e a me acompanhar nesta viagem.

Neste livro, procurei trazer a verdade sobre o que, segundo pesquisas e grandes histórias, promove o sucesso na vida. Será que consegui? Bem, isso é com você. Não tenho todas as respostas. Sou apenas um orquídea introvertido, monstro esperançoso, líder não filtrado, Compensador que gostaria de ser Doador e alguém frequentemente confiante em excesso, que precisa aprimorar a autocompaixão. Mas creio que escolhi a lagoa certa e me alinhei com alguns amigos maravilhosos. É o bastante para mim. Dê tempo ao tempo para descobrir o que você é e descobrir a lagoa certa para você.

Se quiser saber mais, visite meu site: Bakadesuyo.com. Coloquei novos materiais para você lá. Se, tal como ocorre com a problemática palavra "networking", seu cérebro reptiliano não entende realmente o conceito de autor ou de escritor, vamos ficar com o que ele realmente sabe: sou seu amigo. Sinta-se à vontade para me enviar um e-mail, se quiser dar um alô. Mande uma mensagem para ebarker@ucla.edu.

Desejo a você um grande sucesso.

Agradecimentos

*Robert de Niro me aconselhou
a nunca citar nomes para me promover.*

— Bob Wagner

Walter Green voou pelo mundo todo para dizer obrigado. O mínimo que posso fazer é expressar minha gratidão a algumas pessoas que me ajudaram a fazer com que este livro chegasse até você – muitas delas mantendo o autor em seu juízo perfeito durante a escrita.

Todo mundo dirá como é difícil escrever um livro, mas a maioria não menciona a solidão do trabalho. Eu não poderia ter feito este sem a ajuda destas boas pessoas:

Meu superagente Jim Levine e minhas editoras Hilary Lawson e Genoveva Llosa.

Todas as pessoas que aparecem neste livro e que compartilharam suas histórias, pesquisas e ideias.

Meus pais, novamente. Sem eles, não teria sido possível.

Todas as pessoas maravilhosas que leem meu blog (sim, chegará a newsletter no domingo).

Jason Hallock, o melhor Wilson que House poderia esperar.

Don Elmore. Sem Lucius Fox, não existe Batman.

Tyler Cowen, que recomendou este humilde blogueiro na internet.

Andrew Kevin Walker, Julie Durk e Drew Holmes, por terem me tirado de casa e me incluído em sua turma.

Amigos e cúmplices não indiciados: Debbie "Couchfire" Rosa, Nick Krasney, Mike Goode, Raghu Manavalan e Chris Voss.

Meu primo Ryan, a coisa mais próxima de irmão que terei. Minha tia Clare, cujos cartões de aniversário para um escritor morto de fome sempre incluíam um cheque. E minha tia Barbara, que me enviava pacotes com agrados quando eu estava na faculdade.

Pelas dicas e conselhos sobre o processo de escrever um livro: Dan Pink, Adam Grant, David Epstein, Shane Snow, John Richardson e Sheila Heen.

Os Illuminati de Sedona: James Clear, Ryan Holiday, Josh Kaufman, Steve Kamb, Shane Parrish, Nir Eyal e Tim Urban.

As encantadoras pessoas que apoiaram meus esforços quase insanos: Bob Radin, Paulo Coelho, Chris Yeh, Jennifer Aaker e o detetive Jeff Thompson (que me perguntou se eu gostaria de treinar com a Equipe de Negociação de Reféns do Departamento de Polícia de Nova York – como se eu fosse responder não).

E minha namorada do terceiro ano da faculdade, que riu na minha cara quando eu disse que queria ser escritor. Obrigado pela motivação.

Referências

*Um homem precisa revirar meia
biblioteca para escrever um livro.*

– SAMUEL JOHNSON

INTRODUÇÃO: O QUE REALMENTE LEVA AO SUCESSO?

Auerbach, Stephen. *Bicycle Dreams*. Auerfilms, 2009. Filme.

Coyle, Daniel. "That Which Does Not Kill Me Makes Me Stranger." *The New York Times*, 5 de fevereiro de 2006. www.nytimes.com/2006/02/05/sports/playmagazine/05robicpm.html?pagewanted=all&_r=0.

"Limits of the Body." *Radiolab*. Temporada 7, episódio 3. Transmissão radiofônica, 32:07. Lançamento em 16 de abril de 2010. www.radiolab.org/story/91710-limits-of-the-body/. Snyder, Amy. *Hell on Two Wheels*. Chicago: Triumph Books, 2011.

CAPÍTULO 1: DEVEMOS IR PELO CAMINHO SEGURO E FAZER O QUE NOS DIZEM SE QUISERMOS SER BEM-SUCEDIDOS?

Alexander, Susan. "How Neil Young Became the First Artist to Get Sued for Not Being Himself." Lateral Action. http://lateralaction.com/articles/neil-young/.

Altman, Sam. "Lecture 9: How to Raise Money (Marc Andreessen, Ron Conway e Parker Conrad)." How to Start a Startup. Palestra na Universidade Stanford. http://startupclass.samaltman.com/courses/lec09/.

Arnold, Karen D. *Lives of Promise*. São Francisco: Jossey-Bass, 1995.

Barnett, J.H., C.H. Salmond, P.B. Jones e B.J. Sahakian. "Cognitive Reserve in Neuropsychiatry." *Psychological Medicine* 36, n. 08 (2006): 1.053–64. http://dx.doi.org/10.1017/S0033291706007501.

Bazzana, Kevin. *Wondrous Strange.* Toronto: McClelland and Stewart, 2010.

Belsky, Jay, Charles R. Jonassaint, Michael Pluess, Michael Vicente Stanton, B.H. Brummett e R.B. Williams. "Vulnerability Genes or Plasticity Genes?" *Molecular Psychiatry* 14, n. 8 (2009): 746–54. doi:10.1038/mp.2009.44.

Chambliss, Daniel F. "The Mundanity of Excellence: An Ethnographic Report on Stratification and Olympic Swimmers." *Sociological Theory* 7, n. 1 (Primavera de 1989): 70–86. doi:10.2307/202063.

Christian, Brian. *The Most Human Human.* Nova York: Anchor, 2011.

"Congenital Insensitivity to Pain." NIH, U.S. National Library of Medicine. Última modificação em 2012. https://ghr.nlm.nih.gov/condition/congenital-insensitivity-to-pain.

Coryell, W., J. Endicott, Monika Keller, N. Andreasen, W. Grove, R.M.A. Hirschfeld e W. Scheftner. "Bipolar Affective Disorder and High Achievement: A Familial Association." *American Journal of Psychiatry* 146, n. 8 (1989): 983–88. doi:10.1176/ajp.146.8.983.

Dobbs, David. "Can Genes Send You High or Low? The Orchid Hypothesis A-bloom." DavidDobbs.net. 8 de junho de 2013. http://daviddobbs.net/smoothpebbles/orchids-dandelions-abloom-best-of-wired-nc-10/.

Dobbs, David. "The Science of Success." *The Atlantic*, dezembro de 2009. www.theatlantic.com/magazine/archive/2009/12/the-science-of-success/307761/.

Ellis, Bruce J. e W. Thomas Boyce. "Biological Sensitivity to Context." *Current Directions in Psychological Science* 17, n. 3 (2008): 183–87. doi:10.1111/j.1467-8721.2008.00571.x.

El-Naggar, Mona. "In Lieu of Money, Toyota Donates Efficiency to New York Charity." *The New York Times*, 26 de julho de 2013. www.nytimes.com/2013/07/27/nyregion/in-lieu-of-money-toyota-donates-efficiency-to-new-york-charity.html.

Entrevista com Gautam Mukunda pelo autor. "Gautam Mukunda of Harvard Explains Secret to Being a Better Leader." *Barking Up the Wrong Tree* (blog). 18 de março de 2013. www.bakadesuyo.com/2013/03/interview-harvard-business-school-professor--gautam-mukunda-teaches-secrets-leader/.

Entrevista com Shawn Achor pelo autor. "Be More Successful: New Harvard Research Reveals a Fun Way to Do It." *Barking Up the Wrong Tree* (blog). 28 de setembro de 2014. www.bakadesuyo.com/2014/09/be-more-successful/.

Gaskin, Darrell J. e Patrick Richard. "Appendix C: The Economic Costs of Pain in the United States," de *Relieving Pain in America*. Institute of Medicine (U.S.) Committee on Advancing Pain Research, Care, and Education. Washington, DC: National Academies Press, 2011. www.ncbi.nlm.nih.gov/books/ NBK92521/.

Gino, Francesca e Dan Ariely. "The Dark Side of Creativity: Original Thinkers Can Be More Dishonest." *Journal of Personality and Social Psychology* 102, n. 3 (2012): 445–59. doi:10.1037/a0026406.

Götz, Karl Otto e Karin Götz. "Personality Characteristics of Successful Artists." *Perceptual and Motor Skills* 49, n. 3 (Dezembro de 1979): 919–24. doi:10.2466/pms.1979.49.3.919.

Gould, Stephen Jay. "Return of the Hopeful Monster." The Unofficial Stephen Jay Gould Archive. www.stephenjaygould.org/library/gould_hopeful-monsters.html.

Haynes, V. Dion. "Being at Head of Class Isn't Same as Having Inside Track on Life." *Chicago Tribune*, 11 de junho de 1995. http://articles.chicagotribune.com/1995-06-11/news/9506110252_1_valedictorians-boston-college-achievers.

Heckert, Justin. "The Hazards of Growing Up Painlessly." *The New York Times Magazine*, 15 de novembro de 2012. www.nytimes.com/2012/11/18/magazine/ashlyn-blocker-feels-no-pain.html?pagewanted=all.

Herbert, Wray. "On the Trail of the Orchid Child." *Scientific American*, 1º de novembro de 2011. www.scientificamerican.com/article/on-the-trail-of-the-orchid-child/.

Howe, Sandra. "Valedictorians Don't Stay at the Head of the Class, Says Education Researcher." *Boston College Chronicle* 4, n. 5 (1995). www.bc.edu/bc_org/rvp/pubaf/chronicle/v4/N2/ARNOLD.html.

Inouye, Dane. "Congenital Insensitivity to Pain with Anhidrosis." *Hohonu* 6 (2008). http://hilo.hawaii.edu/academics/hohonu/documents/Vol06x04CongenitalInsensitivitytoPainwithAnhidrosis.pdf.

Johnson, Steven. *De onde vêm as boas ideias*. Rio de Janeiro: Zahar, 2011.

Judson, Olivia. "The Monster Is Back, and It's Hopeful." Opinionator. *The New York Times*, 22 de janeiro de 2008. http://opinionator.blogs.nytimes.com/2008/01/22/the-monster-is-back-and-its-hopeful/.

Lacy, Susan. "Inventing David Geffen." *American Masters*. Documentário televisivo, 1:55:00. Lançamento em 20 de novembro de 2012.

Levine, Mark. "The Age of Michael Phelps." *New York Times*, 5 de agosto de 2008. www.nytimes.com/2008/08/05/sports/05iht-05phelps.15022548.html?_r=0.

Lewis, Randy. "Listen to What Got Him Sued." *Los Angeles Times*, 15 de junho de 2011. http://articles.latimes.com/2011/jun/15/entertainment/la-et-neil-young-treasure-20110615.

McMenamin, Brigid. "Tyranny of the Diploma." *Forbes*, 28 de dezembro de 1998. www.forbes.com/free_forbes/1998/1228/6214104a.html.

Mueller, Jennifer S., Jack Goncalo, and Dishan Kamdar. "Recognizing Creative Leadership: Can Creative Idea Expression Negatively Relate to Perceptions of Leadership Potential?" Cornell University, School of Industrial and Labor Relations. 2010. http://digitalcommons.ilr.cornell.edu/articles/340/.

Mukunda, Gautam. *Indispensable*. Boston: Harvard Business Review Press, 2012. Kindle Edition.

Nagasako, Elna M., Anne Louise Oaklander e Robert H. Dworkin. "Congenital Insensitivity to Pain: An Update." *Pain* 101, n. 3 (2003): 213–19. doi:10.1016/S0304-3959 (02)00482-7.

Papageorge, Nicholas W., Victor Ronda e Yu Zheng. "The Economic Value of Breaking Bad Misbehavior, Schooling, and the Labor Market." Social Science Research Network. 1º de junho de 2016. http://dx.doi.org/10.2139/ssrn.2503293.

Pete, Steven. "Congenital Analgesia: The Agony of Feeling No Pain." *BBC News Magazine*. 17 de julho de 2012. www.bbc.com/news/magazine-18713585.

Pressfield, Steven. "Suing Neil Young." StevenPressfield.com. 31 de julho de 2013. www.stevenpressfield.com/2013/07/suing-neil-young/.

Rao, Hayagreeva, Robert Sutton e Allen P. Webb. "Innovation Lessons from Pixar: An Interview with Oscar-Winning Director Brad Bird." *McKinsey Quarterly,* abril de 2008. www.mckinsey.com/business-functions/strategy-and-corporate-finance/our-insights/innovation-lessons-from-pixar-an-interview-with-oscar-winning-director-brad-bird.

Rubin, Shira. "The Israeli Army Unit That Recruits Teens with Autism." *The Atlantic*, 6 de janeiro de 2016. www.theatlantic.com/health/archive/2016/01/israeli-army-autism/422850/.

Silvia, Paul J., James C. Kaufman, Roni Reiter-Palmon e Benjamin Wigert. "Cantankerous Creativity: Honesty–Humility, Agreeableness, and the HEX ACO Structure of Creative Achievement." *Personality and Individual Differences* 51, n. 5 (2011): 687–89. doi:10.1016/j.paid.2011.06.011.

Simonton, Dean Keith. *Greatness.* Nova York: Guilford Press, 1994.

Simonton, Dean Keith. "The Mad-Genius Paradox: Can Creative People Be More Mentally Healthy but Highly Creative People More Mentally Ill?" *Perspectives on Psychological Science* 9, n. 5 (2014): 470–80. doi:10.1177/1745691614543973.

Simonton, Dean Keith. *The Wiley Handbook of Genius.* Hoboken, NJ: Wiley-Blackwell, 2014.

Sokolove, Michael. "Built to Swim." *The New York Times Magazine,* 8 de agosto de 2004. www.nytimes.com/2004/08/08/magazine/built-to-swim.html.

Stanley, Thomas J. *The Millionaire Mind.* Kansas City, MO: Andrews McMeel, 2001. Stein, Joel. "Thirteen Months of Working, Eating, and Sleeping at the Googleplex." *Bloomberg Businessweek,* 22 de julho de 2015. www.bloomberg.com/news/features/2015-07-22/thirteen-months-of-working-eating-and-sleeping-at-the-googleplex.

Tough, Paul. *Como as crianças aprendem.* Rio de Janeiro: Intrínseca, 2017.

Weeks, David e Jamie James. *Eccentrics, A Study of Sanity and Strangeness.* Nova York: Villard, 1995.

Westby, Erik L., e V.L. Dawson. "Creativity: Asset or Burden in the Classroom?" *Creativity Research Journal* 8, n. 1 (1995): 1–10. doi:10.1207/s15326934crj0801_1.

CAPÍTULO 2: OS BONZINHOS SÓ SE DÃO MAL?

Axelrod, Robert. *A evolução da cooperação*. São Paulo: Leopardo, 2010.

Bachman, W. "Nice Guys Finish First: A SYMLOG Analysis of U.S. Naval Commands." Em *The SYMLOG Practitioner: Applications of Small Group Research*. R.B. Polley, A.P. Hare e P. J. Stone (org.). Nova York: Praeger, 1988, 60.

Baumeister, Roy F., Ellen Bratslavsky, Catrin Finkenauer e Kathleen D. Vohs. "Bad Is Stronger than Good." *Review of General Psychology* 5, n. 4 (2001): 323–70. https://carlsonschool.umn.edu/file/49901/download?token=GoY7afXa.

Bernerth, Jeremy B., Shannon G. Taylor, Jack H. Walker e Daniel S. Whitman. "An Empirical Investigation of Dispositional Antecedents and Performance-Related Outcomes of Credit Scores." *Journal of Applied Psychology* 97, n. 2 (2012): 469–78. http://dx.doi.org/ 10.1037/a0026055.

Blackburn, Keith, and Gonzalo F. Forgues-Puccio. "Why Is Corruption Less Harmful in Some Countries than in Others?" *Journal of Economic Behavior and Organization* 72, n. 3 (2009): 797–810. doi:10.1016/j.jebo.2009.08.009.

Bowden, Mark. "The Man Who Broke Atlantic City." *The Atlantic*, abril de 2012. www.theatlantic.com/magazine/archive/2012/04/the-man-who-broke-atlantic-city/308900/.

Butler, Jeffrey, Paola Giuliano e Luigi Guiso. "The Right Amount of Trust." NBER Working Paper n. 15344, National Bureau of Economic Research, Cambridge, MA, setembro de 2009. Revisto em junho de 2014. doi:10.3386/w15344.

Chan, Elaine e Jaideep Sengupta. "Insincere Flattery Actually Works: A Dual Attitudes Perspective." *Journal of Marketing Research* 47, n. 1 (2010): 122–33. doi:http://dx.doi.org/10.1509/jmkr.47.1.122.

Cottrell, Catherine A., Steven L. Neuberg e Norman P. Li. "What Do People Desire in Others? A Sociofunctional Perspective on the Importance of Different Valued Characteristics." *Journal of Personality and Social Psychology* 92, n. 2 (2007): 208–31. http://dx.doi.org/10.1037/0022-3514.92.2.208.

DeSteno, David. *The Truth About Trust*. Nova York: Penguin, 2014.

Dutton, Kevin. *A sabedoria dos psicopatas*. Rio de Janeiro: Record, 2010.

Entrevista com Adam Grant pelo autor. "Adam Grant Teaches You the Right Way to Give and Take." *Barking Up the Wrong Tree* (blog). 9 de abril de 2013. www.bakadesuyo.com/2013/04/interview-wharton-business-school-professor-teaches-approach-give/.

Entrevista com Robert Cialdini pelo autor. "Robert Cialdini Explains the Six Ways to Influence People – Interview." *Barking Up the Wrong Tree* (blog). 3 de junho de 2013. www.bakadesuyo.com/2013/06/robert-cialdini-influence/.

Entrevista dada por Robert Sutton ao autor. "The Leadership Secret Steve Jobs and Mark

Zuckerberg Have in Common." *Barking Up the Wrong Tree* (blog). 19 de novembro de 2013. www.bakadesuyo.com/2013/11/scaling-up-excellence/.

Falk, Armin, Ingo Menrath, Pablo Emilio Verde e Johannes Siegrist. "Cardiovascular Consequences of Unfair Pay." IZA Discussion Paper n. 5720, Institute for the Study of Labor, Bonn, Alemanha, maio de 2011. http://repec.iza.org/dp5720.pdf.

Friedman, Howard S., e Leslie R. Martin. *O projeto longevidade*. São Paulo: Prumo, 2012.

Gambetta, Diego. *Codes of the Underworld*. Princeton, NJ: Princeton Univ. Press, 2011.

Gino, Francesca, Shahar Ayal e Dan Ariely. "Contagion and Differentiation in Unethical Behavior: The Effect of One Bad Apple on the Barrel." *Psychological Science* 20, n. 3 (2009): 393–98. doi:10.1111/j.1467-9280.2009.02306.x.

"The Good Show." *Radiolab*. Temporada 9, episódio 1. Transmissão radiofônica, 1:05:07. Lançamento em 14 de dezembro de 2010. www.radiolab.org/story/103951-the-good--show/.

Grant, Adam. *Dar e receber*. Rio de Janeiro: Sextante, 2014.

Helliwell, John F. e Haifang Huang. "Well-Being and Trust in the Workplace." *Journal of Happiness Studies* 12, n. 5 (2011): 747–67. doi:10.3386/w14589.

Ilan, Shahar. "Thou Shalt Not Be a Freier." *Haaretz*, 28 de janeiro de 2007. www.haaretz.com/print-edition/opinion/thou-shalt-not-be-a-freier-1.211247.

James Jr., Harvey S. "Is the Just Man a Happy Man? An Empirical Study of the Relationship Between Ethics and Subjective Well-Being." *Kyklos* 64, n. 2 (2011): 193–212. doi:10.1111/j.1467-6435.2011.00502.x.

Kivimäki, Mika, Jane E. Ferrie, Eric Brunner, Jenny Head, Martin J. Shipley, Jussi Vahtera e Michael G. Marmot. "Justice at Work and Reduced Risk of Coronary Heart Disease Among Employees." *Archives of Internal Medicine* 165, n. 19 (2005): 2245–51. doi:10.1001/archinte.165.19.2245.

Kordova, Shoshana. "Word of the Day Freier פראייר." *Haaretz*, 14 de janeiro de 2013. www.haaretz.com/news/features/word-of-the-day/word-of-the-day-freier-1508-1512-1488-1497-1497-1512.premium-1.493882.

Lambert, Craig. "The Psyche on Automatic." *Harvard Magazine*, novembro–dezembro de 2010. http://harvardmagazine.com/2010/11/the-psyche-on-automatic?page=all.

Leeson, Peter T. "An arrgh chy: The Law and Economics of Pirate Organization." *Journal of Political Economy* 115, n. 6 (2007): 1049–94. doi:10.1086/526403.

Leeson, Peter T. *The Invisible Hook*. Princeton, NJ: Princeton Univ. Press, 2009.

Leeson, Peter T. "Pirational Choice: The Economics of Infamous Pirate Practices." *Journal of Economic Behavior and Organization* 76, n. 3 (2010): 497–510. doi:10.1016/j.jebo.2010.08.015.

Malhotra, Deepak. "How to Negotiate Your Job Offer – Prof. Deepak Malhotra (Harvard Business School)." Disponível no YouTube, 1:04:23. Publicado em 20 de novembro de 2012. www.youtube.com/watch?v=km2Hd_xgo9Q.

Markman, Art. "Are Successful People Nice?" *Harvard Business Review*, 9 de fevereiro de 2012. https://hbr.org/2012/02/are-successful-people-nice.

Marks, Michelle e Crystal Harold. "Who Asks and Who Receives in Salary Negotiation." *Journal of Organizational Behavior* 32, n. 3 (2011): 371–94. doi:10.1002/job.671.

Miller, Marjorie. "It's a Sin to Be a Sucker in Israel." *Los Angeles Times*, 25 de julho de 1997. http://articles.latimes.com/1997/jul/25/news/mn-16208.

Mogilner, Cassie, Zoë Chance e Michael I. Norton. "Giving Time Gives You Time." *Psychological Science* 23, n. 10 (2012): 1233–38. doi:10.1177/0956797612442551.

Morrow, Lance. "Dr. Death." Books, *The New York Times*, 29 de agosto de 1999. www.nytimes.com/books/99/08/29/reviews/990829.29morrowt.html.

Niven, David. *Os 100 segredos das pessoas de sucesso*. Rio de Janeiro: Sextante, 2002.

Nowak, Martin e Karl Sigmund. "A Strategy of Win-Stay, Lose-Shift That Outperforms Tit-for-Tat in the Prisoner's Dilemma Game." *Nature* 364 (1993): 56–58. doi:10.1038/364056a0.

Nowak, Martin e Roger Highfield. *SuperCooperators*. Nova York: Free Press, 2012.

Nyberg, A., L. Alfredsson, T. Theorell, H. Westerlund, J. Vahtera e M. Kivimäki. "Managerial Leadership and Ischaemic Heart Disease Among Employees: The Swedish WOLF Study." *Occupational and Environmental Medicine* 66 (2009): 51–55. doi:10.1136/oem.2008.039362.

Pfeffer, Jeffrey. *Power*. Nova York: HarperBusiness, 2010.

Reuben, Ernesto, Paola Sapienza e Luigi Zingales. "Is Mistrust Self-Fulfilling?" *Economics Letters* 104, n. 2 (2009): 89–91. http://ssrn.com/abstract=1951649.

Schnall, Simone, Jean Roper e Daniel M.T. Fessler. "Elevation Leads to Altruistic Behavior." *Psychological Science* 21, n. 3 (2010): 315–20. doi:10.1177/0956797609359882.

Schwitzgebel, Eric. "Do Ethicists Steal More Books? More Data." *The Splintered Mind* (blog). 8 de dezembro de 2006. http://schwitzsplinters.blogspot.com/2006/12/do-ethicists-steal-more-books-more-data.html.

Skarbek, David. *The Social Order of the Underworld*. Oxford: Oxford Univ. Press, 2014.

Smith, Pamela K., Nils B. Jostmann, Adam D. Galinsky e Wilco W. van Dijk. "Lacking Power Impairs Executive Functions." *Psychological Science* 19, n. 5 (2008): 441–47. doi:10.1111/j.1467–9280.2008.02107.x.

Stewart, James B. *Blind Eye*. Nova York: Simon and Schuster, 2012.

Sutton, Robert I. *Bom chefe, mau chefe*. Porto Alegre: Bookman, 2011.

University of California, Berkeley. "Gossip Can Have Social and Psychological Benefits." Publicado em 17 de janeiro de 2012. www.eurekalert.org/pub_releases/2012-01/uoc-gch011712.php.

University of Nebraska-Lincoln. "To Be Good, Sometimes Leaders Need to Be a Little Bad." Publicado em 19 de outubro de 2010. www.eurekalert.org/pub_releases/2010-10/uon-tbg101910.php.

Van Kleef, Gerben A., Astrid C. Homan, Catrin Finkenauer, Seval Gündemir e Eftychia Stamkou. "Breaking the Rules to Rise to Power: How Norm Violators Gain Power in the Eyes of Others." *Social Psychological and Personality Science* 2, n. 5 (2011): 500–7. doi:10.1177/1948550611398416.

Veenhoven, R. "Healthy Happiness: Effects of Happiness on Physical Health and the Consequences for Preventive Health Care." *Journal of Happiness Studies* 9, n. 3 (2008): 449–69. doi:10.1007/s10902-006-9042-1.

Weiner, Eric. *A geografia da felicidade*. Rio de Janeiro: Agir, 2009.

Wu, Long-Zeng, Frederick Hong-kit Yim, Ho Kwong Kwan e Xiaomeng Zhang. "Coping with Workplace Ostracism: The Roles of Ingratiation and Political Skill in Employee Psychological Distress." *Journal of Management Studies* 49, n. 1 (2012): 178–99. doi:10.1111/j.1467-6486.2011.01017.x.

CAPÍTULO 3: DESISTENTES NUNCA VENCEM E VENCEDORES NUNCA DESISTEM?

Abramson, Leigh McMullan. "The Only Job with an Industry Devoted to Helping People Quit." *The Atlantic*, 29 de julho de 2014. www.theatlantic.com/business/archive/2014/07/the-only-job-with-an-industry-devoted-to-helping-people-quit/375199/.

"The Acceptance Prophecy: How You Control Who Likes You." *Psyblog*, 27 de agosto de 2009. www.spring.org.uk/2009/08/the-acceptance-prophesy-how-you-control-who-likes-you.php.

Akil II, Bakari. "How the Navy SEALs Increased Passing Rates." *Psychology Today*, 9 de novembro de 2009. www.psychologytoday.com/blog/communication-central/200911/how-the-navy-seals-increased-passing-rates.

Albert Einstein College of Medicine. "'Personality Genes' May Help Account for Longevity." 24 de maio de 2012. http://www.einstein.yu.edu/news/releases/798/personality-genes-may-help-account-for-longevity/.

Alloy, Lauren B. e Lyn Y. Abramson. "Judgment of Contingency in Depressed and Nondepressed Students: Sadder but Wiser?" *Journal of Experimental Psychology* 108, n. 4 (1979): 441–85. http://dx.doi.org/10.1037/0096-3445.108.4.441.

Amabile, Teresa e Steven J. Kramer. "The Power of Small Wins." *Harvard Business Review*, maio de 2011. https://hbr.org/2011/05/the-power-of-small-wins.

Amabile, Teresa e Steven J. Kramer. *The Progress Principle*. Boston: Harvard Business Review Press, 2011.

American Heart Association. "Optimism Associated with Lower Risk of Having Stroke." ScienceDaily. 22 de julho de 2011. www.sciencedaily.com/releases/2011/07/110721163025.htm.

Anônimo. "The Effects of Too Much Porn: 'He's Just Not That Into Anyone.'" *The Last Psychiatrist* (blog). 15 de fevereiro de 2011. http://thelastpsychiatrist.com/2011/02/hes_just_not_that_into_anyone.html.

Ariely, Dan. *The Upside of Irrationality.* Nova York: HarperCollins, 2010.

Ariely, Dan. "What Makes Us Feel Good About Our Work?" Filmado em outubro de 2012. TEDxRiodelaPlata video, 20:26. www.ted.com/talks/dan_ariely_what_makes_us_feel_good_about_our_work.

Association for Psychological Science. "In Hiring, Resume Info Could Help Employers Predict Who Will Quit." 19 de agosto de 2014. www.psychologicalscience.org/index.php/news/minds-business/in-hiring-resume-info-could-help-employers-predict--who-will-quit.html.

Association for Psychological Science. "Keep Your Fingers Crossed! How Superstition Improves Performance." News release. 13 de julho de 2010. www.psychologicalscience.org/index.php/news/releases/keep-your-fingers-crossed-how-superstition-improves-performance.html.

Association for Psychological Science. "Why Are Older People Happier?" ScienceDaily. 12 de janeiro de 2012. www.sciencedaily.com/releases/2012/01/120106135950.htm.

Babcock, Philip S. e Mindy Marks. "The Falling Time Cost of College: Evidence from Half a Century of Time Use Data." NBER Working Paper n. 15954, National Bureau of Economic Research, Cambridge, MA, abril de 2010. www.nber.org/papers/w15954.

Bakalar, Nicholas. "Future Shock Concept Gets a Personal Twist." *The New York Times*, 22 de fevereiro de 2005. www.nytimes.com/2005/02/22/health/psychology/future-shock-concept-gets-a-personal-twist.html.

Baumeister, Roy F. "Suicide as Escape from Self." *Psychological Review* 97, n. 1 (1990): 90–113. doi:10.1037//0033-295X.97.1.90.

Baumeister, Roy F. e John Tierney. *Força de vontade.* São Paulo: Lafonte, 2012.

Ben-Shahar, Tal. *Choose the Life You Want.* Nova York: The Experiment, 2014. Boudarbat, Brahim e Victor Chernoff. "The Determinants of Education-Job Match among Canadian University Graduates." IZA Discussion Paper n. 4513, Institute for the Study of Labor, Bonn, Alemanha, outubro de 2009. http://ftp.iza.org/dp4513.pdf.

Brad. "BUD/S Pool Comp Tips." SEAL Grinder PT, 18 de dezembro de 2013. http://sealgrinderpt.com/navy-seal-workout/buds-pool-comp-tips.html/.

Brooks, David. *The Road to Character.* Nova York: Random House, 2015.

Carrére, Sybil, Kim T. Buehlman, John M. Gottman, James A. Coan e Lionel Ruckstuhl. "Predicting Marital Stability and Divorce in Newlywed Couples." *Journal of Family Psychology* 14, n. 1 (2000): 42–58. http://dx.doi.org/10.1037/0893-3200.14.1.42.

Collins, Jim. "Best New Year's Resolution? A 'Stop Doing' List." JimCollins.com. 30 de dezembro de 2003. www.jimcollins.com/article_topics/articles/best-new-years.html.

Cooper, Douglas P., Jamie L. Goldenberg e Jamie Arndt. "Empowering the Self: Using the Terror Management Health Model to Promote Breast Self-Examination." *Self and Identity* 10, n. 3 (2011): 315–25. doi:10.1080/15298868.2010.527495.

Courtiol, A., S. Picq, B. Godelle, M. Raymond e J.-B. Ferdy. "From Preferred to Actual Mate Characteristics: The Case of Human Body Shape." *PLoS ONE* 5, n. 9 (2010): e13010. doi:10.1371/journal.pone.0013010.

Cowen, Tyler. "Be Suspicious of Stories." Filmado em novembro de 2009. TEDxMidAtlantic, 15:57. http://www.ted.com/talks/tyler_cowen_be_suspicious_of_stories.

Coyle, Daniel. "How to Prepare for a Big Moment." The Talent Code. 21 de janeiro de 2014. http://thetalentcode.com/2014/01/21/how-to-prepare-for-a-big-moment/.

Csikszentmihályi, Mihály. *Creativity*. Nova York: HarperCollins, 2009. Csikszentmihályi, Mihály. *A descoberta do fluxo*. Rio de Janeiro: Rocco, 1999.

Currey, Mason. *Os segredos dos grandes artistas*. São Paulo: Campus, 2013.

Diener, Ed e Micaela Y. Chan. "Happy People Live Longer: Subjective Well-BeingContributes to Health and Longevity." *Applied Psychology: Health and Well-Being* 3, n. 1 (2011): 1–43. doi:10.1111/j.1758-0854.2010.01045.x. Dignan, Aaron. *Game Frame*. Nova York: Free Press, 2011.

"The Dilbert Index? A New Marketplace Podcast." Freakonomics podcast, 5:13. 23 de fevereiro de 2012. http://freakonomics.com/2012/02/23/the-dilbert-index-a-new--marketplace-podcast/.

Dreifus, Claudia. "A Surgeon's Path from Migrant Fields to Operating Room." *The New York Times*, 13 de maio de 2008. www.nytimes.com/2008/05/13/science/13conv.html?_r=0.

Drucker, Peter. *O gestor eficaz*. Rio de Janeiro: LTC, 1990.

Duckworth, Angela. *Garra*. Rio de Janeiro: Intrínseca, 2016.

Duckworth, Angela L., Christopher Peterson, Michael D. Matthews e Dennis R. Kelly. "Grit: Perseverance and Passion for Long-Term Goals." *Journal of Personality and Social Psychology* 92, n. 6 (2007): 1087–101. http://dx.doi.org/10.1037/0022-3514.92.6.1087.

Entrevista com Dan Ariely pelo autor. "How to Motivate People – 4 Steps Backed by Science." *Barking Up the Wrong Tree* (blog). 6 de abril de 2014. www.bakadesuyo.com/2014/04/how-to-motivate-people/.

Entrevista com James Pennebaker pelo autor. "How to Deal with Anxiety, Tragedy, or Heartache – 4 Steps from Research." *Barking Up the Wrong Tree* (blog). 15 de novembro de 2014. www.bakadesuyo.com/2014/11/how-to-deal-with-anxiety/.

Entrevista com James Waters pelo autor. "A Navy SEAL Explains 8 Secrets to Grit and Resilience." *Barking Up the Wrong Tree* (blog). 13 de janeiro de 2015. www.bakadesuyo.com/2015/01/grit/.

Entrevista com Peter Sims pelo autor. "The System That All Creative Geniuses Use to Develop Their Ideas." *Barking Up the Wrong Tree* (blog). 24 de setembro de 2013. www.bakadesuyo.com/2013/09/peter-sims/.

Entrevista com Richard Wiseman pelo autor. "How to Attract Good Luck: 4 Secrets Backed by Research." *Barking Up the Wrong Tree* (blog). 19 de julho de 2015. www.bakadesuyo.com/2015/07/how-to-attract-good-luck/.

Entrevista com Shawn Achor pelo autor. "Be More Successful: New Harvard Research Reveals a Fun Way to Do It." *Barking Up the Wrong Tree* (blog). 28 de setembro de 2014. www.bakadesuyo.com/2014/09/be-more-successful/.

Entrevista com Spencer Glendon pelo autor. Não publicado.

Feiler, Bruce. *The Secrets of Happy Families*. Nova York: William Morrow, 2013. "Fighting Germs with Fun." Vídeo do YouTube, 2:40. Postado por dw3348p, 15 de dezembro de 2009. www.youtube.com/watch?v=p9nCRJo73oI.

Frankl, Viktor E. *Man's Search for Meaning*. Boston: Beacon Press, 2006.

Fry, Prem S. e Dominique L. Debats. "Perfectionism and the Five-Factor Personality Traits as Predictors of Mortality in Older Adults." *Journal of Health Psychology* 14, n. 4 (2009): 513–24. doi:10.1177/1359105309103571.

Gardner, Howard E. *Mentes que criam*. Porto Alegre: Artes Médicas, 1996.

Gerster, Jane. "Toronto Vows to Outsmart Its Raccoons." *Wall Street Journal*, 23 de agosto de 2015. www.wsj.com/articles/toronto-vows-to-outsmart-its-raccoons-1440373645.

Ghofrani, Hossein A., Ian H. Osterloh e Friedrich Grimminger. "Sildenafil: From Angina to Erectile Dysfunction to Pulmonary Hypertension and Beyond." *Nature Reviews Drug Discovery* 5 (2006): 689–702. doi:10.1038/nrd2030.

Gilbert, Daniel. *Stumbling on Happiness*. Nova York: Vintage, 2007.

Gilovich, Thomas e Victoria Husted Medvec. "The Experience of Regret: What, When, and Why." *Psychological Review* 102, n. 2 (1995): 379–95. doi:10.1037/0033-295X.102.2.379.

Gino, Francesca. *Sidetracked*. Boston: Harvard Business Review Press, 2013.

Glass, Ira. "Tough Room Act One: Make 'em Laff." *This American Life*. Episódio 348. Transmissão radiofônica, 59:00. Lançamento em 8 de fevereiro de 2008. www.thisamericanlife.org/radio-archives/episode/348/tough-room?act=1#play.

Gonzales, Laurence. *Deep Survival*. Nova York: W.W. Norton, 2004.

Gottschall, Jonathan. *The Storytelling Animal*. Boston: Mariner, 2013.

Gottschall, Jonathan. "Why Fiction Is Good for You." *Boston Globe*, 29 de abril de 2012. www.bostonglobe.com/ideas/2012/04/28/why-fiction-good-for-you-how-fiction--changes-your-world/nubDy1P3viDj2PuwGwb3KO/story.html.

Grant, Adam. *Dar e receber*. Rio de Janeiro: Sextante, 2014.

Gurari, Inbal, Michael J. Strube e John J. Hetts. "Death? Be Proud! The Ironic Effects of Terror Salience on Implicit Self-Esteem." *Journal of Applied Social Psychology* 39, n. 2 (2009): 494–507. doi:10.1111/j.1559-1816.2008.00448.x.

Holiday, Ryan. *O obstáculo é o caminho*. Rio de Janeiro: Bicicleta Amarela, 2015.

"How Many Doctors Does It Take to Start a Healthcare Revolution?" Freakonomics podcast, 53:56. 9 de abril de 2015. http://freakonomics.com/2015/04/09/how-many--doctors-does-it-take-to-start-a-healthcare-revolution-a-new-freakonomics-radio--podcast/.

Isabella, Jude. "The Intelligent Life of the City Raccoon." *Nautilus*, 9 de outubro de 2014. http://nautil.us/issue/18/genius/the-intelligent-life-of-the-city-raccoon.

Iyengar, Sheena. *A arte da escolha*. Belo Horizonte: Unicult, 2013.

Johnson, Steven. *Tudo o que é ruim é bom para você*. Rio de Janeiro: Zahar, 2012.

Johnson, Steven. *De onde vêm as boas ideias*. Rio de Janeiro: Zahar, 2011.

Jonas, Eva, Jeff Schimel, Jeff Greenberg e Tom Pyszczynski. "The Scrooge Effect: Evidence That Mortality Salience Increases Prosocial Attitudes and Behavior." *Personality and Social Psychology Bulletin* 28, n. 10 (2002): 1342–53. http://dx.doi.org/10.1177/014616702236834.

Kivetz, Ran, Oleg Urminsky e Yuhuang Zheng. "The Goal-Gradient Hypothesis Resurrected: Purchase Acceleration, Illusionary Goal Progress, and Customer Retention." *Journal of Marketing Research* 43, n. 1 (2006): 39–58. doi:http://dx.doi.org/10.1509/jmkr.43.1.39.

Lee, Louise. "Don't Be Too Specialized If You Want a Top Level Management Job." Insights by Stanford Business. 1º de agosto de 2010. www.gsb.stanford.edu/insights/dont-be-too-specialized-if-you-want-top-level-management-job.

Lee, Spike W.S. e Norbert Schwarz. "Framing Love: When It Hurts to Think We Were Made for Each Other." *Journal of Experimental Social Psychology* 54 (2014): 61–67. doi:10.1016/j.jesp.2014.04.007.

Lench, Heather C. "Personality and Health Outcomes: Making Positive Expectations a Reality." *Journal of Happiness Studies* 12, n. 3 (2011): 493–507. doi:10.1007/s10902-010-9212-z.

Levitt, Steven D. e Stephen J. Dubner. *Pense como um freak*. Rio de Janeiro: Record, 2014.

Liberman, Varda, Nicholas R. Anderson e Lee Ross. "Achieving Difficult Agreements: Effects of Positive Expectations on Negotiation Processes and Outcomes." *Journal of Experimental Social Psychology* 46, n. 3 (2010): 494–504. http://dx.doi.org/10.1016/j.jesp.2009.12.010.

Linden, David J. *The Compass of Pleasure*. Nova York: Penguin, 2012.

Lockhart, Andrea. "Perceived Influence of a Disney Fairy Tale on Beliefs on Romantic Love and Marriage." Tese de doutorado, California School of Professional Psychology, 2000.

Lyubomirsky, Sonja, Rene Dickerhoof, Julia K. Boehm e Kennon M. Sheldon. "Becoming Happier Takes Both a Will and a Proper Way: An Experimental Longitudinal Intervention to Boost Well-Being." *Emotion* 11, n. 2 (2011): 391–402. doi:10.1037/a0022575.

MacDonald, Kevin. *Touching the Void*. Final Four Productions, 2003. Filme.

Martin, Michael. "Illegal Farm Worker Becomes Brain Surgeon." *Tell Me More*. Transmissão radiofônica, 13:51. Lançamento em 5 de dezembro de 2011. www.npr.org/2011/12/05/143141876/illegal-farm-worker-becomes-brain-surgeon.

McGonigal, Jane. *Reality Is Broken*. Nova York: Penguin, 2011.

McRaney, David. "Confabulation." Podcast You Are Not So Smart, 28:00. 30 de maio de 2012. http://youarenotsosmart.com/2012/05/30/yanss-podcast-episode-three/.

Meredith, Lisa S., Cathy D. Sherbourne, Sarah J. Gaillot, Lydia Hansell, Hans V. Ritschard, Andrew M. Parker e Glenda Wrenn. *Promoting Psychological Resilience in the U.S. Military*. Santa Monica: R AND Corporation, 2011. Ebook. www.rand.org/pubs/monographs/MG996.html.

Miller, Gregory E. e Carsten Wrosch. "You've Gotta Know When to Fold 'Em: Goal Disengagement and Systemic Inflammation in Adolescence." *Psychological Science* 18, no. 9 (2007): 773–77. doi:10.1111/j.1467-9280.2007.01977.x.

Minkel, J. R. "Dark Knight Shift: Why Batman Could Exist – But Not for Long." *Scientific American*, 14 de julho de 2008. www.scientificamerican.com/article/dark-knight-shift-why-bat/.

Mischel, Walter. *O teste do marshmallow*. Rio de Janeiro: Objetiva, 2016.

Munroe, Randall. *What If?* Boston: Houghton Mifflin Harcourt, 2014.

The NALP Foundation. "Keeping the Keepers II: Mobility and Management of Associates." Associate Attrition Reports. www.nalpfoundation.org/keepingthekeepersii.

Newheiser, Anna-Kaisa, Miguel Farias e Nicole Tausch. "The Functional Nature of Conspiracy Beliefs: Examining the Underpinnings of Belief in the Da Vinci Code Conspiracy." *Personality and Individual Differences* 51, n. 8 (2011): 1007–11. doi:10.1016/j.paid.2011.08.011.

Niven, David. *Os 100 segredos das pessoas de sucesso*. Rio de Janeiro: Sextante, 2002.

Oettingen, Gabriele. *Rethinking Positive Thinking*. Nova York: Current, 2014.

Ohio State University. "'Losing Yourself' in a Fictional Character Can Affect Your Real Life." ScienceDaily, 7 de maio de 2012. www.sciencedaily.com/releases/2012/05/120507131948.htm.

Orlick, Terry e John Partington. "Mental Links to Excellence." *Sport Psychologist* 2, n. 2 (1988): 105–30. doi:10.1123/tsp.2.2.105.

Parker, Matt. *Things to Make and Do in the Fourth Dimension*. Nova York: Farrar, Straus and Giroux, 2014.

Peterson, Christopher. *Pursuing the Good Life*. Nova York: Oxford Univ. Press, 2012.

Pettit, Michael. "Raccoon Intelligence at the Borderlands of Science." *American Psychological Association* 41, n. 10 (2010): 26. www.apa.org/monitor/2010/11/raccoon.aspx.

Pfeffer, Jeffrey. *Managing with Power*. Boston: Harvard Business Review Press, 1993.

Polavieja, Javier G. e Lucinda Platt. "Nurse or Mechanic? The Role of Parental Socialization and Children's Personality in the Formation of Sex-Typed Occupational Aspirations." *Social Forces* 93, n. 1 (2014): 31–61. doi:10.1093/sf/sou051.

Polly, Matthew. *American Shaolin*. Nova York: Penguin, 2007.

Polly, Matthew. *Tapped Out*. Nova York: Avery, 2011.

Quiñones-Hinojosa, Alfredo e Mim Eichler Rivas. *Becoming Dr. Q*. Berkeley: Univ. of California Press, 2011.

Rich, Frank. "In Conversation: Chris Rock." *Vulture*, 30 de novembro de 2014. www.vulture.com/2014/11/chris-rock-frank-rich-in-conversation.html.

Rock, David. *Your Brain at Work*. Nova York: HarperCollins, 2009.

Rooney, Andy. "Eliminating House Clutter." *Chicago Tribune*, 21 de outubro de 1984. http://archives.chicagotribune.com/1984/10/21/page/72/article/eliminating-house-clutter.

Root-Bernstein, Robert, Lindsay Allen, Leighanna Beach, Ragini Bhadula, Justin Fast, Chelsea Hosey, Benjamin Kremkow, et al. "Arts Foster Scientific Success: Avocations of Nobel, National Academy, Royal Society, and Sigma Xi Members." *Journal of Psychology of Science and Technology* 1, n. 2 (2008): 51–63. doi:10.1891/1939-7054.1.2.51.

"SEALs BUD/s Training, 2 of 4." Disponível no YouTube, 1:46. Publicado por America's Navy, 1º de dezembro de 2006. www.youtube.com/watch?v=0KZuA7o1NIY.

Seligman, Martin. *Felicidade autêntica*. Rio de Janeiro: Objetiva, 2016.

Seligman, Martin. *Aprenda a ser otimista*. Rio de Janeiro: Objetiva, 2019.

Simpson, Joe. *Tocando o vazio*. São Paulo: Companhia das Letras, 2004.

Sims, Peter. *Little Bets*. Nova York: Simon and Schuster, 2013.

Skillman, Peter. "Peter Skillman at Gel 2007." Vídeo, 18:42. Publicado por Gel Conference, 2009. https://vimeo.com/3991068.

Society for Personality and Social Psychology. "How Thinking About Death Can Lead to a Good Life." ScienceDaily. 19 de abril de 2012. www.sciencedaily.com/releases/2012/04/120419102516.htm.

Specht, Jule, Boris Egloff e Stefan C. Schmukle. "The Benefits of Believing in Chance or Fate: External Locus of Control as a Protective Factor for Coping with the Death of a Spouse." *Social Psychological and Personality Science* 2, n. 2 (2011): 132–37. doi:10.1177/1948550610384635.

Staff. "The Benefits of Bonding with Batman." *PacificStandard*, 21 de agosto de 2012. www.psmag.com/business-economics/the-benefits-of-bonding-with-batman-44998.

Stanley, Thomas J. *The Millionaire Mind*. Kansas City, MO: Andrews McMeel, 2001.

Swartz, Tracy. "Dave Chappelle Show's No-Phone Policy Draws Mixed Emotions from Attendees." *Chicago Tribune*, 2 de dezembro de 2015. http://www.chicagotribune.com/entertainment/ct-dave-chappelle-cellphone-ban-ent-1203-20151202-story.html.

Thompson, Derek. "Quit Your Job." *The Atlantic*, 5 de novembro de 2014. www.theatlantic.com/business/archive/2014/11/quit-your-job/382402/.

Vagg, Richard. *The Brain*. Darlow Smithson Productions, 2010. Filme. Wilson, Timothy D. *Redirect*. Boston: Little, Brown, 2011.

Wiseman, Richard. *O fator sorte*. Rio de Janeiro: Record, 2013.

Wrosch, Carsten, Michael F. Scheier, Gregory E. Miller, Richard Schulz e Charles S. Carver. "Adaptive Self-Regulation of Unattainable Goals: Goal Disengagement, Goal Reenegagement, and Subjective Well-Being." *Personality and Social Psychology Bulletin* 29, n. 12 (2003): 1494–508. doi:10.1177/0146167203256921.

Wrzesniewski, Amy e Jane E. Dutton. "Crafting a Job: Revisioning Employees as Active Crafters of Their Work." *Academy of Management Review* 26, n. 2 (2001): 179–201. doi:10.5465/AMR.2001.4378011.

Zabelina, Darya L. e Michael D. Robinson. "Child's Play: Facilitating the Originality of Creative Output by a Priming Manipulation." *Psychology of Aesthetics, Creativity, and the Arts* 4, n. 1 (2010): 57–65. doi:10.1037/a0015644.

Zauberman, Gal e John G. Lynch Jr. "Resource Slack and Propensity to Discount Delayed Investments of Time Versus Money." *Journal of Experimental Psychology* 134, n. 1 (2005): 23–37. doi:10.1037/0096-3445.134.1.23.

Zehr, E. Paul. *Becoming Batman*. Baltimore, MD: Johns Hopkins Univ. Press, 2008.

CAPÍTULO 4: O IMPORTANTE NÃO É O QUE VOCÊ CONHECE, MAS QUEM VOCÊ CONHECE (A MENOS QUE SEJA REALMENTE O QUE VOCÊ CONHECE)

"About: MIT Radiation Laboratory," Lincoln Laboratory, MIT website. www.ll.mit.edu/about/History/RadLab.html.

"The Acceptance Prophecy: How You Control Who Likes You." *Psyblog*, 27 de agosto de 2009. www.spring.org.uk/2009/08/the-acceptance-prophesy-how-you-control-who-likes-you.php.

Achor, Shawn. *O jeito Harvard de ser feliz*. São Paulo: Caramelo, 2012.

Algoe, Sara B., Shelly L. Gable e Natalya C. Maisel. "It's the Little Things: Everyday Gratitude as a Booster Shot for Romantic Relationships." *Personal Relationships* 17 (2010): 217–33. doi:10.1111/j.1475–6811.2010.01273.x.

Apatow, Judd. *Sick in the Head*. Nova York: Random House, 2015.

"Anecdotes About Famous Scientists." *Science Humor Netring*. http://jcdverha.home.xs4all.nl/scijokes/10.html#Erdos_8.

Aron, Arthur e Elaine Aron. *The Heart of Social Psychology*. Lanham, MD: Lexington Books, 1989.

Baker, Wayne E. *Achieving Success Through Social Capital*. São Francisco: Jossey-Bass, 2000.

Bandiera, Oriana, Iwan Barankay e Imran Rasul. "Social Incentives in the Workplace." *Review of Economic Studies* 77, n. 2 (2010): 417–58. doi:10.1111/j.1467–937X.2009.00574.x.

Barker, Eric. "Do You Need to Be Friends with the People You Work With?" *Barking Up the Wrong Tree* (blog). 11 de agosto de 2011. www.bakadesuyo.com/2011/08/do-you-need-to-be-friends-with-the-people-you/.

Barrick, Murray R., Susan L. Dustin, Tamara L. Giluk, Greg L. Stewart, Jonathan A. Shaffer e Brian W. Swider. "Candidate Characteristics Driving Initial Impressions During Rapport Building: Implications for Employment Interview Validity." *Journal of Occupational and Organizational Psychology* 85, n. 2 (2012): 330–52. doi:10.1111/j.2044-8325.2011.02036.x.

Bartlett, Monica Y., Paul Condon, Jourdan Cruz, Jolie Baumann Wormwood e David Desteno. "Gratitude: Prompting Behaviours That Build Relationships." *Cognition and Emotion* 26, n. 1 (2011): 2–13. doi:10.1080/02699931.2011.561297.

Bendersky, Corinne e Neha Parikh Shah. "The Downfall of Extraverts and the Rise of Neurotics: The Dynamic Process of Status Allocation in Task Groups." *Academy of Management Journal* 556, n. 2 (2013): 387–406. doi:10.5465/amj.2011.0316.

Bernstein, Elizabeth. "Not an Introvert, Not an Extrovert? You May Be an Ambivert." *Wall Street Journal*, 27 de julho de 2015. www.wsj.com/articles/not-an-introvert--not-an-extrovert-you-may-be-an-ambivert-1438013534.

Bernstein, Elizabeth. "Why Introverts Make Great Entrepreneurs." *Wall Street Journal*, 24 de agosto de 2015. www.wsj.com/articles/why-introverts-make-great-entrepreneurs-1440381699.

Bolz, Captain Frank e Edward Hershey. *Hostage Cop*. Nova York: Rawson Associates, 1980.

Booyens, S. W. *Dimensions of Nursing Management*. Cidade do Cabo, África do Sul: Juta Academic, 1998.

Bosson, Jennifer K., Amber B. Johnson, Kate Niederhoffer e William B. Swann Jr. "Interpersonal Chemistry Through Negativity: Bonding by Sharing Negative Attitudes About Others." *Personal Relationships* 13, n. 2 (2006): 135–50.

Bouchard, Martin e Frédéric Ouellet. "Is Small Beautiful? The Link Between Risks and Size in Illegal Drug Markets." *Global Crime* 12, n. 1 (2011): 70–86. doi:10.1080/17440572.2011.548956.

Brafman, Ori e Judah Pollack. *The Chaos Imperative*. Nova York: Crown Business, 2013.

Breen, Benjamin. "Newton's Needle: On Scientific Self-Experimentation." *PacificStandard*, 24 de julho de 2014. https://psmag.com/newton-s-needle-on-scientific-self--experimentation-b8a2df4d0ff2#.4pb3vdh96.

Bruzzese, Anita. "On the Job: Introverts Win in the End." *USA Today*, 28 de abril de 2013. www.usatoday.com/story/money/columnist/bruzzese/2013/04/28/on-the-job-introverts-vs-extroverts/2114539/.

Cain, Susan. *O poder dos quietos*. Rio de Janeiro: Sextante, 2019.

Casciaro, Tiziana, Francesca Gino e Maryam Kouchaki. "The Contaminating Effects of Building Instrumental Ties: How Networking Can Make Us Feel Dirty." NOM Unit Working Paper n. 14–108, Harvard Business School, Boston, MA, abril de 2014. www.hbs.edu/faculty/Publication%20Files/14-108_dacbf869-fbc1-4ff8-b927--d77ca54d93d8.pdf.

Casciaro, Tiziana e Miguel Sousa Lobo. "Competent Jerks, Lovable Fools, and the Formation of Social Networks." *Harvard Business Review*, julho de 2005. https://hbr.org/2005/06/competent-jerks-lovable-fools-and-the-formation-of-social-networks.

Chabris, Christopher e Daniel Simons. *O gorila invisível*. Rio de Janeiro: Rocco, 2011.

Chan, Elaine e Jaideep Sengupta. "Insincere Flattery Actually Works: A Dual Attitudes Perspective." *Journal of Marketing Research* 47, n. 1 (2010): 122–33. http://dx.doi.org/10.1509/jmkr.47.1.122.

Charness, Neil. "The Role of Deliberate Practice in Chess Expertise." *Applied Cognative Psychology* 19, n. 2 (março de 2005): 151–65. doi:10.1002/acp.1106.

Chen, Frances S., Julia A. Minson e Zakary L. Tormala. "Tell Me More: The Effects of Expressed Interest on Receptiveness During Dialog." *Journal of Experimental Social Psychology* 46, n. 5 (2010): 850–53. doi:10.1016/j.jesp.2010.04.012.

Christakis, Nicholas A. e James H. Fowler. *Connected*. Boston: Little, Brown, 2009.

Clark, Dorie. "How to Win Over Someone Who Doesn't Like You." *Forbes*, 16 de setembro de 2012. www.forbes.com/sites/dorieclark/2012/09/16/how-to-win-over-someone-who-doesnt-like-you/#742b8a8f4132.

Cohen, Daniel H. "For Argument's Sake." Filmado em fevereiro de 2013. Vídeo do TEDxColbyCollege, 9:35. www.ted.com/talks/daniel_h_cohen_for_argument_s_sake?language=en.

Cohen, Don e Laurence Prusak. *In Good Company*. Boston: Harvard Business Review Press, 2001.

Conti, Gabriella, Andrea Galeotti, Gerrit Müller e Stephen Pudney. "Popularity." *Journal of Human Resources* 48, n. 4 (2013): 1072–94. https://ideas.repec.org/a/uwp/jhriss/v48y2013iv1p1072-1094.html.

Cottrell, Catherine A., Steven L. Neuberg e Norman P. Li. "What Do People Desire in Others? A Sociofunctional Perspective on the Importance of Different Valued Characteristics." *Journal of Personality and Social Psychology* 92, n. 2 (2007): 208–31. http://dx.doi.org/10.1037/0022-3514.92.2.208.

Coyle, Daniel. *O segredo do talento*. Rio de Janeiro: Sextante, 2014.

Cross, Robert L., Andrew Parker e Rob Cross. *The Hidden Power of Social Networks*. Boston: Harvard Business Review Press, 2004.

Csikszentmihályi, Mihály. *Creativity*. Nova York: HarperCollins, 2009.

Dabbs Jr., James M. e Irving L. Janis. "Why Does Eating While Reading Facilitate Opinion Change? – An Experimental Inquiry." *Journal of Experimental Social Psychology* 1, n. 2 (1965): 133–44. http://dx.doi.org/10.1016/0022-1031(65)90041-7.

Diener, Ed, Ed Sandvik, William Pavot e Frank Fujita. "Extraversion and Subjective Well-Being in a U.S. National Probability Sample." *Journal of Research in Personality* 26, n. 3 (1992): 205–15. doi:10.1016/0092-6566(92)90039-7.

Duhigg, Charles. *O poder do hábito*. Rio de Janeiro: Objetiva, 2012.

Ein-Dor, Tsachi, Abira Reizer, Philip R. Shaver e Eyal Dotan. "Standoffish Perhaps, but Successful as Well: Evidence That Avoidant Attachment Can Be Beneficial in Professional Tennis and Computer Science." *Journal of Personality* 80, n. 3 (2011): 749–68. doi:10.1111/j.1467-6494.2011.00747.x.

Enayati, Amanda. "Workplace Happiness: What's the Secret?" CNN.com. 10 de julho de 2012. www.cnn.com/2012/07/09/living/secret-to-workplace-happiness/index.html.

Ensher, Ellen A. e Susan E. Murphy. *Power Mentoring*. São Francisco: Jossey-Bass, 2005.

Entrevista com Adam Grant pelo autor. "Adam Grant Teaches You the Right Way to Give and Take." *Barking Up the Wrong Tree* (blog). 9 de abril de 2013. www.bakadesuyo.com/2013/04/interview-wharton-business-school-professor-teaches-approach-give/.

Entrevista com Adam Rifkin pelo autor. "Silicon Valley's Best Networker Teaches You His Secrets." *Barking Up the Wrong Tree* (blog). 18 de fevereiro de 2013. www.bakadesuyo.com/2013/02/interview-silicon-valleys-networker-teaches-secrets-making-connections/.

Entrevista com Albert Bernstein pelo autor. "How to Make Difficult Conversations Easy." *Barking Up the Wrong Tree* (blog). 28 de dezembro de 2014. www.bakadesuyo.com/2014/12/difficult-conversations/.

Entrevista com Alex Korb pelo autor. "New Neuroscience Reveals 4 Rituals That Will Make You Happy." *Barking Up the Wrong Tree* (blog). 20 de setembro de 2015. www.bakadesuyo.com/2015/09/make-you-happy-2/.

Entrevista com Ben Casnocha pelo autor. "Interview – NYT/WSJ Bestselling Author Ben Casnocha Teaches You the New Secrets to Networking and Career Success." *Barking Up the Wrong Tree* (blog). 15 de abril de 2013. www.bakadesuyo.com/2013/04/interview-casnocha-networking/.

Entrevista com Chris Voss pelo autor. "Hostage Negotiation: The Top FBI Hostage Negotiator Teaches You the Secrets to Getting What You Want." *Barking Up the Wrong Tree* (blog). 7 de janeiro de 2013. www.bakadesuyo.com/2013/01/interview-negotiation-secrets-learn-top-fbi-hostage-negotiator/.

Entrevista com John Gottman pelo autor. "The 4 Most Common Relationship Problems – And How to Fix Them." *Barking Up the Wrong Tree* (blog). 7 de dezembro de 2014. www.bakadesuyo.com/2014/12/relationship-problems/.

Entrevista com Nicholas Christakis pelo autor. "The Lazy Way to an Awesome Life: 3 Secrets Backed by Research." *Barking Up the Wrong Tree* (blog). 26 de julho de 2015. www.bakadesuyo.com/2015/07/awesome-life/.

Entrevista com negociadores de reféns da polícia de Nova York pelo autor. "NYPD Hostage Negotiators on How to Persuade People: 4 New Secrets." *Barking Up the Wrong Tree* (blog). 22 de novembro de 2015. www.bakadesuyo.com/2015/11/hostage-negotiators/.

Entrevista com Ramit Sethi pelo autor. "NYT Bestselling Author Ramit Sethi Explains the Secrets to Managing Money, Negotiating, and Networking." *Barking Up the Wrong Tree* (blog). 25 de fevereiro de 2013. www.bakadesuyo.com/2013/02/nyt-bestselling-author-ramit-sethis-explains-manage-money-negotiate-improve/.

Entrevista com Richard Wiseman pelo autor. "How to Attract Good Luck: 4 Secrets Backed by Research." *Barking Up the Wrong Tree* (blog). 19 de julho de 2015. www.bakadesuyo.com/2015/07/how-to-attract-good-luck/.

Entrevista com Robin Dreeke pelo autor. "How to Get People to Like You: 7 Ways from an FBI Behavior Expert." *Barking Up the Wrong Tree* (blog). 26 de outubro de 2014. www.bakadesuyo.com/2014/10/how-to-get-people-to-like-you/.

Ericsson, K. Anders, Ralf T. Krampe e Clemens Tesch-Römer. "The Role of Deliberate Practice in the Acquisition of Expert Performance." *Psychological Review* 100, n. 3 (1993): 363–406. http://dx.doi.org/10.1037/0033-295X.100.3.363.

Feiler, Daniel C. e Adam M. Kleinbaum. "Popularity, Similarity, and the Network Extraversion Bias." *Psychological Science* 26, n. 5 (2015): 593–603. doi:10.1177/0956797615569580.

Flora, Carlin. *Friendfluence*. Nova York: Anchor, 2013.

Flynn, Francis J. e Vanessa K. B. Lake. "If You Need Help, Just Ask: Underestimating Compliance with Direct Requests for Help." *Journal of Personality and Social Psychology* 95, n. 1 (2008): 128–43. doi:10.1037/0022-3514.95.1.128.

Friedman, Howard S. e Leslie R. Martin. *O projeto longevidade*. São Paulo: Prumo, 2012.

"From Benford to Erdos." *Radiolab*. Temporada 6, episódio 5. Transmissão radiofônica, 22:59. Lançamento em 30 de novembro de 2009. www.radiolab.org/story/91699-from-benford-to-erdos/.

Garner, Randy. "What's in a Name? Persuasion Perhaps." *Journal of Consumer Psychology* 15, n. 2 (2005): 108–16. doi:10.1207/s15327663jcp1502_3.

Gawande, Atul. "Personal Best." *New Yorker*, 3 de outubro de 2011. www.newyorker.com/magazine/2011/10/03/personal-best.

Gladwell, Malcolm. "Most Likely to Succeed." *New Yorker*, 15 de dezembro de 2008. www.newyorker.com/magazine/2008/12/15/most-likely-to-succeed-2.

Gleick, James. *Isaac Newton*. São Paulo: Companhia das Letras, 2004.

Gordon, Cameron L., Robyn A. M. Arnette e Rachel E. Smith. "Have You Thanked Your Spouse Today?: Felt and Expressed Gratitude Among Married Couples." *Personality and Individual Differences* 50, n. 3 (2011): 339–43. doi:10.1016/j.paid.2010.10.012.

Gosling, Sam. *Psiu; dê uma espiadinha*. Rio de Janeiro: Campus, 2008.

Gottman, John e Nan Silver. *Sete princípios para o casamento dar certo*. Rio de Janeiro: Objetiva, 2000.

Goulston, Mark. *Just Listen*. Nova York York: AMACOM, 2015.

Grant, Adam. *Dar e receber*. Rio de Janeiro: Sextante, 2014.

Green, Sarah. "The Big Benefits of a Little Thanks." Entrevista com Francesca Gino e Adam Grant. *Harvard Business Review*, 27 de novembro de 2013. https://hbr.org/ideacast/2013/11/the-big-benefits-of-a-little-t.

Green, Walter. *This Is the Moment!* Carlsbad, CA: Hay House, 2010.

Groth, Aimee. "The Dutch Military Is Trying Out a New Secret Weapon: Introverts." *Quartz*, 14 de julho de 2015. http://qz.com/452101/the-dutch-military-is-trying-out-a-new-secret-weapon-introverts/.

Harari, Yuval Noah. *Sapiens*. Porto Alegre: L&PM, 2015.

Harrell, Thomas W. e Bernard Alpert. "Attributes of Successful MBAs: A 20-Year Longitudinal Study." *Human Performance* 2, n. 4 (1989): 301–22. doi:10.1207/ s15327043-hup0204_4.

Hast, Tim. *Powerful Listening. Powerful Influence*. Seattle: Amazon Digital Services, 2013.

Hemery, David. *Sporting Excellence*. Nova York: HarperCollins Willow, 1991.

Heskett, James. "To What Degree Does the Job Make the Person?" Working Knowledge, Harvard Business School. 10 de março de 2011. http://hbswk.hbs.edu/item/to-what-degree-does-the-job-make-the-person.

Hodson, Gordon e James M. Olson. "Testing the Generality of the Name Letter Effect: Name Initials and Everyday Attitudes." *Personality and Social Psychology Bulletin* 31, n. 8 (2005): 1099–111. doi:10.1177/0146167205274895.

Hoffman, Paul. *The Man Who Loved Only Numbers*. Nova York: Hachette, 1998.

Hoffman, Paul. "The Man Who Loved Only Numbers." *The New York Times*. www.nytimes.com/books/first/h/hoffman-man.html.

Holiday, Ryan. "How to Find Mentors." *Thought Catalog*. 5 de agosto de 2013. www.thoughtcatalog.com/ryan-holiday/2013/08/how-to-find-mentors.

Hotz, Robert Lee. "Science Reveals Why We Brag So Much." *Wall Street Journal*, 7 de maio de 2012. www.wsj.com/news/articles/SB10001424052702304451104577390392329291890.

Hove, Michael J. e Jane L. Risen. "It's All in the Timing: Interpersonal Synchrony Increases Affiliation." *Social Cognition* 27, n. 6 (2009): 949–61. http://dx.doi.org/10.1521/soco.2009.27.6.949.

Jones, Janelle M. e Jolanda Jetten. "Recovering From Strain and Enduring Pain: Multiple Group Memberships Promote Resilience in the Face of Physical Challenges." *Social Psychological and Personality Science* 2, n. 3 (2011): 239–44. doi:10.1177/1948550610386806.

"Judd Apatow." *The Daily Show with Jon Stewart.* ComedyCentral.com. Vídeo on-line da transmissão televisiva, 6:16. Lançamento em 15 de julho de 2015. http://thedailyshow.cc.com/videos/mkfc6y/judd-apatow.

"Judd Apatow: A Comedy-Obsessed Kid Becomes 'Champion of the Goof ball.'" *Fresh Air.* Transmissão radiofônica, 37:22. Lançamento em 17 de junho de 2015. www.npr.org/2015/06/17/415199346/judd-apatow-a-comedy-obsessed-kid-becomes-champion-of-the-goof ball.

Judge, Timothy A., Chad A. Higgins, Carl J. Thoresen e Murray R. Barrick. "The Big Five Personality Traits, General Mental Ability, and Career Success Across the Life Span." *Personnel Psychology* 52, n. 3 (1999): 621–52. doi:10.1111/j.1744-6570.1999.tb00174.x.

Judge, Timothy A., Joyce E. Bono, Remus Ilies e Megan W. Gerhardt. "Personality and Leadership: A Qualitative and Quantitative Review." *Journal of Applied Psychology* 87, n. 4 (2002): 765–80. doi:10.1037//0021-9010.87.4.765.

Kesebir, S. e S. Oishi. "A Spontaneous Self-Reference Effect in Memory: Why Some Birthdays Are Harder to Remember than Others." *Psychological Science* 21, n. 10 (2010): 1525–31. doi:10.1177/0956797610383436.

Kreider, Tim. *We Learn Nothing.* Nova York: Free Press, 2012.

Kuhnen, Camelia M. e Joan Y. Chiao. "Genetic Determinants of Financial Risk Taking." *PLoS ONE* 4, n. 2 (2009): e4362. http://dx.doi.org/10.1371/journal.pone.0004362.

Lajunen, Timo. "Personality and Accident Liability: Are Extraversion, Neuroticism, and Psychoticism Related to Traffic and Occupational Fatalities?" *Personality and Individual Differences* 31, n. 8 (2001): 1365–73. doi:10.1016/S0191-8869(00)00230-0.

"Lawbreakers." *Crowd Control.* Temporada 1, episódio 1. Canal da National Geographic. Lançamento em 24 de novembro de 2014. http://channel.nationalgeographic.com/crowd-control/episodes/lawbreakers/.

Levin, Daniel Z., Jorge Walter e J. Keith Murnighan. "Dormant Ties: The Value of Reconnecting." *Organization Science* 22, n. 4 (2011) 923–39. doi:10.2307/20868904.

Levin, Daniel Z., Jorge Walter e J. Keith Murnighan. "The Power of Reconnection – How Dormant Ties Can Surprise You." *MIT Sloan Management Review*, 23 de março de

2011. http://sloanreview.mit.edu/article/the-power-of-reconnection-how-dormant-ties-can-surprise-you/.

Liberman, Varda, Nicholas R. Anderson e Lee Ross. "Achieving Difficult Agreements: Effects of Positive Expectations on Negotiation Processes and Outcomes." *Journal of Experimental Social Psychology* 46, n. 3 (2010): 494–504. http://dx.doi.org/10.1016/j.jesp.2009.12.010.

Lindstrom, Martin. *Brandwashed*. Nova York: Crown Business, 2011.

Lockwood, Penelope e Ziva Kunda. "Superstars and Me: Predicting the Impact of Role Models on the Self." *Journal of Personality and Social Psychology* 73, n. 1 (1997): 91–103. http://citeseerx.ist.psu.edu/viewdoc/download?doi=10.1.1.578.7014&rep=rep1&type=pdf.

Lount Jr., Robert B., Chen-Bo Zhong, Niro Sivanathan e J. Keith Murnighan. "Getting Off on the Wrong Foot: The Timing of a Breach and the Restoration of Trust." *Personality and Social Psychology Bulletin* 34, n. 12 (2008): 1601–12. doi:10.1177/0146167208324512.

Lyubomirsky, Sonya. *The Myths of Happiness*. Nova York: Penguin, 2013.

Macdonald, Kevin. *Munique, 1972: Um dia em setembro*. Sony Pictures Classics, 2009. Filme.

Malhotra, Deepak. "How to Negotiate Your Job Offer – Prof. Deepak Malhotra (Harvard Business School)." Vídeo do YouTube, 1:04:23. Publicado em 20 de novembro de 2012. www.youtube.com/watch?v=km2Hd_xgo9Q.

Marche, Stephen. "Is Facebook Making Us Lonely?" *The Atlantic*, maio de 2012. www.theatlantic.com/magazine/archive/2012/05/is-facebook-making-us-lonely/308930/.

Marks, Gary, Norman Miller e Geoffrey Maruyama. "Effect of Targets' Physical Attractiveness on Assumptions of Similarity." *Journal of Personality and Social Psychology* 41, n. 1 (1981): 198–206. doi:10.1037/0022-3514.41.1.198.

Marmer, Max, Bjoern Lasse Herrmann, Ertan Dogrultan e Ron Berman. "Startup Genome Report Extra on Premature Scaling: A Deep Dive into Why Most Startups Fail." Startup Genome. 29 de agosto de 2011. https://s3.amazonaws.com/startupcompass-public/StartupGenomeReport2_Why_Startups_Fail_v2.pdf.

Martin, Steve J. "Can Humor Make You a Better Negotiator?" Trecho do artigo original (indisponível). *Barking Up the Wrong Tree* (blog). 28 de novembro de 2011. www.bakadesuyo.com/2011/11/can-humor-make-you-a-better-negotiator/.

Max-Planck-Gesellschaft. "Negative Image of People Produces Selfish Actions." 12 de abril de 2011. www.eurekalert.org/pub_releases/2011-04/m-nio041211.php.

McMains, Michael J. e Wayman C. Mullins. *Crisis Negotiations*. 4ª ed. Abingdon-on-Thames, Reino Unido: Routledge, 2010.

McPherson, Miller, Lynn Smith-Lovin e Matthew E. Brashears. "Social Isolation in America: Changes in Core Discussion Networks over Two Decades." *American Sociological Review* 71, n. 3 (2006): 353–75. doi:10.1177/000312240607100301.

Mongrain, Myriam e Tracy Anselmo-Matthews. "Do Positive Psychology Exercises Work? A Replication of Seligman et al." *Journal of Clinical Psychology* 68, n. 4 (2012). doi:10.1002/jclp.21839.

Neal, Andrew, Gillian Yeo, Annette Koy e Tania Xiao. "Predicting the Form and Direction of Work Role Performance from the Big 5 Model of Personality Traits." *Journal of Organizational Behavior* 33, n. 2 (2012): 175–92. doi:10.1002/job.742.

Neffinger, John e Matthew Kohut. *Compelling People*. Nova York: Plume, 2013.

Nettle, Daniel. "The Evolution of Personality Variation in Humans and Other Animals." *American Psychologist* 61, n. 6 (2006): 622–31. http://dx.doi.org/10.1037/0003-066X.61.6.622.

Niven, David. *100 Simple Secrets of the Best Half of Life*. Nova York: HarperCollins, 2009.

Nizza, Mike. "A Simple B.F.F. Strategy, Confirmed by Scientists." *The Lede* (blog). *The New York Times*, 22 de abril de 2008. http://thelede.blogs.nytimes.com/2008/04/22/a-simple-bff-strategy-confirmed-by-scientists/.

Ohio State University. "Young People Say Sex, Paychecks Come in Second to Self-Esteem." 6 de janeiro de 2011. www.eurekalert.org/pub_releases/2011-01/osu-yps010611.php.

Paulhus, Delroy L. e Kathy L. Morgan. "Perceptions of Intelligence in Leaderless Groups: The Dynamic Effects of Shyness and Acquaintance." *Journal of Personality and Social Psychology* 72, n. 3 (1997): 581–91. http://neuron4.psych.ubc.ca/~dpaulhus/research/SHYNESS/downloads/JPSP%2097%20with%20Morgan.pdf.

Pavot, William, Ed Diener e Frank Fujita. "Extraversion and Happiness." *Personality and Individual Differences* 11, n. 12 (1990): 1299–306. doi:10.1016/0191-8869(90)90157-M.

Peters, Bethany L. e Edward Stringham. "No Booze? You May Lose: Why Drinkers Earn More Money than Nondrinkers." *Journal of Labor Research* 27, n. 3 (2006): 411–21. http://dx.doi.org/10.1007/s12122-006-1031-y.

Pickover, Clifford A. *Strange Brains and Genius*. Nova York: William Morrow, 1999.

Pines, Ayala Malach. *Falling in Love*. Abingdon-on-Thames, Reino Unido: Routledge, 2005.

Pink, Daniel H. "Why Extroverts Fail, Introverts Flounder, and You Probably Succeed." *Washington Post*, 28 de janeiro de 2013. www.washingtonpost.com/national/on-leadership/why-extroverts-fail-introverts-flounder-and-you-probably-succeed/2013/01/28/bc4949b0-695d-11e2-95b3-272d604a10a3_story.html.

PON Staff. "The Link Between Happiness e Negotiation Success." *Program on Negotiation* (blog). Harvard Law School. 20 de setembro de 2011. www.pon.harvard.edu/daily/negotiation-skills-daily/the-link-between-happiness-and-negotiation-success/.

Reuben, Ernesto, Paola Sapienza e Luigi Zingales. "Is Mistrust Self-Fulfilling?" *Economics Letters* 104, n. 2 (2009): 89–91. doi:10.1016/j.econlet.2009.04.007.

Roche, Gerard R. "Much Ado About Mentors." *Harvard Business Review*, janeiro de 1979. https://hbr.org/1979/01/much-ado-about-mentors.

Rueb, Emily S. "A 1973 Hostage Situation, Revisited." *Cityroom* (blog). *The New York Times*, 10 de setembro de 2012. http://cityroom.blogs.nytimes.com/2012/09/10/a-1973-hostage-situation-revisited/?_r=2.

Ryssdal, Kai e Bridget Bodnar. "Judd Apatow on His Band of Comedians and Radio Roots." *Marketplace*, 24 de junho de 2015. www.marketplace.org/topics/life/big-book/judd-apatow-his-band-comedians-and-radio-roots.

Schaefer, Peter S., Cristina C. Williams, Adam S. Goodie e W. Keith Campbell. "Overconfidence and the Big Five." *Journal of Research in Personality* 38, n. 5 (2004): 473–80. doi:10.1016/j.jrp.2003.09.010.

Schmitt, David P. "The Big Five Related to Risky Sexual Behaviour Across 10 World Regions: Differential Personality Associations of Sexual Promiscuity and Relationship Infidelity." *European Journal of Personality, Special Issue: Personality and Social Relations* 18, n. 4 (2004): 301–19. doi:10.1002/per.520.

Seibert, Scott E. e Maria L. Kraimer. "The Five-Factor Model of Personality and Career Success." *Journal of Vocational Behavior* 58, n. 1 (2001): 1–21. doi:10.1006/jvbe.2000.1757.

Seibert, Scott E. e Maria L. Kraimer. "The Five-Factor Model of Personality and Its Relationship with Career Success." *Academy of Management Proceedings*, 1º de agosto de 1999: A1–A6. http://proceedings.aom.org/content/1999/1/A1.2.full.pdf+html.

Seligman, Martin E. P. *Florescer*. Rio de Janeiro: Objetiva, 2011.

Shambora, Jessica. "Fortune's Best Networker." *Fortune Magazine*, 9 de fevereiro de 2011. http://fortune.com/2011/02/09/fortunes-best-networker/.

Simonton, Dean Keith. *Greatness*. Nova York: Guilford Press, 1994.

Simonton, Dean Keith. *The Wiley Handbook of Genius*. Hoboken, NJ: Wiley-Blackwell, 2014.

Sims, Peter. *Little Bets*. Nova York: Free Press, 2011.

Sinaceur, Marwan e Larissa Z. Tiedens. "Get Mad and Get More than Even: When and Why Anger Expression Is Effective in Negotiations." *Journal of Experimental Social Psychology* 42, n. 3 (2006): 314–22. http://dx.doi.org/10.1016/j.jesp.2005.05.002.

Singer, Monroe S. "Harvard Radio Research Lab Developed Countermeasures Against Enemy Defenses: Allied Scientists Won Radar War." *Harvard Crimson*, 30 de novembro de 1945. www.thecrimson.com/article/1945/11/30/harvard-radio-research-lab-developed-countermeasures/.

Snow, Shane. *Smartcuts*. Nova York: HarperBusiness, 2014.

Spurk, Daniel e Andrea E. Abele. "Who Earns More and Why? A Multiple Mediation Model from Personality to Salary." *Journal of Business and Psychology* 26, n. 1 (2011): 87–103. doi:10.1007/s10869-010-9184-3.

Sundem, Garth. *Brain Trust*. Nova York: Three Rivers, 2012.

Sutin, Angelina R., Paul T. Costa Jr., Richard Miech e William W. Eaton. "Personality and Career Success: Concurrent and Longitudinal Relations." *European Journal of Personality* 23, n. 2 (2009): 71–84. doi:10.1002/per.704.

Takru, Radhika. "Friends with Negatives." BrainBlogger.com. 28 de setembro de 2011. http://brainblogger.com/2011/09/28/friends-with-negatives/.

"Understanding the Science of Introversion and Extroversion with Dr. Luke Smilie." The Psychology Podcast with Dr. Scott Barry Kaufman, podcast, 1:10:47. 26 de julho de 2015. http://thepsychologypodcast.com/understanding-the-science-of-introversion-and-extraversion-with-dr-luke-smillie/.

Uzzi, Brian e Jarrett Spiro. "Collaboration and Creativity: The Small World Problem." *American Journal of Sociology* 111, n. 2 (2005): 447–504. doi:10.1086/432782.

Uzzi, Brian e Shannon Dunlap. "How to Build Your Network." *Harvard Business Review*, dezembro de 2005. https://hbr.org/2005/12/how-to-build-your-network.

Valdesolo, Piercarlo. "Flattery Will Get You Far." *Scientific American*, 12 de janeiro de 2010. www.scientificamerican.com/article/flattery-will-get-you-far/.

Walton, Gregory M., Geoffrey L. Cohen, David Cwir e Steven J. Spencer. "Mere Belonging: The Power of Social Connections." *Journal of Personality and Social Psychology* 102, n. 3 (2012): 513–32. http://dx.doi.org/10.1037/a0025731.

Ware, Bronnie. *Antes de partir*. São Paulo: Geração Editorial, 2012.

Weaver, Jonathan R. e Jennifer K. Bosson. "I Feel Like I Know You: Sharing Negative Attitudes of Others Promotes Feelings of Familiarity." *Personality and Social Psychology Bulletin* 37, n. 4 (2011): 481–91. doi:10.1177/0146167211398364.

Weiner, Eric. *A geografia da felicidade*. Rio de Janeiro: Agir, 2009.

Whisman, Mark A. "Loneliness and the Metabolic Syndrome in a Population-Based Sample of Middle-Aged and Older Adults." *Health Psychology* 29, n. 5 (2010): 550–54. http://dx.doi.org/10.1037/a0020760.

Wolff, Hans-Georg e Klaus Moser. "Effects of Networking on Career Success: A Longitudinal Study." *Journal of Applied Psychology* 94, n. 1 (2009): 196–206. http://dx.doi.org/10.1037/a0013350.

Zagorsky, Jay. "The Wealth Effects of Smoking." *Tobacco Control* 13, n. 4 (2004): 370–74. doi:10.1136/tc.2004.008243.

Zelenski, John M., Maya S. Santoro e Deanna C. Whelan. "Would Introverts Be Better Off If They Acted More Like Extraverts? Exploring Emotional and Cognitive Consequences of Counterdispositional Behavior." *Emotion* 12, n. 2 (2012): 290–303. http://dx.doi.org/10.1037/a0025169.

Zinoman, Jason. "Judd Apatow's New Book Is a Love Letter to Stand-Up Comedy." *The New York Times*, 14 de junho de 2015. www.nytimes.com/2015/06/15/books/judd-apatows-new-book-is-a-love-letter-to-stand-up-comedy.html?_r=0.

CAPÍTULO 5: ACREDITE EM SI MESMO... ÀS VEZES

Adolphs, Ralph, Daniel Tranel e Antonio R. Damasio. "The Human Amygdala in Social Judgment." *Nature* 393 (1998): 470–74. doi:10.1038/30982.

Aldhous, Peter. "Humans Prefer Cockiness to Expertise." *New Scientist*, 3 de junho de 2009. www.newscientist.com/article/mg20227115.500-humans-prefer-cockiness-to-expertise.

Andrews, Evan. "The Strange Case of Emperor Norton I of the United States." History.com. 17 de setembro de 2014. www.history.com/news/the-strange-case-of-emperor-norton-i-of-the-united-states.

Baumeister, Roy F., Jennifer D. Campbell, Joachim I. Krueger e Kathleen D. Vohs. "Does High Self-Esteem Cause Better Performance, Interpersonal Success, Happiness, or Healthier Lifestyles?" *Psychological Science in the Public Interest* 4, n. 1 (2003): 1–44. doi:10.1111/1529-1006.01431.

Beyer, Rick. *The Ghost Army*. Plate of Peas Productions, 2013. Filme.

Beyer, Rick e Elizabeth Sayles. *The Ghost Army of World War II*. Nova York: Princeton Architectural Press, 2015.

Bhattacharya, Utpal e Cassandra D. Marshall. "Do They Do It for the Money?" *Journal of Corporate Finance* 18, n. 1 (2012): 92–104. http://dx.doi.org/10.2469/dig.v42.n2.51.

British Psychological Society. "Good Managers Fake It." *Science Daily*. 10 de janeiro de 2013. www.sciencedaily.com/releases/2013/01/130109215238.htm.

Brunell, Amy B., William A. Gentry, W. Keith Campbell, Brian J. Hoffman, Karl W. Kuhnert e Kenneth G. DeMarree. "Leader Emergence: The Case of the Narcissistic Leader." *Personality and Social Psychology Bulletin* 34, n. 12 (2008): 1663–76. doi:10.1177/0146167208324101.

Cabane, Olivia Fox. *O mito do carisma*. São Paulo: Campus, 2012.

Carney, Dana. "Powerful Lies." Columbia Business School, Ideas at Work. 22 de janeiro de 2010. http://www8.gsb.columbia.edu/ideas-at-work/publication/703/powerful-lies [Site indisponível].

Chabris, Christopher e Daniel Simons. *O gorila invisível*. Rio de Janeiro: Rocco, 2011.

Chamorro-Premuzic, Tomas. "The Dangers of Confidence." *Harvard Business Review*, julho de 2014. https://hbr.org/2014/07/the-dangers-of-confidence/.

Chamorro-Premuzic, Tomas. "Less-Confident People Are More Successful." *Harvard Business Review*, 6 de julho de 2012. https://hbr.org/2012/07/less-confident-people-are-more-su.

Chance, Zoë, Michael I. Norton, Francesca Gino e Dan Ariely. "Temporal View of the Costs and Benefits of Self-Deception." *PNAS* 108, supplement 3 (2011): 15655–59. doi:10.1073/pnas.1010658108.

Chen, Patricia, Christopher G. Myers, Shirli Kopelman e Stephen M. Garcia. "The Hierarchical Face: Higher Rankings Lead to Less Cooperative Looks." *Journal of Applied Psychology* 97, n. 2 (2012): 479–86. http://dx.doi.org/10.1037/a0026308.

Colvin, Geoff. *Desafiando o talento*. São Paulo: Globo, 2009.

Constandi, Mo. "Researchers Scare 'Fearless' Patients." *Nature*, 3 de fevereiro de 2013. www.nature.com/news/researchers-scare-fearless-patients-1.12350.

Crocker, Jennifer e Lora E. Park. "The Costly Pursuit of Self-Esteem." *Psychological Bulletin* 130, n. 3 (2004): 392–414. doi:10.1037/0033-2909.130.3.392.

Crockett, Zachary. "Joshua Norton, Emperor of the United States." Priceonomics.com. 28 de maio de 2014. http://priceonomics.com/joshua-norton-emperor-of-the-united-states/.

Daily Telegraph Reporter. "Worriers Who Feel Guilty Before Doing Anything Wrong Make the Best Partners, Research Finds." *The Telegraph*, 12 de outubro de 2012. www.telegraph.co.uk/news/uknews/9602688/Worriers-who-feel-guilty-before-doing-anything-wrong-make-best-partners-research-finds.html.

Drago, Francesco. "Self-Esteem and Earnings." *Journal of Economic Psychology* 32 (2011): 480–88. doi:10.1016/j.joep.2011.03.015.

Dunning, David, Kerri Johnson, Joyce Ehrlinger e Justin Kruger. "Why People Fail to Recognize Their Own Incompetence." *Current Directions in Psychological Science* 12, n. 3 (2003): 83–87. doi:10.1111/1467-8721.01235.

Entrevista com Gautam Mukunda pelo autor. "Gautam Mukunda of Harvard Explains the Secrets to Being a Better Leader." *Barking Up the Wrong Tree* (blog). 18 de março de 2013. www.bakadesuyo.com/2013/03/interview-harvard-business-school-professor-gautam-mukunda-teaches-secrets-leader/.

Feinstein, Justin S., Colin Buzza, Rene Hurlemann, Robin L. Follmer, Nader S. Dahdaleh, William H. Coryell, Michael J. Welsh, et al. "Fear and Panic in Humans with

Bilateral Amygdala Damage." *Nature Neuroscience* 16 (2013): 270–72. doi:10.1038/nn.3323.

Feinstein, Justin S., Ralph Adolphs, Antonio Damasio e Daniel Tranel. "The Human Amygdala and the Induction and Experience of Fear." *Current Biology* 21, n. 1 (2011): 34–38, http://dx.doi.org/10.1016/j.cub.2010.11.042.

Finkelstein, Stacey R. e Ayelet Fishbach. "Tell Me What I Did Wrong: Experts Seek and Respond to Negative Feedback." *Journal of Consumer Research* 39, n. 1 (2012): 22–38. doi:10.1086/661934.

Flynn, Francis J. "Defend Your Research: Guilt-Ridden People Make Great Leaders." *Harvard Business Review*, janeiro-fevereiro de 2011. https://hbr.org/2011/01/defend--your-research-guilt-ridden-people-make-great-leaders.

Furness, Hannah. "Key to Career Success Is Confidence, Not Talent." *The Telegraph*, 14 de agosto de 2012. www.telegraph.co.uk/news/uknews/9474973/Key-to-career-success-is-confidence-not-talent.html.

Gawande, Atul. "The Checklist." *New Yorker*, 10 de dezembro de 2007. www.newyorker.com/magazine/2007/12/10/the-checklist.

Gino, Francesca. *Sidetracked*. Boston: Harvard Business Review Press, 2013.

Gladwell, Malcolm. "Malcolm Gladwell at HPU, North Carolina Colleges." Vídeo do YouTube, 1:09:08. Publicado por High Point University, 16 de janeiro de 2012. www.youtube.com/watch?v=7rMDr4P9BOw.

Goldsmith, Marshall. "Helping Successful People Get Even Better." MarshallGoldsmith.com. 10 de abril de 2003. www.marshallgoldsmith.com/articles/1401/.

Goldsmith, Marshall. "The Success Delusion." The Conference Board Review. MarshallGoldsmith.com. 29 de outubro de 2015. http://www.marshallgoldsmith.com/articles/the-success-delusion/.

Grant-Halvorson, Heidi. *Nine Things Successful People Do Differently*. Boston: Harvard Business Review Press, 2011.

Haidt, Jonathan. *Uma vida que vale a pena*. Rio de Janeiro: Alegro, 2006.

Hamermesh, Daniel S. *Beauty Pays*. Princeton, NJ: Princeton Univ. Press, 2011.

Hawthorne, Nathaniel. *A letra escarlate*. São Paulo: Penguin-Companhia das Letras, 2015.

Hmieleski, Keith M. e Robert A. Baron. "Entrepreneurs' Optimism and New Venture Performance: A Social Cognitive Perspective." *Academy of Management Journal* 52, n. 3 (2009): 473–88. doi:10.5465/AMJ.2009.41330755.

Horwitz, French e Eleanor Grant. "Superhuman Powers." *Is It Real?* Temporada 1, episódio 8. Canal da National Geographic. Lançamento em 20 de agosto de 2005.

Human, Lauren J., Jeremy C. Biesanz, Kate L. Parisotto e Elizabeth W. Dunn. "Your Best Self Helps Reveal Your True Self: Positive Self-Presentation Leads to More Accurate

Personality Impressions." *Social Psychological and Personality Science* 3, n. 1 (2012): 23–30. doi:10.1177/1948550611407689.

"Joshua A. Norton." Site do museu virtual da cidade de São Francisco. www.sfmuseum.org/hist1/norton.html.

Kahneman, Daniel. "Don't Blink! The Hazards of Confidence." *Ther New York Times Magazine*, 19 de outubro de 2011. www.nytimes.com/2011/10/23/magazine/dont-blink-the-hazards-of-confidence.html?_r=0.

Kaufman, Scott Barry. "Why Do Narcissists Lose Popularity Over Time?" ScottBarryKaufman.com. 2015. http://scottbarrykaufman.com/article/why-do-narcissists-lose--popularity-over-time/.

Keltner, Dacher, Deborah H. Gruenfeld e Cameron Anderson. "Power, Approach, and Inhibition." *Psychological Review* 110, n. 2 (2003): 265–84. doi:10.1037/0033--295X.110.2.265.

Kendall, Todd D. "Celebrity Misbehavior in the NBA." *Journal of Sports Economics* 9, n. 3 (2008): 231–49. doi:10.1177/1527002507301526.

Kinari, Yusuke, Noriko Mizutani, Fumio Ohtake e Hiroko Okudaira. "Overconfidence Increases Productivity." ISER Discussion Paper n. 814. Institute of Social and Economic Research, Osaka University, Japão. 2 de agosto de 2011. doi:10.2139/ssrn.1904692.

Kraus, Michael W. e Dacher Keltner. "Signs of Socioeconomic Status: A Thin-Slicing Approach." *Psychological Science* 20, n. 1 (2009): 99–106. doi:10.1111/j.1467-9280.2008.02251.x.

Lammers, Joris e Diederik A. Stapel. "Power Increases Dehumanization." *Group Processes and Intergroup Relations*, 3 de setembro de 2010. doi:10.1177/1368430210370042.

Lammers, Joris, Diederik A. Stapel e Adam D. Galinsky. "Power Increases Hypocrisy: Moralizing in Reasoning, Immorality in Behavior." *Psychological Science* 21, n. 5 (2010): 737–44. doi:10.1177/0956797610368810.

Lammers, Joris, Janka I. Stoker, Jennifer Jordan, Monique Pollmann e Diederik A. Stapel. "Power Increases Infidelity Among Men and Women." *Psychological Science* 22, n. 9 (2011): 1191–97. doi:10.1177/0956797611416252.

Lazo, Alejandro e Daniel Huang. "Who Is Emperor Norton? Fans in San Francisco Want to Remember." *Wall Street Journal*, 12 de agosto de 2015. www.wsj.com/articles/who--is-emperor-norton-fans-in-san-francisco-want-to-remember-1439426791.

Leary, Mark R., Eleanor B. Tate, Claire E. Adams, Ashley Batts Allen e Jessica Hancock. "Self-Compassion and Reactions to Unpleasant Self-Relevant Events: The Implications of Treating Oneself Kindly." *Journal of Personality and Social Psychology* 92, n. 5 (maio de 2007): 887–904. doi.org/10.1037/0022-3514.92.5.887.

Leder, Helmut, Michael Forster e Gernot Gerger. "The Glasses Stereotype Revisited: Effects of Eyeglasses on Perception, Recognition, and Impression of Faces." *Swiss Journal of Psychology* 70, n. 4 (2011): 211–22. http://dx.doi.org/10.1024/1421-0185/a000059.

Linden, David J. "Addictive Personality? You Might Be a Leader." *The New York Times*, 23 de julho de 2011. www.nytimes.com/2011/07/24/opinion/sunday/24addicts.html?_r=0.

Maquiavel, Nicolau. *O príncipe*. São Paulo: Penguin, 2010.

Marshall, Frank. "The Man vs. the Machine." FiveThirtyEight.com. 22 de outubro de 2014. Vídeo da ESPN, 17:17. http://fivethirtyeight.com/features/the-man-vs-the--machine-fivethirtyeight-films-signals/.

Mingle, Kate. "Show of Force." 99% Invisible. Episódio 161. 21 de abril de 2015. http://99percentinvisible.org/episode/show-of-force/.

Misra, Ria. "That Time a Bankrupt Businessman Declared Himself Emperor of America." *io9* (blog). 11 de fevereiro de 2015. http://io9.gizmodo.com/that-time-a-bankrupt-businessman-declared-himself-emper-1685280529.

Moylan, Peter. "Emperor Norton." Enciclopédia de São Francisco on-line. www.sfhistoryencyclopedia.com/articles/n/nortonJoshua.html.

Neely, Michelle E., Diane L. Schallert, Sarojanni S. Mohammed, Rochelle M. Roberts e Yu-Jung Chen. "Self-Kindness When Facing Stress: The role of Self-Compassion, Goal Regulation, and Support in College Students' Well-Being." *Motivation and Emotion* 33, n. 1 (março de 2009): 88–97. doi:10.1007/s11031-008-9119-8.

Neff, Kristin D., Ya-Ping Hsieh e Kullaya Dejitterat. "Self-Compassion, Achievement Goals, and Coping with Academic Failure." *Self and Identity* 4 (2005): 263–87. doi:10.1080/13576500444000317.

Parke, Jonathan, Mark D. Griffiths e Adrian Parke. "Positive Thinking Among Slot Machine Gamblers: A Case of Maladaptive Coping?" *International Journal of Mental Health and Addiction* 5, n. 1 (2007): 39–52. doi:10.1007/s11469-006-9049-1.

"Pathology of the Overconfident: Self-Deceived Individuals More Likely to Be Promoted over the More Accomplished." *Signs of the Times*, 29 de agosto de 2014. www.sott.net/article/284663-Pathology-of-the-overconfident-Self-deceived-individuals-more-likely-to-be-promoted-over-the-more-accomplished.

Pentland, Alex. *Honest Signals*. Cambridge, MA: MIT Press, 2010.

Pfeffer, Jeffrey. *Power*. Nova York: HarperBusiness, 2010.

Phillips, Donald T. *Liderança segundo Abraham Lincoln*. São Paulo: Landscape, 2010.

Pickover, Clifford A. *Strange Brains and Genius*. Nova York: William Morrow, 1999.

Richman, James. "Why Bosses Who Show Vulnerability Are the Most Liked." *Fast Com-

pany, 7 de julho de 2015. www.fastcompany.com/3048134/lessons-learned/why-bosses-who-show-vulnerability-are-the-most-liked.

Rock, David. *Your Brain at Work*. Nova York: HarperBusiness, 2009.

Rucker, Derek D., David Dubois e Adam D. Galinsky. "Generous Paupers and Stingy Princes: Power Drives Consumer Spending on Self Versus Others." *Journal of Consumer Research* 37, n. 6 (2011). doi:10.1086/657162.

Shell, G. Richard. *Springboard*. Nova York: Portfolio, 2013.

Silver, Nate. "Nate Silver: The Numbers Don't Lie." Vídeo do YouTube, 56:09. Publicado por Chicago Humanities Festival, 28 de novembro de 2012. www.youtube.com/watch?v=GuAZtOJqFr0.

Silver, Nate. *O sinal e o ruído*. Rio de Janeiro: Intrínseca, 2013.

Starek, Joanna E. e Caroline F. Keating. "Self-Deception and Its Relationship to Success in Competition." *Basic and Applied Social Psychology* 12, n. 2 (1991): 145–55. doi:10.1207/s15324834basp1202_2.

Stuster, Jack W. *Bold Endeavors*. Annapolis, MD: Naval Institute Press, 2011.

Tedlow, Richard S. *Miopia corporativa*. Rio de Janeiro: HSM, 2012.

Tost, Leigh Plunkett, Francesca Gino e Richard P. Larrick. "When Power Makes Others Speechless: The Negative Impact of Leader Power on Team Performance." *Academy of Management Journal* 56, n. 5 (2013): 1465–86. doi:10.5465/amj.2011.0180.

University of Nebraska-Lincoln. "How Do I Love Me? Let Me Count the Ways, and Also Ace That Interview." ScienceDaily. 2 de abril de 2012. www.sciencedaily.com/releases/2012/04/120402144738.htm.

Van Kleef, Gerben A., Christopher Oveis, Ilmo van der Löwe, Aleksandr LuoKogan, Jennifer Goetz e Dacher Keltner. "Power, Distress, and Compassion Turning a Blind Eye to the Suffering of Others." *Psychological Science* 19, n. 12 (2008): 1.315–22. doi:10.1111/j.1467-9280.2008.02241.x.

Verkuil, Paul R., Martin Seligman e Terry Kang. "Countering Lawyer Unhappiness: Pessimism, Decision Latitude, and the Zero-Sum Dilemma." Public Law Research Working Paper 019, Benjamin N. Cardozo School of Law School, Yeshiva University, Nova York, NY, setembro de 2000. doi:10.2139/ssrn.241942.

Vialle, Isabelle, Luís Santos-Pinto e Jean-Louis Rulliere. "Self-Confidence and Teamwork: An Experimental Test." Gate Working Paper n. 1.126, setembro de 2011. http://dx.doi.org/10.2139/ssrn.1943453.

Wallace, Harry M. e Roy F. Baumeister. "The Performance of Narcissists Rises and Falls with Perceived Opportunity for Glory." *Journal of Personality and Social Psychology* 82, n. 5 (2002): 819–34. http://dx.doi.org/10.1037/0022-3514.82.5.819.

Wiseman, Richard. *The As If Principle*. Nova York: Free Press, 2013.

Wood, Graeme. "What Martial Arts Have to Do with Atheism." *The Atlantic*, 24 de abril de 2013. www.theatlantic.com/national/archive/2013/04/what-martial-arts-have-to-do-with-atheism/275273/.

"World with No Fear." *Invisibilia*. Transmissão radiofônica, 24:43. Lançamento em 15 de janeiro de 2015. www.npr.org/2015/01/16/377517810/world-with-no-fear.

Ybarra, Oscar, Piotr Winkielman, Irene Yeh, Eugene Burnstein e Liam Kavanagh. "Friends (and Sometimes Enemies) with Cognitive Benefits: What Types of Social Interactions Boost Executive Functioning?" *Social Psychological and Personality Science*, 13 de outubro de 2010. doi:10.1177/1948550610386808.

Yong, Ed. "Meet the Woman Without Fear." *Not Rocket Science* (blog). *Discover Magazine*, 16 de dezembro de 2010. http://blogs.discovermagazine.com/notrocketscience/2010/12/16/meet-the-woman-without-fear/#.VgsT_yBViko.

Zenger, Jack e Joseph Folkman. "We Like Leaders Who Underrate Themselves." *Harvard Business Review*, 10 de novembro de 2015. https://hbr.org/2015/11/we-like-leaders-who-underrate-themselves.

Zhao, Bin. "Learning from Errors: The Role of Context, Emotion, and Personality." *Journal of Organizational Behavior* 32, n. 3 (2011): 435–63. doi:10.1002/job.696.

CAPÍTULO 6: TRABALHO, TRABALHO, TRABALHO... OU EQUILÍBRIO ENTRE TRABALHO E VIDA PESSOAL?

Abele, Andrea E. e Daniel Spurk. "How Do Objective and Subjective Career Success Interrelate over Time?" *Journal of Occupational and Organizational Psychology* 82, n. 4 (2009): 803–24. doi:10.1348/096317909X470924.

Achor, Shawn. *O jeito Harvard de ser feliz*. São Paulo: Caramelo, 2012.

Ackerman, Jennifer. *A melhor hora pra você*. São Paulo: Gente, 2008.

Alfredsson, L., R. Karasek e T. Theorell. "Myocardial Infarction Risk and Psychosocial Work Environment: An Analysis of the Male Swedish Working Force." *Social Science and Medicine* 16, n. 4 (1982): 463–67. doi:10.1016/0277-9536(82)90054-5.

Amabile, Teresa. "Does High Stress Trigger Creativity at Work?" *Marketplace*, 3 de maio de 2012. www.marketplace.org/2012/05/03/life/commentary/does-high-stress-trigger-creativity-work.

American Psychological Association. *Stress in America*. 7 de outubro de 2008. www.apa.org/news/press/releases/2008/10/stress-in-america.pdf.

Arnsten, Amy F. T. "Stress Signalling Pathways That Impair Prefrontal Cortex Structure and Function." *Nature Reviews Neuroscience* 10, n. 6 (2009): 410–22. doi:10.1038/nrn2648.

Axelsson, John, Tina Sundelin, Michael Ingre, Eus J.W. van Someren, Andreas Olsson e Mats Lekander. "Beauty Sleep: Experimental Study on the Perceived Health and Attractiveness of Sleep Deprived People." *BMJ* 341 (2010): c6614. http://dx.doi.org/10.1136/bmj.c6614.

Bandiera, Oriana, Andrea Prat e Raffaella Sadun. "Managerial Firms in an Emerging Economy: Evidence from the Time Use of Indian CEOs." Julho de 2013. www.people.hbs.edu/rsadun/CEO_India_TimeUse_April_2013.pdf.

Barker, Eric. "How Bad Is It to Miss a Few Hours of Sleep?" (Artigo original indisponível.) *Barking Up the Wrong Tree* (blog). 5 de novembro de 2009. www.bakadesuyo.com/2009/11/how-bad-is-it-to-miss-a-few-hours-of-sleep-jo/.

Barnes, Christopher M., John Schaubroeck, Megan Huth e Sonia Ghumman. "Lack of Sleep and Unethical Conduct." *Organizational Behavior and Human Decision Processes* 115, n. 2 (2011): 169–80. doi:10.1016/j.obhdp.2011.01.009.

Beck, Melinda. "The Sleepless Elite." *Wall Street Journal*, 5 de abril de 2011. www.wsj.com/articles/SB10001424052748703712504576242701752957910.

Behncke, Stefanie. "How Does Retirement Affect Health?" IZA Discussion Paper n. 4253, Institute for the Study of Labor, Bonn, Alemanha, junho de 2009. http://ftp.iza.org/dp4253.pdf.

Bianchi, R., C. Boffy, C. Hingray, D. Truchot e E. Laurent. "Comparative Symptomatology of Burnout and Depression." *Journal of Health Psychology* 18, n. 6 (2013): 782–87. doi:10.1177/1359105313481079.

Binnewies, Carmen, Sabine Sonnentag e Eva J. Mojza. "Recovery During the Weekend and Fluctuations in Weekly Job Performance: A Week-Level Study Examining Intra-Individual Relationships." *Journal of Occupational and Organizational Psychology* 83, n. 2 (2010): 419–41. doi:10.1348/096317909X418049.

Blaszczak-Boxe, Agata. "The Secrets of Short Sleepers: How Do They Thrive on Less Sleep?" CBSNews.com. 27 de junho de 2014. www.cbsnews.com/news/the-secrets-of-short-sleepers-how-do-they-thrive-on-less-sleep/.

Boehm, Julia K. e Sonja Lyubomirsky. "Does Happiness Promote Career Success?" *Journal of Career Assessment* 16, n. 1 (2008): 101–16. doi:10.1177/1069072707308140.

Bradlee Jr., Ben. *The Kid*. Boston: Little, Brown, 2013.

Brown, Stuart. *Play*. Nova York: Avery, 2010.

Cain, Susan. *O poder dos quietos*. Rio de Janeiro: Sextante, 2019.

Christensen, Clayton M., James Allworth e Karen Dillon. *Como avaliar sua vida?* Rio de Janeiro: Alta Books, 2012.

Csikszentmihályi, Mihály. "Contexts of Optimal Growth in Childhood." *Daedalus* 122, n. 1 (Winter 1993): 31–56.

Csikszentmihályi, Mihály. *A descoberta do fluxo*. Rio de Janeiro: Rocco, 1999.

Currey, Mason. *Os segredos dos grandes artistas*. São Paulo: Campus, 2013.

Doherty, William J. "Overscheduled Kids, Underconnected Families: The Research Evidence." http://kainangpamilyamahalaga.com/pdf/studies/Overscheduled_Kids_Underconnected_Families.pdf.

Drucker, Peter F. *A prática da administração de empresas*. São Paulo: Pioneira, 1998.

Duhigg, Charles. *Mais rápido e melhor*. Rio de Janeiro: Objetiva, 2016.

Eck, John E. "Sitting Ducks, Ravenous Wolves, and Helping Hands: New Approaches to Urban Policing." *Public Affairs Comment* 35, n. 2 (Inverno de 1989). Lyndon B. Johnson School of Government, University of Texas at Austin. https://www.researchgate.net/publication/292743996_Sitting_ducks_ravenous_wolves_and_helping_hands_New_approaches_to_urban_policing.

Entrevista com Barry Schwartz pelo autor. "How to Find Happiness in Today's Hectic World." *Barking Up the Wrong Tree* (blog). 22 de fevereiro de 2015. www.bakadesuyo.com/2015/02/how-to-find-happiness/.

Entrevista com Benjamin Walker por Roman Mars. "Queue Theory and Design." 99% Invisible. Episódio 49. 9 de março de 2012. http://99percentinvisible.org/episode/episode-49-queue-theory-and-design/transcript/.

Entrevista com Cal Newport pelo autor. "How to Stop Being Lazy and Get More Done – 5 Expert Tips." *Barking Up the Wrong Tree* (blog). 10 de agosto de 2014. www.bakadesuyo.com/2014/08/how-to-stop-being-lazy/.

Entrevista com Dan Ariely pelo autor. "How to Be Efficient: Dan Ariely's 6 New Secrets to Managing Your Time." *Barking Up the Wrong Tree* (blog). 12 de outubro de 2014. www.bakadesuyo.com/2014/10/how-to-be-efficient/.

Entrevista com Michael Norton pelo autor. "Harvard Professor Michael Norton Explains How to Be Happier." *Barking Up the Wrong Tree* (blog). 18 de maio de 2013. www.bakadesuyo.com/2013/05/harvard-michael-norton-happier/.

Entrevista com Scott Barry Kaufman pelo autor. "How to Be Creative: 6 Secrets Backed by Research." *Barking Up the Wrong Tree* (blog). 6 de dezembro de 2015. www.bakadesuyo.com/2015/12/how-to-be-creative/.

Entrevista com Shawn Achor pelo autor. "Be More Successful: New Harvard Research Reveals a Fun Way to Do It." *Barking Up the Wrong Tree* (blog). 28 de setembro de 2014. www.bakadesuyo.com/2014/09/be-more-successful/.

Ferrie, Jane E., Martin J. Shipley, Francesco P. Cappuccio, Eric Brunner, Michelle A. Miller, Meena Kumari e Michael G. Marmot. "A Prospective Study of Change in Sleep Duration: Associations with Mortality in the Whitehall II Cohort." *Sleep* 30, n. 12 (2007): 1659–66. www.ncbi.nlm.nih.gov/pmc/articles/PMC2276139/.

Fincher, David. *Clube da luta*. Twentieth Century Fox, 1999. Filme.

Garbus, Liz. "Bobby Fischer Against the World." Documentário da HBO, 2011. Filme.

Gardner, Howard. *Mentes que criam*. Porto Alegre: Artes Médicas, 1996.

Gaski, John F. e Jeff Sagarin. "Detrimental Effects of Daylight-Saving Time on SAT Scores." *Journal of Neuroscience, Psychology, and Economics* 4, n. 1 (2011): 44–53. doi:10.1037/a0020118.

Gleick, James. *Acelerado*. Rio de Janeiro: Campus, 2000.

Golden, Lonnie e Barbara Wiens-Tuers. "To Your Happiness? Extra Hours of Labor Supply and Worker Well-Being." *Journal of Socio-Economics* 35, n. 2 (2006): 382–97. doi:10.1016/j.socec.2005.11.039.

Gould, Daniel, Suzanne Tuffey, Eileen Udry e James E. Loehr. "Burnout in Competitive Junior Tennis Players: III. Individual Differences in the Burnout Experience." *Sports Psychologist* 11, n. 3 (1997): 257–76.

Graham, Ruth. "The Unbearable Loneliness of Creative Work." *Boston Globe*, 4 de outubro de 2015. www.bostonglobe.com/ideas/2015/10/03/the-unbearable-loneliness--creative-work/5bY0LfwuWjZnMKLZTXOHJL/story.html.

Gujar, Ninad, Steven Andrew McDonald, Masaki Nishida e Matthew P. Walker. "A Role for REM Sleep in Recalibrating the Sensitivity of the Human Brain to Specific Emotions." *Cerebral Cortex* 21, n. 1 (2011): 115–23. doi:10.1093/cercor/bhq064.

Halliwell, John F. e Shun Wang. "Weekends and Subjective Well-Being." *Social Indicators Research* 116, n. 2 (2014): 389–407. doi:10.3386/w17180. "Hardcore History 43: Wrath of the Khans I." Dan Carlin website. www.dancarlin.com/product/hardcore--history-43-wrath-of-the-khans-i/.

Harden, Blaine. "Japan's Killer Work Ethic." *Washington Post*, 13 de julho de 2008. www.washingtonpost.com/wp-dyn/content/article/2008/07/12/AR2008071201-630.html.

Harter, Jim e Saengeeta Agarwal. "Workers in Bad Jobs Have Worse Wellbeing than Jobless." Gallup.com. 30 de março de 2011. www.gallup.com/poll/146867/Workers--Bad-Jobs-Worse-Wellbeing-Jobless.aspx.

Henry, Paul. "An Examination of the Pathways Through Which Social Class Impacts Health Outcomes." *Academy of Marketing Science Review* 2001, n. 3 (2001). www.med.mcgill.ca/epidemiology/courses/655/SES%20and%20Health.pdf.

Hewlett, Sylvia Ann e Carolyn Buck Luce. "Extreme Jobs: The Dangerous Allure of the 70-Hour Workweek." *Harvard Business Review*, dezembro de 2006. https://hbr.org/2006/12/extreme-jobs-the-dangerous-allure-of-the-70-hour-workweek.

Hitt, Michael A., R. Duane Ireland e Robert E. Hoskisson. *Strategic Management Concepts*. 7ª ed. Cincinnati: South-Western College Pub, 2006.

Hoang, Viet. "Karoshi: The Japanese Are Dying to Get to Work." Tofugu.com. 26 de janeiro de 2012. www.tofugu.com/2012/01/26/the-japanese-are-dying-to-get-to-work--karoshi/.

"Inside the Teenage Brain: Interview with Ellen Galinsky." *Frontline*. Documentário lançado em 31 de janeiro de 2002. www.pbs.org/wgbh/pages/frontline/shows/teenbrain/interviews/galinsky.html.

Isaacson, Walter. *Einstein*. São Paulo: Companhia das Letras, 2016.

Iyengar, Sheena S., Rachael E. Wells e Barry Schwartz. "Doing Better but Feeling Worse: Looking for the 'Best' Job Undermines Satisfaction." *Psychological Science* 17, n. 2 (2006): 143–50. doi:10.1111/j.1467-9280.2006.01677.x.

"Jobs for Life." *The Economist*, 19 de dezembro de 2007. www.economist.com/node/10329261.

Jones, Jeffrey M. "In U.S., 40% Get Less than Recommended Amount of Sleep." Gallup.com. 19 de dezembro de 2013. www.gallup.com/poll/166553/less-recommended--amount-sleep.aspx.

Jones, Maggie. "How Little Sleep Can You Get Away With?" *The New York Times Magazine*. 15 de abril de 2011. www.nytimes.com/2011/04/17/magazine/mag-17Sleep-t.html?_r=0.

Judge, Timothy A. e John D. Kammeyer-Mueller. "On the Value of Aiming High: The Causes and Consequences of Ambition." *Journal of Applied Psychology* 97, n. 4 (2012): 758–75. http://dx.doi.org/10.1037/a0028084.

Kanazawa, Satoshi. "Why Productivity Fades with Age: The Crime-Genius Connection." *Journal of Research in Personality* 37 (2003): 257–72. doi:10.1016/S0092-6566(02)00538-X, http://personal.lse.ac.uk/kanazawa/pdfs/JRP2003.pdf.

"Kazushi Sakuraba: 'The Gracie Hunter.'" Sherdog.com. www.sherdog.com/fighter/Kazushi-Sakuraba-84.

Keller, Gary. *The ONE Thing*. Austin, TX: Bard Press, 2013.

Kendall, Joshua. *America's Obsessives: The Compulsive Energy That Built a Nation*. Nova York: Grand Central, 2013.

Kibler, Michael E. "Prevent Your Star Performers from Losing Passion for Their Work." *Harvard Business Review*, 14 de janeiro de 2015. https://hbr.org/2015/01/prevent--your-star-performers-from-losing-passion-in-their-work.

Kuhn, Peter e Fernando Lozano. "The Expanding Workweek? Understanding Trends in Long Work Hours Among U.S. Men, 1979–2006." *Journal of Labor Economics* 26, n. 2 (2008): 311–43, 04. doi:10.3386/w11895.

Kühnel, Jana e Sabine Sonnentag. "How Long Do You Benefit from Vacation? A Closer Look at the Fade-Out of Vacation Effects." *Journal of Organizational Behavior* 32, n. 1 (2011): 125–43. doi:10.1002/job.699.

Laham, Simon. *Science of Sin*. Nova York: Harmony, 2012.

Levitin, Daniel J. *A mente organizada*. Rio de Janeiro: Objetiva, 2016.

Loehr, Jim e Tony Schwartz. *The Power of Full Engagement.* Nova York: Free Press, 2003.

Maher, Brendan. "Poll Results: Look Who's Doping." *Nature* 452 (2008): 674–75. doi:10.1038/452674a.

"Man Claims New Sleepless Record." BBC.com. 25 de maio de 2007. http://news.bbc.co.uk/2/hi/uk_news/england/cornwall/6689999.stm.

Martin, Douglas. "Robert Shields, Wordy Diarist, Dies at 89." *The New York Times*, 29 de outubro de 2007. www.nytimes.com/2007/10/29/us/29shields.html.

Masicampo, E.J. e Roy F. Baumeister. "Consider It Done! Plan Making Can Eliminate the Cognitive Effects of Unfulfilled Goals." *Journal of Personality and Social Psychology* 101, n. 4 (2011): 667–83. http://dx.doi.org/10.1037/a0024192.

Maslach, Christina. "Burnout and Engagement in the Workplace: New Perspectives." *European Health Psychologist* 13, n. 3 (2011): 44–47. http://openhealthpsychology.net/ehp/issues/2011/v13iss3_September2011/13_3_Maslach.pdf.

Maslach, Christina e Julie Goldberg. "Prevention of Burnout: New Perspectives." *Applied and Preventive Psychology* 7, n. 1 (1998): 63–74. http://dx.doi.org/10.1016/S0962-1849(98)80022-X.

Maslach, Christina e Michael P. Leiter. *The Truth About Burnout.* São Francisco: Jossey-Bass, 2009.

Mazzonna, Fabrizio e Franco Peracchi. "Aging, Cognitive Abilities, and Retirement." *European Economic Review* 56, n. 4 (2012): 691–710. http://www.eief.it/files/2012/05/peracchi_mazzonna_eer_2012.pdf.

McGill University. "Men Who Lose Their Jobs at Greater Risk of Dying Prematurely." Lançamento em 4 de abril de 2011. www.eurekalert.org/pub_releases/2011-04/mu-mwl040411.php.

McLynn, Frank. *Genghis Khan.* Cambridge, MA: Da Capo Press, 2015.

Medina, John. *Aumente o poder do seu cérebro.* Rio de Janeiro: Sextante, 2010.

Meldrum, Helen. "Exemplary Physicians' Strategies for Avoiding Burnout." *Health Care Manager* 29, n. 4 (2010): 324–31. doi:10.1097/HCM.0b013e3181fa037a.

Monteiro, Mike. "The Chokehold of Calendars." *Medium.* 18 de julho de 2013. https://medium.com/@monteiro/the-chokehold-of-calendars-f70bb9221b36#.fnje9u6jm.

Mullainathan, Sendhil e Eldar Shafir. *Escassez.* Rio de Janeiro: Best Business, 2013.

MYOB Australia. "MYOB Australian Small Business Survey, Special Focus Report: Lifestyle of Small Business Owners." Dezembro de 2007. https://www.myob.com/content/dam/myob-redesign/au/docs/business-monitor-pdf/2007/2-MYOB_SBS_Special_Focus_Report_Dec_2007.pdf.

Nash, Laura e Howard Stevenson. *Just Enough.* Hoboken, NJ: Wiley, 2005.

Newport, Cal. *Deep Work.* Nova York: Grand Central, 2016.

Niven, David. *Os 100 segredos dos bons relacionamentos*. Rio de Janeiro: Sextante, 2003.

Novotney, Amy. "The Real Secrets to a Longer Life." *Monitor on Psychology* 42, n. 11 (2011): 36. www.apa.org/monitor/2011/12/longer-life.aspx.

O'Connor, Anahad. "The Claim: Lack of Sleep Increases the Risk of Catching a Cold." *The New York Times*, 21 de setembro de 2009. www.nytimes.com/2009/09/22/health/22real.html?_r=0.

Pais, Abraham. *Sutil é o Senhor*. Rio de Janeiro: Nova Fronteira, 2005.

Peláez, Marina Watson. "Plan Your Way to Less Stress, More Happiness." *Time*, 31 de maio de 2011. http://healthland.time.com/2011/05/31/study-25-of-happiness-depends-on-stress-management/.

Pencavel, John. "The Productivity of Working Hours," *Economic Journal* 125, n. 589 (2015): 2052–76. doi:10.1111/ecoj.12166.

Perlow, Leslie A. *Sleeping with Your Smartphone*. Boston: Harvard Business Review Press, 2012.

Pfeffer, Jeffrey. *Managing with Power*. Boston: Harvard Business Review Press, 1993.

Pfeffer, Jeffrey e Robert I. Sutton. *Hard Facts, Dangerous Half-Truths, and Total Nonsense*. Boston: Harvard Business Review Press, 2006.

Pink, Daniel H. *Motivação 3.0*. Rio de Janeiro: Sextante, 2019.

Proyer, René T. "Being Playful and Smart? The Relations of Adult Playfulness with Psychometric and Self-Estimated Intelligence and Academic Performance." *Learning and Individual Differences* 21, n. 4 (2011): 463–67. http://dx.doi.org/10.1016/j.lindif.2011.02.003.

Randall, David K. *Dreamland*. Nova York: W.W. Norton, 2012.

Redelmeier, Donald A. e Daniel Kahneman. "Patients' Memories of Painful Medical Treatments: Real-Time and Retrospective Evaluations of Two Minimally Invasive Procedures." *Pain* 66, n. 1 (1996): 3–8. doi:10.1016/0304-3959(96)02994-6.

Reynolds, John, Michael Stewart, Ryan Macdonald e Lacey Sischo. "Have Adolescents Become Too Ambitious? High School Seniors' Educational and Occupational Plans, 1976 to 2000." *Social Problems* 53, n. 2 (2006): 186–206. http://dx.doi.org/10.1525/sp.2006.53.2.186.

Robinson, Evan. "Why Crunch Modes Doesn't Work: Six Lessons." International Game Developers Association. 2005. www.igda.org/?page=crunchsixlessons.

Rock, David. *Your Brain at Work*. Nova York: HarperCollins, 2009.

Rohwedder, Susann e Robert J. Willis. "Mental Retirement." *Journal of Economic Perspectives* 24, n. 1 (2010): 119–38. doi:10.1257/jep.24.1.119.

Rosekind, Mark R., David F. Neri, Donna L. Miller, Kevin B. Gregory, Lissa L. Webbon e Ray L. Oyung. "The NASA Ames Fatigue Countermeasures Program: The Next Generation." NASA Ames Research Center, Moffett Field, CA. 1º de janeiro de 1997. http://ntrs.nasa.gov/archive/nasa/casi.ntrs.nasa.gov/20020042348.pdf.

Ross, John J., "Neurological Findings After Prolonged Sleep Deprivation." *Archives of Neurology* 12, n. 4 (1965): 399–403. http://dx.doi.org/10.1001/archneur.1965.00460280069006.

Rothbard, Nancy P. e Steffanie L. Wilk. "Waking Up on the Right or Wrong Side of the Bed: Start-of-Workday Mood, Work Events, Employee Affect, and Performance." *Academy of Management Journal* 54, n. 5 (2011): 959–80. doi:10.5465/amj.2007.0056.

Rubens, Jim. *OverSuccess*. Austin, TX: Greenleaf Book Group, 2008.

Saad, Lydia. "The '40-Hour' Workweek Is Actually Longer – by Seven Hours." Gallup.com. 29 de agosto de 2014. www.gallup.com/poll/175286/hour-workweek-actually--longer-seven-hours.aspx.

San Diego State University. "Adults' Happiness on the Decline in U.S.: Researchers Found Adults over Age 30 Are Not as Happy as They Used to Be, but Teens and Young Adults Are Happier than Ever." ScienceDaily. 5 de novembro de 2015. www.sciencedaily.com/releases/2015/11/151105143547.htm.

Schaufeli, Wilmar B., Michael P. Leiter e Christina Maslach. "Burnout: 35 Years of Research and Practice." *Career Development International* 14, n. 3 (2009): 204–20. doi: 10.1108/13620430910966406.

Schwartz, Barry. *O paradoxo da escolha*. São Paulo: A Girafa, 2010.

Schwartz, Barry, Andrew Ward, Sonja Lyubomirsky, John Monterosso, Katherine White e Darrin R. Lehman. "Maximizing Versus Satisficing: Happiness Is a Matter of Choice." *Journal of Personality and Social Psychology* 83, n. 5 (2002): 1178–97. doi:10.1037//0022-3514.83.5.1178.

Sedaris, David. "Laugh, Kookaburra." *New Yorker*, 24 de agosto de 2009. www.newyorker.com/magazine/2009/08/24/laugh-kookaburra.

Sherman, Lawrence W. e David L. Weisburd. "General Deterrent Effects of Police Patrol in Crime 'Hot Spots': A Randomized, Controlled Trial." *Justice Quarterly* 12, n. 4 (1995): 625–48. doi:10.1080/07418829500096221.

Simonton, Dean Keith. *Greatness*. Nova York: Guilford Press, 1994.

Simonton, Dean Keith. *The Wiley Handbook of Genius*. Hoboken, NJ: Wiley-Blackwell, 2014.

Sims, Peter. *Little Bets*. Nova York: Free Press, 2011.

Smith, Dinitia. "Dark Side of Einstein Emerges in His Letters." *The New York Times*, 6 de novembro de 1996. www.nytimes.com/1996/11/06/arts/dark-side-of-einstein-emerges-in-his-letters.html?pagewanted=all.

Streep, Peg e Alan Bernstein. *Quitting*. Cambridge, MA: Da Capo Press, 2015.

Stuster, Jack W. *Bold Endeavors*. Annapolis, MD: Naval Institute Press, 2011.

Sullivan, Bob. "Memo to Work Martyrs: Long Hours Make You Less Productive." CNBC.com. 26 de janeiro de 2015. www.cnbc.com/2015/01/26/working-more-than-50--hours-makes-you-less-productive.html.

Surtees, Paul G., Nicholas W.J. Wainwright, Robert Luben, Nicholas J. Wareham, Shiela A. Bingham e Kay-Tee Khaw. "Mastery Is Associated with Cardiovascular Disease Mortality in Men and Women at Apparently Low Risk." *Health Psychology* 29, n. 4 (2010): 412–20. doi:10.1037/a0019432.

Tierney, John. "Prison Population Can Shrink When Police Crowd Streets." *The New York Times*, 25 de janeiro de 2013. www.nytimes.com/2013/01/26/nyregion/police-have-done-more-than-prisons-to-cut-crime-in-new-york.html?pagewanted=all&_r=1.

Todd, Benjamin. "How Good Are the Best?" *80,000 Hours* (blog). 1º de setembro de 2012. https://80000hours.org/2012/09/how-good-are-the-best/.

Twenge, Jean M., Ryne A. Sherman e Sonja Lyubomirsky. "More Happiness for Young People and Less for Mature Adults: Time Period Differences in Subjective Well-Being in the United States, 1972–2014." *Social Psychological and Personality Science* 7, n. 2 (2016): 1–11. doi:10.1177/1948550615602933.

University of Massachusetts Amherst. "'Sleep on It' Is Sound, Science-Based Advice, Study Suggests." ScienceDaily. 8 de junho de 2011. www.sciencedaily.com/releases/2011/06/110607094849.htm.

Visser, Mechteld R.M., Ellen M.A. Smets, Frans J. Oort e Hanneke C.J.M. de Haes. "Stress, Satisfaction and Burnout Among Dutch Medical Specialists." *CMAJ* 168, n. 3 (2003): 271–75. PMCID:PMC140468.

Wagner, David T., Christopher M. Barnes, Vivien K. G. Lim e D. Lance Ferris. "Lost Sleep and Cyberloafing: Evidence From the Laboratory and a Daylight Saving Time Quasi--Experiment." *Journal of Applied Psychology* 97, n. 5 (2012): 1068–76. doi:10.1037/a0027557.

Wang, Wei-Ching, Chin-Hsung Kao, Tsung-Cheng Huan e Chung-Chi Wu. "Free Time Management Contributes to Better Quality of Life: A Study of Undergraduate Students in Taiwan." *Journal of Happiness Studies* 12, n. 4 (2011): 561–73. doi:10.1007/s10902-010-9217-7.

Ware, Bronnie. *Antes de partir*. São Paulo: Geração Editorial, 2012.

Wargo, Eric. "Life's Ups and Downs May Stick." *Observer*, maio de 2007. Association for Psychological Science. www.psychologicalscience.org/index.php/publications/observer/2007/may-07/lifes-ups-and-downs-may-stick.html.

Weatherford, Jack. *Genghis Khan and the Making of the Modern World*. Nova York: Broadway Books, 2005.

Weiner, Eric. *The Geography of Genius*. Nova York: Simon and Schuster, 2016.

White, Gregory L. e Shirley Leung. "American Tastes Move Upscale, Forcing Manufacturers to Adjust." *Wall Street Journal*, 29 de março de 2002. www.wsj.com/articles/SB1017351317283641480.

Wohl, Michael, Timothy A. Pychyl e Shannon H. Bennett. "I Forgive Myself, Now I Can Study: How Self-Forgiveness for Procrastinating Can Reduce Future Procrastination." *Personality and Individual Differences* 48, n. 7 (2010): 803–8. doi:10.1016/j.paid.2010.01.029.

Wood, Graeme. "What Martial Arts Have to Do with Atheism." *The Atlantic*, 24 de abril de 2013. www.theatlantic.com/national/archive/2013/04/what-martial-arts-have-to-do-with-atheism/275273/.

Xu, Xin. "The Business Cycle and Health Behaviors." *Social Science and Medicine* 77 (2013): 126–36. doi:10.1016/j.socscimed.2012.11.016.

Yoo, Seung-Schik, Ninad Gujar, Peter Hu, Ferenc A. Jolesz e Matthew P. Walker. "The Human Emotional Brain Without Sleep – A Prefrontal Amygdala Disconnect." *Current Biology* 17, n. 20 (2007): pR877–78. doi:http://dx.doi.org/10.1016/j.cub.2007.08.007.

Zerjal, Tatiana, Yali Xue, Giorgio Bertorelle, R. Spencer Wells, Weidong Bao, Suling Zhu, Raheel Qamar, et al. "The Genetic Legacy of the Mongols." *American Journal of Hum Genetics* 72, n. 3 (2003): 717–21. doi:10.1086/367774.

CONCLUSÃO: O QUE TORNA UMA VIDA BEM-SUCEDIDA?

Achor, Shawn. "Is Happiness the Secret of Success?" CNN.com. 19 de março de 2012. www.cnn.com/2012/03/19/opinion/happiness-success-achor.

Boehm, Julia K. e Sonja Lyubomirsky. "Does Happiness Promote Career Success?" *Journal of Career Assessment* 16, n. 1 (2008): 101–16. doi:10.1177/1069072707308140.

Chappell, Bill. "Winner of French Scrabble Title Does Not Speak French." NPR. Transmissão radiofônica, 3:11. Lançamento em 21 de julho de 2015. www.npr.org/sections/thetwo-way/2015/07/21/424980378/winner-of-french-scrabble-title-does-not-speak-french.

Dweck, Carol. *Mindset: A nova psicologia do sucesso*. Rio de Janeiro: Objetiva, 2017.

"Entombed in My Own Body for Over 12 Years." BBC World Service on-line. 55 minutos. 23 de outubro de 2013. www.bbc.co.uk/programmes/p01jt6p6.

Heigl, Alex. "Man Memorizes French Dictionary to Win French Scrabble Tournament, Does Not Speak French." *People*, 22 de julho de 2015. www.people.com/article/new-zealand-scrabble-champion-french-dictionary.

Petite, Steven. "Unscrambling Strings of Letters: The Beautiful Mind of Nigel Richards." *Huffington Post*, 23 de julho de 2015. www.huffingtonpost.com/steven-petite/unscrambling-strings-of-l_b_7861738.html.

Pistorius, Martin. *Ghost Boy*. Nashville: Thomas Nelson, 2013.

Pistorius, Martin. "How My Mind Came Back to Life – and No One Knew." Vídeo do TEDxKC, 14:08. Filmado em agosto de 2015. www.ted.com/talks/martin_pistorius_how_my_mind_came_back_to_life_and_no_one_knew.

Powdthavee, Nattavudh. "Putting a Price Tag on Friends, Relatives, and Neighbours: Using Surveys of Life Satisfaction to Value Social Relationships." *Journal of Socio-Economics* 37, n. 4 (2008): 1459–80. doi:10.1016/j.socec.2007.04.004.

Roeder, Oliver. "What Makes Nigel Richards the Best Scrabble Player on Earth." FiveThirtyEight.com. 8 de agosto de 2014. http://fivethirtyeight.com/features/what-makes-nigel-richards-the-best-scrabble-player-on-earth/.

"Secret History of Thoughts." *Invisibilia*. Transmissão radiofônica, 59:07. Lançamento em 9 de janeiro de 2015. www.npr.org/programs/invisibilia/375927143/the-secret-history-of-thoughts.

Shenk, Joshua Wolf. "What Makes Us Happy?" *The Atlantic*, junho de 2009. www.theatlantic.com/magazine/archive/2009/06/what-makes-us-happy/307439/?single_page=true.

Simonton, Dean Keith. *The Wiley Handbook of Genius*. Hoboken, NJ: Wiley-Blackwell, 2014.

Stevenson, Howard e Laura Nash. *Just Enough*. Hoboken, NJ: Wiley, 2005.

Vaillant, George E. *Triumphs of Experience*. Cambridge, MA: Harvard Univ. Press, 2012.

Valliant, George E. "Yes, I Stand by My Words, 'Happiness Equals Love – Full Stop.'" *Positive Psychology News*, 16 de julho de 2009. http://positivepsychologynews.com/news/george-vaillant/20090716316.

Para saber mais sobre os títulos e autores
da Editora Sextante, visite o nosso site.
Além de informações sobre os próximos lançamentos,
você terá acesso a conteúdos exclusivos
e poderá participar de promoções e sorteios.

sextante.com.br